国家“211工程”三期重点学科建设项目
“中国—东盟经贸合作与发展研究”资助
国家社会科学基金重大项目阶段性研究成果
广西高校人才小高地“泛北部湾区域经济合作研究创新团队”系列成果
广西“新世纪十百千人才工程”第二层次人选资助成果

广西大学中国—东盟研究院文库

出口产业发展与财政金融支撑体系

范祚军　李杰云　薛　青◎著

总　　序

阳国亮

正当中国与东盟各国形成稳定健康的战略伙伴关系之际，我校以经济学、经济管理、国际贸易等经济学科为基础，整合法学、政治学、公共管理学、文学、新闻学、外语、教育学、艺术等学科力量于2005年经广西壮族自治区政府批准成立了广西大学中国—东盟研究院。与此同时，又将"中国—东盟经贸合作与发展研究"作为"十一五"时期学校"211工程"的重点学科来进行建设。这两项行动所要实现的目标，就是要加强中国与东盟合作研究，发挥广西大学智库的作用，为国家和地方的经济、政治、文化、社会建设服务并逐步形成具有鲜明区域特色的高水平的文科科研团队。几年来，围绕中国与东盟的合作关系及东盟各国的国别研究，研究院的学者和专家们投入了大量的精力并取得了丰硕的成果。为了使学者、专家们的智慧结晶得以在更广的范围展示并服务于社会，发挥其更大的作用，我们决定将其中的一些研究成果结集并以《广西大学中国—东盟研究院文库》的形式出版。同时，这也是我院中国—东盟关系研究和"211工程"建设成果的一种汇报和检阅的形式。

中国与东盟各国的关系研究是国际关系中区域国别关系的研究。这一研究无论对于国际经济与政治还是对我国对外开放和现代化建设都非常重要。广西在中国与东盟的关系中处于非常特殊的位置。特别是在广西的社会经济跨越发展中，中国与东盟关系的发展状况会给广西带来极大的影响。因此，中国与东盟及各国的关系是非常值得重视的研究课题。

中国与东盟各国的关系具有深厚的历史基础。古代中国与东南亚各国的经贸往来自春秋时期始已有两千多年的历史。由于中国与东南亚经贸关系的繁荣，秦汉时期的番禺（今广州）就已成为"珠玑、犀、玳瑁"等海外产品聚集的“都会”(《史记》卷69《货殖列传》)。自汉代以来,中经三国、两晋、南北朝至隋唐,中国与东南亚各国的商贸迅速发展。大约在开元初,唐朝在广州创设了“市舶使”,作为专门负责管理对外贸易的官员;宋元时期鼓励海外贸易的政策促使中国与东南亚各国经贸往来出现了前所未有的繁荣;至明朝,郑和下西洋,加强了中国与东南亚各国的联系,把双方的商贸往来推向了新的高潮;自明代始,大批华人移居东南亚,带去了中国先进的生产工具和生产技术。尽管自明末清初,西方殖民者东来,中国几番海禁,16世纪开始,东南亚各国和地区相继沦为殖民地,至1840年中国也沦为半殖民地半封建社会,使中国与东南亚各国的经贸往来呈现复杂局面,但双方的贸易仍然在发展。二战以后,由于受世界格局的影响以及各国不同条件的制约,中国与东南亚各国的经济关系经历了曲折的历程。直到20世纪70年代,国际形势变化,东南亚各国开始调整其对华政策,中国与东南亚各国的国家关系逐渐实现正常化,经济关系得以迅速恢复和发展。20世纪80年代末期冷战结束至90年代初,国际和区域格局发生重大变化,中国与东南亚各国的关系出现了新的转折,双边经济关系进入全面合作与发展的新阶段。总之,中国与东盟各国合作关系历史由来已久,渊源深厚。

总序发展中国家区域经济合作浪潮的兴起和亚洲的觉醒是东盟得以建立起来的主要背景。20世纪60年代至70年代,发展中国家区域经济一体化第一次浪潮兴起,拉美和非洲国家涌现出中美共同市场、安第斯集团、加勒比共同市场等众多的区域经济一体化组织。20世纪90年代,发展中国家区域经济一体化浪潮再次兴起。在两次浪潮的推动下,发展中国家普遍意识到加强区域经济合作的必要性和紧迫性,只有实现区域经济一体化才能顺应经济全球化的世界趋势并减缓经济全球化带来的负面影响。亚洲各国正是在这一背景下觉醒并形成了亚洲意识。战前,亚洲是欧美的殖民地。战后,亚洲各国尽管已经独立但仍未能摆脱大国对亚洲地区事务的干涉和控制。20世纪50年代至60年代,亚洲各国民族主义的意识增强,已经显示出较强烈的政治自主意愿,要求自主处理地区事务,不受大国支配,努力维护本国的独立和主权。亚洲各国都意识到,要实现这种意愿,弱小国家必须组织起来协同合作,由此“亚洲主义”得以产生,东盟就是在东南亚国家这种意愿的推动下,经过艰难曲折的过程而建立起来的。

东盟是东南亚国家联盟的简称，在国际关系格局中具有重要的战略地位。东盟的战略地位首先是由其所具有的两大地理区位优势决定的：一是两洋的咽喉门户。东南亚处于太平洋与印度洋间的“十字路口”，既是通向亚、非、欧三洲及大洋洲之间的必经之航道，又是南美洲与东亚国家之间物资、文化交流的海上门户。其中，每年世界上50%的船只通过马六甲海峡，这使得东南亚成为远东制海权的战略要地。二是欧亚大陆“岛链”重要组成部分。欧亚大陆有一条战略家非常重视的扼制亚欧国家进入太平洋的新月形的“岛链”，北起朝鲜半岛，经日本列岛、琉球群岛、我国的台湾岛，连接菲律宾群岛、印度尼西亚群岛。东南亚是这条“岛链”的重要组成部分，是防卫东亚、南亚大陆的战略要地。其次，东盟的经济实力也决定了其战略地位。1999年4月30日，以柬埔寨加入东盟为标志，东盟已成为代表全部东南亚国家的区域经济合作组织。至此，东盟已拥有10个国家、448万平方公里土地、5亿人口、7370亿美元国内生产总值、7200亿美元外贸总额，其经济实力在国际上已是一支重要的战略力量。再次，东盟在国际关系中还具有重要的政治战略地位，东盟所处的亚太地区是世界大国多方力量交汇之处，中国、美国、俄罗斯、日本、印度等大国有着不同的政治、经济和安全利益追求。东盟的构建在亚太地区的国际政治关系中加入了新的因素，对于促进亚太地区国家特别是大国之间的磋商，制衡大国之间的关系，促进大国之间的合作具有极其重要的作用。

在保证了地区安全稳定、推进国家间的合作、增强了国际影响力的同时，东盟也面临一些问题。东盟各国在政治制度等方面存在较大差异，政治多元的状况会严重地影响到合作组织的凝聚力；大多数成员国经济结构相似，各国间的经济利益竞争也会直接影响到东盟纵向的发展进程。长期以来，东盟缺乏代表自身利益的大国核心，不但影响政治经济合作的基础，特别是在发生区域性危机时无法整合内部力量来抵御和克服，在外来不良势力来袭时会呈现群龙无首的状态，对于区域合作组织的抗风险能力的提高极为不利。因此，到区域外寻求稳定的、友好的战略合作伙伴是东盟推进发展要解决的必要而紧迫的问题。中国改革开放以来的发展及其所实行的外交政策，在1992年东亚金融危机中的表现，以及中国加入 WTO,使东盟不断加深了对中国的认识。随着中国与东盟各国的关系的不断改善和发展,进入新世纪后,中国与东盟进入区域经济合作的新阶段。

发展与东盟的战略伙伴关系是中国外交政策的重要组成部分。从地缘上看,东南亚是中国的南大门,是中国通向外部世界的海上通道;从国际政治上看,亚太地区是中、美、日三国的战略均衡区域,而东南亚是亚太地区的"大国",对中、美、日都具有极其重要的战略地位,是中国极为重要的地缘战略区域;从中国的发展战略要求看,东南亚作为中国的重要邻居是中国周边发展环境的一个重要组成部分,推进中国与东盟的关系,还可以有效防止该地区针对中国的军事同盟,是中国稳定周边战略不可缺少的一环;从经济发展的角度看,中国与东盟的合作对促进双方的贸易和投资,促进地区之间的协调发展具有极大的推动作用,同时,这一合作还是以区域经济一体化融入经济全球化的重要步骤。从中国的国际经济战略要求看,加强与东盟的联系直接关系到我国对外贸易世界通道的问题,预计在今后 15 年内,中国制造加工业产值将提高到世界第二位,中国与海外的交流日益增多,东南亚水域尤其是马六甲海峡是中国海上运输的生命线,因此,与东盟的合作具有保护中国与海外联系通道畅通的重要意义。总之,中国与东盟各国山水相连的地理纽带、源远流长的历史交往、共同发展的利益需求,形成了互相合作的坚实基础。经过时代风云变幻的考验,中国与东盟区域合作的关系不断走向成熟。东盟已成为中国外交的重要战略依托,中国也成为与东盟合作关系发展最快、最具活力的国家。

中国—东盟自由贸易区的建立是中国与东盟各国关系发展的里程碑。中国—东盟自由贸易区是一个具有较为严密的制度安排的区域一体化的经济合作形式,这些制度安排、涵盖面广、优惠度高。它涵盖了货物贸易、服务贸易和投资的自由化及知识产权等领域,在贸易与投资等方面实施便利化措施,在农业、信息及通信技术、人力资源开发、投资以及湄公河流域开发等五个方面开展优先合作。同时,中国与东盟的合作还要扩展到金融、旅游、工业、交通、电信、知识产权、中小企业、环境、生物技术、渔业、林业及林产品、矿业、能源及次区域开发等众多的经济领域。中国—东盟自由贸易区的建立既有助于东盟克服自身经济的脆弱性,提高其国际竞争力，又为我国对外经贸提供新的发展空间，对于双边经贸合作向深度和广度发展都具有重要的推动作用。中国—东盟自由贸易区拥有近 18 亿消费者，人口覆盖全球近 30%；GDP 近 4 万亿美元，占世界总额的 10%；贸易总量 2 万亿美元，占世界总额的 10%，还拥有全球约 40% 的外汇；这不仅大大提高了中国和东盟国家的国际地位，而且将对世界经济产生重大影响。

广西在中国—东盟合作关系中具有特殊的地位。广西和云南一样都处于中国与东盟国家的结合部，具有面向东盟开放合作的良好的区位条件。从面向东盟的地理位置看，桂越边界 1020 公里，海岸线 1595 公里，与东盟有一片海连接；从背靠国内的区域来看，广西位于西南和华南之间，东邻珠江三角洲和港澳地区，西毗西南经济圈，北靠中南经济腹地。这一独特的地理位置使广西成为我国陆地和海上连接东盟各国的一个"桥头堡"，是我国内陆走向东盟的重要交通枢纽。广西与东盟各国在经济结构和出口商品结构上具有互补性。广西从东盟国家进口的商品以木材、矿产品、农副产品等初级产品为主，而出口到东盟国家的主要为建材、轻纺产品、家用电器、生活日用品和成套机械设备等工业制成品。广西与东盟各国的经济技术合作具有很好的前景和很大的空间。广西南宁成为中国—东盟博览会永久承办地，泛北部湾经济合作与中国东盟"一轴两翼"区域经济新格局的构建为广西与东盟各国的合作提供了很好的平台。还有，广西与东南亚各国有很深的历史人文关系，广西的许多民族与东南亚多个民族有亲缘关系，如越南的主体民族越族与广西的京族是同一民族，越南的岱族、侬族与广西壮族是同一民族，泰国的主体民族泰族与广西的壮族有很深的历史文化的渊源关系，这些都是广西与东盟接轨的重要的人文优势。本世纪之初以来，广西成功地承办了自 2004 年以来每年一届的中国—东盟博览会和商务与投资峰会以及泛北部湾经济合作论坛、中国—东盟自由贸易区论坛、中越青年大联欢等活动，形成了中国—东盟合作"南宁渠道"，已经显示了广西在中国—东盟合作中的重要作用。总之，广西在中国—东盟关系发展中占有重要地位。在中国—东盟关系发展中发挥广西的作用，既是双边合作共进的迫切需要，对于推动广西的开放开发，加快广西的发展也具有十分重要的意义。

中国—东盟自由贸易区一建立就取得显著的效果。据统计，2010 年

1~8月份，中国对东盟出口同比增幅达40%，对这一地区的出口额占我国出口总值的比重达8.9%。当然，这仅仅是一个良好的开端。要继续深化中国与东盟的合作，使这一合作更为成熟并达到全方位合作的实质性目标，还需要从战略上继续推进，在具体措施上继续努力。无论是总体战略推进还是具体措施的落实都需要理论思考、理论研究作底蕴进行运筹和决策。因此，不断深化中国与东盟及各国关系的研究就显得更加必要了。

加强对东盟及东盟各国的研究是国际区域经济和政治、文化研究学者的一项重要任务。东盟各国及其区域经济一体化的稳定和发展是我国构建良好的周边国际环境和关系的关键。东盟区域经济一体化的发展受到很多因素的制约。东盟各国经济贸易结构的雷同和产品的竞争，在意识形态、宗教历史、文化习俗、发展水平等方面的差异性，合作组织内部缺乏核心力量和危机共同应对机制等因素都会对区域经济一体化的进一步发展带来不利影响。要把握东盟各国及其区域经济一体化的走向，就要加强对东盟各国国别历史、现状、走向的研究，同时也要加强东盟区域经济一体化有利因素和制约因素的走向和趋势的研究。

如何处理我国与东盟各国关系的策略、战略也是需不断思考的重要问题。要从战略上发挥我国在与东盟关系的良性发展中的作用，形成中国—东盟双方共同努力的发展格局；要创新促进双边关系发展的机制体系；要进一步深化和完善作为中国—东盟合作主要平台和机制的中国—东盟自由贸易区，进一步分析中国—东盟自由贸易区的下一步发展趋势和内在要求，从地缘关系、产业特征、经济状况、相互优势等方面充实合作内容，创新合作形式，完善合作机制，拓展合作领域，全面地发挥其积极的作用。所有这些问题都要从战略思想到实施措施上展开全面的研究。

广西在中国—东盟关系发展中如何利用机遇、发挥作用需要从理论和实践的结合上不断深入研究。要在中国—东盟次区域合作中进一步明确广西的战略地位，在对接中国—东盟关系发展中特别是在中国—东盟自由贸易区的建设发展进程中，发挥广西的优势进一步打造好中国—东盟合作的“南宁渠道”。如何使“一轴两翼”的泛北部湾次区域合作的机制创新成为东盟各国的共识和行动，不仅要为中国—东盟关系发展创新形式，拓展领域，也要为广西的开放开发，抓住中国—东盟区域合作的机遇实现自身发展创造条件。如何在中国—东盟区域合作中不断推动北部湾的开放开发,形成热潮滚滚的态势,这些问题都需要不断地深化研究。

综上所述,中国与东盟各国的关系无论从历史现状还是发展趋势都是需要认真研究的重大课题。广西大学作为地处中国与东盟开放合作的前沿区域的"211 工程"高校应当以这些研究为己任,应当在这些重大问题的研究上产生丰富的创新成果,为我国与东盟各国关系的发展,为广西在中国—东盟经济合作中发挥作用并使广西跨越发展作出贡献。

在中国与东盟各国关系不断发展的过程中,广西大学中国—东盟研究院的学者、专家们在中国—东盟各项双边关系的研究中进行了不懈地探索。学者、专家们背负着民族、国家的责任,怀揣着对中国—东盟合作发展的热情,积极投入到与中国—东盟各国合作发展相关的各种问题的研究中来。"梅花香自苦寒来,十年一剑宝鞘出。"历经多年的积淀与发展,研究院的组织构架日臻完善,团队建设渐趋成熟,形成了立足本土兼具国际视野的学术队伍。在学术上获得了一些喜人的成果,比较突出的有:取得了"CAFTA 进程中我国周边省区产业政策协调与区域分工研究"与"中国—东盟区域经济一体化"两项国家级重大课题;围绕中国与东盟各国关系的历史、现状及其发展从经济、政治、文化、外交等各方面的合作以及广西和北部湾的开放开发等方面开展了大量的研究,形成了一大批研究论文和论著。这些成果为政府及各界了解中国—东盟关系的发展历史,了解东盟各国的文化,把握中国—东盟关系的发展进程提供了极好参考材料,为政府及各界在处理与东盟各国关系中的各项决策中发挥了咨询服务的作用。

这次以《广西大学中国—东盟研究院文库》的形式出版的论著仅仅是学者、专家们的研究成果中的一部分。《文库》的顺利出版,是广西大学中国—东盟研究院的学者们在国家"211 工程"建设背景下,通过日夜的不辞辛苦、锲而不舍的研究共同努力所取得的一项重大的成果。《文库》的作者中有一批青年学者,是中国—东盟关系研究的新兴力量,尤为引人注目。青年学者群体是广西大学中国—东盟研究院未来发展的重要战略资源。青年兴则学术兴,青年强则研究强。多年来,广西大学中国—东盟研究院着力于培养优秀拔尖人才和中青年骨干学者,从学习、工作、政策、环境等各方面创造条件,为青年学者的健康成长搭建舞台。同时,众多青年学者们也树立了追求卓越的信念,他们在实践中学会成长,正确对待成长中的困难,不断走向成熟。“多情唯有是春草,年年新绿满芳洲。”学术生涯是一条平凡而又艰难、寂寞而又崎岖的道路,没有鲜花,没有掌声,更多的倒是崇山峻岭、荆棘丛生。但学术又是每一个国家发展建设中不可缺少的,正如水与空气之于人类。整个人类历史文化长河源远流长,其中也包括着一代又一代学者薪火相传的辛勤劳绩。愿研究院的青年学者们,以及所有真正有志献身于学术的人们,都能像春草那样年复一年以自己的新绿铺满大地、装点国家壮丽锦绣的河山。

当前,国际政治经济格局加速调整,亚洲发展孕育着重大机遇。中国同东盟国家的前途命运日益紧密地联系在一起。在新形势下,巩固和加强中国—东盟战略伙伴关系,不断地推进和发展中国—东盟自由贸易区的健康发展是中国与东盟国家的共同要求和共同愿望。广西大学中国—东盟研究院将会继续组织和推进中国与东盟各国关系的研究,从区域经济学的视角出发,采取基础研究与应用研究相结合、专题研究与整体研究相结合的方法,紧密结合当前实际,对中国—东盟自由贸易区建设这一重大战略问题进行全面、深入、系统的思考。在深入研究的基础上提出具有前瞻性、科学性、可行性的对策建议,为政府提供决策咨询,为相关企业提供贸易投资参考。随着研究的深入,我们会陆续将研究成果分批结集出版,以便使《广西大学中国—东盟研究院文库》成为反映我院中国—东盟各国及其关系研究成果的一个重要窗口,同时也希望能为了解东盟、认识东盟、研究东盟、走进东盟的人们提供有益的参考与借鉴。由于时间太紧,本文库错误之处在所难免,敬请各位学者、专家及广大读者不吝赐教,批评指正。

是为序。

(作者系广西大学中国—东盟研究院院长)

2011 年 1 月 11 日

目　录

图表目录

第1章 导论

CAFTA框架下，基于供应链理论的区域分工条件下出口产业链形成机制及区域财政金融支撑体系的创新研究，有其深厚的研究背景和非常重要的理论研究意义和现实研究价值。从现实研究价值层面来看，面对东盟国家的日益激烈的贸易竞争，我国周边省区加强区域分工条件下相应的财政金融支撑体系的创新，公平、合理的进行区域合作过程中各利益主体之间的利益分配，不仅有利于各利益主体间合作的良好开展和持续进行，更有利于地区综合实力的提高，实现"抱团"应对贸易竞争与"威胁"。从理论层面上来看，本课题相关研究的进行，则可以更加丰富和完善利益补偿机制、金融发展等财政金融理论的内容并赋予其新的含义。作为导论部分，本章对整个课题的研究内容进行了精炼的概括和介绍，如第一节介绍了具体的研究背景、现实研究价值和研究意义，第二节重点介绍了本课题的研究思路和演化博弈论模型、协整检验和Granger因果关系检验等主要研究内容，第三节介绍了理论研究与实践相结合、定性分析与定量分析相结合、调研与数据处理等具体的研究方法和技术路线，第四节则介绍了本课题的研究重点、难点和主要创新点。

1.1 研究背景和意义

1.1.1 研究背景

本课题主要是在中国—东盟自由贸易区(简称 CAFTA)的框架下,对其周边粤、桂、琼、滇四省区出口产业链形成过程中的财政金融支撑保障体系进行的研究。

中国与东盟互为第四大贸易伙伴,且东盟是中国的第四大出口市场和第三大进口来源地,长期以来在彼此的经贸往来中都扮演了非常重要的角色。特别是在 2010 年 1 月 1 日之后,中国—东盟自由贸易区正式全面启动,成为一个涵盖 11 个国家、19 亿人口、GDP 总量达 6 万亿美元、贸易额占世界贸易总量 13% 的巨大经济体,同时也是目前世界上人口最多的自由贸易区和发展中国家间最大的自由贸易区。自 1993 年以来,中国就对东盟一直保持了不断增长的贸易逆差,特别是在中国—东盟自由贸易区实现“零关税”后,中国各省对东盟的进口更是呈现出“井喷”似的增长,对东盟的贸易逆差也不断扩大,截止到 2010 年 9 月逆差总额已达 122.5 亿美元。其原因主要在于由资源禀赋以及产业结构的差异导致的中国产品较东盟产品竞争力的弱化。虽然现有贸易逆差没有对我国的经济发展造成巨大影响,但是对广东、广西、海南、云南等周边省区出口产业发展的影响则日渐显现,因此,必须采取有效措施扭转周边省区在对东盟贸易过程中的“劣势”,而上述省区之间出口产业链的构建就成为现实选择之一。

长期以来,我国为鼓励出口产业的发展出台了包括出口退税、出口贴息等一系列优惠政策。中国出口产业繁荣发展的广东省享受到了较多的优惠政策。近几年来随着中国—东盟贸易合作的不断深入,作为中国—东盟贸易合作“桥头堡”的广西、云南、海南等省区也享受到了国家出台的促进本地区出口产业发展的优惠政策,如为鼓励 CAFTA 框架下包括粤、桂、琼、滇四省区在内的环北部湾经济区的发展,国家出台了《广西北部湾经济区发展规划》,将包括产业发展在内的区域发展上升到了国家战略地位。目前，粤、桂、琼、滇四省区促进出口产业发展的财政金融支撑呈现出差异分布，广东省不论在财力保障还是金融机构服务支撑等方面都优于广西壮族自治区、海南省和云南省，如2009年广东省的财政收入为3649.2亿元排名全国第1位，广西壮族自治区财政收入为620.8亿元排名全国第22位，海南省财政收入为178.2亿元排名全国第28位，云南省财政收入为698.3亿元排名全国第20位①。金融机构服务支撑方面，广东省的金融机构和非金融机构数量众多，业务覆盖范围也比较广泛，其金融机构服务完善度是其他三省区无法比及的。从实地考察来看，在CAFTA框架下粤、桂、琼、滇四省区出口产业链的构建过程中所产生的包括税收、转移支付等利益分配以及区域金融资源共享等相关问题，亟待创新的区域财政金融支撑体系进行有效解决和保障。

首先，粤、桂、琼、滇四省区出口产业链形成过程中的利益调节需要创新财政支撑保障体系，这主要表现在，出口产业链的形成会引起在出口产业链运行过程中“扮演”不同“角色”的省区的财政收入、财政支出、税收收入发生相应的变化。比如出口产品或资源粗加工的省区较深加工省区来说产品的增值相对较小，会引起相关省区的增值税收入产生差异，而且负责的出口产品加工环节的不同，还会导致地区营业税等相关税种收入的变化。在出口产业链有效运行的过程中，资源粗加工的省区承担了包括环境污染、生态破坏在内的“代价”，而产品深加工的省区获得了相对较多的利益，造成了事实上的利益分配不公，这个问题亟待创新财政支撑保障体系进行解决。此外，粤、桂、琼、滇四省区出口产业链形成后，各省区所获得的中央转移支付和享受的优惠政策等也会相应发生调整，而这种调整也是需要有效的、与出口产业链的可持续运行相适应的财政支撑体系进行保障的。

其次，粤、桂、琼、滇四省区出口产业链形成后，利益共享机制的建立也是需要创新区域金融支撑体系的。从金融发展角度来看，粤、桂、琼、滇四省区利益共享机制的建立，就是要实现区域之间金融资源的共享，改善地区之间金融资源分配不均、配置效率低下等问题，在区际出口产业链构

① 数据来源：新华网论坛。

建推动地区产业结构优化升级的过程中，实现地区金融结构的优化升级和发展，以更好地保障区际出口产业链的可持续发展。

1.1.2 现实研究价值

一、建立粤、桂、琼、滇四省区之间区域利益补偿机制

粤、桂、琼、滇四省区出口产业链建立过程中会引起相关省区财政和金融方面利益的调整和改变，部分省区获得的利益将会多于其他省区，特别是在粤、桂、琼、滇四省区地区经济发展差异较大的情况下，由区际出口产业链的构建所导致的地区利益分配不均会在一定程度上加重地区之间的两极分化程度，加之为促进区际出口产业链的形成地区间金融资源的不断优化，如果无法实现金融资源的共享，最终会出现发达省区金融结构实现不断优化和发展，而欠发达省区的金融发展仍然滞后，这种现象如果长期存在，不仅不利于地区经济的可持续发展，而且会影响我国和谐社会的构建以及降低 CAFTA 框架下我国周边省区乃至全国出口产业的国际竞争力。因此，必须采取有效措施应对粤、桂、琼、滇四省区出口产业链形成和优化升级过程中可能产生的地区之间利益分配不均等问题，而在此背景下，地区之间区域利益补偿机制的设计及构建就成为必要的选择之一。

同时，区域利益补偿机制的构建也具有非常重要的现实研究价值，这主要体现在区域利益补偿机制的构建可以为有效解决地区之间的利益分配问题、缩小地区之间经济发展差异提供可行途径，同时对于我国转移支付制度的完善也具有很大的补充作用，因此，本课题区域利益补偿机制的建立特别是其中横向区域利益补偿机制的构建具有十分重大的现实研究价值。

二、创新区域产业合作的金融支撑体系

随着 CAFTA 框架下我国周边省区包括产业合作在内的地区间经贸合作的不断深化，作为区域经济发展重要推动力的金融支撑体系越发显现出它的重要性，要实现区域经济在更大范围、更广领域、更高层次的合作，就必须使区域金融更紧密合作，更好地发挥金融在区域资源流动和产业合作分工中的配置导向和市场调节作用。

创新区域产业合作的金融支撑体系的核心必须强化多种金融政策的

协调配合,实现区域间货币资金的合理流动,以促进区域经济的良好发展。包括区际出口产业链建立的区域经济发展的资金来源主要有两条途径:一是通过金融市场取得资金;二是靠政府的政策性金融支持和开发性金融或财政支出方面的优惠政策。但从现实来看,如果单纯依靠市场机制,由于桂、琼、滇三省区地区经济、技术都相对落后,金融市场资金流动机制必然会产生"弃低就高"的效应,在区际出口产业链的构建过程中上述三省区的经济很难迅速发展起来;如果单纯依靠政府财政手段,即采取所谓"输血"的办法,除了受国家财力的限制和经济规律的制约,既远远不能满足北部湾地区开发的资金需求,也很难取得显著成效。因此,解决粤、桂、琼、滇四省区出口产业链形成和优化升级过程中资金的思路和措施也是一个综合性、多因素的系统工程,必须有一个包括政府财政适当支持、金融多力并举等方面的全方位、多层次的地方金融支撑体系。实践证明,在区域经济发展的初期,适当的财税政策(如贷款贴息、资本金补充)扶持尤为重要,在中长期,金融支持处于主导地位,并具有不可替代的举足轻重的作用,粤、桂、琼、滇四省区出口产业链的建立和优化升级亦是如此。本课题研究的主题之一为粤、桂、琼、滇四省区出口产业链形成和优化升级的区域金融保障支撑体系的创新,它重在强调出口产业链运行过程中的金融支持的力度,解决相关资金约束等问题,具有重要的现实意义,有一定的社会参考价值。

1.1.3 研究意义

一、理论层面

不断创新和完善粤、桂、琼、滇四省区出口产业链发展的财政金融保障体系,实现出口产业链发展的产业政策、财政政策和金融政策的相互协调配合,不仅有利于区际出口产业链的持续发展和良好运行,而且有利于区域经济的快速发展,提升了地区产业发展的竞争力。特别是粤、桂、琼、滇四省区之间区域利益补偿机制的构建,顺应了经济全球化和区域经济一体化的趋势并提升了我国出口产业在国际范围内的竞争优势,创新了我国协调地区之间财政与金融利益分配的模式,为其他地区利益分配与补偿问题的解决提供了借鉴。同时,区域利益补偿机制的建立补充了我国转移支付制度的内容,在很大程度上推动了我国转移支付制度特别是横向转移支付制度的建立和完善，具有建设性意义。此外，本课题中提出的大量完善区际出口产业链形成和优化升级的区域金融保障支撑体系的措施和内容，能够不断推动地区产业结构和金融结构的协调发展，能够为各省区特别是粤、桂、琼、滇四省区的地区金融发展提供良好的政策建议，理论研究意义重大。

二、实践层面

本课题在研究过程中通过开展相关的实证分析和检验，进一步论证了区际出口产业链的形成对地方财政以及金融等方面的影响，论证在促进出口产业链形成和优化升级的前提下，地区金融结构的演变对本地区经济发展的贡献度，指明了各地区金融结构的培育导向，以期在此基础上构建以金融结构优化为核心内容的区际出口产业链形成和优化升级的金融支撑体系提供实证支持。

1.2 研究思路和主要内容

本课题主要研究的是由出口产业链的形成所导致的相关利益的调整，以及为调整出口产业链各参与主体之间的利益应当采取何种财政和金融方面的措施进行解决，也就是财政金融体系对出口产业链的支撑。

1.2.1 研究思路与框架

本课题在总结国内外对于出口产业链的财政金融支撑方面的研究成果的基础上，首先借鉴公共财政理论、资源优化配置理论、转移支付理论以及金融结构调整与金融发展等理论作为出口产业链形成的财政金融体系的理论基础；其次对粤、桂、琼、滇四省区出口产业链的形成的必要性和可行性进行了分析，对出口产业链形成过程中相关的利益调整进行了剖析：主要包括出口产业链的形成对地方财政收入、地方财政支出以及税收收入的影响，出口产业链形成过程中的避税问题的出现，出口产业链形成过程中生产贸易流与金融资源配置的动态均衡等；再次，结合 CAFTA 框架下周边省区（主要是粤、桂、琼、滇四省区）出口产业链形成过程中的财政金融支撑现状，对上述四省区现有财政金融支撑存在问题和不足进行了深入剖析，并充分借鉴了东盟国家对出口产业发展的财政金融支撑体系；最后提出促进粤、桂、琼、滇四省区出口产业链形成和优化升级的财政金融支撑保障体系的创新，并进一步阐述了粤、桂、琼、滇四省区出口产业链的可持续发展应当注重与其他相关经济政策的结合以及与东盟国家的财政、税收、金融方面的协调。

本课题共分为九章，第一章和第二章分别为《导论》和《国内外研究文献综述》；第三章和第四章分别阐述了建立区际出口产业链的财政和金融支撑的理论基础，包括公共财政理论、资源优化配置理论、转移支付理论以及金融结构调整和金融发展理论；第五章阐述了粤、桂、琼、滇四省区出口产业链形成的必要性、可行性，出口产业链在其形成过程中可能对地方财政收入、地方财政支出以及地方税收收入以及区域金融发展所产生的影响，以及在区际出口产业链的形成过程中可能产生的避税问题包括避税条件、避税方法、避税的危害等进行了深入分析；第六章对粤、桂、琼、滇四省区出口产业链形成的区域财政、金融支撑现状进行了全面的分析，并指出上述四省区现有促进出口产业链形成的财政、金融支撑存在的问题与不足；第七章和第八章分别为促进粤、桂、琼、滇四省区出口产业链形成和优化升级的财政和金融保障体系创新，包括利益协调和分配机制的构建、财政支撑体系的完善、金融服务支撑体系的创新、区域金融合作支撑体系等；第九章为促进粤、桂、琼、滇四省区出口产业链的持续发展所进行的社会保障制度的完善和创新支撑。

1.2.2 主要研究内容

本课题在分析问题时主要选取了演化博弈论模型以及协整模型分别对区际出口产业链的建立的必要性，粤、桂、琼、滇四省区出口产业链的形成对地方财政收入、地方财政支出、地方税收收入的影响以及出口产业链的形成后真实物流与货币流之间的动态均衡关系进行了实证检验。此外还运用泰尔指数对我国转移支付在缩小地区财力差异方面的作用进行了测度。

一、演化博弈论模型

演化博弈论研究的对象是一个“种群”(Population)的效应分析，通过

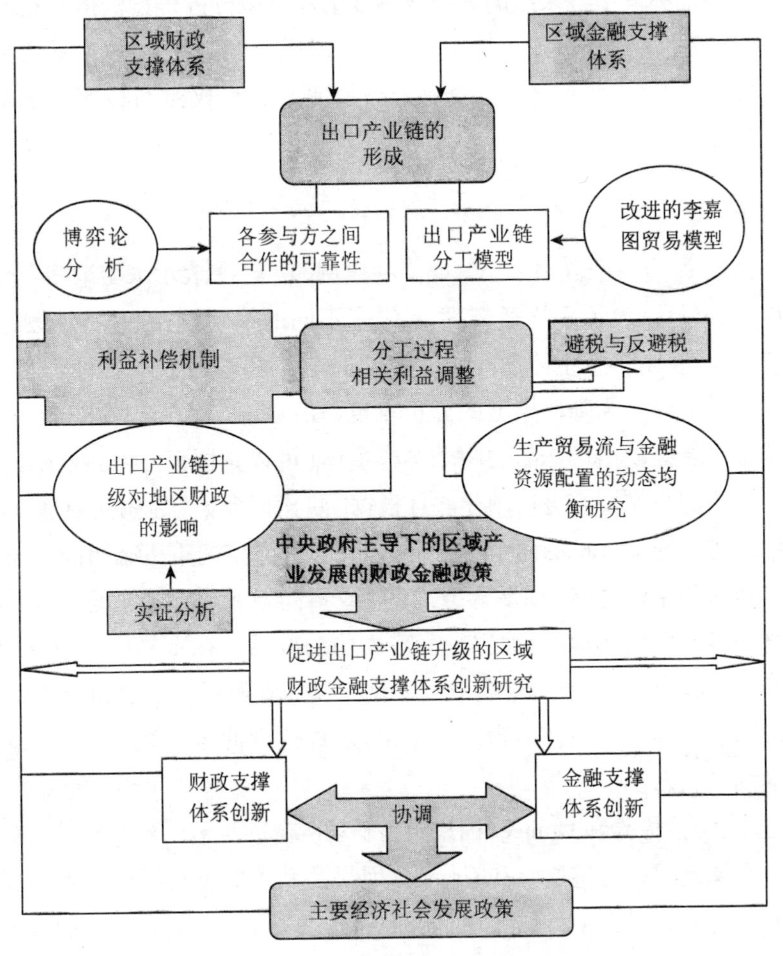

图 1-1　课题总体研究框架

对"种群"中具有代表性的有限个体之间的竞争与合作进行分析,并得出相应的结论,可以对"种群"中的其他参与主体起到示范带动的作用,因此,运用演化博弈模型对区际出口产业链的竞争和合作关系进行演绎分析,具有其科学性和现实必然性。演化博弈论核心的概念是"演化稳定策略"(Evolutionary Stable Strategy, ESS)和"复制动态"(Replicator Dynamics)。若策略 s^* 是一个 ESS,当且仅当:(1) s^* 构成一个 *Nash* 均衡(即对任意的 s,有 $u(s^*,s^*) \geqslant (s^*,s)$);(2)如果 $s^* \neq s$ 满足 $u(s^*,s^*) = u(s^*,s)$,则必有 $u(s^*,s) > u(s,s)$。复制动态实际上是描述某一特定策略在一个种群中被采用的频数或频度的动态微分方程。根据演化的原理，一种策略的适应度或支付比种群的平均适应度高，这种策略就会在种群中发展，即适者生存体现在这种策略的增长率大于零，可以用以下微分方程给出：

$$增长率\ \frac{1}{x_k}\cdot\frac{dx_k}{dt}=[u(k,s)-u(s,s)],k=1,\lambda K$$

其中 x_k 为一个群中采用策略 k 的比例，$u(k,s)$ 表示采用策略 k 时的适应度，$u(s,s)$ 表示平均适应度，k 代表不同的策略。在此，本课题主要分析的是，在由多个主体参与的出口产业链中，各参与主体之间竞争与合作的利益博弈。为降低模型的分析难度，在此我们特别选取出口产业链中两个具有同质出口产品的两个参与主体（可以是国家、地区或企业）之间的竞争与合作博弈进行阐述。且根据“演化博弈论”的相关原理，假设被抽取进行博弈分析的两个参与主体的利益权衡结果能够在出口产业链的其他参与主体之间（即博弈方之间）或不同地域出口产业链的参与主体之间具有广泛被学习、被进行策略模仿的效果。在重复的竞争与合作的博弈过程中，在追求自身利益最大化的目标支配下，参与双方不断地通过较满意的结果去代替不满意的结果，最终达到博弈过程中一个较为稳定的均衡状态。

二、协整检验和 Granger 因果关系检验

本课题通过协整检验和 Granger 因果关系检验验证了出口产业链形成和优化升级过程中粤、桂、琼、滇四省区出口额与其地方财政收支和税收收入之间的协整以及真实物流（用总货运量来表示）和货币流（金融机构年末贷款余额）之间的动态均衡关系，从而进一步论证了区际出口产业链的构建对地区相关利益的调整和影响，为本课题中利益补偿机制的构建提供了依据和证明。其中，为考察出口产业链的形成对地方财政收支及税收收入的影响，本课题建立了如下回归方程：

$$Y_{LFR_i}=C+aX_{Ej}+\mu_t \quad\quad (1\text{-}1)$$

$$Y_{LFE_i}=C+aX_{Ej}+\mu_t \quad\quad (1\text{-}2)$$

$$Y_{TR_i}=C+aX_{Ej}+\mu_t \quad\quad (1\text{-}3)$$

上述（1-1）（1-2）（1-3）三个回归方程分别考察的是出口产业链形成对地方财政收支和税收收入的影响。其中 X_{Ej} 、Y_{LFE_i} 、Y_{LFR_i} 、Y_{TR_i} 分别

代表上述四省区的地方出口总额、地方财政收入、地方财政支出和地方税收收入，而 E 为地方出口总额（Exports）、LFR 为地方财政收入（Local Fiscal Revenues）、LFE 为地方财政支出（Local Fiscal Expenditures）、TR 为地方税收收入（Tax Revenues），i、j=广东、广西、海南、云南。

而为检验粤、桂、琼、滇四省区出口产业链形成过程中出口额与地方财政收支以及税收收入相关变量之间的 Granger 因果关系需要构造以下模型：

无条件限制模型：$Y_1 = \sum_{i=1}^{m} \alpha_i Y_{t-i} + \sum_{j=1}^{m} \beta_j X_{t-j} + \mu_l$

有条件限制模型：$Y_1 = \sum_{i=1}^{m} \alpha_i Y_{t-i} + \mu_l$

然后用各回归的残差平方和计算 F 统计值，检验系数 $\beta_1, \beta_2, \cdots, \beta_m$ 是否同时显著地不为零。

而为考察出口产业链的形成引起的产业结构的变化对金融结构的影响，本课题进行了产业结构与金融结构之间的关系理论证明，并进行了基于技术演进周期视角下的金融结构互嵌融合效应的模型推导。

本课题的主要研究内容为：

第一，通过协整模型的实证检验，本课题考察了出口产业链的形成对地方财政收入、地区财政支出以及地区税收收入的影响，得出了粤、桂、琼、滇四省区出口额（E）与地方财政收入（LFR）、地方财政支出（LFE）以及地方税收收入（TR）四个变量之间的具体关系；同时剖析了区际间出口产业链建立过程中各省区分工与协作的财政政策、税收政策障碍，认为应当调整并协调四省区的间接出口税收政策、协调各方利益、解决避税与反避税问题，为包括出口产业链建立在内的区域产业结构的优化升级、产业政策协调提供优质的区域性公共产品服务。

第二，研究出口产业链形成过程中生产贸易流与金融资源配置的动态均衡，主要包括研究生产贸易链调整对金融资源配置的影响，动态研究真实物流与货币流变动关系及金融资源配置效率，通过产业链、工业链与资金链的统一，实现金融与产业在信息流上的对称，在此基础上考察金融对生产贸易结构调整的推动作用。通过相关的实证检验我们得出广东省、广西壮族自治区、海南省、云南省的总货运量与金融机构年末贷款余额之间都互为 Granger 原因，即总货运量的变化会引起金融机构贷款额的变化，金融机构贷款额的变化也会对相关的货运量产生一定的影响的结论，即出口产业链形成过程中真实物流与货币流之间存在一定的动态均衡关系。

第三，出口产业链框架下的区域财政支撑体系创新研究，主要包括研究财政政策等在促进出口产业链形成和优化升级方面的作用，在促进出口产业链升级过程中所遇到的障碍，以及应当采取何种措施予以解决，并对现有出口产业链升级过程中的财政支撑体系进行创新。

第四，出口产业链框架下的区域金融支撑体系研究，主要包括研究加强地区间金融合作，维护公共金融秩序，加强统一的金融产业后台服务体系建设，发展区域产业风险基金，为企业加强经济合作创造公开、公平、公正的金融市场环境，实现区域金融资源共享、金融人才共享，并在投融资、保险服务、产权交易等方面提供便利条件，更好地实现金融支持的乘数效应。

1.3 研究方法与技术路线

1.3.1 研究方法

一、理论研究与实践相结合

首先，通过对相关理论知识的学习和梳理，将公共财政理论、资源优化配置理论、转移支付理论以及金融发展理论、供应链金融理论等引入本课题的研究中，形成坚实的研究支撑，奠定了本课题的理论研究基础。

其次，本课题通过对粤、桂、琼、滇四省区的实地调研，充分了解目前粤、桂、琼、滇四省区在促进产业发展方面的财政金融支撑现状，并发现了现行体制运行过程中存在的一些问题和不足，增强了本课题研究和相关措施提出的针对性，也奠定了本课题进行理论研究的基础。

二、定性分析与定量分析相结合

在应用经济学领域，定量分析首先应得到强调。因为定性分析需要定量分析结果的支持。没有正确、科学、准确的定量分析，则在定性分析中难免出现无依据的判断。同时，定量分析需要定性分析提供分析框架或者思路。全文对粤、桂、琼、滇四省区出口产业链形成的财政、金融支撑的发展现状,集中使用定性分析方法。同时,本论文也注重定量研究,对一些因素的相互关系通过数学公式,简洁、概括地反映因素间的数量关系,运用公式出口依存度=出口贸易额/GDP(或地区 GDP)×100%分别计算出了粤、桂、琼、滇四省区的出口依存度,从而使我们更清楚地了解了出口在上述四省区经济发展过程中的重要性;运用公式 $S_i = \frac{TR_i}{\sum_{i=1}^{n} TR_i} - \frac{GDP_i}{\sum_{i=1}^{n} GDP_i}$ 测度了粤、桂、琼、滇四省区税收与税源的背离程度,为本课题在提出促进出口产业链形成和优化升级过程中的财政支撑保障体系的创新提出了"警醒",也就是说在粤、桂、琼、滇四省区出口产业链持续发展的过程中,我们要特别注意四省区的税收与税源背离问题;运用泰尔指数 $T=\sum_{i=1}^{31} P_i log \frac{P_i}{Y_i}$ 测度了转移支付制度在调节地区之间财力差距方面的作用,为本课题中粤、桂、琼、滇四省区之间利益补偿机制的构建提供了支撑。

同时,本课题采用博弈论分析方法和计量经济学建模分析方法作为主导分析方法,对出口产业链形成过程中相关利益的调整包括对地方财政支出和地方税收收入的影响、对货币流向和金融资源配置效率的影响等进行充分的实证分析。在具体研究过程中则以出口产业链的升级为背景,分析在此过程中可能遇到的制度障碍和发展瓶颈等问题,并对财政金融体系的支撑进行创新。需要特别强调的是,出口产业链形成时各参与主体之间博弈模型的构建,研究的主要是在对于具有同质出口产品的企业、地区或国家来说,实现出口产品产业合作的链条化,是这些参与主体实现利益最大化的最优选择(垄断行业除外)。而在博弈过程中均衡结果的形成就决定了出口产业链中相关利益的协调,而这种协调就包括了地区财政和金融方面的协调。因此,出口生产链中各参与主体博弈模型的构建,不仅使我们的研究更具科学性,而且在一定程度上拓宽了我们的研究视野,促进我们从更具创新性的角度对所涉及的问题进行研究。而采取计量经济学中的协整分析方法对出口产业链的形成(即出口额)与地方财政收支及地方税收收入以及出口产业链形成过程中真实物流与货币流之间的动态均衡模型进行论证，是为本课题中关于利益分配机制问题的分析及相应对策的提出奠定一定的基础。

三、调研与数据处理方法

通过对粤、桂、琼、滇四省区出口产业发展状况以及现有财政金融支撑现状的实地调研，奠定了本课题研究的实践基础，同时也获取了本课题进行一些实证分析所需的大量数据。关于数据处理方法，由于所获数据都可以看做是时间序列，因此本课题为保证数据的科学性主要是通过时间序列模型检验数据季节性与平稳性来对数据进行处理的，同时也根据国家不同时期数据披露对本课题中相关的数据进行调整，并对所需数据进行多方收集，最大限度地保证实证检验过程中所需数据的科学性与完整性。

1.3.2 技术路线

本课题的研究技术路线（见图1-2）可以分为三个分路线：

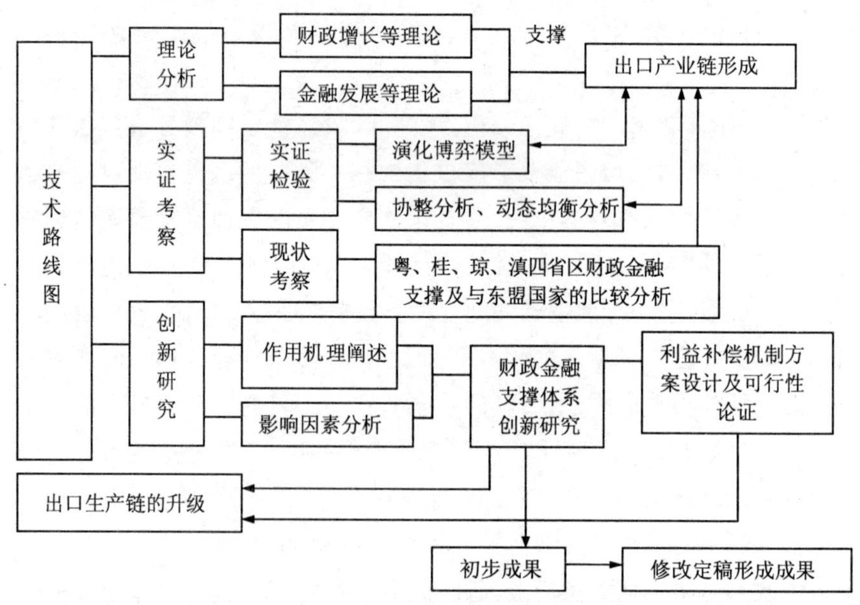

图1-2　课题技术路线图

分路线一:理论分析,以相关理论内容为依据对财政和金融在支撑出口产业链形成方面的相关机理进行阐述说明。

分路线二:实证考察,运用演化博弈模型对出口产业链形成过程中各参与主体之间的竞争与合作策略选择进行分析,并得出相关结论;运用计量经济学模型对出口产业链的形成与地方财政收支和地方税收收入的影响进行实证分析,并对出口产业链形成过程中真实物流与货币流的变动关系进行均衡论证;运用国际税收相关理论和案例对出口产业链形成过程中的避税与反避税问题进行分析。同时,对 CAFTA 周边省区即广东、广西、海南、云南四省区有关出口产业链的财政金融支撑状况进行分析,并同东盟有关国家的出口产业政策进行横向比较。

分路线三:创新性研究,首先提出解决出口产业链升级过程利益补偿机制的方案并对其可行性进行论证,并进行促进出口产业链升级的财政体系创新研究;其次,对影响促进出口产业链升级的金融支撑的因素进行剖析,并进行相关金融支撑应对策略的创新性研究。

1.4 研究的重点、难点及主要创新点

1.4.1 本课题研究的重点、难点

之一,构建演化博弈模型。通过演化博弈模型对各参与主体之间的竞争与合作策略的选择进行分析,得出结论出口产业链的形成能够为各参与主体追求利益最大化目标的实行提供理论支撑,也就是在出口产业链的形成过程中各参与主体选择合作策略比选择竞争策略能够获得额外的收益。

之二,构建出口产业链形成过程中的出口产品分工模型。该模型的构建主要是为了解决出口产业链中的利益分配与补偿问题提供政策设计依据,奠定了下文中利益补偿机制方案设计的理论基础。

之三,计量经济学协整分析。本课题中运用协整分析一方面主要是为了对出口产业链的形成与地方财政收入与支出以及地方税收收入之间的关系进行实际论证,另一方面是为了论证出口产业链形成过程中真实

货物流与货币流之间的动态均衡关系。

之四，利益补偿机制方案的设计及论证。该方案的设计前提是中央政府主导下的区域产业发展的财政金融政策，在此框架下我们对出口产业链形成过程中相关利益的调整导致的利益补偿机制问题进行深入讨论，然后设计出包括横向转移支付与纵向转移支付在内的利益补偿机制方案，并对其可行性进行充分的论证。

本课题研究的难点在于在设计利益补偿机制方案过程中所提出的逐步完善政府间财政横向转移支付制度的设想，没有充分的实践借鉴，因为目前世界上成功开展横向转移支付制度的国家寥寥无几，大都是基于理论进行分析的，缺乏完善的测算方法和完整的统计数据，这给本课题的研究增加了难度。

1.4.2 本课题的主要创新点

本课题在研究过程中不仅涉及充分的理论分析、科学的模型构建和实证检验，而且引入了案例分析对出口产业链形成过程中的避税与反避税问题展开论述，模型的构建将使问题的分析更具有科学共性和具体化，而实证分析为相关政策的研究提供了可靠的实证支持。本课题的研究创新点不仅仅是进行了学科的交叉，融国际经济学、金融学、财政学、计量经济学、西方经济学的相关理论于一体，也不仅仅是从财政、金融不同的角度对出口产业链升级过程中的政策支持、制度支撑体系的完善等进行了理论方面的创新，最为重要的是针对出口产业链的形成过程中所产生的利益分配问题进行了相关利益补偿机制方案的设计，并对其可行性进行了充分的论证。

粤、桂、琼、滇四省区区域间利益补偿机制的设计分为纵向和横向两个方面。从纵向上来看区域间利益补偿机制的内容包括财力保障、税收政策与税式支出支持、配套设施的完善三个方面，其中财力保障要根据各省区资源分布和功能分区的特点进行有针对性的转移支付，体现其政策目的性，特别要注意加强对初级产品生产地区（资源粗加工区）财政资金的保障力度，同时中央政府应降低广西、云南、海南三省区获得转移支付配套资金的要求，鼓励四省区与东盟国家的贸易往来；税收政策的支持主要是指政府为鼓励出口所采取的增值税和消费税的出口退（免）税政策以及其他一些税收优惠政策，应尽量缩短出口退（免）税的办理时间、注重效率，以使出口企业获得更多的效率资金，同时尽量做到“纳税额与退税额”相等，将税式支出对企业产生的“正外部效应”转化为出口企业发展的内在价值利益。从横向上来看区域利益补偿机制的内容包括资源粗加工区与深加工区之间的利益协调与补偿，建立出口资源粗加工区与深加工区之间的风险共担机制，出口省区的出口企业需要事先与提供出口产品原材料的省区签订产品认购合作协议，一旦发生非自然原因导致的农产品和矿产资源滞销等风险，应当由协议双方共担，其中资源粗加工区相关责任主体承担80%、深加工区的相关责任主体承担20%，但是由于农户或作为自愿粗加工区的省区自行出口农产品或矿产资源所产生的风险除外；建立资源粗加工区与深加工区之间以生态补偿为目的的横向转移支付机制，这就涉及了省区之间的财力转移，即由出口受益较多的省区向由于生产出口产品而导致生态环境恶化的省区进行一定的财力补偿，具体落实到粤、桂、琼、滇四省区的出口产业链中，就是由广东省即出口资源深加工区向广西区和云南省即出口资源粗加工区进行一定额度的财力补偿，额度的确定应当按照广西区和云南省每年的生态保护的投入、生态破坏的恢复成本已经生态环境的机会成本等综合评定，它是一个浮动的而不是固定的额度；此外，还应当建立一个粤、桂、琼、滇四省区出口产业链发展过程中的“生态补偿基金”，用于补偿因出口农产品和矿产资源所导致的各省区的生态环境破坏的损失，各省区基金的缴纳按照其财政收入的8%和出口额的2%来共同确定，同时加强对各省区生态保护的监督，对当年发生生态环境重大破坏的省区给予相应的损失补偿，补偿额度不得超过当年“生态补偿基金”总额的80%，同时对当年发生重大生态环境破坏的省份按照其财政收入的10%和出口额的5%来确定其下一年的生态补偿基金缴纳额度。而在出口产业链的参与主体中，综合实力水平较为发达的省区可向贫困及不发达省区提供或由资源深加工区向资源粗加工区出口产品生产的绿色技术支持和教育援助，以帮助资源粗加工区出口产品生产过程中所遇到的生态技术问题等。同时，加大粤、桂、琼、滇四省区之间的税收权益的协调与补偿，逐步减少对发展已经粗具规模的高新技术产业的税收优惠政策支持；在低碳经济的大背景下，以及在对高污染等国家限制类产业征收重税的前提下，鼓励矿产资源主产区逐步转变现行产业发展结构，由在出口产业链发展过程中收益较多的省份对发展上述产业的省份给予一定的项目补偿和技术补偿，比如说在广东与广西同时具有承接相关项目能力的情况下，广东可以通过出口产业链这个媒介带动广西或其他省区来共同发展，或通过项目转移的方式由广西自主开展，如果采取合作的方式所形成的税源即税收收入应当由广东和广西按照相应的比例来共同分享，如果广西自主开展相关项目那么对广西税收收入的增长来说则更是"锦上添花"。同时，广东也可以将自己省区相对发达的产业技术对广西、海南、云南三省区进行转移，以帮助三省区地区产业的发展和升级。

本课题中关于促进粤、桂、琼、滇四省区出口产业链形成和发展的金融保障支撑体系方面的创新主要包括四省区联合融资平台支撑体系的创建，以政府为主、市场为辅增强出口产业链相关省区对资金的吸引力；组建四省区支持出口产业链升级的建设投资有限公司，出口产业链形成和升级建设的风险投资基金，并充分利用区域外部资金，创新直接融资模式。同时完善区域金融服务支撑体系，建立起四省区区域银行联合体、壮大四省区的区域性金融组织并建立四省区区域金融稳定协调机构，以及创新金融业务体系、完善供应链金融支撑体系等。此外，本课题的第三大创新点在于实现粤、桂、琼、滇四省区出口产业链财政金融支撑体系与其他经济社会发展政策的协调以及与东盟国际财政金融支撑体系的相互配合、协调，从而实现在 CAFTA 框架下我国周边省区乃至我国出口产业和经济的良好发展，并有效提升我国和相关省区的国际竞争力。

第2章 文献综述

目前，国内外学界专门针对于出口产业链形成的财政金融体系支撑的研究不是很多见，但对于出口产业链形成过程中出现的一些问题都在相关研究中有所涉猎。本章从国内和国外两个角度对与本课题相关的国内外已有文献进行了概括，并简要总结了研究所需的理论支撑。国外研究文献方面，从财政金融在促进产业发展方面、利益补偿机制方面、产业结构、金融结构调整与区域经济发展互动方面三个方面对相关学者的研究观点和看法进行了归纳和总结。国内研究文献方面，内容较国外来说较为广泛，包括了关于财政金融政策在扶持产业链升级与产业转型方面的研究、不同地区优势产业产业链的形成及优化升级的对策研究、关于利益分配或补偿机制问题的研究、关于支撑产业链升级过程中所采取的与其他经济社会发展目标相结合的研究、关于产业分工与区域经济协调发展的研究、关于促进区域经济协调发展的财政金融政策的研究、关于转移支付制度咋调节相关利益分配方面作用的研究以及关于区域金融资源配置与资金流动方面的研究。

2.1 国外主要研究文献综述

2.1.1 关于财政金融在促进产业发展方面的研究

新古典综合派认为，财政政策的微观化，即政府对不同产业部门的包括拨款等措施的政策，通过引导企业按照政府期待的方向调整自身经营行为，能够促进国民经济运行中各产业的协调发展。

日本经济学家植草益(2000)①指出了日本战后产业政策的重要特征之一就是合理培育产业结构，即采用折旧优惠制度和对特定产业实现税收减免的方式来促进日本的产业结构调整。

国外关于金融如何促进产业发展方面的研究，大多集中于金融结构的调整是如何促进产业结构发展方面来进行研究的。Bagheot(1873)在考察了金融在经济与产业发展中的作用后，认为金融体系通过方便大型工业项目融通所需要的资本，在英国的工业革命进程中发挥了关键作用；J. A. Joseph Alois Schumpeter(1912)②在《经济发展理论》一书中提出，银行的信用创造功能促使资金源源不断地投向不断更迭的创新活动领域，促进产业结构的变动和经济增长；Hirschman(1958)③在《经济发展竣路》一书中提出，对于发展中国家而言不平衡增长理论即由政府出面制定并实施一种特定的、有差别的金融政策和制度安排，比竞争性的金融政策和制度安排更有利于支持经济增长和产业的发展；Hicks(1969)认为，金融支持了英国工业革命发生所需的大量资本，从某种意义上来讲是金融系统的创新引发工业革命的发生；Patrick(1966)提出的供给主导理论中指出，金融结构的转变提供了更多的融资渠道或降低风险的金融服务，为产业结构的提升和经济结构的转变创造有利的环境和条件。

---

① 植草益：《日本的产业组织——理论与实证的前沿》，经济管理出版社2000年版。

② J. A. Joseph Alois Schumpeter：《经济发展理论——对于利润资本、信贷、利息和经济周期的考察》中译本，商务印书馆1990年版。

③ Albort offo Hirschman：《经济发展战略》，经济科学出版社1991年版。

2.1.2 关于利益补偿机制方面的研究

冯·杜能(J. H. VonThunen)①、古诺(A. coumot)②、R ·弗农(R. Vernovn)等对产业区位布局与区域间的利益竞争进行了研究;亚当·斯密、大卫·李嘉图、R ·弗农(R. vernovn) 对支配区域之间利益分工的利益机制进行了构建;二战以后,科斯(R. Coase)、诺斯(D. North)、阿尔奇安(A. Alchian)等探索了对区域利益格局有重大影响的组织与制度安排;F. A. Bradbury(2006)在对有关国家的资源开发问题进行研究时提出了相关的包括财政援助、社区赔偿基金、专项保险等在内的利益补偿机制设计,为本课题利益补偿机制方案的设计提供了宝贵的理论参考。

2.1.3 关于产业结构、金融结构调整与区域经济发展互动方面的研究

区际出口产业链的形成归根结底是为了推动区域产业结构的优化升级,区际出口产业链的形成会引起区域产业结构的变化,进而需要与之发展相配套的金融服务保障体系的支撑,金融服务保障体系的不断创新又会引起区域金融结构进行调整,最终会作用于区域经济的发展。产业结构调整、金融结构调整与区域经济发展三者之间存在着互动关系,有一定的联动效应。

Patrick(1996)提出"需求遵从"(Demand-Following)理论。该理论认为金融结构必将转变:经济规模的扩大要求金融业提供更大规模的金融服务,产业结构的提升和经济结构的转变及与此相伴随的企业制度创新、市场规模的扩大及其复杂化,要求金融业提供更为复杂的金融服务,如对衍生金融产品需求的扩大、风险的规避等;Amen(1997)和 Zingales(1997)把产业组织理论应用到金融业,认为银行业和其他产业一样遵循产业组织的特定规律,因此,产业结构的决定因素也影响金融结构,即期初结构、市场规模、市场垄断和竞争同样影响金融结构。

而对金融发展与经济增长关系的关注最早追溯到 Bagehot(1873)③

① 杜能:《孤立国》,1826 年版。

② 古诺:《Game theory》,1838 年版。

③ Bagehot, Walter. Lombard Steet: *A Description of The Money market. John Murray*, 1873.

和 Sehumpeter(1912)①。Schumpeter 发现功能完善的银行能够通过发现和支持具有较大成功概率的创新项目而刺激创新,进而推动经济增长;Gurley 和 Shaw(1955)②发展了 Schumpeter 等人的思想,认为金融发展是经济增长的一个必要条件;而古典经济学家们往往将注意力集中在实体经济上,认为货币不过是便利交易的工具,是实体经济的符号,如琼·洛宾逊(1952)③宣称"企业领着金融走";卢卡斯(1988)④则根本不相信金融与增长的联系有什么重要性,声称经济学家"恶劣地过度强调"了金融因素在经济增长中的作用。之后,经济学家们对于金融功能与作用有了大量的理论和实证研究。一些经济学家如 Goldsmith(1969) ⑤,Mckinnon(1973)⑥等,认为金融市场是经济活动的中心。根据他们的观点,金融服务的数量和质量,可以部分解释经济增长率,使人们开始认识到金融的作用并深入探讨金融发展的路径,尤其是 Goldsmith(1969)的研究,具有开创性的贡献⑦。但是,根据这一研究,还不能确定金融发展与经济增长的因果关系。Patrick(1966)⑧最早提出金融发展与经济增长因果关系。他把关于金融发展和经济增长关系观点分成两类:主张金融发展能促进经济增长的叫做供给主导(Supply-Leading);主张金融发展只是经济增长对金融服务需求的被动反映的称为需求遵从(demand-following)。20 世纪 80 年代以来,一些经济学家继续进行实证研究以

---

① Schumpeter, Joseph A. Theorieder Wirtschaftlichen Entwicklung: *The Theory of Economic Development*. Dunker&Humblot. Translated by REDVERS OPIE. Cambridge, MA: Harvard University press, 1934.

② Gurley, John and Edward Shaw: *Financial Aspects of Economic Development. American Economic Review*, 1955(45).

③ Robinson, Joan: *The generalization of the general theory*. 1952: Macmillan.

④ Lucas, Robert, E. JR. 1988. *On the mechanics of economic development*. Journal Monetary Economics, July 22(1).

⑤ Goldsmith Raymond: *Financial Structure and Development*. Yale University Press, 1969.

⑥ Mckinnon, Ronald: *Money and Capital in Economic Development*, Brookings Institution, 1973.

⑦ 在假定金融体系规模与金融服务供应和质量正相关的条件下,利用金融中介资产的价值除以 GNP 以计量金融发展水平。通过对 35 个国家 1860—1963 年(当年所能获得的)数据的计算,Goldsmith 发现:(1)考虑几十年的较长时期,可观察到经济与金融发展水平大致平行;(2)在少数可获得数据的国家里,甚至还呈现较快的经济增长与超出平均水平的金融发展相联系的情况(当然,这并非没有例外)。

⑧ Patrick, Hugh T. 1966. *Financial development and economic growth in underdevelopment countries*. Economic Development Culture Change, Jan. 14(2).

弥补这一不足。[①] 这些研究已基本上推翻了琼·罗宾逊(1952)作出的被动结论,将金融发展视为经济增长的必要条件。这时,越来越多的文献表明,一个好的金融体系可以减少信息与交易成本,进而影响储蓄率、投资决策、技术创新和长期经济增长率。金融体系各个功能发挥的质量与经济增长有强烈的联系(Levine,1997)[②]。针对一些国家的研究,如针对瑞典和韩国的经济研究(Pontus. Hansson and Lars. Jonung. 1997.[③]; Chun Chang,2000.[④])还表明:在经济发展的不同阶段,金融业的结构不同,发挥的主要功能也不同。

此外, Mckinno (1963)、Edward Tower and Thomas Wilett(1970)、Kiyoshi Kojima(1987)、Gilpin(1987)、Rodrik(2003)等国外学者对相关问题的研究也为本课题在 CAFTA 框架下进行研究的创新提供了充足的理论借鉴。

2.2 国内主要研究文献综述

目前,国内理论界现有关于出口产业链的研究一方面是围绕出口产业链的形成而开展的,另一方面则是专门针对如何加快区际出口产业链形成和升级的相关政策进行的研究,这主要包括中央政府层面、地区层面的政策等,而本课题主要侧重的是关于产业链升级的财政金融支撑体系创新方面的研究。目前国内理论界关于此方面的研究大多散见于对于促进产业链优化、产业链整合等方面的财政金融政策方面的研究中,尽管专门针对出口产业链进行的研究很少,但现有相关研究已经为本课题的研

---

① 这些研究有 Demirgucs-kunt, Asli 和 Levine, Ross. 1966a, 1966b; King, Robert G, 和 Ross Levine. 1993a, 1993b, 1993c; Pontus Hansson 和 Lars Jonung, 1997; World Bank. 2001 等。

② Levine Ross. *Financial development and economic growth: views and agenda*, *Journal of Economic Literature*, 1997(6).

③ Pontus Hansson and Lars Jonung. *Finance and economic growth: the case of Sweden* 1834 - 1991. *NBER working paper*, June 1997.

④ Chun Chang. *The information requirement on financial system at different stages of economic development: the case of South Korea.* NBER working paper, 1st draft, Sept. 1999, reversion, Jan, 2000.

究提供了较多的理论参考和借鉴。

2.2.1 关于财政金融政策在扶持产业链升级与产业转型方面的研究

现有国内理论界关于财政金融政策在扶持产业链升级与产业转型方面的大量研究，为本课题进行促进出口产业链优化升级的财政金融支撑体系的创新提供了充分的经验借鉴。

一、关于财政税收支持产业发展方面的研究

刘家芳（1998）[①]认为税收政策要通过支持产业结构调整来培养和壮大新的经济增长点；彭月兰（2005）[②]强调税收是政府推进产业结构调整的主要政策手段，因此税收政策的制定要以产业结构为导向，并对税收政策的作用进行及时的调整；韩清轩（2006）[③]在充分了解我国产业链发展过程中所存在的问题后，针对存在问题提出了促进我国产业链升级的财政对策，认为财政应当加大支撑产业链升级的相关基础设施建设的投融资力度，实施财税鼓励措施解决生产链各环节生产要素的供给失衡问题，并且进一步优化相关利益分配机制深化财税体制改革；邹红（2009）[④]认为我国钢铁产业链的升级需要财政政策发挥作用，通过调整信贷规模、税率以及相关投资政策等淘汰落后产能，对现有产业链条进行整合提高国际竞争力，以避免利益驱使下的恶性竞争风险的产生。

二、关于金融支持产业发展方面的研究

刘世锦（1996）认为金融发展的着眼点要放到促进产业发展上，提出金融改革和创新要有利于产业的升级和发展，为之提供更好的服务；范方志、张立军（2003）从理论上探讨了金融结构转变与实体经济部门产业结构升级之间的关联机制，并且实证分析了中国东、中、西部地区的金融结构转变与产业结构升级以及经济增长的关系；刘赣州（2005）认为产业结构优化升级与金融支持密不可分，金融的资金聚集功能和服务水平在很大程度上左右着产业结构优化升级的步伐；傅进、吴小平（2005）从资金

---

① 刘家芳：《对加快老工业基地改造与现行税收政策的思考》，《经济纵横》1998 年第 7 期。

② 彭月兰：《运用税收政策促进产业结构调整》，《经济问题》2005 年第 9 期。

③ 韩清轩：《我国产业链的延伸与财政体制优化》，《山西财政税务专科学校学报》2006 年第 6 期。

④ 邹红：《中国钢铁工业规避经济周期风险的战略思考》，《山东冶金》2009 年第 6 期。

形成机制、资金导向机制以及信用催化机制角度论述了金融影响产业结构调整的机理;王佳菲(2006)指出优化资源配置是金融在产业结构转换中的本质功能,因此,作为现代市场经济运行机制枢纽的金融体系,在促进产业结构升级中发挥着重要的作用。

此外,兰勇(2005)[①]认为财政金融在支持我国加工贸易链的升级方面的措施是进一步完善出口退税、提供长期低息贷款等金融服务,为加工贸易产业加入国际贸易链的竞争提供风险担保机制,并严格限制进入我国的对产业结构的优化调整和产业链作用不大的外资;刘力(2008)[②]在研究循环经济的产业转型与绿色金融体系的构建时提出,循环经济的产业转型需要面向市场的金融支持,需要拓展商业银行的绿色信贷业务,提升其促进循环经济发展的资金保障能力,应当充分利用资本市场的直接融资能力促进产业的转型,重点引导企业投资有助于延长产业链、提升产业附加值的领域;黄晓科、汪云华(2009)[③]在关于科学扶持农业产业链升级的财政金融政策中提出,应当加大财政对绿色农业的补贴,加大农业保险税收优惠政策、并逐步扩大农业保险保费补贴的品种、提高补贴比率,提供长期低息贷款、提供产业升级的上市融资渠道并鼓励利用外资发展现代农业;柏芸(2009)[④]则认为财政金融在支撑现代农业产业链技术创新方面应当鼓励金融创新、创建农业技术创新的公共服务平台;王宗祥、康晓夏等(2009)[⑤]提出地方财政加大对畜牧业的扶持力度并设立专项基金、金融部门应当适度扩大对农村信用社支农再贷款的支持力度和投放规模,以更好地支撑畜牧业产业链的升级;苏清海(2009)[⑥]认为广西与越南旅游合作项目产业链的构建与优化的对策在政府层面应当给予企业信

---

① 兰勇:《我国加工贸易升级的层次性与路径探讨》,《经济论坛》2005 年第 20 期。

② 刘力:《循环经济的产业转型与绿色金融体系构建》,《海南金融》2008 年第 10 期。

③ 黄晓科、汪云华:《论我国应对金融危机的战略方向——科学扶持农业产业链升级》,《重庆交通大学学报》(社会科学版)2009 年第 12 期。

④ 柏芸:《构建现代农业产业链技术创新支撑体系的基本思路与对策》,《科技进步与对策》2009 年第 12 期。

⑤ 王宗祥、康晓夏等:《金融支持畜牧产业链的思考——以甘肃省临夏州为例》,《西部金融》2009 年第 11 期。

⑥ 苏清海:《广西与越南旅游合作项目产业链的构建与优化》,《科技和产业》2009 年第 5 期。

用评价和贷款担保、增加货币兑换点等金融服务；齐亚鸥(2009)[①]认为为提高长江航运产业链的竞争力国家应当加大对其的财政和金融支持，保证其发展所需基础设施的完善程度。

2.2.2 不同地区优势产业产业链的形成及优化升级的对策研究

国内现有对不同区域和地区优势产业产业链的形成及优化升级的对策研究，为本课题对广东、广西、云南、海南等优势产业产业链的形成及优化提供了理论参考。宋建晓(2007)[②]在对闽南农业产业链整合过程中提出政府应当加大对此的扶持力度，对产业链整合过程中成立的民间合作组织给予财政上的支持、税收上的优惠和金融贷款上的担保；王嵩青、赵永胜(2007)[③]等认为促进新疆石河子能源产业的可持续发展，应当在对相关资源进行整合开发的基础上加大金融对能源产业的支持力度，包括不断创新金融服务体系、合理配置金融资源以及扩大保险对能源产业的渗透力和覆盖面等；陈学刚等(2008)[④]通过相关模型对新疆工业主导产业的选择及其产业链识别进行研究后，认为区域工业主导产业在选择时应当充分考虑到其产业链的长度，采取财政金融等有效措施优化产业发展环境、促进产业链的不断升级；王克岭(2009)[⑤]在研究云南有色金属产业的可持续发展时强调，区域产业链的培育与构建对于区域经济发展具有不可或缺的作用，因此，云南有色金属产业应当稳步推进纵向一体化战略，延伸、优化产业链并积极拓展省内及周边省区和东盟市场，充分利用自身的区位优势提升云南有色金属产品在该区域的市场份额，以在一定

---

① 齐亚鸥：《提高长江航运竞争力的产业链分析》，《企业技术开发(下半月)》2009年第5期。

② 宋建晓：《闽台农业产业链整合的战略思考》，《福建农林大学学报(哲学社会科学版)》2007年第10期。

③ 王嵩青、赵永胜等：《能源金融互动融合：新疆优势资源转换方略初探》，《新疆金融》2007年第9期。

④ 陈学刚等：《新疆工业主导产业选择及其产业链识别研究》，《新疆师范大学学报(自然科学版)》2008年第9期。

⑤ 王克岭：《产业链视角的云南有色金属产业可持续发展研究》，《经济问题探索》，2009年第5期。

程度上扭转物流成本较高的劣势；张青山等(2009)[①]在关于辽宁省装备制造业发展的战略对策中提出应当成立促进吉林装备制造业发展的省级专项基金对相关企业进行一定期限的贷款补贴，加大政府的采购力度，同时制定相应的税收优惠政策，创新装备制造业项目融资方式包括发行制造业产业债券等；张廷海(2009)[②]在关于安徽省茧丝绸生态产业链的建设及优化研究中提出，政府应当加大对茧丝绸生态产业链的财政资金投入，解决鲜茧收购企业的融资问题并对缫丝企业实行税收优惠政策，不断扩大财政金融方面的支持。

2.2.3 关于利益分配或补偿机制问题的研究

目前，国内针对出口产业链形成过程中的利益补偿问题的研究并不多见，但是有关其他产业链形成过程中的利益分配或补偿机制问题的研究却不少见，为本课题的相关研究提供了大量的理论参考和借鉴。石冬梅(2007)[③]在研究钢铁企业产业链的整合是提出应当建立具有利益补偿功能的战略合作联盟，以确保相关利益不受到较大的损失以及产业链整合后续问题能够得到妥善处理；沈贵银(2008)[④]在农业产业链的农业推广服务供给模式的研究中提出了详细的关于农业产业链内部各利益主体之间的成本补偿问题(利益补偿)的解决方法；张晓明、李松志(2008)[⑤]在研究中部地区旅游产业链发展路径时提及，为确保旅游产业链条化的发展，必须建立一个公平的利益分配机制，以补贴的方式对利益有所损失方进行补偿；苏清海(2009)在研究广西与越南旅游项目产业链的构建与优化问题时提出，为促进广西和越南旅游合作项目产业链上相关合作企业的协同应当建立合理的利益分配机制等激励约束机制；齐亚鸥(2009)认

---

① 张青山等:《辽宁装备制造业发展的战略定位与对策》,《沈阳工业大学学报(社会科学版)》,2009 年第 4 期。

② 张廷海:《安徽省茧丝绸生态产业链建设及其优化研究》,《丝绸》,2009 年第 9—12 期。

③ 石冬梅:《关于钢铁企业实施产业链整合战略的探讨》,《冶金经济与管理》,2007 年第 1 期。

④ 沈贵银:《农业企业主导的农业推广服务特点与模式分析》,中国科技论坛,2007 年第 11 期。

⑤ 张晓明、李松志:《中部地区旅游产业链条化路径研究》,湖北省人民政府政研网,2008 年 6 月 2 日。

为长江航运产业链中各参与主体应当充分发挥自身的区位优势，调节好利益分配，实现优化互补、利益共享和共同发展；孙振华(2009)[①]则认为区域之间的产业协作必须从根本上建立利益联盟。刘慧宏(2009)[②]通过贝特朗竞争分析构建了区域旅游合作利益协调机制分析模型，并通过计算合作联盟中各成员的Shapley值来对协调机制的效果进行验证，并得出了相关结论认为构建区域旅游合作利益协调模型是可行的，但是现实合作系统中的利益协调和分配问题还需要从多方面进行探讨。

2.2.4 关于支撑产业链升级过程中所采取的与其他经济社会发展目标相结合的研究

现有对支撑产业链升级过程中所采取的与其他经济社会发展目标相结合的研究，也为本课题关于财政金融体系与其他经济社会发展政策的协调研究提供了理论参考。张玉喜(2007)[③]认为金融支撑在促进产业发展与产业链升级的过程中，要协调好与资源环境政策的关系，不能以破坏环境为代价，应当逐步建立和完善我国的生态环境金融支持系统，引导商业性金融对资源环境政策的支持以及对循环经济发展的支持等；王嵩青、赵永胜等(2007)认为促进能源产业链的快速形成及发展需要金融政策、财政政策以及产业政策的大力支持与相互协调，需要建立多元化的资金投入新机制；丁冬梅认为西部区域产业链的优化升级应当以保护和恢复西部地区生态环境为前提，拓展新的经济增长路径；齐亚鸥(2009)认为长江航运产业链的区际延伸即优化升级以及确保其在相关产业链中的优势地位，应当注重社会、生态、资源及环境之间的协调发展；陈群胜、罗兰(2009)[④]认为，政府在运用财政金融手段鼓励企业进行产品产业链升级的环境友好设计时，还应当与低碳经济理念相结合，建立碳交易所并鼓励企业积极参与。

① 孙振华：《辽宁省区域经济协调发展合作研究》，《现代经济》2009年第18期。

② 刘慧宏：《区域旅游合作利益协调机制分析》，《宁波大学学报(人文科学版)》2009年第11期。

③ 张玉喜：《产业政策的金融支持：机制、体系与政策》，经济科学出版社2007年版。

④ 陈群胜、罗兰：《环境友好设计与低碳经济》，《工业技术经济》2009年第9期。

2.2.5 关于产业分工与区域经济协调发展的研究

关于产业分工与区域经济协调发展方面的研究为本课题研究过程中在出口产业链形成的框架下如何出台促进参与主体之间的经济协调发展的政策提供了借鉴。吴党恩(2009)①在研究促进我国区域经济协调发展的对策时提出,要充分运用财政政策的相关工具,对落后地区实行倾斜的金融政策以及对高新技术产业区域分布的合理引导及进行产业分工等措施引导产业的发展,这是促进区域经济协调发展的重要道路之一;张守忠、李玉英(2009)②认为区域协调发展的核心是协调地区之间的产业分工关系,重点是产业结构的协调,关键是建立和发展区域经济合理的分工体系,而建立与强化地区之间的经济关系必须要有合理的分工,分工的原则是充分发挥各自优势,依靠不同优势发展起来的经济不同,协调发展就是要强化地域分工;孙振华(2009)认为产业发展合作机制是实现区域经济协调的重要途径,需要协调职能分工、形成协作的产业分工体系,并建立区域经济合作组织、合作制度和合作范围及方式等。

2.2.6 关于促进区域经济协调发展的财政金融政策的研究

国内现有促进区域经济协调发展的财政金融政策的研究中,大多都对财政金融政策如何促进产业结构的优化和升级有所涉猎,这为本课题研究出口产业链形成及升级过程中如何解决参与地区之间经济的协调发展提供了一些借鉴,同时也为本课题对相关财政金融支撑的研究奠定了一定的研究基础。夏江敬(2007)③认为我国应当建立有利于促进区域经济协调发展的金融体系,包括建立全国统一的金融市场等,按照比较利益原则进行专业分工与协作,推动产业结构的合理调整与升级;邢战坤(2008)④认为促进我国区域经济的协调发展应当加强财政政策和产业政策及金融政策的协调配合,应当借鉴德国等国家的经验制定一些优惠性

---

① 吴党恩:《促进我国区域经济协调发展的相关建议》,《科学之友》2009 年第 11 期。

② 张守忠、李玉英:《区域经济协调发展综合评价问题探讨》,《商业时代》2009 年第 29 期。

③ 夏江敬:《区域经济协调发展政策研究》,《科技进步与对策》2007 年第 12 期。

④ 邢战坤:《我国区域经济协调发展的财税政策选择》,《区域经济》2008 年第 10 期。

金融计划;投资补贴计划、实行税收信贷等,税收优惠要从区域倾斜转向产业优惠为主,并且应当尽快制定《政府转移支付法》;杨晓丽(2008)[①]认为实现区域间的协调发展,必须重视发挥区域金融的作用,应加大区域金融合作以协调各地区金融发展中的各种矛盾,扩大金融支持的成熟效应等;李冬梅(2009)[②]从税收角度出发研究了我国区域经济失衡的原因,并通过实证分析对相关结论进行了检验,然后针对目前我国区域经济失衡的税收原因提出了促进区域经济协调发展的税收政策,包括地区政策与产业政策相协调等,提出应当对国家鼓励发展的产业加大税收优惠力度,加快地区之间产业链合作的开展,积极推进相关产业结构的优化升级;周金荣(2009)[③]认为促进区域经济协调发展的财政政策的制定应当以区域经济发展规划为指导,完善现行的转移支付制度、财政补贴政策以及财政监督机制,加快财政公共化改革步伐、调整和优化财政支出结构等;彭芳梅(2009)[④]在研究了国外促进区域经济发展的金融法调控制度后提出我国应当建立适应经济协调发展的多元化商业性法律制度,充分发挥政策性金融法律制度在区域经济协调发展中的促进作用。

2.2.7 关于转移支付制度在调节相关利益分配方面作用的研究

现有关于转移支付制度在调节相关利益分配方面作用的研究为本课题中利益补偿机制方案的设计提供了方案制订的参考。在对一系列有关我国财政转移支付制度在调节相关利益分配方面作用的研究进行系统总结的基础上,我们可以比较容易地找出目前我国以纵向转移支付为主的相关利益补偿方案所存在的弊端,不仅为本课题研究方案的设计提供了更有利的针对性,可以避免又一次地陷入研究弊端的"陷阱",而且也有利于本课题中有效解决出口产业链形成过程中相关利益补偿机制问题对

---

① 杨晓丽:《我国区域资金流动的非协调性分析》,《西南金融》2008年第5期。

② 李冬梅:《促进我国区域经济协调发展的税收政策研究》,《财经问题研究》2009年第9期。

③ 周金荣:《促进区域经济协调发展的财政政策选择研究》,《经济与社会发展》2009年第7期。

④ 彭芳梅:《国外区域经济协调发展的金融法调控制度及其对我国的启示》,《法制与社会》2009年第1期。

策的提出。杨柳(2007)[①]认为尽管我国现行转移支付制度存在一定不合理性,区域分工与区域经济协调发展过程中的利益分配问题必须依靠中央政府的转移支付来实现,从而实现区域分工价值链由低端向高端的迈进;肖育才(2008)[②]认为我国现行的转移支付制度不够规范,政策性调节较弱,税收返还虽然减少了地区改革的阻力维护了既得利益,但是又反过来阻碍了区域经济的协调发展,因此必须完善转移支付制度,合并简化的多种转移支付形式、改变单一拨款方式,调节地区之间的利益分配,推进各地区公共服务的均等化以缩小区域经济发展差距;周金荣(2009)认为我国现行以税收返还为主的无条件转移支付实际上加剧了地区之间财政能力的非均衡性,要缩小由转移支付所导致的这种非均衡性必须从总量上加大均等化转移支付力度,包括建立以有条件转移支付与无条件转移支付相结合的复合制度等;胡洪曙(2009)[③]认为我国的转移支付是现有财政体系中最不透明的领域,不仅导致了转移支付过程中的寻租行为的泛滥,而且对于平衡地区之间财力的效果也不是很明显,他认为应当建立以均等化为目的的,以规则为基础的、公式化的转移支付制度;朱晓冲、李冬梅(2009)[④]认为我国以“基数法”来进行的税收返还等转移支付不仅没有有效解决历史原因造成的地区分配不均的问题,而且在一定程度上“默许”了这种不均的存在,为促进区域经济的协调发展,我国应当创新相关财税政策,向西方发达国家学习以“因素法”代替“基数法”加快建立规范化的政府间财政转移支付制度,以实现我国标准化和具有平衡地区财力差距的转移支付。

2.2.8 关于区域金融资源配置与资金流动方面的研究

较早涉足这方面研究的我国学者有唐旭(1995)[⑤]、贝多广(1995)[⑥]、

---

① 杨柳:《试论区域分工与区域经济协调发展》,《四川经济管理学院学报》2007年第1期。

② 肖育才:《区域经济发展与财政政策选择》,《广东商学院学报》2008年第4期。

③ 胡洪曙:《促进区域经济协调发展的财税政策研究》,《中南财经政法大学学报》2009年第3期。

④ 朱晓冲、李冬梅:《创新财税政策 促进区域经济协调发展》,《财政与税务》2009年第3期。

⑤ 唐旭:《货币资金流动与区域经济发展》,中国人民银行研究生部博士论文,1995年。

⑥ 贝多广、张军洲等:《中国区域金融分析》,中国经济出版社1995年版。

张军洲(1995)等,他们对资金在区域之间的流动作了较多的研究,分析了金融结构的各个组成部分的区域间分布特征,认为金融结构与金融发展水平共同构成促进区域经济增长的关键因素。但在分析这一问题时他们都有一定的局限性:他们的统计样本区间较短,使用的统计数据很零碎,并且张军洲(1995)和殷德生、肖顺喜(2000)[①]都以"区域金融"分析与研究为题,但在分析时却用了较大的篇幅去探讨外商投资等因素对资本区域间流动的影响进行研究;梁宇峰(1997)[②]通过建立一个简易资本自由流动模型,来分析资本边际产出与资本流动之间的关系,依此模型来解释国内资本流动的问题,指出扩大经济增长差距的原因是劳动力、土地的非法自由流动,并且也提出了应对措施:大力推进先进的基础建设产业的发展,以缩小东西部经济发展的差距;巴曙松(1998)[③]考察了1988—1994年欠发达地区银行存贷的情况,并以此作出判断影响区域经济发展的是区域融资渠道与经济发展的市场化密切相关的,认为单一的宏观调控手段已经不能适应经济的发展情况,应该实行有差别的金融政策促进区域经济的增长;汪兴隆(2000)[④]认为造成东、中、西部地区经济发展差异的一个主要原因是货币资金的区域配置失衡,并分析了造成这一失衡的具体原因,并称这种失衡需要区域性的金融政策进行的支持来加以调整;潘文卿、张伟(2003)[⑤]利用Jefflrey Wugler的理论对我国的省际面板数据进行了区域间的金融资源配置问题分析,得到了资本配置效率在总体上呈现出东、中、西梯度递减的规律。同时还用回归分析得出金融发展与资本配置效率呈现弱相关关系以及引致资本配置效率提高或降低的因素:信贷市场与股票市场对资本市场效率的提高具有较弱的相关关系,其中国有银行信贷行为对资金配置效率的提高具有抑制作用,非国有银行金融结构的信贷与投资行为却可以促进资金配置效率的提升;郭金龙、王宏伟(2003)[⑥]

① 张军洲、殷德生、肖顺喜:《体制转轨中的区域金融研究》,学林出版社2000年版。

② 梁宇峰:《资本流动与东西部差距》,《上海经济研究》1997年第1期。

③ 巴曙松:《转轨经济中的非均衡区域金融格局与中国金融运行》,《改革与战略》1998年第4期。

④ 汪兴隆:《货币资金区域化配置失衡的考察及其调整》,《财经研究》2000年第6期。

⑤ 潘文卿、张伟:《中国资本配置效率与金融发展相关性研究》,《管理世界》2003年第8期。

⑥ 郭金龙、王宏伟:《中国区域间资本流动与区域经济差距研究》,《管理世界》2003年第7期。

以改革开放以来我国区域间经济变化的情况与特点为依据，总结了我国改革开放以来金融要素（资本）的区域间流动情况，从金融要素流动的不同渠道分析了我国金融资源区域间流动的特点与规律，通过建立计量模型对金融要素的区域间流动对区域经济发展差异的关系进行了实证与理论分析，认为从短期与长期来看，资本流动都是经济增长的一个重要的决定因素；杨国中、李木祥（2004）等通过计量模型的建立来论证资本在区域间的流动配置问题，认为资本流动的一个结果是从农村流向城市，从落后的中、西部地区流向发达的东部地区，这样就会进一步加大我国的"二元化"经济发展模式，扩大区域间经济发展的差距。特别是胡永平、张宗益和祝接金（2004）利用 F-H 模型研究我国的资本流动，选用储蓄率和投资率作为储蓄——投资关系分析变量作为指标，运用误差修正模型（Error Correlation Model, ECM）与分布滞后模型（Auto - Regressive Disttributed lags, ARDL）计算各地区的 FT 系数并分析其储蓄与投资的相关性。最终得出：从历史演进的时间看，东部地区表现出的是资本净流入；中部地区基本持平；西部地区则表现为资本净流出。

此外，刘青林（2009）、丘律行（2009）、林中燕（2008）、熊远光（2008）、张继承（2008）、肖武岭（2008）、彭会萍（2008）、周永生（2008）、程宏伟（2008）、刘曙光（2007）、蒋国瑞（2007）、赵红岩（2007）等也从上述各角度出发分别进行了相关研究。

2.3 理论支撑

本课题进行的粤、桂、琼、滇四省区出口产业链形成和优化升级的财政金融支撑研究有着坚实的理论支撑基础，一直以来我国的经济发展都倡导"财政稳金融活"的理念，对于区域发展来说亦是如此，在粤、桂、琼、滇四省区出口产业链形成初期，主要是靠财政保障体系进行良好运行，在其中后期就必须依靠金融创新体系进行保障和不断完善。不论区域财政创新体系还是区域金融创新体系都是依托一定的区域经济理论和政策才得以有效运行的。

2.3.1 区域经济理论演绎的支持

自凯恩斯理论产生以后,市场经济国家开始了干预区域经济运行的进程,西方经济学也开始讨论区域经济差异形成的原理、表现形式和解决问题的理论模式。本世纪中期以来,随着区域经济的发展,自然均衡理论、增长极理论、"回波效应"与"扩散效应"理论、倒"U"理论和梯度转移理论等著名理论①的出现,从不同角度深入地揭示了区域均衡与增长之间的替代关系。自然均衡理论在生产要素自由流动与开放区域经济的假设下,认为随着区域经济增长,不同区域之间的差距会缩小,不平衡增长是短期的,平衡增长是长期的。然而,区域经济增长并不像新古典经济学家设想的那样收敛,即发达区域与欠发达区域的经济增长情况并不一致,随着经济的进一步发展,区域差距没有缩小反而拉大。为了对这一现实经济问题进行解释,并为促进发展中国家和欠发达区域经济增长提供理论和政策依据,部分经济学家提出了一些很有见地的区域经济不平衡增长理论:认为经济发展过程在空间上并不是同时产生和均匀扩散的,而是从一些条件较好的地区开始,一旦这些区域由于初始优势而比其他区域朝前发展,则由于既得优势,这些区域就通过累积因果过程,不断积累有利因素继续超前发展,从而进一步强化和加剧区域间的不平衡。非均衡增长理论及其相应的发展战略受到发展经济学家和发展中国家经济决策者的关注。政府应当优先发展条件较好的地区,以寻求较好的投资效率和较快的经济增长速度,通过扩散效应带动其他地区的发展,但当经济发展到一定水平时,也要防止累积循环因果造成贫富差距的无限扩大,政府必须制定一系列特殊政策来刺激落后地区的发展,以缩小经济差异。要缩小区域差距,必须加强政府干预,加强对欠发达区域的援助和扶持。上述观点我们可以在以下的区域经济理论演绎中得到支持:

增长极理论主张在受援地区培植"增长极",以此可以带动落后地区的经济发展。累积因果理论则认为社会经济各因素之间的关系并不守衡,是以累积循环方式运行的,条件较好的区域由于初始优势而能比其他

① Albert offo Hirschman:《经济发展战略》,经济科学出版社 1991 年版。

区域超前发展,这些区域就能通过累积因果效应不断积累有利因素,从而进一步强化和加剧区域间的不平衡。与该理论相联系的、观点比较接近的极化—涓滴效应学说和中心—外围模型认为,一个国家的经济增长会率先在发展条件优越的区域发生,并对欠发达区域产生支配作用。经济发展必然伴随着生产要素从外围区向中心区的极化效应、回流效应和中心区向外围区的扩散效应或涓滴效应。因此,国家应当从多个角度干预区域经济的发展过程,通过营造(不是改变)有利于扩散或回流效应的环境,加强发达地区的涓滴效应,促进欠发达地区的经济发展与积累,缩小区域差距。同时,欠发达地区市场需求的扩大也有利于发达地区经济的持续增长。梯度推移理论指出,区域间存在经济与技术发展的梯度差异和产业与技术由高梯度地区向低梯度地区扩散与转移的趋势,区域经济发展的兴衰主要取决于该地区产业结构的优劣及转移,产业的适时转移是高梯度发达地区产业结构调整的需要。当转移的趋势出现后,政府应制定适宜政策加以诱导,以促进区域经济的协调发展。合理的区域分工与合作能够提高区域内所拥有生产要素的生产率和福利。绝对优势假说认为区域应该按照其绝对有利的生产条件去进行专业化生产和区域间交换,而比较优势假说则强调各区域应按照比较优势参与区域分工。要素禀赋假说解释了在自由贸易和生产要素具有替代性的前提下,各地区相对密集地使用其较充裕的要素生产产品,通过区际贸易,各自都可以获得比较利益,从而有利于消除区域经济发展差距和提高整体福利水平。输出基础理论认为区域经济增长由输出部门的发展所决定,取决于区外需求的扩张,通过发展输出部门来积累资本,可以带动区域经济增长。按此推论,当一国政府采取相应的区域经济政策引导相关要素向特定区域集中,可以调整或优化该区域的经济结构或产业结构,扩大区际联系,积极发展输出部门,促进其经济增长。区域经济活动外部性和区域利益主体间的信息不对称,将诱发区域逆向选择与道德风险,区际冲突将成为可能。博弈双方即政策制定者(中央政府或各级地方政府)和政策接受者(各级地方政府、公众或企业),其不同的目标和利益追求导致博弈各方出现利益冲突及行为不一致现象,从而使区域经济政策的分析与制定具有典型的博弈特征。这些经济理论的发展,从经济发展的均衡战略到非均衡发展战略,再到在国家干预下的适度均衡发展战略,更是可以在西方国家在不同阶段实施的区域经济发展战略和政策中得到实践支持。

2.3.2 区域经济调控权本体论的理论支持

市场经济的基本特征之一就是分权经济。在分权经济体制下，一方面，区域经济发展是中观经济调控的重要对象。国家所有的国民经济与社会发展调控目标的实现，均要通过区域经济这个重要的环节传达到微观经济领域，才能够真正予以落实；另一方面，属于区域经济发展自身范畴内部的特别问题，需要区域经济自身解决，这样，与宏观经济调控相对应，就存在一个由区域经济管理主体单独进行的区域经济的调控问题。在此基础上，董玉明①提出了区域经济调控权本体论，认为：区域经济发展在国民经济运行中实际上具有双重的地位与角色，概括起来说，这即是市场经济条件下，区域经济发展的二元结构理论。该理论不仅适用于西方市场经济体制下的区域经济发展，它也同样适用于我国社会主义市场经济体制的运行。同时，跨地区的区域经济的发展，有着很大的自发性因素。它是市场经济条件下，地方自主权的一种体现。1996 年我国政府发布的《中华人民共和国国民经济和社会发展"95"计划和 2010 年远景目标纲要》的第六部分"促进区域经济协调发展"中，国家从实际操作层面上对区域经济调控权作了如下几个方面的阐述。其一，"引导地区经济协调发展，形成若干各具特色的经济区域，促进全国经济布局合理化，逐步缩小地区发展差距。最终实现共同富裕，保持社会稳定的重要条件，也是体现社会主义本质的重要方面"。其二，"要按照统筹规划、因地制宜、发挥优势、分工合作、协调发展"的原则，正确处理全国经济发展与地区经济发展的关系，正确处理建立区域经济与发挥各省市积极性的关系，正确处理地区与地区之间的关系。各地区要在国家规划和产业政策指导下，选择适合本地区条件的发展重点和优势产业，避免地区产业结构趋同化，促进各地区经济在更高的起点上向前发展。积极推动地区间的优势互补、合理交换和经济联合。他因此认为，区域经济调控权对经济关系进行调整所产生的"权力关系"范围较为广泛，有时是指权力分工，有时是指权

① 董玉明：《区域经济调控权的法律解析》，《中共山西省委党校学报》2005 年第 11 期。

力分配，在集权、分权、制约、配合等关系中根据不同情况作具体分析。区域经济调控权，实质上是国家权力的一部分，是由地方国家机关行使的，是由法律保障的。提出和完善区域经济调控权，有助于实现区域之间经济关系的和谐，经济发展水平和人民生活水平的共同提高，社会的共同进步。区域经济调控权模式是市场经济条件下区域之间经济关系调整的新模式划分，与过去计划经济体制下区域之间的分工和协作关系有着本质的区别。在计划经济时期，区域之间的分工与协作模式，强调重点发展某些区域，以它们为中心与相关区域来开展分工，区域经济调控的目的是为了保证重点区域的发展，其他区域只是当配角。在市场经济条件下的区域经济调控权的行使和运行必须在平等、互利、共赢的基础上进行，不以牺牲某一区域的经济利益为代价。区域经济调控权运行的基本方式是使区域之间在经济发展上形成相互联系、关联互动、正向促进的新型关系。区域经济调控权运行目标的实现必须与实现区域之间在经济利益上的紧密联系，通过产业之间的技术和经济联系、要素的市场供给与需求关系、企业之间的组织联系等，形成发展上的相互依赖、依存关系。只有如此，相关经济区域才会从自身的利益需要出发彼此相互支持，而不是一味地追求本地域利益而损害其他区域利益。

2.3.3 区域金融资源配置理论

在市场机制作用下，资金总是具有趋利性，从而引导着区域间金融资源的自发配置。这就不可避免地出现欠发达地区或城市在开发建设初期由于还没有较高利润的项目，吸引不到更多的金融资源，使得该区域或该城市开发建设的速度严重放缓。美国经济学家麦金农与肖认为欠发达地区的资金短缺是因为金融资源配置不合理带来的融资渠道堵塞与资金成本的扭曲造成的。因此，为促进区域内的经济发展，很有必要在开发区制定并实施有区别的融资政策、融资方式，并努力推行金融创新，促进金融深化，来提高资金吸纳能力与资本促成能力。

基于区域金融资源配置理论，将包括基础设施建设在内的开发区的建设项目，进行市场化运作，同时努力推行项目融资方式的金融创新以提高项目的盈利性，从而吸引各种金融资源流入以解决开发区建设需要大量资金的问题。

2.4 国内外研究文献评述

由于出口产业链是新兴事物,目前国内外专门针对其进行的研究较少,但是国内外现有与出口产业链形成与优化升级相关的大量研究为本课题的研究奠定了坚实的理论和实践基础。这些研究涉及范围较为广泛,特别是关于产业结构调整与金融发展、区域经济发展与财政金融支撑、财政金融政策与产业发展、税收政策调整与地区经济发展等方面的研究较为深入。总体来说,国内研究文献多于国外研究文献,国外文献更加注重实践层面的研究。

第3章 出口产业链形成过程中区域财政支撑的理论分析

出口产业链的形成要求充分发挥市场的资源优化配置作用，以实现出口产业链效率的最大化。然而，由于市场机制固有的缺陷和不足，可能导致出口产业链的形成将遇到各种障碍和困境，而政府干预对于降低市场失灵的不利影响具有积极作用，因而应发挥政府的调控职能，促进出口产业链的形成。从理论层面来看，公共物品供给、外部效应等市场失灵行为和财政税收职能的存在，为出口产业链形成过程中区域财政的支撑提供了必要性。从现实践行情况来看，在政府以往的调控中，财政政策扮演者举足轻重的作用，财政政策的实施可以有效地弥补市场的不足，促进经济的健康发展，推动出口产业链的形成。财政政策是通过其政策工具的有机结合，形成一个完整的财政支撑体系，通过自身的作用机制，对出口产业链的形成产生作用的，研究整个作用的路径和机制对于加快出口产业链的建设具有重要的意义。本章全篇对出口产业链形成过程中区域财政的支撑进行了全面的理论分析，包括区域财政支撑的必要性分析、财政支撑对出口产业链形成的作用机制等内容。

3.1 出口产业链形成过程中的区域财政支撑的必要性分析

出口产业链的形成过程中，会出现市场失灵，导致公共产品供应不足、负外部效应等不利于出口产业链形成的现象，需要政府的调控发挥作用；同时，财政政策对于市场失灵治理有较好的效果，有利于促进经济的发展和出口产业链的形成。从市场失灵和财政职能的角度分析，建立健全促进出口产业链形成的财政支撑体系是十分必要的。

3.1.1 市场失灵角度

现代市场经济是市场与政府、计划因素与市场因素、政府经济行为与个人经济行为的混合，实际上是一种混合经济体制。之所以是一种市场机制与政府干预相结合的混合经济，其主要原因就是市场和政府都不是万能的，它们各有优劣，只有共同发挥作用才能保证经济和社会的稳定发展。在出口产业链的形成过程中，市场要素在市场规律作用下的自由组合和配置，必然有市场失灵和产生负效应的情形。市场失灵是指完全依靠市场机制的作用无法达到经济发展的最佳状态，一是单靠市场机制不能达到社会资源配置最优的目的；二是市场机制对一些以社会效益为目标的活动无能为力。市场失灵主要表现在以下几个方面。

一、公共物品供给

公共物品是指在消费时具有非排他性和非竞争性的那类产品和服务。从全社会看，公共产品是社会发展所必需的，因此公共产品的总社会效益可能大于社会总成本，但公共产品提供者的效益却可能小于其总成本。公共产品的这些特点决定了市场经济中的私人部门不愿意提供这些产品。在市场充分竞争的条件下，公共物品的有效供给就可能发生问题。这是因为，不能有效地界定公共物品或是准公共物品的产权，就不会有人对此负责，消费具有区域不可分性，就无法保障公共物品的供给费用征收，同时又会使消费者在消费公共物品时大手大脚挥霍浪费，于是，公共物品的供给会发生供给不足、供给质量和效率低下等问题。很明显,区域公共物品与地方公共物品、中央公共物品都是不同的。具体说,区域公共物品具有以下特点:其一,区域公共物品仍具有一般公共物品的特点,也就是消费上的非排他性和非竞争性。此外,消费效应的不可分割性,也是公共物品的重要特征。关于纯粹的公共物品和纯粹的私人物品可以用公式进行表示。纯私人物品:$X_a = \sum_{b=1}^{n} X_a^b$,式中,$X_a$ 为商品和服务的总量;X_a^b 为第 b 个消费者对该商品的和服务的消费量。公式表明:商品 X_a 的总量等于每一个消费者 b 对该商品和服务的消费量之和;私人物品在个人之间是可分的。纯公共物品:$X_{n+a} = X_{n+a}^b$,公式表明:任何一个消费者 b 都可以支配公共物品的总量 X_{n+a};公共物品在个人之间是不可分的。其二,区域公共物品具有特定的区域性,但其大多产生于相邻的地区和国家之间,具有明显的地理依赖性和外部效应的溢出性。其三,区域公共物品,具有供给与需求主体的复杂性和多样性,因此其相应的制度安排和机制设计比较复杂,需一定的灵活性。其四,区域公共物品的范围和界限具有一定的动态性,随公共物品的变化,其受益人群也会发生较大的变化。例如,在区域开放开发中,环保、教育、卫生等纯公共物品的供给,甚至某些准公共物品的供给如机场、公路、铁路等基础设施的建设,同样不能避免"免费搭车者"现象的发生。区域公共物品的供给模式必然要求综合考虑各种因素,发挥多元主体的优势,联合供给区域公共物品。在这一模式的构建中,需考虑以下几个要素:首先,要充分考虑到政府、市场、社会自主力量的优势和缺陷,避免其缺陷,尽可能利用其优势;其次,政府的作用或者地位问题。理论和实践证明,政府的作用非常重要。从理论的角度,多元主体在地位上是平等的,以协商、调解的方式进行沟通。这样可以激发各行为主体的积极性,并避免因为某些行为主体的强制而导致另一些主体的失误。由我国的现实观之,地方政府作为国家权力的象征依然是其中最重要的主体,地方政府通过各种法规、政策以及其他规范性文件就区域公共物品治理的价值取向、行为方式、基本原则等方面作出规定。更重要的是,多元利益行为主体在博弈过程中,博弈作为集体行为过程,需要地方政府的组织与监督。所以,多元主体联合供给模式需要一定层级上的国家主管部门提供一个平台,一方面为区域联合治理提供引导,另一方面为区域联合治理提供外部的强制约束力量,保证制度的有效实施。

公共物品的不足不利于出口产业链的形成,需要政府的介入和参与,财政的作用应该充分发挥。出于地区优势的考虑和出口产业竞争力的考量,出口产业的分工和出口产业链的形成,对一国外贸的长远发展和一国经济效益的提升具有战略价值。但是由于地区经济发展的不平衡,各地在地区产业发展中所面临的产业基础不同,在较发达地区公共产品建设已经取得了较好发展,各项基础设施和相关服务配套措施都已相当成熟,出口产业的发展自然能够在预定战略中取得较快发展,而相对落后地区各种公共产品的投入不足,从而造成产业优势发挥的基础前提薄弱,甚至成为出口产业振兴的瓶颈,不仅影响地区经济的发展,也不利于区域经济的协调,对国家的区域出口产业链战略造成迟滞或阻碍作用。因而,在出口产业链形成过程中,必须发挥财政的调节作用,为地区出口产业的发展提供必要的公共物品,为区域出口产业链的形成奠定基础。

二、外部效应

外部效应是指某个人或企业的行为或活动影响了其他人或其他企业,却没有为此承担应有的成本费用或没有获得相应的报酬。如果这些活动经由市场进行,由于成本和收益的非对称性,则外部性产品的提供只能是过多或者过少,这就存在着社会资源配置的扭曲状态。区域是一个相对独立的经济发展实体,区域的经济活动也会发生关联。就单个区域的经济活动而言,单个区域的发展措施和制度安排会出现外部性,这种外部性可能为正,也可能为负。生态环境攸关区域是生态环境上明显相互影响的区域和产生明显单向影响的区域。一个行政区域的生态破坏和环境污染导致相邻行政区受到明显的损失,比如江苏或浙江对太湖的污染,破坏了太湖的生态环境,都会使对方受到损失;辽宁、河北、天津、山东对渤海的污染都将使其他省市受到损失;河南对淮河的污染使安徽受到损失。我们将这样的区域称为生态环境攸关区域。一般来说,生态环境攸关区域主要有三种类型:一类是太湖型区域,即共同污染,共同直接受损。一类是渤海型区域,即共同污染,无人直接受损。一类是淮河型区域,即上游污染,下游直接受损(这里的上下游划分只具有相对意义)。只有通过国家的统一规划才能从根本上防止类似太湖那样的生态环境灾难发生，才能将行政区不计成本、不计环境容量发展经济的冲动拉回到适度范围。区域规划属于长期规划，规划期限长，解决区域发展的主要矛盾需要相当长的时间，比如环渤海区域规划的期限要根据渤海生态环境状况进行确定。相对于其他行政措施来说，区域规划可以稳定各行政区的政策预期，明确各行政区的政策边界，时间较长，比较透明，连续有效。

此外，在区域发展中具有明显外部效应的还有税权的划分问题。目前我国税收决策权力高度集中于中央，地方税收立法权和税收政策权缺位，税收划分中央占大头，地方拿小头，但地方政府却承担过多的事权，收入与支出矛盾严重，极不利于地区经济的发展。经济发展产生的税收极大部分归属于中央，地方经济不能享受其所付出成本而应得的全部收益，外部效应极为明显。

我们知道，公共财政的资源配置职能，影响着社会资源在不同地区之间和不同部门之间的配置，有助于弥补市场在资源有效配置方面存在的缺陷，如矫正外部效应。正确发挥财政对出口产业的支撑作用，对出口产业链的形成有着至关重要的意义。公共财政往往可以通过对投入资源组合、生产地方、生产方式及生产组织形式施加影响，来实现其资源配置的职能，有利于充分发挥区域的优势，促进区域出口产业优势的现实转化，推动区域出口产业链的形成。

三、规模报酬递增

规模报酬递增是指某些行业具有经营规模越大，经济效益越好的特点，如供水、煤气管道、电话服务等。这些行业边际成本的不断下降，就会形成自然垄断，垄断者可能会通过限制产量以获得较高的价格。此时竞争的优越性也就无法充分发挥，丧失市场效率、导致市场失灵。当帕累托最优的条件遭到破坏，依靠市场不可能实现资源配置的高效率时，就需要政府生产或对私人生产进行管理来实现更有效率的产出。区域创新能力导致规模报酬递增效应。技术创新的一个重要特点就是一旦新技术被开发出来，其再生产和利用的边际成本几乎为零，因此与其他生产要素的边际收益递减相比，新技术呈现出边际收益递增的特点，从而使人均产出的增长呈现规模报酬递增。新经济地理理论认为，区域技术创新与产业空间聚集、区域专业化之间存在紧密的联系，区域创新能力提高了空间产业的聚集程度和区域专业化水平，而空间产业集聚和区域专业化实际上是城市经济或区域经济中报酬递增产生的基础(Fujita. M,1997),从生产要素聚集看,当企业和劳动力集聚在一起以获得更高的要素回报时,会导致产业集聚,而产业集群的形成会产生本地化的规模报酬递增效应,但这种递增的要素回报只会发生在有限的空间领域内,因为交通费用和空间通讯费用限制了规模报酬递增。

由此可知,规模报酬递增一方面对出口产业成本的降低和竞争力的提升有促进作用,但另一方面可能存在依靠规模经济而违背地区比较优势,发展区域不具备优势的产业,进而造成资源的浪费和出口产品的恶性竞争,不利于地区出口产业链的形成和经济效益的提高。因而,需要发挥财政的调节作用,综合运用财政、税收政策来优化资源配置,防止垄断的出现和规模经济的不利影响。

四、收入与财富分配不公

市场竞争即使可以实现资源的有效配置,也不会必然产生公平。由于个人禀赋的差异、选择的差别,按市场原则分配收入所形成的收入分配格局可能会偏离社会所公认的合理范围,产生不公平的分配结果,造成社会贫富差距过大。这不仅与公平目标相抵触,还会引起诸多社会问题,直接威胁到市场机制本身的存在。当前各国几乎公认采用由洛伦兹曲线计算基尼系数来显示公平分配的程度(图3-1)。如果洛伦兹曲线为45°角的直线,表示收入分配的绝对公平,如果与正方形的底边和右边重合,则表示绝对不公平,而实际收入分配都是处于两种极端情况之间,如凸向横

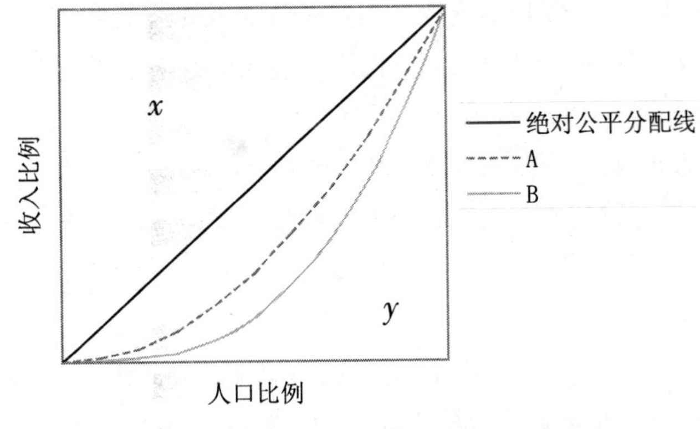

图3-1　洛伦兹曲线

轴的两条线所示。测定收入分配的公平程度,可用曲线 A(或 B)与对角线之间的面积(图中的 x)除以对角线以下的总面积(图中的 $x+y$),其数值称为基尼系数。由此可见,基尼系数小于 1,系数越小,越趋于公平。我国目前的基尼系数已经接近 0.5,收入差距较大,因此,缩小收入差距成为经济的重要任务。

公共财政的收入分配职能具有对各社会成员占有或享有生产成果的比例的影响功能。因此,需要公共财政通过收入再分配以实现公平的目标。通常,政府通过税收、公共支出和管制等政策手段实施这一功能。其中,税收是政府执行收入分配职能的主要工具之一,通过税收,可以在相当大的范围实现对收入的调节,最重要的税收工具是累进所得税,旨在通过对高收入者课征较高的税率来缩小收入差距,避免少数人收入畸高而形成两极分化。公共支出包括转移支付和购买支出,转移支付又包括对个人的转移支付和政府之间的转移支付,对个人的转移支付包括福利性转移支付(如对处境不利的人们提供现金和实物救济,以保证人们能够获得起码的保障)和社会保险性的转移支付。政府间的转移支付是平衡政府间的财政收入水平,解决地区间收入分配问题的重要手段。而且由于政府间的收入水平会直接影响到政府对个人的转移支付能力,因此政府间的转移支付又间接地影响到对个人的转移支付。购买支出主要指政府的财政支出中用于支付购买物品的费用支出和用于雇佣工作人员的工资、津贴支出。政府管制是在税收和公共支出之外,政府对市场机制的直接干预,典型的例子如规定企业必须向雇员支付最低工资。

在出口产业链的形成过程中,由于各地区的经济发展不平衡,必然会产生地区间的收入和财富的分配不公,进而对各地区在出口产业链形成中的发展基础、发展速度和发展的协调性产生不利影响,对整个出口产业链的形成产生迟滞作用,因而必须发挥财政支撑体系的作用,对落后地区的产业发展加大支持力度,为整个出口产业链的形成发挥调节作用。

五、信息不对称

西方经济学认为,充分竞争的开展,是以消费者和生产者都知道现在和未来所有产品和要素的价格为前提的。但在现实经济中,许多信息无法充分获取,生产者和消费者的生产、销售、购买都属于个人行为,每个生产者和消费者所掌握的信息有限,不能对产品做出正确的评价,此时对于任何一种商品来说,由于风险和不确定性的存在,该商品的需求和供给都将是在竞争不充分的状态下进行的,从而市场运转也必然是不完善的,这就需要政府的介入和干预来加以解决和弥补。

信息的不对称对于区域的分工合作产生不利影响,造成区域内的相互低效竞争,不利于区域内出口产业链的形成,造成各自为战、资源误配,对区域经济的长远发展造成不利影响。应发挥财政的支撑作用,打造信息共享平台,建设适应高度现代化和开放环境下的市场经济的资讯软件和硬件建设,促进区域的协作和协调,进而推动区域的合理分工和出口产业链的形成与发展。

从以上分析中可以知道,经济和社会生活之所以需要公共财政政策进行干预,主要原因在于市场调节的失效,当市场失灵时就需要政府干预。尽管也有学者认为,政府干预同样会出现政府失灵问题,应寻求其他解决方式,但理论界较为一致的观点是,资源配置应该由市场和政府通过分工协调的方式来进行。同样在出口产业链形成过程中,财政支撑体系的建设起着不可替代的作用,在一定程度上可以弥补由于市场失灵带来的区域出口产业链形成中遇到的各种障碍,使得出口产业链得以健康发展并促进区域经济的繁荣。

3.1.2 财政税收职能角度

市场失灵的出现要求政府出面进行必要的调控,而财政税收在这一干预过程中扮演着重要的角色。通过财政税收职能的履行,可以在一定程度上缓解由于市场失灵带来的经济问题,进而实现资源的优化配置,促进产业结构的优化,保持经济的稳定发展,有利于出口产业链的形成。财政税收的职能主要体现在以下几方面。

一、可以通过政策的调节优化资源配置

资源配置问题是经济研究的核心问题。毋庸置疑,市场在资源配置中起着基础性作用,然而单纯依靠市场机制的调节无法实现资源的有效配置,因而需要政府的宏观调控,以减少由于市场失灵带来的资源浪费,提高整个社会的产出水平和经济效益。按照市场经济的要求,政府通过各种财政税收政策,充分发挥区域财政税收的资源配置职能,引导社会资源的配置朝着有利于该地区开发建设的方向进行。调整和优化行政资源配置的主要目标是有效使用有限的行政资源，并发挥其最大的效应。充分利用财政税收政策的导向性作用，促进经济区产业结构的调整，提高经济运行质量，通过灵活运用财政税收金融政策，解决经济区产业结构不合理、重复性建设以及经济运行质量差等问题，把资源配置向合理的产业布局方向引导。进一步讲，在出口产业链的形成过程中，可以通过财税政策的正确制定和实施促进资产结构、产业结构、技术结构和区域结构的重组和优化，推动区域出口产业的壮大和发展，进而形成区域的出口产业链。

二、可以公平收入分配

收入分配的本身就可以视为资源的配置过程，通过财政税收进行的收入分配是对市场初次分配的再调整。在市场经济条件下，收入的分配取决于各市场主体占有的生产要素及其价格，这种基于生产要素数量、禀赋和价格差异的分配机制可以促进经济效益的提高，但是由于在整个产业链中各环节的话语权和地位不同，决定了各要素的收入差异，加之区域的生产要素的禀赋差异和要素价格的不同，会造成区域间的收入分配不公，进而决定了地区经济发展水平，造成区域经济的不平衡。区域的不平衡发展基础和在产业链中的不公平地位，致使出口产业链的形成缺乏应有的基础和动力，阻碍地区优势的协同和发挥。财税政策的实施，可以缓解地区收入的不公平状况，一方面可以通过财税的调控作用对不同要素的收益进行公平调整，促进落后区域的收入增长，另一方面通过财税政策对落后地区的支持，促进优势产业的成长，提高地区的收入水平。财税作用的发挥有利于缩小地区经济基础的不平衡，促进地区出口产业的发展后劲，同时又有益于对优势产业的扶持，从而可以促进区域出口产业链的形成。

三、可以保障社会的稳定和经济增长

一方面，财政税收主要参与生产性、基础性的产业以及国有企业生产要素的分配，主要采取宏观、间接性手段参与分配，以支持整体经济的可持续发展。另一方面，财政稳定经济的重要内容就是缓解经济运行的社会压力，主要是通过建立健全社会保障体系，开征社会保障税，优化财政支出结构，突出财政的社会保障功能，以解决经济转轨过程中所带来社会问题。最后，通过走市场化道路为企业减负，发挥其积极性，促进经济区的开发建设。社会的稳定和经济的增长为区域出口产业链的形成奠定了良好的基础。

四、可以维护正常的社会经济秩序

要不断通过健全各项财政税收法规、规章，为出口产业链建设提供良好的、公正的和公平的市场环境。同时，通过严肃查处经济区中违反财经纪律的行为，尊重法律法规的严肃性，保证各项规则、措施得到顺利贯彻，维护正常的市场经济秩序。最后，财政监督要面向全社会、服务全社会，适应社会发展的需要，转变监督方式和方法，尽快把经济活动纳入规范化、法制化的轨道，对所有项目和各项资金加强监督管理，提高社会资金的整体使用效益，为出口产业链的形成塑造良好的经济环境和秩序。

财税职能的发挥有利于解决出口产业链形成中遇到的各种问题，尤其是可以推动区域的协同发展，促进各地区的经济潜力和产业优势的发挥，进而实现经济效益的优化和市场的繁荣。因而，在出口产业链的形成过程中需要与之相适应的财政支撑体系。

3.2 财政支撑对出口产业链形成的作用机制

根据以上分析可知，经济和社会生活之所以需要公共财政政策进行干预，主要原因在于市场调节的失效，当市场失灵时就需要政府干预。从传统的宏观经济学角度看，财政政策是调节短期需求的主要政策之一，可以影响总供给进而影响经济增长。而公共财政最有效的工具就是税收和公共支出。在市场失灵领域，无论何种类型的公共财政政策，政策目标确定后，都需要运用一定的工具和手段以带动、引导社会资源向政策期望的方向流动，发挥乘数效应，以实现政策目标。从理论上说，政府可以运用多种公共财政政策手段弥补市场的不足，但是无论是哪一个领域的市场失灵，或者出于何种动机而执行的公共财政政策，基本的政策手段就是税收和公共支出，其他的公共财政政策手段基本上都是由税收和公共支出派生而来的。

区域出口产业链的形成实际上是产业结构调整和升级的过程，而这种转变的实现，既离不开市场的作用，又不能缺少政府的政策支撑。其中市场主要依靠市场竞争和利益诱导机制,发挥对产业结构的调节作用;而政府主要依靠各种经济政策和产业政策来引导产业结构的发展。可以说,产业结构的发展轨迹是市场和政府共同作用的结果。因而,在重视市场本身机制的同时,必须恰当运用政府的调节作用,尤其是要认识到财政支撑体系对出口产业链的重要作用。

3.2.1 财政政策对出口产业链形成的作用分析

一、中央财政政策、地方财政政策与出口产业链形成

财政政策是经济政策的重要组成部分,是国家干预经济的主要政策之一。促进经济的增长和产业结构的优化是财政政策的应有之义,而出口产业链的形成不仅有利于促进出口的增长,也有利于促进产业结构的升级,所以财政政策应该发挥作用以促进出口产业链的形成。

财政政策包括中央财政政策和地方财政政策两方面,二者的职能和作用方向存在分工,这是由于我国实行分级分税的预算管理体制,各级预算主体分级执行财政职能,总体上可以分为中央财政和地方财政两方面,所以财政政策的作用发挥需要中央和地方财政政策的协调和配合。

中央财政政策主要致力于全国性公共需要和公共物品的提供,主要是从国家整体发展的层面进行政策的安排,往往具有全局性和长远战略性;而地方财政政策的主要职责在于提供地区性公共需要和公共产品,尤其是根据本地区的特点制定更为具体的符合本地区经济发展特点的财政政策。而区域出口产业链的形成既事关国家经济的整体发展,又关乎地方的经济利益,因而中央财政政策和地方财政政策不仅要在各自职责范围内促进出口产业链的形成,更要相互配合和支持,共同促进区域的出口产业链的形成和发展。

区域出口产业链的形成是一种国家的区域发展战略,是基于经济的长远发展和经济发展方式转变的远期规划,也是进行产业合理化布局的科学安排。而这一切决定了出口产业链的形成需要具备较高的条件:首先,出口产业链的形成,要求有发达的区域基础设施和完善的公共服务,包括交通、通讯、物流、金融等等,以便区域的原料、能源、半成品、技术、信息等的流动和共享;其次,出口产业链的形成,要求有与之相适应的管理人才和技术人才的培养,从某种程度上人才对出口产业链的形成起着更

为关键的作用，因而专业人才的培养必须给予高度重视；再次，出口产业链的形成，要求出口产业的升级和优化，而其核心在于技术的进步和自主研发能力的提高，建设创新型国家的课题又一次摆在了国家面前，从长远来看出口产业链的竞争力只能取决于自主创新的能力和技术的进步。所以中央财政政策要基于出口产业链形成的整体需求，致力于区域基础设施的建设和公共服务的完善，以便为出口产业链的形成奠定最基础的客观条件；同时中央财政政策要加大对教育的投入力度，有针对性地培养更多的高水平的管理和技术人才，通过科教兴国战略促进出口产业链的形成，尤其是加大对落后地区的教育投入，促进区域人才的均衡供应；最为关键的是，中央财政政策要着眼于自主创新能力的提升，以促进本国产业技术的提升，促进出口产业链的形成和出口竞争力的提升。另外，出口产业链的形成必然造成地区利益的调整，化解地区的利益冲突、减少出口产业链形成的阻力，必须依靠中央财政政策的统筹安排和适当补贴。

同时，出口产业链的形成对地方经济的长远发展有着重大意义，因而地方财政政策应充分发挥作用促进出口产业链的形成。地方财政政策应从以下几方面发挥作用：首先，加大对本地区的基础设施和公共服务的财政支出，以满足出口产业链形成的需要；其次，通过地方财政政策的优惠政策，促进出口产业的发展壮大，为出口产业链的形成塑造宽松的成长环境；再次，地方财政政策要积极为出口产业链的形成筹集发展资金，通过多种渠道构建地方稳固的投融资平台，促进出口产业链的形成。另外，地方财政政策要从地区经济的长远发展出发，不要拘泥于对短期的地方利益的追逐，以促进出口产业链的形成和地方经济的长远发展。最后，要注重中央财政政策和地方财政政策的协调和配合，以形成二者的合力共同促进出口产业链的形成。一方面，地方财政政策要配合中央财政政策的实施，对于中央财政政策的相关政策和措施，地方要根据地方的特点跟进相配套的辅助措施，以保证政策的效果；另一方面，我国目前的分配格局是支出偏重于地方、收入偏重于中央，因而要想实现中央与地方的协同，必须加大中央对落后地方的转移支付，以便弥补地方的财政缺口，保证财政政策的整体效应最大化。

二、财政政策对出口产业链形成的作用机制

财政政策可以分为宏观财政政策和微观财政政策。宏观财政政策指

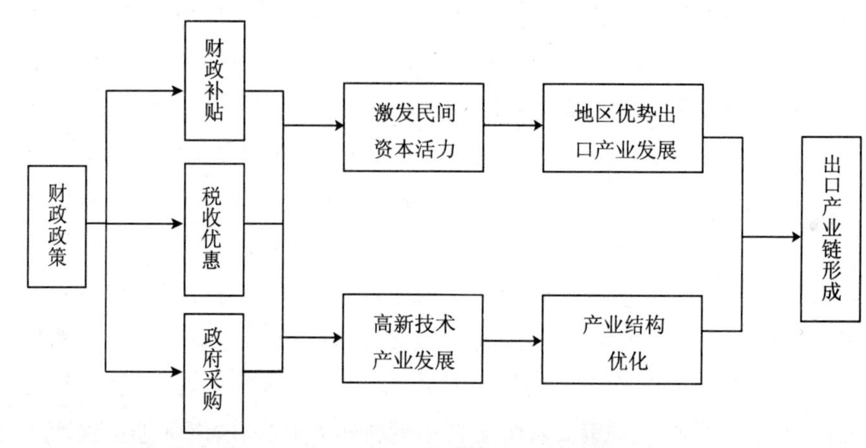

图 3-2 财政政策对出口产业链形成的作用机制图

政府通过政府支出的增减变动来影响供需总水平的财政政策,与之不同,微观财政政策指政府通过差异性税收和财政支出等政策,以影响相关产业的经济决策的财政政策。由此可见,宏观财政政策的目的在于调节经济的总量,以期实现总供给与总需求的平衡,防止经济出现大起大落;而微观财政政策的目的在于经济结构、产业结构的优化和升级,实现结构性平衡,以期保证经济发展的质量和水平。因而,出口产业链的形成,需要微观财政政策的支撑,微观财政政策应为出口产业链的形成采取一系列的政策支持。

微观财政政策的作用主要有:一方面政府可以对某些出口产业给予补贴、税收优惠和政府采购等扶植政策,通过增加产业利润水平,激发民间资本的活力,从而促进产业资本的增长和规模效益的实现,促进地区优势产业的成长,以便地区优势的发挥,为出口产业链条的成功对接奠定基础;另一方面,在整个出口产业链的形成过程中,由于链条的高端环节往往是高新产业,其发展的程度直接关系到整个链条建设的成败,是整个出口产业链建设中的重点和难点,因而,微观财政政策可以通过对高新产业的倾斜性支持政策,促进其优先发展,进而带动产业升级、引领产业链的形成。通过微观财政政策对出口产业政策的配合,使整个微观财政政策的政策对象、范围和幅度与出口产业政策相协调,从而实现出口产业链的形成。

综上分析,财政政策对出口产业链形成的作用机制是通过对相关出口产业给予税收减免、财政补贴和政府采购等扶植政策,以增强民间资本的活力,从而促进相关出口产业的成长和升级,进而推动区域出口产业链的形成。

3.2.2 财政支出对出口产业链的作用分析

一、财政支出与经济增长

财政支出是公共财政政策的基本手段,其方式多种多样,如政府直接扩大投资支出、加大各种转移支付力度、财政补贴等。在成熟的市场经济国家,作为公共财政政策手段的公共支出更注重的是各种转移支付,包括社会保障支出、各种财政补贴支出,而发展中国家则更常使用政府投资性支出。

在财政支出方面,由于市场机制存在缺陷,政府通过提供公共产品、对私人产权进行有效的保护以及教育支出和转移支付制度等弥补市场缺陷的合理政府支出有利于经济可持续发展。研究表明,政府财政支出的增长幅度大于经济增长是一种必然趋势。财政支出对经济增长的正向促进作用的主要原因在于政府财政支出的投资效应,即政府支出可以为消费者带来福利,增加消费者的支出,提高民间需求;同时,政府在军事、技术进步和公共安全等领域的开支提高了政府投资,并拉动民间投资增长,从而共同促进经济增长。

但是不同性质的支出与经济存在着不同的相关性。一般而言,政府的消费性支出对于经济增长仅有很小的影响;但政府的资本性支出,如基础设施投资,将会鼓励私人部门的生产性投资,从而促进经济增长。

更为重要的是,在发展中国家,财政性公共支出对经济增长的作用非常明显。东亚经济群的成功经验表明,在经济起飞阶段,由政府动员储蓄,实行倾斜性的产业政策和在促进资本形成的领域实行大量的财政支出,将有力地推动经济摆脱贫困陷阱的束缚。原因在于,处于低发展水平的经济面临的最大障碍是没有前期的资金推动,经济风险大,资本缺乏,私人资本积累缺少动力和能力,这时政府在基础设施上的投资、特定的产业发展政策和对企业技术支持不仅减小了企业的投资风险,而且使经济能快速地摆脱贫困。基于 Bootstrap 仿真方法的实证检验也表明,类似我国的发展中国家，财政支出对经济增长有着明显的带动作用，并可以在一定程度上熨平经济的波动。

对于经济增长来说，加速其发展主要有两个途径：一个是资源配置效率的提升，另一个是生产效率的提高。公共财政支出推动经济增长主要是通过公共财政支出作用于生产所需的直接因素和间接因素来达到推动经济增长的目的。直接影响因素即“生产的内因”，主要包括劳动力和生产资料（或生产资本）两个方面。间接影响因素是指通过直接影响因素对社会生产过程间接发生作用的因素，包括人口、科学技术、经营范围、产业结构、对外贸易、经济体制和经济政策等。这些间接因素一般通过改善生产条件、劳动力和生产资料的质量来影响经济的增长。公共财政支出不仅可以直接增加生产要素的数量来促进经济的增长，同样还可以通过作用于劳动、技术来提高劳动者的素质和科技水平，从而通过提高生产要素的质量，变相地提升生产要素的数量来促进经济的增长。在线性增长模型中，公共财政支出还可以通过对技术的投资或者引导企业对技术进行投资实现经济的长期增长。

二、财政支出（购买性支出）对出口产业链的作用机制

购买性支出指政府利用财政资金对商品和劳务的直接购买行为，对生产过程和经济发展有直接的影响。政府的购买性支出，从用途上来看，又可分为投资性支出和消费性支出。投资性支出主要用于基础设施建设、公共设施建设等，旨在为整个经济的发展提供基础性和公共性资源，以便保证经济的高效运行；消费性支出主要用于购买政府职能部门进行日常的管理活动所需的商品和劳务。购买性支出对出口产业链的作用机制如图3-3所示。

1. 投资性支出对出口产业链的作用机制

首先，投资性支出的主要支出方向之一是基础设施建设，而在出口产业链的建设过程中，完善的基础设施是出口产业必须要素，投资性支出的增加可加速区域基础设施的完善，为出口产业的发展创造了必备的发展条件，同时有效地降低了生产的成本；其次，投资性支出的需求效应不仅仅局限于其本身的需求数量，还会产生扩张的乘数效应，有利于促进地区经济的发展，从而为出口产业链的建设提供更多的发展资金，加速出口产业链的形成；再次，投资性支出可以通过改善社会投资环境和降低投资风

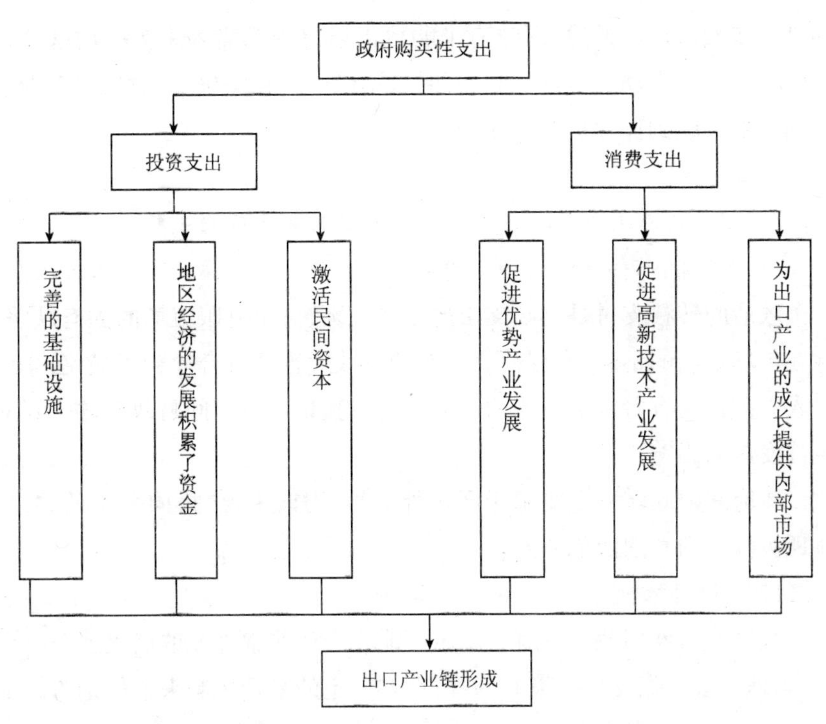

图3-3 购买性支出对出口产业链形成的作用机制图

险,来激活民间资本的活力,从而增加对出口产业链建设的投入,同时也引入了竞争机制,有利于加速出口产业链的形成。同时,投资性支出可以通过自身作用方向和重点的调整,调节国民经济的产业结构、部门结构、技术结构和地区结构,加速区域出口产业的整合和优化,推动出口产业链的形成。

2. 消费性支出对出口产业链的作用机制

消费性支出又称为政府采购,是引导产业发展方向的重要政策工具。首先,政府采购可以通过对产品品种质量的选择,来引导产业发展的方向,在出口产业链的形成过程中,政府采购可以通过加大对地区优势产业的采购来促进该产业的发展,为其能够成为地区出口产业链的核心环节创造条件;其次,政府采购可以分担产业研发过程中的风险,提升产业技术进步的成功率,有利于产业的升级进步,对出口产业链的形成具有积极作用;再次,出口产业链在形成过程中,必然会受到竞争的挤压,对其生存和进一步发展形成挑战，而政府采购可以通过内部需求来为国内战略产业的成长提供启动的市场空间，同时也不易引起补贴争端，对出口产业链的顺利形成起到保驾护航的作用。

3.2.3 政府间转移支付对出口产业链形成的作用分析

一、政府间转移支付与经济的发展

政府间转移支付是财政支出的重要一环，对于克服市场的固有缺陷，弥补市场机制的不足，实现社会资源的有效配置及符合社会正义、公平的收入分配格局有着至关重要的影响。现单独论述政府间财政转移支付对经济发展的影响。

政府间财政转移主要源于区域外溢性、财政失衡、横向公平的要求、体现拨款者的意图四个方面：

1. 区域外溢性

区域外溢性即地方政府的支出可能也会使非本地区的居民受益。然而，当地方政府做支出决策时，并不存在一定的激励机制来迫使地方政府将这种外溢收益考虑在内。当然，按照谁受益谁付出的一般原则，边际成本应该由那些受益的非当地居民支付，但在许多情况下，要实现这一点并不容易。一方面，当地政府可能很难判断究竟是哪些人受益；另一方面，在信息不对称的情况下，要设计一套低成本的收费机制也是非常困难的，如兴修水利、治理环境污染等。因此，在许多地方政府公共支出存在外部效应的情况下，是由中央政府或上级政府通过财政拨款给当地政府来使该效应内在化的。因此，使外部效应内在化也就成为政府间转移支付的主要的具体目标之一。当然，为了有效实现这一目标，拨款政府往往要求与之对应的补助只能用于提供特定的公共产品或服务。

2. 财政失衡

由于跨地区之间要素移动带来了税基的变动，从效率的角度上看，中央政府的课税权限应大于其支出责任，而从支出效率的角度考虑，地方政府更了解当地居民的实际需求，因而应该享有较大的支出权限。因此，从整体上看，地方一级财政必然存在着财政缺口（Fiscal Fap），由此导致的地方政府收支赤字应当由中央政府的转移支付来弥补。这里，由财政失衡导致的财政缺口实质上反映了不同级层政府之间各自的收入（即财权)与其支出(即事权)之间的不相等。这种不相等的出现本身有其符合效率原则的一面,也被称为财政纵向不平衡(Vertical Imbalance)。显然,解决财政纵向不平衡也是政府间转移支付的重要目标之一,实现这一目标的转移支付也被称为收入分享拨款。需要注意的是,中央政府有时也通过与地方政府的税收分享来解决这一问题。其中,税收分享是指各地方政府对在其辖区内产生的某种税(或某些税)的收入按规定比例获得一定的收入。但是,如果税收由中央政府规定和征纳,特别是当税率和分享比例完全由中央政府自行决定时,税收分享与收入分享拨款之间并不存在实质性的区别。

3. 横向公平的要求

横向公平定义为任何两个在没有公共部门条件下福利水平完全相同的人,在存在公共部门后仍拥有相同的福利水平。Buchanan(1950)用财政公平这一术语表达了联邦内横向公平这一要求。然而,地方政府互不联系的财政活动通常会使福利水平相同的两个居民因居住在不同的地区而得到不同的待遇,即这些居民从其居住地政府各自的预算活动中得到不同的净财政受益(即居住地受益),从而导致横向不公平,并引起无效率移民。这也就是说,地方政府的财政行为会诱导个人在区域间的移民行为,当居住地税收无法确切地反映因新移民进入而给原有居民带来的边际拥挤成本或机会成本时,因移民所导致的效率损失就形成了。因此,从理论上看,应该建立政府间转移支付机制,由那些预算较能吸引新移民的地区向那些预算吸引力较差的地区提供转移,从而纠正原来存在的效率损失。并且,同样的纠正方法可以同时满足效率与公平原则,这是经济政策中少有的一个特例。

4. 体现拨款者的意图和偏好

在上文对转移支付原因分析的基础上,我们可以把政府间转移支付的具体目标分为内部化外部效应、弥合财政缺口、实现财政横向公平三个方面。除此之外,政府间转移支付还具有另外一个关键目标,即体现拨款者的意图和偏好,使受补政府的支出结构和支出水平更好地符合拨款者的要求。这主要体现在以下四个方面:第一,拨款要反映拨款者对有益产品(Merit Goods)的偏好。马斯格雷夫把有益产品定义为社会愿意鼓励提供的产品。由于有益产品的特性,其市场自发的供给往往是不足的,因而需要政府的介入。但是，在多级政府情况下，地方政府的决策往往不一定符合全社会的利益。因此，当中央政府与地方政府对有益产品的评价发生偏差时，前者往往通过转移支付来加以矫正。第二，体现拨款者对最低服务标准的偏好。拨款者对最低服务标准的偏好主要是出于对公平和效率两方面的考虑。就公平来说，资源在各地区的分配要遵循"生存条件一致"的原则，任何人无论生活在一个国家的什么地方，其最基本的生存条件必须得到满足，比如说卫生保健、教育福利等。就效率来说，出于充分反映当地居民偏好及降低提供成本的考虑，有些具有再分配性质的服务是由地方政府来提供的，这有可能导致各地区之间公平和效率目标的不一致。因此，中央政府要采取适当的措施来保证在全国各地都能提供一个最低标准的服务水平。第三，拨款要体现拨款者稳定经济的意图，这种拨款的需要源于对地方财政的"财政反常"行为假定（Fiscal Perversity Hypothesis）。因此，中央政府应通过逆经济周期的拨款来纠正经济反常，即在经济萧条时增加对地方政府的拨款，在经济高涨时减少对地方政府的拨款，以保证宏观经济的稳定运行。第四，拨款有时要体现拨款者希望受补者增加自己收入的意图，以调动地方政府增加自己财政收入的积极性，减少其对拨款的依赖。

二、政府间转移支付对出口产业链形成的作用机制

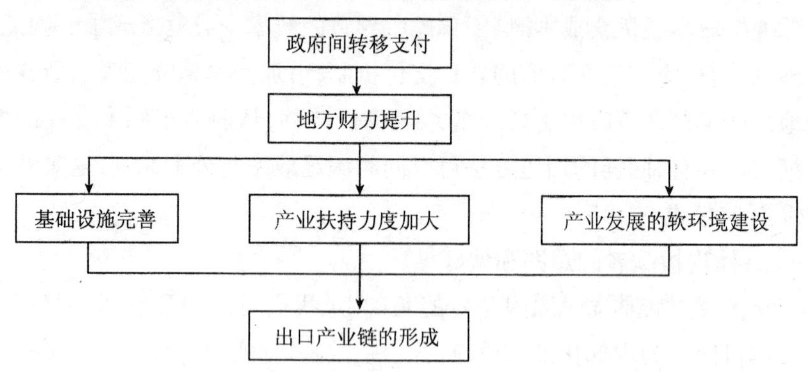

图 3-4 政府间转移支付对出口产业链的作用机制图

政府间转移支付可以增加地方财政的财力，为地方财政促进出口产业链形成作用的发挥奠定基础。政府转移支付可以加速落后地方的基础设施建设，完善的基础设施为出口产业的重新布局和区域产业联系的加

强提供了基础性条件，促进了出口产业链的形成；政府转移支付提升了地方财政支持产业发展的资金实力，地方财政可以采取更有力的扶植政策促进优势出口产业的发展，促进本地区出口产业的发展壮大，加速出口产业链的形成；政府转移支付提升了地方财政的支出能力，从而可以致力于地方出口产业发展的软环境建设，可以从改善企业融资环境、促进企业技术研发、信息共享平台建设等，以促进出口产业链的形成。

此外，政府间转移支付可以在一定程度上弥补由于出口产业链的建设给一些地方带来的短期利益损失，减小出口产业链形成的阻力。提升地方参与出口产业链建设的积极性和主动性，以促进出口产业链的形成。

3.2.4 税收对出口产业链形成的作用分析

一、税收与经济增长

税收政策是财政政策的重要组成部分，是调节经济的重要杠杆，在国家宏观经济运行、保障市场经济健康发展方面占有举足轻重的地位。政府主要是通过税种、税率、税收优惠、税负等要素来调节各方经济利益，影响经济发展。值得注意的是，税收对经济的影响具有两重性：当税收与经济发展相适应时，就会促进经济发展，反之，则阻碍经济发展。

税收对经济的作用机制主要是通过其收入效应和替代效应实现的。税收的收入效应是指政府通过税收的增减变化，从而影响纳税人的收入，进而对居民的购买能力和消费水平产生影响。税收效应的主要作用在于对经济总量的影响，通过税收的调节作用对总需求产生影响，从而促进经济的平衡和发展，对于一国经济的健康发展具有重要作用。税收的替代效应是指政府通过对不同的商品和服务设定不同的税负，实行征税与不征税、重税与轻税的差异性政策，以影响商品的相对价格，进而造成居民减少征税和重税商品的购买，而增加无税和轻税商品的购买，从而实现了对无税和轻税商品的消费替代了对征税和重税商品的消费。税收替代效应的主要作用在于对经济结构的影响，通过税收的差异化调整对商品的价格产生影响，进而影响对商品的消费结构和生产结构，最终将引起产业结构和经济结构的变化，从而实现经济质的变化。正确认识税收的作用机制，充分发挥税收的收入效应和替代效应，实现二者的相互配合，既有利于经济的持续增长，又有利于促进经济结构的优化升级，实现经济的又好又快发展。

税负反映国家征税深度，也反映国家干预经济的程度。如果国家征税后，大多数企业微利甚至亏本，就会妨碍民间投资，削弱市场配置资源的基础作用，影响经济活力。在市场经济条件下，只能用税收满足社会公共需要和保障低收入阶层的基本生活，一般不能把税收用于盈利性的生产投资，否则，国家配置资源，加重企业负担，部分企业受益，将会导致企业竞争不公平，影响市场经济发展。所以，税负高低关系到资源是由国家计划配置还是由市场配置，关系我国经济转轨和旧体制复归。

另外，对于企业投资而言，一般情况下，企业投资方向往往受利润最大化的引导，由此而决定的投资结构可能与政府确定的投资结构和产业结构出现偏差，从而导致国民经济投资的整体效应与预期效应不一致。为此，利用税收政策可以引导企业投资方向，如为吸引资金投向某些急需发展的行业，在流转税和所得税上给予相应的税收优惠。同样，为了限制某些行业的发展，也应采用加重税收负担的方式来抑制投资。需要注意的是，影响企业投资方向以及投资期限的税收因素，还包括投资者对未来税收负担的预期。如果投资者预期的税收优惠将增加，那么企业可能会推迟投资时间直到增加的税收优惠政策生效为止；如果预期的税收优惠将减少，则企业会提前进行投资。

税率是税制的核心，它对企业实现的收益进行分配，确定国家与企业的分配关系，最终确定财产归属。税率高低表明国家征税深度，亦称调节经济的程度。拉弗曲线表明，税收随税率增大而增大，当税率超过纳税人承受能力时，税收就随税率增大而减少。可见，税率适当可以促进经济发展，税率过高则阻碍经济发展。

由此可知，税收对经济的增长有着重要作用，出口产业链的形成需要税收发挥其调节作用，通过税收相关出口产业的倾斜，促进出口产业链的形成。

二、税收对出口产业链的作用机制

税收的财政职能、调控职能和反应、监督职能都会对产业结构的发展产生作用。税收实现的财政收入，使政府可以通过财政收支活动，对产业经济进行增量调整，影响产业经济的发展和结构的调整，促进出口产业链的形成；税收可以通过制定与产业政策相配合的差别税收政策，调节产业间的税收负担水平，从而促使产业资本的存量流动，促使资源配置到国家规划的具有战略价值的产业，实现产业结构的调整，促进出口产业链的形成；税收的反映和监督作用，可以有效监测产业经济发展的相关信息，有利于发现产业发展中的问题、积累产业发展的经验，为制定和修正正确的产业政策和与之配套的相关政策提供了宝贵的决策依据，充分发挥了税收的信息收集作用，对出口产业链的形成有着独特的价值。税收对出口产业链形成的作用机制如图3-5所示。

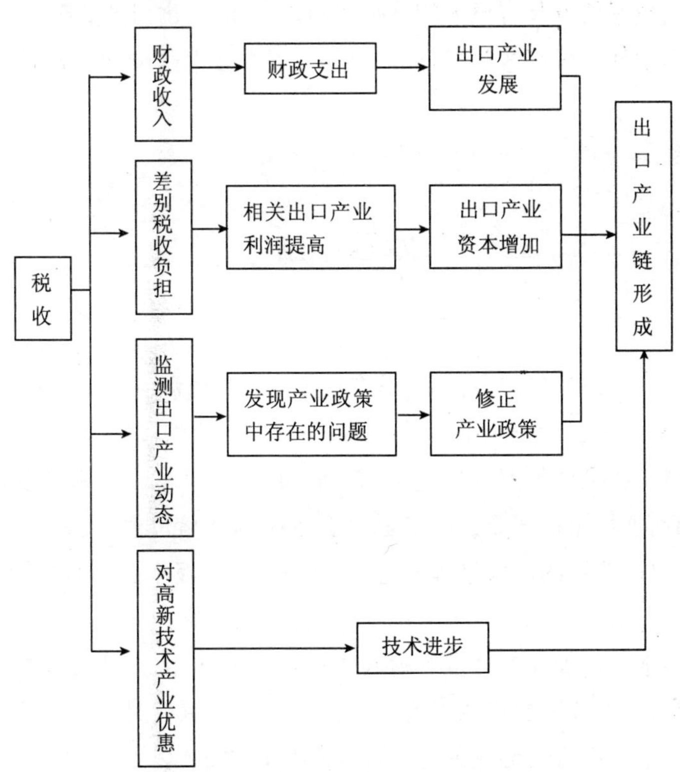

图3-5　税收对出口产业链形成的作用机制图

在出口产业链的建设中，通过降低相关产业的税收负担，可以促进该产业的发展壮大。同时通过税种、税率、征税依据和对象的调整，以及税收优惠政策的实施，可以影响产业的产品成本和价格，进而影响产业的利润和附加值，可以促进产业结构的升级，推进产业结构的优化和产业链条的延伸，从而提升产业竞争力和产业附加值。

在出口产业链的建设过程中,技术进步起着关键的作用,以技术的进步带动出口产业的发展与升级,可以促进产业链的形成。而税收可以通过税收优惠政策促进技术的进步。而不同的税收优惠方式的作用大小有所差异。税收优惠分为税率式优惠和税基式优惠。税率优惠本质上是将技术进步的收益部分奖励给企业,而没有对企业在技术研发过程中风险与费用实行共担;相比之下,包括加速折旧、投资抵免和税前列支等在内的税基式优惠,本质上是国家与企业在技术创新中对风险与费用的共担,对企业的技术研发具有更大的激励作用。因而,在出口产业链的建设中,可以更多地使用税基式优惠,以便更好地促进技术进步,推动出口产业链的形成。

本章小结

出口产业链的形成,有利于整合地区的各种资源,以充分发挥区域的禀赋优势,从而带动产业结构升级,提升出口产业的国际竞争力,提高区域出口产品在全球价值链的地位,有利于地区经济的发展和国民福利的提升,因而加快出口产业链的形成具有重要的战略价值,需要加快建设。然而,出口产业链的形成过程不是一帆风顺的,市场本身固有的缺陷与区域经济发展的先天不足等因素的交织,将给出口产业链的形成造成诸多障碍性因素。正确和充分发挥财政支撑体系的作用,对于克服障碍性因素,加快出口产业链的形成具有重要的意义。本章恰是旨在研究财政支撑体系对出口产业链形成的必要性和作用机理的,以期明确财政支撑的重要性和努力方向。

一方面,在第一节中主要论述了财政支撑体系建设对出口产业链形成的必要性。本部分从两个角度阐述了财政支撑体系支撑的必要性:一是,市场失灵角度。通过分析市场失灵的各种表现和影响,进一步分析将如何对出口产业链的形成产生作用,进而认识到政府干预的必要性,市场失灵角度的必要性分析使研究的方向更为明确,即财政政策应该解决的问题更为明了;二是,财政职能角度。通过分析财政的基本职能,认识到财政对于克服市场失灵的作用，再具体到出口产业链形成的过程之中可能遇到的问题，阐述了财政政策是如何克服障碍，促进出口产业链形成的。在此基础上，进而思考财政支撑体系是通过怎样的方式和机理来对出口产业链的形成产生作用的，从而展开了下文的论述。

另一方面，紧承上文的分析，在第二节详细地阐述了财政体系对出口产业链形成的作用机理。首先，从宏观的财政政策层面展开分析，由财政政策与经济增长的关系来阐述财政政策对经济发展和市场产生作用的原理，进而具体分析财政政策对出口产业链形成的作用机理；其次，从财政支出方向进行分析，财政支出包括购买性支出和转移支付支出，通过分析财政支出与经济增长的关系，进而分别分析购买性支出与转移支付支出对出口产业链形成的作用机理，具体从财政支出的不同方式分析了财政支出对出口产业链形成的作用机理；再次，从税收层面展开分析，由税收与经济的关系分析税收发挥作用的路径，进而分析税收对出口产业链形成的作用机理。

通过以上分析，既明确了财政支撑体系对出口产业链形成的重要意义，更清楚地认识了整个财政支撑体系是如何对出口产业链的形成产生影响的，为进行财政支撑体系的建设和创新奠定了理论基础。

第4章 出口产业链形成过程中区域金融支撑的理论分析

金融在现代经济的发展中扮演者重要的角色，被誉为经济运行的“血液”，没有金融体系的支撑，经济的发展便失去了重要动力。出口产业链的形成过程中，将有大量的资金需求，需要金融体系的支撑，以通过其融资能力为出口产业链的发展筹集建设资金，这将是出口产业链形成的关键问题。同时，出口产业链的形成过程要求有与之相适应的金融服务体系，由于出口产业链的特殊性，就对金融服务的要求更高、更复杂，因而金融服务的提供也成为出口产业链形成的必要因素。再者，出口产业链的形成过程必然伴随着产业结构的调整，必然要求与之适应的金融结构，通过调整金融结构也可以有效的带动产业结构的变化，从而有利于促进出口产业链的形成。本章第一节从出口产业链形成过程中的资金需求角度和金融服务角度展开了金融支撑的必要性分析，第二节对出口产业链形成过程中区域金融结构调整与产业结构的相互作用机理进行了详细介绍，包括了金融结构与产业结构两者之间的相互作用及金融发展与产业结构升级之间关系的论证，第三节重点介绍了出口产业链形成过程中产异性金融结构的“互嵌融合”效应并进行了相关模型的详尽推导。

4.1 出口产业链形成过程中金融支撑的必要性分析

出口产业链的建设需要金融支撑体系的支持。可以从出口产业链形成对资金的需求和对金融服务的需求两个角度分析金融支撑体系建设的必要性,从而明确当前金融发展的最紧迫任务和出口产业链建设最紧迫的问题,有利于增强对金融支撑体系建设的重视程度,有利于促进出口产业链的形成。

4.1.1 从出口产业链形成过程中的资金需求视角看

在出口产业链建设初期,随着基础设施建设和重大项目不断推进以及沿海港口开发建设速度加快,经济区所需资金急速增加,资金供求矛盾愈加突出。要缓解这一资金瓶颈,只有从满足需求的视角加快融资平台建设,提升地区的资本形成能力,进一步创造聚集更多金融资源的良好条件,地区经济发展才能步入良性循环;反之,若不能建立有效的金融支撑平台,难以聚集足够的金融资源,进而投资不足,经济发展受阻,可供积累的储蓄不足,金融资源会更加缺乏,资本形成能力进一步弱化,从而落入缪尔达尔(Myrdal)的"循环积累因果原理"导致的积累性的循环发展趋势。因此,必须加强对地区区域金融支撑体系构建问题的研究,寻求解除资金缺口,提高资金吸引力的政策和措施,唯此方能促进出口产业链的形成。同时必须在推进出口产业经济发展的基础上,积极引导生产要素向重点产业聚集,重点发展优势产业,以期形成地区的出口产业链条,提升出口产业的竞争力。这就需要引进国内外比较优秀的企业进驻,加快地区经济发展和产业的升级,大量新企业的进入必然会加大对资金的需求,这就需要吸引国内外大量的资金流入来增加资金总量,为企业的发展提供充足的养分。

一、基础设施建设需要大量资金

出口产业链的形成,离不开大规模的基础设施建设。基础设施是直接生产部门赖以建立和发展的基本条件,基础设施的发展水平,直接和间接地影响生产部门的成本和利益，影响其供给的数量和质量，而且，基础设施是发展过程中外在经济的最重要的源泉，完善的基础设施可以为各个厂商乃至全社会各个部门的生产活动带来种种便利，从而提高各个厂商乃至全社会的获利能力，进而为其他产业部门的发展诱发出更多的投资机会。可见，基础设施建设是一个地区经济发展的前提，是一项重中之重的工作。因此，推动区域出口产业链的形成，必须着力加强基础设施建设，而各个方面的基础设施建设都需要大量的资金投入。

二、发展特色优势产业需要大量资金

所谓特色优势产业，是指基于发挥资源禀赋优势，或者利用较强的产业发展基础和技术水平，所生产和加工的产品具有市场前景和较强的市场竞争力，对当地经济具有明显带动作用的一些产业，这正是出口产业链建设中应该重点发展的部分。同时出口产业链的形成需要相关配套产业的发展。这是因为区域经济的发展需要一个良好的经济环境，地方性经济区域的发展除了支柱产业外还需要相关产业的配套和支持。例如，在发展石化、钢铁等重工业的过程中还需要同时发展相配套的一些产业来进一步延伸产业链条，如化纤、塑料、精细化工、医疗、职工居住环境、商贸旅游、海洋产业及物流产业等。而这些产业的发展一般都是由中小型的企业来支撑的，然而政府在发展大项目的同时很少顾及中小企业的发展条件，资金一直是中小企业发展的瓶颈，银行贷款一直以来都比较偏爱大中型企业，对中小企业贷款的门槛也比较高，这使得一些中小企业只能通过成本较高的民间借贷来满足发展的资金需求，所以贷款难是制约区域中小企业发展的根本性因素。因而出口产业链的建设要求解决中小企业的投融资问题，从而形成对资金的强劲需求。

三、调整产业结构需要大量资金

出口产业链的形成必然伴随着产业结构的调整。一方面，地区优势的发挥要求各地进行产业结构的转型和范围的调整，另一方面出口产业链的形成要求产业结构的升级和更新。在现代经济中，产业发展和结构升级的路径有两个：一个是增量发展道路，通过增加资源的投入，促进原有产业的发展和新兴产业的生成；另一个是存量调整道路，在投入要素不变的前提下，通过资产重组，促进资源从低效产业向高效产业流动和聚集，提高产业结构素质。一般说来，在经济发展的早期阶段，以增量发展为主,而在经济发展的成熟阶段,则以存量调整为主。地区产业发展无论是量的扩张还是质的提高,必须依赖资金及其他要素资源的增量投入,促进储蓄资源向投资转化,并动员外部资金以及通过资金动员带动起品牌、专利、技术、人才、网络信息等优势资源进入,与地区丰富的自然资源相结合,共同提高地区产业结构的转换能力。

4.1.2 从出口产业链长远发展的金融服务需求视角看

出口产业链的长远发展离不开高质量的金融服务。在地区出口产业链形成的初期,大部分资金的来源还是依靠国家和地区的财政拨款。但要实现地区经济的中长期发展,仅仅依靠区内的资金很难满足其持续发展的大量的资金需求,目前发展需要的大部分资金主要依赖外部资金支持。因此,在今后的出口产业链的建设发展中财政政策主要是在期初为其营造一个良好的招商引资的平台,而其长期发展要靠金融来支撑。因此,金融机构能否提供充分的金融支持,直接关系到出口产业链能否形成和健康发展。

一、全方位的资金供给

地区出口产业链规划的大型项目建设需要大量的资金支持,除了需要财政投资以外,金融投资支持也显得非常必要,金融机构应该加大力度支持经济区重大项目建设,尤其是那些科技含量高、附加值高以及环保的项目;加大地区经济在建设特色产业过程的资金支持力度;在支持大型项目和企业建设的同时,也要兼顾在经济区建设过程中起着重要作用的中小企业的资金需求,扶持具有成长性的中小企业;针对出口产业链建设的初期,基础设施建设需要大量资金的现状,加大对基础设施投资建设。

二、丰富的融资方式、便利的融资渠道

再融资渠道中,多数区域经济以间接融资为主,即主要依靠银行贷款或财政补贴,直接融资占比重很少,这样就会影响经济的长久发展。在企业融资过程中,往往以间接融资为主,且股票融资的比重高于债券融资。因此,金融机构应该加大各种融资方式的宣传力度,使企业从不同的侧面了解各种融资方式的优缺点,进而根据自身的特点选择最优的融资模式,以较低的成本实现较高的使用效益,以便促进出口产业链的形成和发展。例如,对于投资项目来说,既可以通过项目融资走多样化融资道路,也可以设立比较简单的融资方式如项目投资基金;企业在中短期内急需的资金,可以运用债券融资;对于既想融资,又想进行改组的企业,可以运用股票筹资。同时金融部门还应该引导企业在使用以往融资渠道的基础上寻求新的渠道,充分利用国内外的资本市场资源。例如,金融机构应该为大型项目建设、企业上市、发行债券、设立投资基金等方面提供便利,同时应积极引进国际银行贷款等海外资金进入,提供银团贷款等不同的融资渠道来供经济区不同企业进行选择。总之,要发挥金融创新的作用,促进出口产业链的形成。

三、方便快捷的金融服务

在出口产业链形成过程中,除了投资和融资方面的支持外,金融部门还应该为其提供一系列的服务支持建立便捷的支付结算,这必然要求金融部门提供更高效、更安全的支付结算手段。金融机构应该进一步加强票据结算合作,如人民币和其他货币电汇及信用证等边贸结算产品的推出;进一步推进人民币的可自由兑换;完善跨境实时支付系统等。二是提供各种表外业务服务,如保函、备用信用证、贷款承诺、贷款出售以及外汇和利率的远期、掉期、期权衍生交易业务等。三是完善的资信评估系统。金融机构较其他机构相比可以以较低成本获得企业的一些资信信息,完全可以利用该优势建立资信评估数据库,为客户提供相应的资信咨询和调查等服务。四是完善的风险管理和保险服务。针对出口产业链建设过程中面临的新的问题,开发出相应的特色保险项目,为区域出口产业链的建设提供充分的保障。

4.2 出口产业链形成过程中区域金融结构调整与产业结构的相互作用机理

区域出口产业链的形成过程,必然伴随着产业结构的调整。事实上,出口产业链形成的关键在于地区产业结构的优化调整。区域经济总体发展水平与区域产业结构是密切相关的、相互影响的,产业结构在一定程度上,决定了区域经济增长的速度。

4.2.1 产业结构与金融结构关系的认识

对于产业结构、金融结构关系已经有很多学者进行研究，主要认为金融结构影响产业结构、产业结构影响金融结构，金融结构和产业结构两者之间存在着相互联动关系。

一、金融结构影响产业结构

Patrick(1966)提出的供给主导理论中指出，金融结构的转变提供了更多的融资渠道或降低风险的金融服务，为产业结构的提升和经济结构的转变创造有利的环境和条件。Wengere(1997)和Kaserer(1998)认为大银行由于受到较少的管制，更容易同企业经营者达成串谋，从而损害债权人的利益，妨碍形成有效的公司治理结构，国有银行热衷于投资于劳动密集型产业和达到政治目标。卢梭(P. Rousseau, 1998)和沃特尔(P. waehtel,1998)通过发达国家的工业化过程证明了金融中介对实体经济部门的作用是工业化的重要解释因素。杰夫雷伊(Jeffrey. w,2000)试图从金融的产业资本配置功能考察其与经济增长的关系，判断金融结构的有效性。在高资本回报率的行业(项目)内继续追加投资，在低资本回报率的行业(项目)内及时削减资金流入是资本配置效率的提高的表现，从这一思想出发他用面板数据模型通过65个国家资本配置效率的计算发现:与发展中国家相比，发达国家之所以发达并非是由于它吸收了更多的投资，而是由于发达国家的资本配置效率明显比发展中国家来得高，强调金融市场在资本配置效率中的作用。刘世锦(1996)认为金融发展的着眼点要放到促进产业发展上，提出金融改革和创新要有利于产业的升级和发展，为之提供更好的服务。伍海华、张旭(2001)从经济增长、产业结构与金融发展三者之间关系的角度，分析了金融发展作用于产业结构变动的过程以及我国产业发展中金融模式的选择问题。其主要观点是:金融作用于产业结构调整的过程是:金融—影响储蓄—影响投资—影响资金流量结构—影响生产要素分配结构—影响资金存量结构—影响产业结构。经济金融化程度越高，上述传递过程越明显。范方志、张立军(2003)从理论上探讨了金融结构转变与实体经济部门产业结构升级之间的关联机制，并且实证分析了中国东、中、西部地区的金融结构转变与产业结构升级以及经济增长的关系。韩立岩、蔡红艳和刘赣州(2002,

2003）等分别用利润指标和工业增加值计算了我国工业行业的资本配置效率，揭示了我国金融结构和实体经济（产业）的有机联系并判断我国金融结构的有效性。刘赣州（2005）认为产业结构优化升级与金融支持密不可分，金融的资金聚集功能和服务水平在很大程度上左右着产业结构优化升级的步伐。中部地区金融的资本聚集功能和服务水平很低，尚不足以支持产业结构优化升级的需要。因此，需要区域金融的超常规发展，利用超经济规模金融资源的聚集和大量的金融服务手段创新来实现中部地区产业结构的优化升级网。傅进、吴小平（2005）从资金形成机制、资金导向机制以及信用催化机制角度论述了金融影响产业结构调整的机理。王佳菲（2006）指出优化资源配置是金融在产业结构转换中的本质功能，因此，作为现代市场经济运行机制枢纽的金融体系，在促进产业结构升级中发挥着重要的作用。

二、产业结构影响金融结构

刘易斯（WA. Lewis，1989）提出著名的刘易斯模型，其所研究的城市部门实际上是第二产业和第三产业的典型代表，农业部门是第一产业的典型代表。在刘易斯看来，农业部门只是一个维持生计部门，它只为经济发展提供劳动贡献，而工业部门提供储蓄、金融资本贡献。农业部门的现代化主要依赖于城市工业部门金融资本形成的规模和速度。Patrick（1996）提出“需求遵从”（Demand－Following）理论。该理论认为金融结构必将转变：经济规模的扩大要求金融业提供更大规模的金融服务，产业结构的提升和经济结构的转变及与此相伴随的企业制度创新、市场规模的扩大及其复杂化，要求金融业提供更为复杂的金融服务，如对衍生金融产品需求的扩大、风险的规避等。Amen（1997）和 Zingales（1997）把产业组织理论应用到金融业，认为银行业和其他产业一样遵循产业组织的特定规律，因此，产业结构的决定因素也影响金融结构，即期初结构、市场规模、市场垄断和竞争同样影响金融结构。支大林、祝晓（2004）认为随着区域经济环境的变化，区域产业结构处于不断变化的状态，从低级到高级、由简单到复杂，新兴产业部门逐步取代传统部门，这是区域经济发展的基本途径。

三、产业结构和金融结构的互动关系

拉詹（Rajan. R. G，1999）和津加来斯（Zingales，1999）通过研究金融

发展对企业外部融资成本的影响来研究金融发展对行业成长的促进作用。一个行业在成长过程中,对外部融资的依赖程度越大,金融发展对其促进作用越大。也就是说,那些对外部融资具有很大依赖程度的行业在金融体系发达的国家中成长速度超乎寻常的快。这是因为金融体系有助于企业克服道德风险和逆向选择问题,从而使企业的外部融资成本下降。其后,他们把企业的外源融资细分为以银行信贷和以股票市场发行股票来融资两种方式。由于不同行业的企业在两种融资方式之间存在着信息成本等差异,因此决定了企业不同的融资结构,进而决定金融结构。林毅夫(2003)等拓展了金融结构的产业结构决定论,认为特定经济发展阶段的要素禀赋结构决定了该阶段的最优产业结构,从而决定该阶段的最优金融结构,政府的发展战略如果背离了要素禀赋决定的最优产业结构,金融结构也会受其影响背离最优金融结构。毛定祥(2006)依据协整理论,利用向量误差修正模型,对中国金融结构与产业结构、经济结构之间的关系进行了实证研究。

4.2.2 区域金融发展与产业结构关系的论证

产业结构升级和高度化是经济发展的直接动力,金融发展是经济增长的必然需求,下文就从金融供求均衡、两大产业部门金融结构调整模型对金融发展和产业结构关系进行分析。

一、产业发展理论与金融发展理论的结合分析基础

根据产业发展理论,我们将整个经济区分为三个系统,系统 1 由实体经济部门的第一产业和为之提供服务和支持的金融部门构成;系统 2 由实体经济部门的第二产业和为之提供服务和支持的金融部门构成;系统 3 由实体经济部门的第三产业和为之提供服务和支持的金融部门构成。一般来讲,第二产业的生产过程比第一产业的生产过程更加复杂,第二产业生产部门的系统 2 的投资率高于第一产业生产部门的系统 1 和第三产业服务部门的系统 3;而由于第一产业生产部门的比较利益和自然与市场的双重风险,使第三产业服务部门的系统 3 的投资率又高于第一产业生产部门的系统 1。追求利润最大化的理性投资者和机构,总是偏好于将资本投向于比较利益相对高的部门,在均衡增长状态下,等量资源从系统 1 转移到系统 2 和系统 3,从而导致系统 1 生产相对量的减少和系统 2

生产相对量的增加以及系统 2 和系统 3 投资总量的增加，经济会加速增长。

随着产业结构的演进和不断优化，金融结构也会发生相应的变化。在现代市场经济条件下，各产业发展所需的资金融通是以金融业为媒介的，在产业结构升级的过程中，金融结构必然发生相应的变化，不同产业部门投资活动的变化引起金融活动方式、金融资产结构、金融市场结构以及金融机构结构的变化。系统 2 和系统 3 作为资本密集度比较高的产业同时会推动投资率的上升，引起金融结构发展程度同比上升。

根据金融供求理论，产业结构的升级引起金融结构的调整和发展。产业发展规模的扩大，要求金融业提供更大规模的金融服务，与此同时，伴随着产业结构升级而引起的企业技术创新、企业制度创新、市场规模扩大及其复杂化，要求金融业提供更为复杂的金融服务。社会化大生产的发展，企业规模不断扩大，引致了直接融资的需求，股票、债券市场随之产生；经济规模的扩大、经营风险的提高，引致了企业对衍生金融产品的需求。而金融结构的调整和变化，为整个社会产业的发展提供了更为宽广的融资渠道以及降低经营风险的完善的金融服务，也为产业发展或产业结构的优化提供了更加有利的发展环境和更大的发展空间。

根据以上分析，产业结构升级的系统 2 和系统 3 需要更多的金融服务。下面的推理将证明，产业结构升级或产业发展在加速经济发展的同时，也促使金融结构发展程度的加速提高。

1. 理论假设：

(1)整个社会总供需平衡；

(2)市场出清；

(3)实体经济部门对金融的需求和金融部门提供的金融供给是相等的；

(4)产业变动产值中的金融资产变化比例同其在整个社会总产值中的比重基本相一致，即同三次产业各自在总产值中的比重是大体一致的。

2. 模型构建：

设 F(FIR 的简写)表示一定时期内的金融相关比率(是金融资产总量与国内生产总值之比，它体现了金融业在经济中的地位)，Y_1，Y_2，Y_3分别表示第一产业、第二产业、第三产业的变动产值；F_1、F_2、F_3分别表示第一产业、第二产业、第三产业中的金融结构发展程度。则根据金融相关比率的定义，有：

$$F = F_1 + F_2 + F_3 = \alpha \frac{Y_1}{GDP} + \beta \frac{Y_2}{GDP} + \gamma \frac{Y_3}{GDP} = \frac{1}{GDP}(\alpha Y_1 + \beta Y_2 + \gamma Y_3)$$

其中，α、β、γ 分别代表为第一产业、第二产业、第三产业提供支持的金融资产的比例。

可见，第一产业、第二产业、第三产业的产值变动，对于金融发展将产生直接的影响。由于第一产业、第二产业、第三产业中的金融资产比例是不同的，且存在着 $\alpha<\gamma<\beta$ 的关系，所以第二产业的变化对于金融发展的贡献最大，第三产业次之，第一产业贡献最小。但是随着产业结构的不断变化和调整，第三产业必将超过第二产业，金融业对第三产业的支持将会超过第二产业，即 $\alpha<\beta<\gamma$，因此，从长远的角度来看，第三产业的变化将对金融发展产生最大的影响。

二、金融结构转变与产业结构关联机制的理论论证

经济领域从宏观上可以分为两大部门，一是实体经济部门，二是金融部门，当经济均衡发展时，金融部门和实体经济部门的资本配置最合理，达到合意比例，经济才能实现最大化增长。

金融结构和产业结构关系理论证明如下：

1. 假设条件

假设条件1：根据上述结论和马克思的社会再生产理论，假定不存在外部资本流入条件下，经济可分为两大部门，第一大部门（A 部门）代表在产业结构升级中的传统部门，第二大部门（B 部门）代表在产业结构升级中需求日益增加的新兴部门。

假设条件2：假定第一部门可以划分为隶属于实体经济部门的传统产业部门和为传统产业部门提供金融服务的传统金融服务部门，第二部门同样可以划分为隶属于实体经济部门的新兴产业部门和为新兴产业部门提供金融服务的新兴金融服务部门。决定产业结构提升的主要是第二大部门。我们分别用 K_{1a}、K_{2a}表示第一大部门中的传统产业部门和传统金融服务部门的资本存量，分别用 K_{1b}，K_{2b}表示第二大部门中的新兴产业部门和新兴金融服务部门的资本存量，则有 $K_{1a}+K_{1b}=K_1$即传统产业部门

与新兴产业部门的资本存量之和等于实体经济部门资本存量；$K_{2a}+K_{2b}=K_2$，即传统金融服务部门与新兴金融服务部门资本存量之和等于金融资本存量。$K_{1a}+K_{2a}=K_a$为第一部门即传统部门的资本存量，$K_{1b}+K_{2b}=K_b$为第二部门即新兴部门的资本存量。

假设条件3：当经济均衡发展时，第一大部门的传统产业部门和传统金融服务部门的资本配置最合理，达到合意比例 $K_a{}^*=K_{2a}/K_{1a}$，第二大部门的新兴产业部门和新兴金融服务部门的资本配置也最合理，达到合意比例 $K_b{}^*=K_{2b}/K_{1b}$。

2. 关系论证过程

根据假设可以构造产出函数：

$$Y=F(K_a+K_b),$$

$$s.t. \qquad (4-1)$$

$$K_a+K_b=K, K_{1a}+K_{2a}=K_a, K_{1b}+K_{2b}=K_b$$

在实体经济结构和金融结构不变，且第一大部门和第二大部门都处于稳定增长状态时，整个经济处于稳定增长状态。此时，第一大部门和第二大部门的投资率、金融资本存量和实体资本存量的合意比例不变，金融深化程度不变。用K_a和K_b分别表示部门A和部门B的内部结构，当经济均衡增长时，部门A和部门B的实体经济部门与金融部门的资本存量达到合意比例，有：

$$k_a{}^*=K_{2a}/K_{1a}, k_b{}^*=K_{2b}/K_{1b} \qquad (4-2)$$

随着经济的发展，实体经济部门的产品结构、产业结构必须不断升级。同时，由于产品生产过程更为迂回和复杂，因此，生产必然需要加大对人力资本、技术开发等的投资，结构升级的产品部门即新兴部门中的实体经济部门投资会增加，且需要新兴部门中的金融部门提供更大规模、更复杂的金融服务，与之相适应，传统部门的实体经济部门投资必然在需求减小下减小，服务于传统实体经济部门的金融部门的投资也会减少，即K_{1a}和K_{2a}会不断减小，K_{1b}和K_{2b}会不断增加，则在结构升级过程中，K_a的投资趋于减小，K_b的投资会趋于增加。

实体经济结构提升，金融结构必然转变，实体经济规模的扩大，必然要求金融部门提供更大规模、更多品种、更为复杂的金融服务。我们可以认为,为同等数量的实体经济资本存量提供的金融服务,决定经济结构提升的部门B比部门A需要更多的金融服务,也即部门B的合意比例$K_b{}^*$大于部门A的合意比例$K_a{}^*$。具体形式:

$$k_a{}^* > k_b{}^* \quad\cdots\cdots\quad (4-3)$$

由于我们研究结构转变问题的前提是总量不变,即实体经济部门和金融部门所提供的产品和服务品种不变,只是每种产品或服务的相对规模发生了变化,因此,结构转变过程中,部门A和部门B的合意比例是不变的,则存在下式:

$$k_a{}^* = \frac{K_{2a} + \Delta K_{2a}}{K_{1a} + \Delta K_{1a}}, k_b{}^* = \frac{K_{2b} + \Delta K^{2b}}{K_{1b} + \Delta K_{1b}} \quad\cdots\cdots\quad (4-4)$$

由于经济发展总的预算约束在一定时期内是一定的,则结构转变过程中,部门B的新增投资不能无限制增加,此时,在消费需求对实体经济结构的导向作用下,在新兴实体经济部门对新兴金融部门提供金融服务的导向作用下,经济结构转变时期,社会可用资源会从传统部门A流出,流向新兴部门B,则根据上述式可得:

$$\Delta K = \Delta K_a = \Delta K_{1a} + \Delta K_{2a} = \Delta K = \Delta K_{1b} + \Delta K_{2b} \quad\cdots\cdots\quad (4-5)$$

将(4-4)式代入(4-5)式并变形可得:

$$\Delta K_{2a}/\Delta K_{1a} = k_a{}^*, \Delta K_{2b}/\Delta K_{1b} = k_b{}^* \quad\cdots\cdots\quad (4-6)$$

将(4-6)代入(4-5)式可得:

$$\Delta Ka = \Delta K_{1a} + \Delta K_{2a} = (1 + k_a{}^*)\Delta K_{1a} = \Delta K_{1b} + \Delta K_{2b}$$
$$= (1 + k_b{}^*)\Delta K_{1b} \quad\cdots\cdots\quad (4-7)$$

由上式可以推出:$\dfrac{(1 + k_b{}^*)\Delta K_{1b}}{(1 + k_a{}^*)\Delta K_{1a}} = 1$,即

$$K_{1b}/K_{1a} = (1 + k_a{}^*)/(1 + k_b{}^*) \quad\cdots\cdots\quad (4-8)$$

根据(4-4)式可知:$\Delta K_{1b}/\Delta K_{1a} = (1 + k_a^*)/(1 + k_b{}^*) < 1$,那么,可以推出:

$$\Delta K_{1b} < \Delta K_{1a} \quad\cdots\cdots\quad (4-9)$$

$$\Delta K_{2b} > \Delta K_{2a} \quad\cdots\cdots\quad (4-10)$$

且有:

$$\Delta K_{1a} - \Delta K_{1b} = \Delta K_{2b} - \Delta K_{2a} \quad\cdots\cdots\quad (4-11)$$

因此,实体经济结构升级将带动金融结构发生相应的转变,通过社会

资源的流动表现出来，即实体经济结构升级使资源从传统部门A部门流出，流入新兴部门B部门，且内部结构变动表现为从传统实体经济部门流出的资源ΔK_{1a}大于流入新兴实体经济部门的资源ΔK_{1b}，多出的部分流入了新兴金融部门，从而导致流入新兴金融部门的资源ΔK_{2b}大于从传统金融部门流出的资源ΔK_{2a}，说明新兴部门中结构提升后等量的实体资本存量需要的金融服务高于结构提升前需要的金融服务。

根据上述分析，在结构转变进程中，新兴部门生产同样产品需要的过程更加复杂，生产同样产品需要的投资更多，则新兴部门投资率I_b会增加，传统部门投资率I_a会降低，必然有$I_b>I_a$。同时，在结构转变进程中，由于传统A的资本存量流出，流入到新兴部门B中，则会出现传统部门A投资等量减少，新兴部门B投资等量增加。若令ΔI_a表示在结构转变过程中传统部门A减少的投资，令ΔI_b表示在结构转变过程中新兴部门B增加的投资，则存在如下关系式：

$$\Delta I_a = \Delta I_b = \Delta K$$

又根据投资乘数的原理，在新兴部门B增加投资ΔI_b，则会在部门B增加$\Delta Y_b=\Delta I_b/(1-I_b)$的产出。同理，在新兴部门$A$减少投资$\Delta I_a$，则会在部门$A$减少$\Delta Y_a=I_a/(1-I_a)$的产出。由于$I_b>I_a$，且$\Delta I_a=\Delta I_b$，则

$$\Delta Y_b = \Delta I_b/(1-I_b) > \Delta Y_a = \Delta I_a/(1-I_a) \quad \cdots\cdots\cdots\cdots\cdots\cdots\cdots \ (4\text{-}12)$$

根据上式，必然存在$\Delta Y_b - \Delta Y_a > 0$，说明新兴部门B的新增投资所带来的产出大于传统部门A减少等量投资所减少的产出，因此可以得出以下结论：在经济均衡增长时，预算约束总量不改变的情况下，当发生结构转变时，传统部门A的资源流向结构升级了的新兴部门B，新兴部门B增加的产出大于传统部门A等量减少的资源所带来的产出，必然会增加总的社会产出，使经济总产出呈现出一个加速增长的过程。

根据上述分析可得：

$$\begin{aligned}\Delta K2a = \Delta K - \Delta K1a &= [K^*a/(1+K^*a)]\Delta K \\ &= [1-1/(1+K^*a)]\Delta K \quad \cdots\cdots\cdots\cdots \ (4\text{-}13)\end{aligned}$$

$$\begin{aligned}\Delta K2b = \Delta K - \Delta K1b &= [K^*b/(1+K^*b)]\Delta K \\ &= [1-1/(1+K^*b)]\Delta K \quad \cdots\cdots\cdots\cdots \ (4\text{-}14)\end{aligned}$$

$$\Delta K1a = \Delta K = \Delta K2a = (1/(1+K^*a))\Delta K \quad \cdots\cdots\cdots\cdots\cdots\cdots \ (4\text{-}15)$$

$$\Delta K1b = \Delta K - \Delta K2b = (1/(1+K^*b))\Delta K \quad \cdots\cdots\cdots\cdots\cdots\cdots \ (4\text{-}16)$$

将该四式换算，可分别得出整个金融部门和整个实体经济部门资本存量的增加量：

$$\Delta K_2 = \Delta K_{2b} + \Delta K_{2a} = \left[\frac{K_a{}^* + K_b{}^* + 2K_a{}^*K_b{}^*}{(1+K^*a)(1+K^*b)}\right]\Delta K \quad \cdots\cdots\cdots \quad (4\text{-}17)$$

$$\Delta K_1 = \Delta K_{1b} + \Delta K_{1b} = \left[\frac{K_a^* + K_b{}^*}{(1+K^*a)(1+K^*b)}\right]\Delta K \cdots\cdots\cdots\cdots \quad (4\text{-}18)$$

最后根据上述公式可以得到如下判断：

$\Delta K_2 > \Delta K_1 > 0$

所以，在实体经济部门产业结构转变过程中，整个金融部门的金融资本存量增加值高于整个实体经济部门的资本存量增加值，金融部门会出现高于经济增长的加速增长，金融深化程度会加快。

4.2.3 区域金融发展对产业结构的影响

在现代市场经济中，投资活动是以金融为媒介，在产业结构提升和经济结构转变中金融结构必然调整，投资活动必然引致金融活动方式或金融资产结构发生变化，于是投资率的上升导致金融深化程度的上升。

一、金融结构调整对产业结构优化的作用机制

不同金融结构下金融功能和效率的差异直接影响着一国或地区的产业发展和经济发展。因此，对金融结构的调整就是要最大限度地发挥区域金融体系的金融功能和金融效率，从而推动产业结构升级和区域的经济发展。金融结构的调整优化对产业结构升级的作用机制，主要体现为直接作用机制和间接作用机制。

1. 直接作用机制

直接作用机制是指金融结构的调整直接作用于产业结构影响产业结构升级的运行机制。它主要是指通过金融机构和金融工具来主动实现资本在不同产业部门的形成和相互间的配置，达到改造传统产业、发展优势产业和主导产业、扶持高新技术产业的目的，进而推动产业结构升级。具体来说有以下两点：

(1)资本形成机制

资本形成机制包括资本积聚和资本形成两方面内容：在资本积聚方面，经济学理论认为，储蓄作为一种漏出因素对经济增长起收缩性作用，

只有将储蓄漏出的收入以投资形式注入经济循环体中，才会使国民产出增加，促进经济发展。储蓄性货币收入若以现金形态被储藏，国民产出会因此而收缩。从金融供给的角度看，金融结构的调整和优化会使金融市场、金融中介和金融工具多样化，降低金融成本，使金融市场可以分摊和细分与单个投资项目相关的成本和风险，因而能够给投资者提供更明晰的预期收益。将会刺激不同偏好地经济主体对储蓄和投资的需求，不仅能使国民收入以储蓄的价值形式存在，而且能更好地动员社会可用储蓄资金，促使分散的储蓄向金融中介和金融市场聚集。在资本形成方面，金融结构调整的作用不仅体现在有效动员储蓄，更好地完成产业升级所需资金的积累和积聚。更重要的是能通过一系列的金融渠道、金融工具加快储蓄向投资的转化，从而加快现有产业部门资本形成和存量的提高，推动产业结构的变动。例如，资本市场通过新发行证券为企业筹集资金，为储蓄转化为资本提供制度支持，促成增量资本流向现有的企业和行业，从而促进了资本的形成，为产业结构的升级提供资金支持。商业银行作为金融中介在准备金的制度下，能够以超过其所吸收的原始存款量来发放贷款，从而创造出数倍于原始存款的派生存款。商业银行的这种信用扩张和货币创造功能能够满足区域产业结构升级的巨大资金需求，推动产业结构的升级。

(2)资本配置机制

产业结构升级不仅来源于有效的资本积聚和形成，也来源于资本的配置方向和配置效率。金融结构的调整优化不仅可以充分调动社会上的闲置资金，还可以提高金融效率，优化金融资源配置。

首先，金融结构的调整将畅通和拓宽区域产业和企业的融资渠道。金融结构的调整可以充分发挥金融中介和金融市场在金融过程中的“桥梁”和“媒介”作用，它们可以实现资金跨期和跨区域的转移，解决金融双方在金融数量和期限的结构不匹配问题，并把货币和货币资本转化为生产过程的职能资本，从而引导资本流向那些有利于产业结构升级的部门。由于资本的通畅流入，也会引致其他生产要素如劳动力等向资本流入的产业部门聚集，促使这些产业产值和规模的扩大，推动产业结构的变动。

其次，金融结构调整优化可以提高资本的配置效率。在完全市场化的金融体系中，投资者以自利为前提的投资活动在客观上会带动金融资源向优势产业中的企业倾斜,使有效益、有竞争力的企业得到资本的支持而成长壮大;反之,那些没有效益、没有竞争力的企业由于无法得到资本的支持而受到抑制或被淘汰出局。这种由金融资源的产业选择所引发的优胜劣汰机制最终必然会使产业结构得以优化。金融结构的深化还能够促成落后区域的非生产性财富构成发生变化,能动员那些阻滞在传统部门的资源转移到促进经济增长的现代部门,从而使一个社会的经济资源能最有效地配置在效率更高或效用更大的用途上,并确保投资于更有活力的项目上,实现资源的合理配置和有效利用,提高资本生产率。在国家产业政策和金融政策引导下,金融结构的调整将通过综合运用区域性的信贷、资本市场及引进外资手段,调节资金在不同产业和项目上的投向,一方面可以支持现有的主导产业和新兴产业,另一方面也可以合理地支持地区性优势产业和特色产业的发展,并使地区形成新的主导产业部门,通过资金的优化配置来优化地区产业结构。

再次,具体从各类融资渠道上分析,在银行信贷市场上,银行贷不贷款、贷给谁、贷多贷少,以及贷款利率水平高低和差别的资金分配行为,直接决定了生产要素在不同产业的分布,从而影响产业结构的形成和调整。外源融资中资本市场的重组功能也有助于实现产业结构优化。一是资本市场能够优先满足高效益、高成长的企业和行业对资金融通的需要,实现产业结构优化;二是资本市场可以推动资源向优势企业和产业聚集,迅速壮大产业规模,使优势企业在经济结构中的份额和影响大大提高。这在资本市场上常见的股权转让、收购兼并活动中表现得尤为明显。如今,以技术进步推动产业升级是产业结构调整的重要方式。但是技术的创新与商业化是一项不确定性强,商业风险很大的活动。创新企业在创新初期规模小,发展前景不确定,资信程度低,很难从银行等金融机构筹集资金。而资本市场正好解决了这个问题,尤其是风险投资市场,为高新技术企业提供了资本,也推动这些技术创新渗透到相关产业,从而带动整个行业的发展。风险投资资本市场较好地解决了知识产权的价值和投资风险的分散问题,使企业重组的道路更畅通。

最后,从风险和创新角度,金融机构的多元化和金融工具的多样化,可以分散投资风险,减少投资中存在的信息不对称现象,从而能促使更多的社会资金投向风险较高但对产业结构升级有利的高新技术产业部门。

2. 间接作用机制

间接作用机制是指金融结构的调整通过作用于产业结构升级的影响因素间接地影响产业结构升级。间接作用机制主要包括以下几方面：

(1)技术创新机制

约瑟夫·熊彼特(1912)认为经济发展的关键在于创新[①],技术创新也是产业结构升级的根本动力之一。创新需要投资,投资需要资本。无论是国家主持下的还是企业自行推进的技术创新,都需要大量的资金支持。金融结构对于技术创新的作用是通过改变技术创新率,即通过审查、提供资金给那些素质好、技术可行、最有可能成功开发新产品和新技术,并投入生产的企业或项目上,带动技术密集型产业的发展,以此促进技术创新。进而催生出新兴产业,改造传统产业,发展主导产业,推动产业结构的升级。例如,创新型企业规模小、发展前景不确定,资信程度低并缺乏担保资产,很难从银行等金融中介机构筹措到大量资金。鼓励发展资本市场和风险投资性金融机构,建立和拓展多种形式的风险投资渠道,以解决技术开发的资金困难,不仅为高新技术产业提供资本,而且推动这些技术创新渗透到相关产业,从而带动整个产业结构的调整。

(2)生产要素的分配组合机制

生产要素的分配机制体现为金融结构调整促使区域的产业分工。产业分工是产业结构升级的重要动力,合理的产业分工推动专业化和规模化,促进产业结构的合理化调整,进而推动产业向高度化发展。金融结构调整会导致区域内外投融资比例的变化,由于资本的导向作用,会加速区域内外的产业转移和劳动力在不同产业中的分配,从而形成不同的产业分工。

生产要素的组合体现为金融结构调整推动产业整合。无论是企业的收购还是重组,大多都是通过公募或私募资本市场进行的,尤其是风险投资资本市场能较好地解决知识产权的价值和企业资产价值的市场评价、股权的可交易性、投资风险的分散等问题,使企业重组的道路更畅通。直接金融下的资本市场的发展可以为企业的资本运作、兼并收购提供便捷

---

① [美]熊彼特:《经济发展理论凹》,商务印书馆1990年版。

的场所,从而对产业结构的存量产生影响,有助于区域内部和区域间的产业整合,有利于欠发达地区的产业结构向高度化和高级化发展,加快产业结构升级。

(3)需求影响机制

金融结构的调整尤其是金融产品和金融信贷业务的多样化,可以通过消费信贷方式促使居民的信贷消费需求,同时,也就扩大了居民对即期消费产品的消费需求,加速居民手中的储蓄向生产资本的转化,刺激了相关产业的扩张。特别是由于消费信贷的支持,可以使居民能以负债的形式消费得起技术含量高、附加值高且价格贵的产品,例如汽车、科技电子产品、房屋等,消费结构的升级是导致产业结构的升级的主要影响因素之一。

二、银行主导型和市场主导型金融结构对产业结构的优化分析

1. 银行主导型金融结构对产业结构优化的影响

银行主导型金融在产业结构优化调整中的优势银行主导型金融在促使经济发展起步、重建、复兴与起飞方面具有明显的积极作用。在产业结构调整中,其比较优势表现在以下方面:首先,政府借助银行体系,能够迅速贯彻自己的意愿,集中调度、运用资金,实现政府的总体产业发展战略布局。其次,在银行主导型金融结构下,企业通过银行贷款进行各项投资和生产。在所有权方面,只有少数相对稳定的主要投资者拥有所有权,包括银行和其他关系企业。这种集中而稳定的股权结构,所有者为了共同的利益而建立起相互监督、合作的关系。银行能为关系企业提供一揽子债务和股权资本,如果企业财务陷于困境时,银行会给予支持,使企业免遭破产、兼并,这为产业的早期发展和壮大提供了重要的制度保障。最后,企业享有银行的信息优势。银行作为公司的大股东和债权人,能利用其优势,尽可能获得和占有全面的企业信息及其拟建项目的信息,更大程度地降低放款风险,协调集团内或相关公司的投资计划;并通过事前计划、事中管理和事后治理对公司经理的行为进行有力的激励、监督和控制,促进企业的健康发展。

2. 银行主导型金融结构在产业结构调整中的局限性

银行主导型金融的比较优势和效率的实现,依赖于一个高度竞争的产品市场和良好的道德法制环境。在银行主导型金融模式下,由于存在

银行内部控制的公司治理结构,对产业结构的调整带来一定的非效率。第一,抑制了资本市场的成长,从而使银行和企业在一定程度上失去独立性和灵活性。各经济主体为了维持长期合约,一些缺乏效率的企业或项目难以淘汰,对这部分资金进行重新配置相对缓慢,因而存在对低效项目过渡投资的倾向,加剧了产业调整的瓶颈。第二,导致企业信息具有内部占有性特征,使交易缺乏透明度,并最终影响资本配置和利用的效率与收益。在这一模式下,银行、企业间相互交叉持股往往会被排斥,外部股东的利益易受到损害,由于企业能够抗拒来自资本市场的并购威胁,这会降低企业改善竞争力的动力,使产品市场缺乏竞争;同时,在一些寡头垄断和缺乏竞争的产业中,公司的决策缺乏有效的评价和检验机制,造成权力滥用和低效。这些缺陷对产业竞争优势的形成十分不利。

3. 市场主导型金融结构在产业结构优化调整中的优势

资本市场发展生来带有推动产业结构升级调整的有效机制。第一,正是借助于资本市场的股份制及其资金集中和风险分散机制,化解了现代产业发展中单个资本(企业和银行)难以承担的巨额投资及风险。另外,资本市场和股份制的发展,规范了企业产权制度,市场化的产权交易活跃了资本经营活动,推动存量资产重组和产权交易,活化了资产存量,推动产业结构高度化。第二,市场的资金流动性和产权明晰化,能有效解决产业结构调整升级中的资产专用性和体制进入壁垒等矛盾。首先,证券市场把受时空限制的经营财产实体,幻变为可进行加总和可不断交易流通的资本单位,成功地克服了资金要素流动中的资产专用性障碍;其次,股票市场和多种形式证券的发行(包括投资基金等金融工具),能广泛调动社会闲散资金,打破某些产业部门进入的规模壁垒;最后,资本市场分散风险功能及相对高效的信息传递机制,有利于提高产业结构调整的效率和效益,减少调整过程中的经济震荡。

4. 市场主导型金融结构在产业结构调整中的局限性

市场主导型的金融结构体系在产业结构优化的过程中也是存在局限性的。一方面,市场主导型的金融结构下,委托代理问题是公司管理者、公司董事和投资者之间的关键问题之一,由于缺乏完全有效的公司管理机制可以将他们的利益直接协调一致,从而导致决策者缺乏产业创新的内在动力。另一方面,资本市场尤其是股票市场的投资者一般注重短期利益,从而使得企业的所有权进一步分散,如果投资者缺乏该企业的长期发展预期,很容易迅速出售股权,而很少去行使监督者的职责,从而降低了管理者对于公司业绩和推进企业加快产品结构升级调整的外在压力。

4.3 出口产业链形成过程中的差异性金融结构"互嵌融合"效应

基于金融合作在开放性区域出口产业合作过程中的支撑和推动地位,有必要研究不同金融结构在协调发展或融和过程中所产生的效应问题。功能主义的分析视角表明,金融中介和金融市场这两种不同的金融机制既有替代性,又有互补性[①]。两者间内生于经济发展的功能发挥、相对比较优势的转化导致了金融结构长期的变迁,由此决定了其相替代的一面,而在一定时点上,两者根据各自的相对比较优势所形成的分工又决定了其相互互补的一面。这种替代性和互补性的结合,有效地保证了区域分工合作意义上整体金融效率的提高。在此,本节通过在不同视角下对市场主导型及银行主导型两种金融结构功能的比较分析,希望能证明在市场一体化进程中,两种金融结构的相互渗透及合作和协调能对区域出口产业链的形成起到正的效应。

4.3.1 基于交易成本金融功能观的理论分析

如果假设差异化金融结构现状下的中国—东盟自由贸易区成员国,特别是中国粤、桂、琼、滇四省区参与区域金融合作具有互补效应,应该是不同的金融结构对于不同经济发展水平的经济体或是每一个经济体不同的经济发展阶段在资本的提供方面能够发挥各自不同的相对比较优势,节约交易成本,实现区域合作的福利效应增长。根据所涉及交易成本的不同性质以及这些交易成本导致的跨期交易的不同环境,我们将从四个

① 在此,本文主要针对两种典型的金融结构进行分析:市场导向型结构和银行导向型结构。

角度来分析：

第一，外生不确定性。在一个非合作契约的框架下，投融资过程的跨市交易的当事人面临着更大的外生不确定性（对于跨国界的金融交易，这种不确定性呈倍数增加），在这种不确定性中，金融系统的功能一般同某种外生交易成本有关。按照 Kreps（1990）的定义，外生的不确定性是指未来自然状态发生的概率同当事人的行为选择完全无关。在 Dymski（1994）看来，外生不确定性环境中，金融结构并不能表现出什么关键性作用。然而，Dymski 忽略了一些特殊情况，比如流动性冲击和跨市交易等。因此，实际情况中，当事人仍将面临不同的未来不确定性，这种外生的不确定性，可以由不同的金融机构或是不同的金融工具（金融产品）来锁定这种不确定性（如远期利率协议等）。而出口产业链上下游企业之间这种不确定性的减少，对二者进行生产贸易合作具有非常重要的意义，降低了合作中的风险。此时，金融结构依然将发挥非常重要的作用。

第二，不对称信息环境。在此环境中，存在明确或隐含委托代理关系的交易双方通常存在不对称的信息交易关系。伴随这种环境的交易成本通常为甄别、监督和证实成本，其存在及大小通常与交易一方当事人的行为密不可分，因此可以将之归纳为内生成本。我们相信，在中国—东盟自由贸易区成员国及中国四省区共同参与的区域金融合作框架内，如果我们通过相应的制度建设弱化这种信息不对称，甄别、监督和证实成本在两种金融结构既有优势的基础上将进一步降低。

第三，不完备合约环境。不完备合约较之不对称信息，有很大的重叠区域，但有别于不对称信息环境，合约的不完备性也可以产生不对称信息环境。如就企业融资而言，合约不完备性造成的影响主要体现于企业从事的长期投资项目上。因为项目的长期性使得有关当事人更可能遇到各种事前无法预料到的冲击和事件，比如：长期项目在进行的过程中，可能会因为某种突发因素而需要额外的资金投入，即“再融资”。由于交易成本的存在，想再融资这样的突发视角无法纳入事前的合约条款中。如果存在金融结构依赖，这种“再融资”的成本将会大幅增加。而在金融结构互嵌的状态下，可选择融资路径的增加，就会降低这一交易成本，而这也有利于增强企业抵御风险的能力，提高出口产业链形成中上下游企业之间的相互信任以及减少合作中的不确定性因素给产业链中的企业带来的危害。

第四，意见分歧。在此环境下，由于信息搜寻、处理成本或者先验“信念”的存在，当事人对同一投资项目可能发生意见分歧。而针对意见分歧的处理方式，在不同金融结构下也不尽相同。多种意见分歧的处理方式的选择使得一些原本不能投资的项目变得可行，这样就为出口产业链中的上下游企业提供了更多的合作空间与合作方式，加强和巩固了出口产业链的形成。

此外，基于功能主义视角下，本节也将不同金融结构下对于企业的控制成本纳入考量范围，分析金融结构对企业控制成本的影响，并进一步分析其对出口产业链形成中企业间成本控制的作用。

本部分将从以下五个方面分析不同金融结构在功能发挥上的比较优势或比较劣势，由此寻求在市场一体化进程中或是区域金融结构互嵌状态下，区域金融合作效应互补可能性的存在及对福利的提升作用。

一、外生交易成本

这里，将主要从提供流动性方面来分析比较银行主导型和市场主导型金融结构的功能差异以及两者之间合作以实现“互嵌融合”的可能。

前者主要通过资金期限结构的综合管理，在实现资金“短借长贷”的同时，将一部分资金用于经济主体的流动性需要；而后者主要通过二级市场的证券流通来提供流动性。这一具体机制的差别也决定了在经济发展的不同阶段，金融中介和金融市场在提供流动性方面的优势会发生相对的转化，同时当经济发展趋于成熟时，两者间会形成一定的分工。

在一个经济体经济发展的初期或是在经济发展水平低层次国家，金融中介机构（银行主导型金融结构，下同）在提供流动性方面具有比较优势，原因主要有二：首先，经济发展初期或经济发展水平较低的经济体，由于生产专业化分工水平不高，此类经济主体的生产性融资在充分考虑内源融资的基础上，外源融资主要依靠信贷渠道为主，对金融市场类工具交易的需求度较低，而且资金融通的目的很大程度上是为了调剂短期资金的余缺，这就为金融中介机构的资金头寸管理提供了很大的便利；其次，与信息处理、实施公司控制、提供结算等功能相结合，金融中介在提供流动性方面同样具有明显的规模优势，能很好地降低交易成本。正因为如此，在经济发展初期或经济发展水平较低的经济体，以银行为中心的金融中介机构就自然成为提供流动性的主要方式。

但由于银行中介提供流动性(债务资本)的功能是建立在资金的“短借长贷”基础之上的,因此,在其经营活动中始终面临着资产结构上的短期资金和长期资金最优平衡问题。随着经济发展而引致的资金融通规模的扩大和期限的延长,仅仅依靠金融中介提供流动性的弊端也不断地暴露出来:

一方面,企业融资规模的扩大和期限的延长会使得金融中介管理资金头寸的难度也越来越大,主要表现在:为了满足经济主体流动性的需要,金融中介不得不维持较多的流动性资产,这就限制了其对企业提供长期性资金的能力;同时,为了保证资产的安全性,金融中介一般倾向于支持企业低风险、低收益的项目,并且对企业收取大量利息,这会造成企业利润下降,并使企业投资于高风险、高收益项目的动机减弱,从而阻碍了技术创新(Rajan,1992)。

另一方面,随着银行中介在资金融通中所占比重的增加,金融中介体系的系统风险也随之上升,这主要表现在一旦某个金融中介机构因管理不善而出现流动性危机(在部分发展中国家普遍存在的银行与企业的依赖关系,银行型金融机构主要依靠资产业务获取收入,企业的借贷行为对银行形成依赖,银行对企业的融资需求形成惯性),就很容易导致金融中介之间的连锁反应,由此引发全面的金融危机,这种系统风险的上升会使金融中介在提供流动性方面的成本不断上升。相比较而言,通过金融市场进行的直接融资,由于不存在期限转换问题,从而使得金融市场能为企业的发展提供充足的长期资金(债务资本和权益资本),同时,随着金融市场参与者的增加,市场广度和深度逐渐提高,二级市场趋于活跃,从而使得金融市场在提供流动性方面的成本不断下降。

因此,从提供流动性功能的角度来看,尽管存在经济金融发展程度的不同,但随着经济的发展,金融中介成本的上升和金融市场成本的下降会导致两者在提供流动性或生产资本等方面优势的相对转化,一旦这种转化形成趋势,这也会造成金融中介机构在金融体系中地位的下降。当经济发展进入成熟阶段或是在经济发达的经济体,金融中介机构和金融市场在提供流动性和长期生产资本等方面同样会形成比较明确分工:金融中介倾向于为企业提供短期的流动性贷款,而金融市场则更多地与企业的长期资金融通相联系,同时通过发达的二级市场来提供流动性。通过金融中介和金融市场基于各自比较优势的明确分工及二者的"互嵌融合",可以为企业提供更多的融资途径以及更低成本的融资方式,降低企业出现财务困境的概率,保障企业在发展过程中对流动性的需求以及应对危机的能力,不至于一出现危机就导致资金链条的断裂。而单个企业财务困境发生概率的降低及其未来发展中不确定性因素的减少,是保障整个出口生产贸易链条稳固的重要因素。因为如果链条中某一环节出现资金断裂,都有可能导致整个生产贸易不能继续,对整个出口产业链都将产生重大影响。

二、不对称信息环境

在解决信息不对称方面,金融中介和金融市场的作用机制是不同的。前者主要依赖于在日常经营活动中与借款人建立起来的合作关系和对借款人的了解程度,而后者主要依赖于市场化的信息披露和信息传递机制。两者在处理信息不对称方面的具体机制不同,使得两者间呈现出双重属性,既有相互替代的一面,又有相互补充的一面。

首先,从经济发展的不同程度或不同阶段来看,在经济发展的初期或经济发展水平较低的经济体,由于法律环境、会计制度和企业的信息披露机制的缺失,因此以银行为代表的金融中介机构在解决信息不对称问题上具有比较优势。这种优势主要体现在两个方面:一方面,金融中介机构的出现作为专业化分工的结果,能更好地发挥信息搜集和信息处理的优势,节省资金融通过程中的代理成本;另一方面,金融中介机构能较好地解决因借款人和贷款人之间信息不对称所带来的不信任问题(Bossone,1995)。因此,在经济发展的早期阶段或经济发展水平较低的经济体,金融中介机构能更好地为企业的发展提供资金,提高金融效率。

随着经济的发展,法律、会计制度和企业的信息披露机制开始发展和完善起来,这导致了金融中介在降低信息不对称方面优势的弱化而金融市场在这方面的优势却不断地加强。金融市场处理信息不对称功能的加强使得其和金融中介机构之间的关系发生了两方面的转变:一方面,为了摆脱金融中介对贷款资金使用方向等方面的限制,一些大型企业开始转向金融市场筹措资金,这就促进了金融市场的发展,并使金融中介的地位出现了相对的下降,在这个过程中,两者呈现出一定的替代关系。另一方面,金融中介在处理信息不对称问题上的优势主要通过其与中小企业之间的借贷关系表现出来,因为中小企业一般都不具备直接到金融市场上筹资的能力,其经营活动中的资金主要还是依靠金融中介机构提供,因此,在中小企业的融资过程中,金融中介的信息优势是始终存在的。此外,金融中介也为金融市场的发展提供了条件,这主要表现为金融中介机构基于其信息优势所作的贷款决策能为金融市场的投资者提供有益的信息,从而能在一定程度上起到弥补金融市场信息传递不足的功能。在这些方面,金融中介机构和金融市场体现出了较强的互补性。

总体来看,随着经济的发展,金融中介机构和金融市场在处理信息不对称方面相对优势的转化会导致金融中介在金融体系中的地位出现一定程度的下降,但是,当经济发展进入成熟阶段后,两者基于各自处理信息不对称的优势会形成比较明确的分工,金融中介主要从事中小企业贷款,而金融市场则成为大型企业融资的场所。那么我们可以这样假定:存在区域金融结构互嵌的状态下,区域内的大企业与小企业,均可以在一个契约约束下的金融合作体系内实现自己的交易,既扩大了交易规模,又降低了交易成本,这就给出口产业链中的大型企业和中小企业融资确定了一个比较明确的方向。并且通过金融中介和金融市场的融资,特别是金融市场的融资对信息披露的要求,使得企业之间可以了解对方企业的生产经营信息、财务信息及最新情况,减少了因信息不对称而导致的合作的不确定,促进了出口产业链的形成。

三、银企关系与公司控制

在实施公司控制方面,金融中介主要依靠在对企业放款过程中建立起来的长期合作关系,而金融市场则是靠金融资产的价格传递有关企业经营状况的信息,并通过债权人的多元化、接管威胁等机制对企业管理层施加约束。随着经济的发展或在经济程度不同的经济体,两者在实施公司控制方面的优势也会发生转化。

在经济发展的早期阶段或经济发展水平较低的经济体,由于企业融资规模不大,融资的途径也较为单一,因此,金融中介凭借其经营的规模优势,能降低获取信息的成本,较好地实施对企业的监督和控制。但随着企业融资规模的不断扩大,金融中介在实施公司控制方面的优势也会相应减弱,原因在于:首先,金融中介的贷款规模会受到其自身资本金的限制，当贷款过于集中时，一旦借款企业出现财务危机，金融中介在他谈判的过程中往往会被“套牢”或存在“倒逼机制”而处于不利的位置；其次，在金融中介和企业的融资关系中，借贷主体的单一化有可能导致“合谋”的情况，由此引发道德风险，降低贷款质量，从而造成金融中介体系系统风险的上升（Stislitz，1985）；最后，从企业的角度来看，随着融资规模的扩大，为了避免银行对贷款资金运用的过多干预，企业一般也倾向于融资渠道的多元化，以实现资本结构的最优化。

因此，随着经济发展，企业融资规模的扩大和融资渠道的多元化会促进股权融资和企业债券融资比重的上升，从而使金融中介在实施公司控制方面的优势弱化，部分公司控制功能让位于金融市场，这也同样会造成金融中介在金融体系中的地位下降。

由于实施公司控制与信息的完善程度紧密相关，因此，随着经济发展趋于成熟，金融中介和金融市场在实施公司控制方面的分工也会变得越来越明确，前者主要通过为中小企业放款实施对这些企业的控制，而后者则偏重于对大型企业的控制。通过金融中介和金融市场对企业的监督与控制，降低了出口产业链条中企业之间相互监督的成本。因为通过二者的监督可以有效促使企业按照预定的方向发展，避免出口产业链形成中单个企业的违约或是生产经营的改变对其他企业所产生的不利影响。

四、不完备合约

我们知道，目前主要存在两种不同的融资方式：“关系融资”和“距离融资”。青木昌彦（2001）认为，所谓“关系融资”是指“一种初始融资者被预期在一系列法庭无法证实的事件状态下提供额外的融资，而初始融资者被预期到未来租金也愿意提供额外资金的融资方式”。关系融资的表现形式为中介融资，如：银行或风险投资基金等。至于“距离融资”，他认为就是那些非关系融资，即一般的金融市场融资。在此，可以从契约的角度指出关系融资和距离融资的主要差异：

第一，从特定当事人之间的融资契约期限来看，关系融资一般是长期的，距离融资一般是短期的。

第二，关系融资的长期性导致无法在一份初始融资合约中就未来所有或有状态规定相应的条款，因此有必要对未来突发事件发生时的再协商规则进行规定，其中关键的一项就是分配控制权。对于距离融资而言，融资契约的短期性使得订立书面的可强制契约容易得多，未来控制权的重要性也要小得多。

第三，由于长期契约有利于当事人进行关系专用性投资，加上控制权的约束，因此，关系融资的当事人会彼此“锁定”对方，而不与局外人进行交易；在短期的距离融资中，当事人则可以自由选择交易对手。

关于关系金融和距离金融的功能比较，具有代表性的文献分别为 Gorton 和 Kahn（1993）、Dewatripont 和 Maskin（1995）。Gorton 和 Kahn（1993）认为，银行的功能尤其体现于利用再协商能力影响借款人的投资行为，其对企业发放的长期贷款实际是一种包含了期权的债权合约，其中的期权就是银行拥有的提前收回贷款的选择权，这种选择权赋予了银行在未来进行再协商的能力。他们假设借款企业在项目进行过程中会遇到导致企业股权价值的外部冲击。而在股权价值下降时，企业就将采取利己但不利于银行的增加风险的行为。由于银行同企业的关系，外部冲击以及期间的现金流都可由双方观察到，但不可对第三方证实——这导致合约无法完备。然而，由于银行无法观察到借款人的增加风险行为，因而无法完全杜绝道德风险。在项目清偿价值一定的条件下，根据外部冲击情况，可能会产生以下结果：（1）银行提前收回贷款、清偿项目；（2）银行希望通过再协商提高贷款利率，但银行清偿威胁不可信，借款人选择增加项目风险；（3）银行威胁可信，因而再协商后贷款利率提高，但借款人依然增加风险；（4）再协商后贷款利率降低，进而诱使借款人不增加项目风险；（5）银行降低了贷款利率，但借款人依然增加风险。

Gorton 和 Kahn 又将银行贷款同公司债券进行比较，认为前者较之后者的优点在于：一是可提前清偿无效率项目；二是可通过再协商诱导借款人避免可能增加项目风险的行为。而缺点在于：银行出于对自身预期利润的考虑对项目进行的清偿行为，对社会总体而言可能是无效率的。同时，银行提高贷款利率的行为可能在其他环境下降低企业的盈利动力。对此，Rajan（1992）的模型也表明：银行的信息优势可以防止企业置换资产的道德风险，但另一方面又导致银行讨价还价能力增加，公司本身利润下降。

同 Gorton 和 Kahn 的模型相比，Dewatripont 和 Maskin（1995）的模型则简单得多，但其考虑的情形更具启示意义。他们假设融资企业有好、坏两个项目。好项目只进行一期就结束;坏项目则一期收益为零,需要进行二期再融资,且二期收益大于再融资成本而小于总融资成本。银行在初期资金供给时无法区分项目的好坏,而对坏项目实施了初始融资。由于一期融资在项目失败时成为沉淀资本,再融资收益大于成本,因此银行必然继续对坏项目进行二期再融资。这也导致银行的事前清偿威胁不可信,企业仍在事前把坏项目递交银行,进而导致事前无效率而事后效率,即科尔奈(1980)描述的计划经济缺点——软预算约束。

解决软预算约束问题的一个方法即为信贷规模分散化。假设银行没有足够的资金提供二期再融资,则需要引进新的债权人,而新、老债权人彼此信息不对称导致的代理问题,也降低了再融资收益,最终导致银行宁可进行项目清偿。这样,分散的信贷就在事前削弱了企业提交坏项目的激励,进而硬化约束。

然而,在二期收益足够弥补所有投入并有盈余的情况下,再融资就导致了有利的长期项目实施,而分散信贷则显得过于短视了。

至此,我们可以大致认为,关系融资的优点在于:(1)通过中介和借款人之间的关系可以防止借款人的道德风险行为;(2)保证了投资项目的事后效率,使得长期投资得以进行。其缺点在于:(1)中介的信息优势可能会剥夺企业过多的利润,从而抑制企业的动力;(2)事后效率可能导致事前的无效率,即发生软预算约束问题。而距离融资的优缺点正好与关系融资相反。

因此,鉴于二者在不完备合约环境下优劣势的相反性,使得市场主导型和银行主导型金融结构在区域金融合作中的互补性合作成为可能。以完备的金融市场机制保证企业的盈利动力,确保事前效率;以功能完善的银行中介机制防止道德风险的发生,保证事后效率。由此,使得企业更趋向于好项目的长期融资规划,提升整个市场的盈利动力,这也在一定程度上降低了出口产业链形成过程中企业道德风险的发生,促使出口产业链的健康发展。

五、意见分歧与处理差异

一般认为,当事人在决定是否投资于某个项目时,并不是直接依据自己的先验概率采取行动,而是搜集并处理有关项目的信息后,根据后验概率作出决策。在这种“依信息的行动”中,我们可以将众多当事人的行动分为两类:分散行动和集体行动。对于前者,每个当事人都独自进行信息的搜集和处理,然后根据各自的先验概率来计算后验概率。对于后者,当事人组成一个共同体,并推荐一个代理人代替所有其他当事人负责信息的搜集和处理,代理人获知信息后,如果信息是公共品,则所有其他人依据自己的先验概率判断最优行动,并采取参与者一致的最终行动;如果不是公共品,则所有其他人根据自己同代理人是否达成一致的概率判断其他当事人是否会同意代理人采取进一步的代表共同体的行动。对于集体行动和分散行动,在先验概率相同时,集体行动显得更为有利;在先验概率不同时,集体行动则很可能不如分散行动,这尤其体现于先验概率相差很大时。

而在金融系统中,以不同机制来对应的相应的行动是显而易见的:任何使居民和企业家直接交易的金融市场都属于分散行动范畴;银行既生产信息,也销售信息,既是"受托资产组合管理者",也是"信息销售者",属于集体行动范畴。在市场导向结构下,存在各种(各个)金融市场以及众多竞争性金融中介,信息成本和意见分歧的来源(仅仅是信息不同或是先验概率不同)及大小是影响居民选择集体行动或分散行动的基本因素,居民拥有充分的表达不同意见、特别是不同信念的自由,而意见分歧的自由也不仅体现于对投资项目的看法上,也表现为居民可以自由选择自己中意的"受托资产组合管理者"。

在银行导向结构下,由于若干家银行在金融系统中长期居于垄断地位,必然导致如下结果:(1)作为代理人的银行在投资决策上应该基本反映出资人的意见,即达成共识,不允许意见分歧;(2)出资人由于节省了信息成本,也愿意放弃自己表达不同意见的机会。而少数银行对信息的垄断导致其他当事人信息搜集成本加大,从而进一步增强了这种结构存在的合理性;同时,集体行动对意见分歧非效率的处理方式使得共同体日益不愿看到这种情况的出现,意见分歧进一步减少。由此,形成了银行导向型的政经模式:强调共同体利益的集体主义以及共同体内部的反复协商——"关系"。

比较上述两种结构,我们可以总结出市场导向结构和银行导向结构在处理分歧上的优劣:

首先,在信念相同的情况下,市场导向结构的"受托资产组合管理者”可以利用规模经济优势降低信息成本。但是，居民中介选择权的自由化将导致金融中介间的竞争性，而这种竞争未必是最优的，在过度情况下还将成为中介危机的一个主要来源。

其次，集体行动可以防止信息溢出，进而防止信息生产的搭便车问题。但是，在市场导向结构中，由于存在众多金融市场，中介依信息行动可能会被市场观察到，由此导致中介掌握信息溢出。而银行导向结构下，这种行为则不可能发生：一是银企关系的紧密使得信息难以往外散布；二是即使信息溢出，任何当事人在缺乏公司证券市场的条件下难以模仿银行行为。

由此，在分析二者在意见分歧作用机制以及比较优劣的基础上，我们进一步探讨二者在意见分歧问题处理上的合作可能性。在金融市场融合的过程中，市场导向结构开始冲击银行导向结构，使得银行导向结构中少数银行的垄断地位受到挑战。但是由于地区差异性的存在，市场并不会马上将金融结构调整至一种状态，即同一的市场主导或银行主导，而是采取一种并存合作的状态，即银行市场混合主导。这种状态下，居民既保留了分散行动的自由，居于垄断地位的银行也保留了一定的信息优势。因此，在先验概率相同的情况下，居民可选择集体行动而一定程度上减少市场主导结构下中介信息的溢出；在先验概率不同的情况下，居民允许拥有选择分散行动的自由，而又不必付出过高的信息搜集成本。

4.3.2 基于技术演进周期视角下金融结构互嵌融合效应的模型推导

在这里，我们将借鉴技术演进周期的理论，融入区域金融发展梯度推进的学术思想，参考技术演进的不同阶段对于区域金融结构的相互影响，技术演进的不同阶段既可以代表中国—东盟自由贸易区合作中不同发展水平的国家，也可以代表每个国家各省区在参与中国—东盟自由贸易区合作中发展的阶段性以吻合区域金融发展梯度推进理论的特征，通过对不同阶段（分成三个阶段）以及同一经济体不同演进时期两种金融结构的表现分析，探讨二者的合作可能性：

一、基础模型构建与基本假定

1．确定环境

模型中,假设经济中所有的当事人以[0,1]表示,每个人的劳动禀赋 $l_i = 1$,并平均分享经济现有资本存量 K。假设无限寿命的当事人具有终身效用函数 $\int_0^{\infty} e^{-\rho t} \ln C dt$,其中,$\ln C$ 为瞬时效用函数,ρ 为时间偏好率。为了产生“金融”问题,我们规定:同时作为生产者、消费者以及储蓄者的经济当事人不能为自身融资,所有当事人的劳动禀赋都只能同其他当事人的资本相结合。作为生产者,每个人有两种生产方式:

(1)直接生产方式——参与此方式的当事人以下标 i 表示,其中,每单位劳动直接与资本结合生产最终产品,因此,生产函数用简单道格拉斯函数表示为:

$$y_i = k_i^{\alpha} l_i^{1-\alpha} = k_i^{\alpha} \quad \cdots\cdots (4\text{-}19)$$

(2)间接生产方式——参与此方式的当事人以下标 j 表示,其中,存在一种中间产品生产技术,每单位劳动与资本结合产生 $l_j > 1$ 单位的中间产品,并且产品产量为外生。中间产品不能用于消费,需要同其他资本结合以生产最终产品,生产函数为:

$$y_j = k_j^{\alpha} l_j^{1-\alpha} \quad \cdots\cdots (4\text{-}20)$$

在这里,我们不考虑资本折旧。

设从事直接生产方式的当事人总数为 $\int_0^{\gamma} di = \gamma$,则从事间接生产方式,即参与中间产品生产技术的总人数为 $1 - \gamma$。因此,经济中的资本存量 K 被分为三个部分:

①参与中间产品生产的部分 $K_1 = 1 - \gamma$; $\cdots\cdots (4\text{-}21)$

②最终产品生产中与劳动结合的部分 $K_2 = \int_0^{\gamma} k_i di$

$$= \gamma k_i \quad \cdots\cdots (4\text{-}22)$$

③最终产品生产中与中间产品结合的部分 $K_3 = \int_{\gamma}^{1} k_j dj$

$$= (1 - \gamma) k_j \quad \cdots (4\text{-}23)$$

因此有:

$$K = (1 - \gamma) + \gamma k_i + (1 - \gamma) k_j \quad \cdots\cdots (4\text{-}24)$$

最终产品产量为两种生产方式下的产量之和:

$$Y = \int_0^{\gamma} k_i^{\alpha} di + \int_{\gamma}^{1} k_j^{\alpha} l_j^{1-\alpha} dj \quad \cdots\cdots (4\text{-}25)$$

从上式可知，如果不存在中间产品生产，生产函数则退化为道格拉斯总量生产函数，即：$Y=K^{\alpha}$。由于最终产品生产没有考虑任何技术进步因素，因此当中间产品生产不存在时，经济只能依靠资本积累遵循收敛路径增长，而一旦达到稳定状态，经济增长就将停顿下来。

而经济是否进行中间产品生产，取决于相关技术条件：

(1)要素均衡报酬

由于只有最终产品可以消费，因此用最终产品计算要素报酬。首先看参加最终产品生产的资本报酬部分，即 K_2、k_3 的报酬：

$$R_2 = \partial Y/\partial K_i = \alpha k_i^{\alpha-1} \qquad (4\text{-}26)$$

$$R_3 = \partial Y/\partial K_j = \alpha k_j^{\alpha-1} l_j^{1-\alpha} \qquad (4\text{-}27)$$

由于与中间产品结合报酬较高，因此未投入中间产品生产的剩余资本将持续流向有中间产品参与的最终产品生产，直到均衡，且均衡时有 $R_2 = R_3 = R$，因此，结合上面两式有：

$$k_j = k_i l_j \qquad (4\text{-}28)$$

其次，看直接生产方式下的劳动报酬和间接生产方式下中间产品报酬。直接生产方式下，劳动工资等于最终产品产量减去相应资本报酬：

$$w_i = y_i - k_i \times \alpha k_i^{\alpha-1} = (1-\alpha) k_i^{\alpha} \qquad (4\text{-}29)$$

同理，间接生产方式下中间产品的报酬为：

$$w_j = y_j - k_j \times \alpha k_j^{\alpha-1} l_j^{1-\alpha} = w_i l_j \qquad (4\text{-}30)$$

最后看中间产品报酬在劳动与资本报酬之间的分配。资本报酬即为 K_1 的报酬 R_1，并设劳动报酬为 w_j^*，则有 $w_j = R_1 + w_j^*$。设 R_1 占 w_j 的比例为 f，则 w_j^* 的占比为 $1-f$。均衡时，间接生产和直接生产的劳动报酬必然相等，则：

$$w_j^* = (1-f) w_j = (1-f) w_i l_j = w_i \qquad (4\text{-}31)$$

由此可以求出 f，并得到 $R_1 = w_i(l_j - 1)$ (4-32)

根据均衡时 $R_1 = R_2 = R_3 = R$，最终可知：

$$R = \alpha^{\alpha} (1-\alpha)^{1-\alpha} (l_j - 1)^{1-\alpha} \qquad (4\text{-}33)$$

$$w_i = \alpha^{\alpha} (1-\alpha)^{1-\alpha} (l_j - 1)^{-\alpha} \qquad (4\text{-}34)$$

(2)资本分配和参与中间产品生产的人数

根据前面的推导，我们可得到 $1-\gamma$ 的表达式：

$$1-\gamma=(1-\gamma)K-\frac{\alpha}{l_j-1} \quad \cdots\cdots (4-35)$$

令上式等于 0 可得到资本存量的临界值 K^* :

$$K^* = \alpha/[(1-\alpha)(l_j-1)] \quad \cdots\cdots (4-36)$$

当 $K < K^*$ 时,将不会有人参加中间产品生产。此时,根据生产函数 $y_i = k_i^{\ \alpha}$,令消费增长率 $g_C = \partial Y/\partial K - \rho = \alpha K^{\alpha-1} - \rho = 0$,即可得到稳态资本存量 $K' = [\alpha/\rho]^{1/(1-\alpha)}$ 。而当 $K^* > K'$ 时,经济将不会采取中间产品生产技术,因为此时资本参加最终产品生产的报酬大于参加中间产品生产的报酬。

此外,我们还可推导出当经济中只有间接生产方式,即 $1-\gamma=1$ 时的临界资本存量:$K_T = K^* + \dfrac{1}{1-\alpha}$ $\cdots\cdots$ (4-37)

(3)经济增长的三个阶段

当 $K^* \leqslant K'$ 时,经济增长将表现出三个不同阶段。

第一阶段是 $K < K^*$ 时,经济中将不会采取中间产品生产技术,此时

$$Y=\int_0^1 k_i^{\ \alpha} di = K^\alpha \quad \cdots\cdots (4-38)$$

消费增长速度为:

$$g_C = \alpha K^{\alpha-1} - \rho \quad \cdots\cdots (4-39)$$

第二阶段是 $K \geqslant K^*$ 时,经济采纳中间产品生产技术,此时,最终产品产量为:

$$\begin{aligned} Y &= \int_0^\gamma k_i^{\ \alpha} di + \int_\gamma^1 k_j^{\ \alpha} l_j^{\ 1-\alpha} dj \\ &= \alpha^\alpha (1-\alpha)^{1-\alpha} (l_j-1)^{-\alpha}[1+(l_j-1)K] \quad \cdots\cdots (4-40) \end{aligned}$$

这是典型的 AK 生产函数,所以,经济增长必然保持不变,且消费、资本和产量增长率也必然相同:

$$g_Y = g_K = g_C = R - \rho = \alpha^\alpha (1-\alpha)^{1-\alpha} (l_j-1)^{1-\alpha} - \rho \quad \cdots\cdots (4-41)$$

第三阶段是 $K \geqslant K_T$ 时,经济中所有当事人都参与中间产品生产。此时,资本 K 分配为两部分:一是同劳动结合生产中间品的部分 $K_1 = 1$;二是同中间品结合生产最终产品的部分 $K_3 = \int_0^1 k_j dj$ 。

产量为:

$$Y = \int_0^1 k_j{}^{\alpha} l_j{}^{1-\alpha} dj = [K - 1]^{\alpha} l_j{}^{1-\alpha} \quad \cdots\cdots (4-42)$$

此时,消费增长率为:

$$g_C = R_3 - \rho = \alpha [K - 1]^{\alpha-1} l_j{}^{1-\alpha} - \rho \quad \cdots\cdots (4-43)$$

2. 不确定环境

假设不确定性仅来自于中间产品生产技术,即:

$$\tilde{l}_j = \begin{cases} h, \text{依概率 } \pi \\ 1, \text{依概率 } 1 - \pi \end{cases} \quad \cdots\cdots (4-44)$$

从上式可知,$E\tilde{l}_j = 1 + \pi(h - 1) > 1$。

再考虑当事人的劳动工资。考虑个人劳动禀赋的所有性质,可以合理假设劳动禀赋所有者将不会因中间产品生产的失败而遭受损失,因为即使失败,当事人所获得的1单位中间品仍是属于自己的劳动禀赋,仍然能够通过与资本结合的方式生产最终产品。因此,在不确定环境下,劳动的工资有:

$$\tilde{w}_i = \begin{cases} (1 - f) w_i h, \text{依概率 } \pi \\ w_i, \text{依概率 } 1 - \pi \end{cases} \quad \cdots\cdots (4-45)$$

其中,f的定义如前,$w_i h$则是中间品生产成功后,从最终产品生产中获得的报酬。由于劳动者不可剥夺的劳动能力,因此经济当事人将表现为风险中性。由此可知:

$$(1 - f) w_i h = w_i \quad \cdots\cdots (4-46)$$

即 $f = (h - 1)/h$ $\cdots\cdots$ (4-47)

最后考虑资本报酬。假设中间品生产失败后资本无法在当期参与最终品生产,因此,资本报酬表现如下:

$$\tilde{R}_1 = \begin{cases} f w_i h, \text{依概率 } \pi \\ 0, \text{依概率 } 1 - \pi \end{cases} \quad \cdots\cdots (4-48)$$

二、经济发展初级阶段(落后经济体)的金融结构与互嵌融合效应

在经济发展的初级阶段,准确地说是在区域经济合作圈中发展层次较低的经济体,新技术或新的工艺并不为人所熟知,因此,这些经济体的投资者在决策是否投资于该项技术时,人们难以依赖外部的信息,更多的是依靠自己的信念——先验概率。在这一阶段,我们面临的问题是,市场

型结构对于新技术的认知程度与投资风险相伴，分歧较大。但是，随着技术的推广，人们在信念上的差异因为外部信息增多而逐渐趋同。这时，银行导向结构在信息搜寻、处理成本上的规模优势将逐渐表现出来。

1. 新技术推广中的三个关键概率

当新技术只有少数人应用时，即$1-\gamma<1/2$，多数人认为此项技术成功希望不大，设他们的先验概率为$1-\gamma$；少数人认为此项技术成功的希望较大，则他们的先验概率为γ。因此，成功的真实概率

$$\pi_1=\gamma(1-\gamma)+(1-\gamma)\gamma=2\gamma(1-\gamma) \quad \cdots\cdots (4\text{-}49)$$

当新技术被多数人应用时，即$1-\lambda\geqslant 1/2$，多数人对新技术乐观，先验概率为$1-\gamma$；少数人对新技术不乐观，先验概率为γ。则新技术成功概率

$$\pi_2=(1-\gamma)(1-\gamma)+\gamma\cdot\gamma=(1-\gamma)^2+\gamma^2 \quad \cdots\cdots (4\text{-}50)$$

在新技术推广的过程中，意见分歧的程度也会发生变化。因此，我们有必要分析意见分歧的概率，在此，我们研究其反面，即意见一致的概率。

当$1-\gamma<1/2$时，选择一个乐观者，则群体中再选择一个人与其意见一致的概率为：

$$\beta_1=\frac{\gamma(1-\gamma)}{\pi_1}\gamma+\frac{(1-\gamma)\gamma}{\pi_1}(1-\gamma)=\frac{1}{2}$$

当$1-\lambda\geqslant 1/2$时，意见一致的概率为：

$$\beta_2=\frac{(1-\gamma)(1-\gamma)}{\pi_2}(1-\gamma)+\frac{\gamma\times\gamma}{\pi_2}\gamma$$

$$=\frac{1-3\gamma+3\gamma^2}{(1-\gamma)^2+\gamma^2} \quad \cdots\cdots (4\text{-}51)$$

2. 少数人参与的技术推广模型

我们首先讨论在技术推广初期，只有少数人参与新技术生产的情况，即$1-\gamma<1/2$的情况。在这一时期，两种金融结构会有不同的决策倾向。风险投资机构（天使投资）会选择这类技术投资，对于市场型主导型金融结构的需求明显，但是在这一阶段或是在这些发展水平较低的经济体中，金融结构却以银行主导为主体，市场化因素较低，如果没有区域金融的合作，新技术的推广较难。

（1）市场导向结构

市场导向结构中，资本拥有者从中间品生产中获得的报酬 l_j 为由 π_1 决定的 $E\tilde{l}_j$。因此，净报酬

$$R_1{}^M = w_i(E\tilde{l}_j - 1) - c = w_i\pi_1(h-1) - c \quad\cdots\cdots\cdots\cdots\cdots\cdots (4\text{-}52)$$

其中，c 为信息成本，并且：$c = \sigma w_i \pi_1(h-1)$

其中，σ 为小于 1 的正数，上式表示信息成本随着投资回报递增。

根据均衡的条件，必然有 $R_1{}^M = R$，则结合基础模型的推导结果可得：

$$\begin{aligned} R/w_i &= (1-\sigma)\pi_1(h-1) \\ &= 2(1-\sigma)\gamma(\gamma-1)(h-1) \quad\cdots\cdots\cdots\cdots\cdots\cdots (4\text{-}53) \end{aligned}$$

带入基础模型中 R_2 和 w_i 的表达式可得：

$$k_i = \frac{\alpha}{1-\alpha} \times \frac{1}{2(h-1)(1-\sigma)\gamma(1-\gamma)} \quad\cdots\cdots\cdots\cdots\cdots\cdots (4\text{-}54)$$

再考虑事后资本无法参与最终产品生产，事后与劳动或中间品结合的资本为：$K-(1-\gamma)$。依据大数定律，这部分资本事后被分为三个部分：一是同没有参与中间品生产的劳动相结合的部分；二是与参与了中间品生产但失败的劳动相结合的部分；三是同参与成功生产出的中间品相结合的部分。因此，有：

$$\begin{aligned} K-(1-\gamma) &= \int_0^{r+(1-\gamma)(1-\pi_1)} k_i di + \int_{\gamma+(1-\gamma)(1-\pi_1)}^{1} k_j dj \\ &= [1+(1-\gamma)\pi_1(h-1)]k_i \quad\cdots\cdots\cdots\cdots\cdots\cdots (4\text{-}55) \end{aligned}$$

因此，$k_i = \dfrac{K-(1-\gamma)}{1+2\gamma(1-\gamma)^2(h-1)}$。

最后，可得：

$$\begin{aligned} K^M &= \frac{1-\sigma+\alpha\sigma}{(1-\alpha)(1-\sigma)}(1-\gamma) + \frac{\alpha}{1-\alpha} \\ &\quad \times \frac{1}{2(h-1)(1-\sigma)\gamma(1-\gamma)} \quad\cdots\cdots\cdots\cdots\cdots\cdots (4\text{-}56) \end{aligned}$$

$$\begin{aligned} g_C{}^M &= R - \rho \\ &= \alpha^\alpha(1-\alpha)^{1-\alpha}(h-1)^{1-\alpha}(1-\sigma)^{1-\alpha}[2\gamma(1-\gamma)]^{1-\alpha} - \rho \quad\cdots (4\text{-}57) \end{aligned}$$

(2)银行导向结构

银行中介机构作为一个“受托资本组合管理者”之所以能够长期存

在,必然是意见分歧程度和信息成本相匹配的某种均衡结果。银行导向结构下,信息成本设为零,银行外的其他人均为不知情者,因此,新技术成功概率可以从不知情者的后验概率得出,预期报酬为:

$$R_1{}^I = \beta_1 \pi_1 w_i(h-1) = \gamma(1-\gamma) w_i(h-1) \quad \cdots\cdots (4\text{-}58)$$

根据 $R_1{}^I = R$,可得:

$$R/w_i = (1-\sigma)\pi_1(h-1) = \gamma(1-\gamma)(h-1) \quad \cdots\cdots (4\text{-}59)$$

同样,带入 R_2 和 w_i 得:

$$k_i = \frac{\alpha}{1-\alpha} \times \frac{1}{\gamma(1-\gamma)(h-1)} \quad \cdots\cdots (4\text{-}60)$$

而银行导向结构的事后资本分配跟市场导向结构是一样的,因此,可最终得到银行导向结构下的资本表达式以及消费增长率:

$$K^I = \frac{(1+\alpha)(1-\gamma)}{1-\alpha} + \frac{\alpha}{1-\alpha} \times \frac{1}{\gamma(1-\gamma)(h-1)} \quad \cdots\cdots (4\text{-}61)$$

$$g_C{}^I = R - \rho = \alpha^{\alpha}(1-\alpha)^{1-\alpha}(h-1)^{1-\alpha}[\gamma(1-\gamma)]^{1-\alpha} - \rho \quad \cdots\cdots (4\text{-}62)$$

(3)小结

根据以上分析,当 $\sigma < 1/2$ 时,根据 $K^M - K^I$ 可知,在同等资本存量水平下,市场导向结构下参与新技术的人多于银行导向结构下人数。或者换句话说,在同样参与人数下,市场导向结构下所需达到的资本存量少于银行导向结构下的资本存量;同时在此条件下,可证明 $g_C{}^M > g_C{}^I$。

由此可知,在新技术推广初期,市场导向结构优于银行导向结构。但是,在经济落后的经济体,由于形成银行主导的金融结构,使得对于新技术推广的金融支持能力有限,参与区域金融合作已是大势所趋。

3. 多数人参与的技术推广模型

在讨论了少数人参与新技术生产的基础上,我们进一步讨论随着新技术的推广,参与新技术生产人数逐渐变多的情况,即 $1-\gamma > 1/2$ 的情况。进一步发展过程中,权益型融资需求应该更容易得到满足,但是如果没有发达的金融市场,没有发达的以市场主导型金融结构为典型特征的金融体系,会对新技术的进一步推广形成阻碍。而在一个落后的经济体内,建设发达的金融市场不是容易的事,参与区域金融合作就成为理性选择。

(1)市场导向结构

在这里，我们假设信息成本占投资毛报酬一个固定比例，则中间产品投资报酬为：

$$R_1^{\ M}=w_i(h-1)\pi_2(1-\sigma)w_i(h-1)[(1-\gamma)^2+\gamma^2](1-\sigma) \quad \cdots (4\text{-}63)$$

再根据 $R_1^{\ M}=R$，以及 R、w_i 表达式可得：

$$k_i=\frac{\alpha}{(1-\alpha)(h-1)[(1-\gamma)^2+\gamma^2](1-\sigma)} \quad \cdots\cdots\cdots\cdots\cdots (4\text{-}64)$$

根据资本分配公式：

$$K-(1-\gamma)=\gamma k_i+(1-\gamma)k_i[1+\pi_2(h-1)] \quad \cdots\cdots\cdots\cdots (4\text{-}65)$$

可得：

$$k_i=\frac{K-(1-\gamma)}{1+[(1-\gamma)^2+\gamma^2(1-\gamma)](h-1)} \quad \cdots\cdots\cdots\cdots\cdots\cdots\cdots\cdots (4\text{-}66)$$

结合 $K^M=\frac{\alpha}{1-\alpha}\times\frac{1}{(h-1)(1-\sigma)[(1-\gamma)^2+\gamma^2]}+(1-\gamma)+\frac{\alpha(1-\gamma)}{(1-\alpha)(1-\sigma)}$ 的两个表达式可得到：

$$K^M=\frac{\alpha}{1-\alpha}\times\frac{1}{(h-1)(1-\sigma)[(1-\gamma)^2+\gamma^2]}+(1-\gamma)+\frac{\alpha(1-\gamma)}{(1-\alpha)(1-\sigma)} \quad \cdots\cdots (4\text{-}67)$$

进一步可得：

$$g_C=R-\rho$$
$$=\alpha^\alpha(1-\alpha)^{1-\alpha}(h-1)^{1-\alpha}[(1-\gamma)^2+\gamma^2]^{1-\alpha}(1-\sigma)^{1-\alpha}-\rho \quad \cdots\cdots (4\text{-}68)$$

(2)银行导向结构

银行导向结构下，中间产品投资报酬为：

$$R_1^{\ I}=\beta_2\pi_2 w_i(h-1)=(1-3\gamma+3\gamma^2)w_i(h-1) \quad \cdots\cdots\cdots (4\text{-}69)$$

由 $R_1^{\ I}=R$ 得：

$$k_i=\frac{\alpha}{1-\alpha}\times\frac{1}{(1-3\gamma+3\gamma^2)(h-1)} \quad \cdots\cdots\cdots\cdots\cdots\cdots\cdots\cdots\cdots (4\text{-}70)$$

根据资本分配公式可得 k_i 另一表达式，因此进一步可得：

$$K^I=\frac{\alpha}{1-\alpha}\times\frac{1}{\beta_2\pi_2(h-1)}+(1-\gamma)+\frac{\alpha}{1-\alpha}\times\frac{1-\gamma}{\beta_2}$$
$$=\frac{\alpha}{(1-\alpha)(h-1)(1-3\gamma+3\gamma^2)}+(1-\gamma)$$

$$+\frac{\alpha[(1-\gamma)^2+\gamma^2](1-\gamma)}{(1-\alpha)(1-3\gamma+3\gamma^2)} \cdots\cdots\cdots\cdots\cdots\cdots\cdots\cdots \quad (4\text{-}71)$$

同时:

$$g_C = R - \rho$$

$$= \alpha^{\alpha}(1-\alpha)^{1-\alpha}(h-1)^{1-\alpha}(1-3\gamma+3\gamma^2)^{1-\alpha} - \rho \cdots\cdots \quad (4\text{-}72)$$

根据以上分析,在 $1-\gamma \geqslant 1/2$ 的条件下,直观上可比较出 $K^M > K^I$,同时有 ${g_C}^M < {g_C}^I$。

(3)市场导向结构与银行导向结构在技术推广阶段的合作

由以上分析可知,在新技术参与人数 $1-\gamma < 1/2$ 阶段,无论是技术推广速度、资本投入量,或是经济增长速度,市场导向结构都优于银行导向结构;而随着技术的推广,当新技术参与人数 $1-\gamma \geqslant 1/2$,由于意见分歧程度不断下降,信息成本被众多当事人分摊,不需要为降低信息成本出现过度的资本积累,因此,银行导向型在资本投入以及增长速度方面都优于市场导向结构,体现了银行导向结构在技术推广后期的优越性,以及集体行动在后期更能够体现个体行为的正外部性。因此,在金融合作过程中,考虑两种金融结构的合作以加快新技术的推广,同时保持经济的快速增长。

当金融市场逐步实现一体化,两种金融结构将打破地区的界限,进而在同一的金融市场上出现更多的选择。在经济生产中,面临新技术的推广,经济当时面临两种选择,一是采取市场化的方式进行生产,自己搜集信息并承担信息成本的支出;二是选择集体化行动,委托金融中介机构搜集信息。在此,假设当事人可根据自己的需要任意选择两种方式,则在新技术推广的初始阶段,当新技术参与人数 $1-\gamma < 1/2$ 时,由于市场化条件下新技术推广的资本要求较低,当事人会选择市场化方式进行生产;随着新技术被越来越多人采用,当 $1-\gamma \geqslant 1/2$ 时,集体化的生产方式开始显示出其后发优势,过度资本积累现象开始不再出现,其技术推广的资本要求开始低于自主化的市场生产方式,因此,当事人开始越来越多加入到集体化行动中来,通过银行搜集信息,进而进行新技术生产。而在此过程中,根据前面的分析结果可知,经济将会在两个阶段始终保持两种生产方式中较优的速度增长,进而在整个技术推广阶段达到优于原来任何一种生产方式下的经济增长率。

三、经济成长阶段(发展中经济体)的金融结构与互嵌融合效应

在经济成长阶段,经济金融化程度加深,新技术推广变得更加容易,对于新技术和新产品的认知程度日趋提高,技术传播阶段对于金融结构的要求及其支撑作用较上一阶段有了明显变化。

1. 技术传播和经济增长:异质当事人和道德风险

(1)发生过程及当事人收益

继续沿用以前的假设,在中间品生产过程中,当事人可能进入两个状态:低易变状态和高异变状态,概率分别为 θ_i 以及 $1-\theta_i$ 。如果进入低易变状态,则当事人可能产生两种结果:成功的以概率 π 生产 h 单位中间品;失败后只拥有一单位劳动禀赋。而如果当事人进入高异变状态,则面临两种选择:进行中间品生产;偷懒,使得不受损失的情况下增加自身效用 N ,并以最终产品表示效用增加幅度。在这里, θ_i 实际就是不发生道德风险的概率。

在高异变状态下,当事人是否发生道德风险取决于经济中是否存在克服道德风险的机制。这里,我们设当事人偷懒的效用随着工资水平的上升而上升,即:

$N=z\pi w_i, 0\leqslant z\leqslant 1$

同时,假设参与中间品技术的融资利率为 γ_i 。则在一开始,当事人的预期利润为:

$$\begin{aligned}E_i&=\theta_i\{\pi[w_i(h-1)-r_i]\}+(1-\theta_i)N\\&=\pi w_i(h-1)[(1-z)\theta_i+z]-\theta_i\pi\gamma_i\end{aligned}\quad\cdots\cdots\cdots\cdots\cdots\cdots\cdots\quad(4\text{-}73)$$

竞争条件下,令预期利润为零,则可得:

$$\gamma_i=w_i(h-1)\frac{(1-z)\theta_i+z}{\theta_i}\quad\cdots\cdots\cdots\cdots\cdots\cdots\cdots\cdots\cdots\cdots\quad(4\text{-}74)$$

则投资者从当事人处可获得的预期报酬为:

$R_{i1}=\theta_i\pi\gamma_i=\pi w_i(h-1)[(1-z)\theta_i+z]$

由于竞争的关系,投资者的预期报酬是由一系列拥有不同 θ_i 的当事人中, θ_i 最小的那个人决定,在此设 $\theta_{i\min}=\hat{\theta}$,则 $1-\gamma=1-\hat{\theta}$ 。由此可知,中间品贷款均衡利率为:

$$\gamma=w_i(h-1)\frac{(1-z)\hat{\theta}+z}{\hat{\theta}}\quad\cdots\cdots\cdots\cdots\cdots\cdots\cdots\cdots\cdots\cdots\cdots\quad(4\text{-}75)$$

投资者预期报酬为：

$$R_1 = \hat{\theta}\pi\gamma = w_i(E\tilde{l} - 1)[(1-z)\tilde{\theta} + z] \quad \cdots\cdots (4-76)$$

当 $\theta_i > \hat{\theta}$ 时，当事人会获得融资合约租金，然而，此租金无法防止道德风险的发生。

假设当事人进入高异变状态，则如果进行中间品生产，则预期利润为：$\pi w_i(h-1)[1 - \frac{(1-z)\hat{\theta} + z}{\hat{\theta}}]$。

如果选择偷懒，则效用增加额 $N = z\pi w_i, 0 \leqslant z \leqslant 1$。而前者大于后者的条件是 $z \leqslant 0$，因此，只要偷懒的好处存在，则金融交易租金无法防止道德风险。由此，我们进一步分析道德风险环境下技术传播与经济增长。

(2)技术的传播和经济增长

根据均衡条件 $R_1 = R$，以及 R 和 w_i 表达式，可得

$$k_i = \frac{\alpha}{1-\alpha} \times \frac{1}{E\tilde{l} - 1} \times \frac{1}{(1-z) + z\hat{\theta}} \quad \cdots\cdots (4-77)$$

而偷懒好处的存在，高异变状态下的当事人必然选择偷懒，考虑资本分配可得：

$$K - (1-\hat{\theta}) = \hat{\theta}k_i + k_i\int_{\hat{\theta}}^{1}[1 + \theta_i(E\tilde{l} - 1)]d\theta_i \quad \cdots\cdots (4-78)$$

进而得到

$$k_i = \frac{K - (1-\hat{\theta})}{1 + (1-\hat{\theta}^2)(E\tilde{l} - 1)/2} \quad \cdots\cdots (4-79)$$

因此，可得

$$K = (1-\hat{\theta}) + \frac{K^*}{(1-z)\hat{\theta} + z} + \frac{\alpha}{2(1-\alpha)} \times \frac{1-\hat{\theta}^2}{(1-z)\hat{\theta} + z} \quad \cdots (4-80)$$

最后得到经济在达到稳态之前的增长速度为：

$$g_C = R - \rho = \alpha^{\alpha}(1-\alpha)^{1-\alpha}(E\tilde{l} - 1)^{1-\alpha}[(1-z)\theta_i + z] - \rho \quad \cdots (4-81)$$

2. 银行导向结构

这里假设两家银行 X、Y 分别负责对最终产品以及中间产品发放贷款。由于在银行的监督下，借款人无法偷懒，因此，当事人均为同质当事人。而在竞争的关系下借款人的预期利润为零，进而得到中间贷款利率：

$$r = w_i(h - 1) \quad (4-82)$$

假设 Y 银行的监督成本为：

$$c = \beta[1 - (1 - \gamma)]w_i(E\tilde{l} - 1) \quad (4-83)$$

有上式可知，银行的监督成本随着贷款人数 $1 - \gamma$ 增加而下降，当 $1 - \gamma = 0$ 时，银行的监督成本最大；当 $1 - \gamma = 1$ 时，银行的监督成本降为0

由此可得 Y 银行的预期利润为：

$$R^Y = \pi\gamma - c = \pi w_i(h - 1) - c = (1 - \beta\gamma)w_i(E\tilde{l} - 1) \quad (4-84)$$

进而得到：

$$R/w_i = (1 - \beta\gamma)(E\tilde{l} - 1) \quad (4-85)$$

因此得到 k_i 的表达式：

$$k_i = \frac{\alpha}{1 - \alpha} \times \frac{1}{E\tilde{l} - 1} \times \frac{1}{1 - \beta\gamma} \quad (4-86)$$

同时根据资本分配可得到另一个 k_i 的表达式：

$$k_i = \frac{K - (1 - \gamma)}{1 + (1 - \gamma)(E\tilde{l} - 1)} \quad (4-87)$$

由此得到资本存量表达式：

$$K = 1 - \gamma + \frac{K^*}{1 - \beta\gamma} + \frac{\alpha}{1 - \alpha} \times \frac{1 - \gamma}{1 - \beta\gamma} \quad (4-88)$$

同时，经济增长率可表示为：

$$g_C = R - \rho = \alpha^{\alpha}(1 - \alpha)^{1-\alpha}(E\tilde{l} - 1)^{1-\alpha}(1 - \beta\gamma)^{1-\alpha} - \rho \quad (4-89)$$

在这里，当 $\gamma = 0$ 时，经济增长率的公式就跟信息对称情况下是一致的，因此，银行导向型金融结构在技术采纳初始阶段，更接近于信息对称情况。

3. 市场导向结构

在市场导向结构下，假设只有一家银行为中间技术提供贷款，其他由金融市场解决。在金融市场中，投资者了解企业家的类型，因此将首先为 $\theta_i = 1$ 企业融资。投资者的竞争使得融资利率由 θ_i 最低的企业决定。因此，当且仅当投资者的市场投资收益大于银行发放第一笔贷款收益时，投资者才会选择通过金融市场直接提供融资，具体表达如下：

$$[(1-z)\theta_i+z]w_i(E\tilde{l}-1)>(1-\beta)w_i(E\tilde{l}-1)$$

简化得:

$$(1-z)\theta_i+z>1-\beta$$

由此可得到能够在市场获得融资的“边际”企业家:

$$\hat{\theta}=1-\frac{\beta}{1-z} \quad \cdots\cdots (4\text{-}90)$$

由于 $\hat{\theta}=0$ 时将不会产生银行融资,因此银行存在的必要条件为:

$\hat{\theta}>0$,即 $z<1-\beta$

因此,可将经济分为两个阶段:

当 $1-\gamma<1-\hat{\theta}$ 时,市场导向结构只有金融市场为企业提供融资,此时中间品投资收益为:

$$R_1=\theta_i\pi\gamma=w_i\pi(h-1)(2\theta_i-\theta_i^{\ 2}) \quad \cdots\cdots (4\text{-}91)$$

由此可得 k_i 的一个表达式:

$$k_i=\frac{\alpha}{1-\alpha}\times\frac{1}{E\tilde{l}-1}\times\frac{1}{2\theta_i-\theta_i^{\ 2}} \quad \cdots\cdots (4\text{-}92)$$

由于租金无法防止道德风险,因此根据第一部分的分析得到 k_i 的另一个表达式:

$$k_i=\frac{K-(1-\hat{\theta})}{1+(1-\hat{\theta}^2)(E\tilde{l}-1)/2} \quad \cdots\cdots (4\text{-}93)$$

结合两个 k_i 表达式,得到:

$$K=1-\theta_i+\frac{K^*}{2\theta_i-\theta_i^{\ 2}}+\frac{\alpha}{2(1-\alpha)}\times\frac{1-\theta_i}{2\theta_i-\theta_i^{\ 2}} \quad \cdots\cdots (4\text{-}94)$$

比照银行导向结构下的资本存量,可以发现较之银行导向结构,市场导向结构更容易采纳新技术。此外,比照经济增长率:

$$g_C=R-\rho=\alpha^{\alpha}(1-\alpha)^{1-\alpha}(E\tilde{l}-1)^{1-\alpha}(2\theta_i-\theta_i^{\ 2})^{1-\alpha}-\rho \quad \cdots (4\text{-}95)$$

可知,由于租金的存在市场导向结构的经济增长率较慢。

当 $1-\gamma\geqslant 1-\hat{\theta}$ 时,通过市场融资的人数会逐渐下降,银行贷款比例提高。此时,银行的监督成本为:

$$c=\beta[1-(\theta_i-\gamma)]w_i(E\tilde{l}-1) \quad \cdots\cdots (4\text{-}96)$$

银行贷款收益为:

$$E^{bank} = \pi\gamma - c = \{1 - \beta[1 - (\theta_i - \gamma)]\} w_i(E\tilde{l} - 1) \quad \cdots\cdots (4-97)$$

在市场导向结构下，银行只能从 θ 开始发放第一笔贷款，而银行导向结构下，银行可以为任意 θ_i 发放贷款，但二者银行贷款的规模扩张是一样的，因此在 $1 - \gamma \geqslant 1 - \hat{\theta}$ 时，市场导向结构的经济增长率将遵循银行导向结构的经济增长。

4. 市场导向结构与银行导向结构的技术传播合作

在银行导向结构下，可能由于一开始监督成本过大而导致无法采纳新技术，而技术一旦能够采用，则增长速度接近于信息对称状况，能有效防范道德风险；市场导向结构下，采纳技术的起始阶段跟信息对称状况一致，但随着融资模式的转换金融市场容易落入信息不对称陷阱，且融资模式的转换速度取决于偷懒好处的下降速度，若偷懒好处下降缓慢；容易导致技术传播和经济增长速度变得缓慢而当两个不同金融结构的市场合作成为同一市场后，最直接的表现即为监管的完备性增强了。市场导向结构下新技术较容易被传播采纳，但是由于偷懒好处的存在容易落入信息不对称陷阱。银行导向结构的引入使得市场内银行监管的规模经济优势增强，偷懒较之前开始变得困难，偷懒的机会成本增加了，相对的偷懒的好处减少了。模型中直接表现为 z 的下降进而导致 N 的下降。由于 z 的下降，$\hat{\theta} = 1 - \dfrac{\beta}{1 - z}$ 增大，则市场导向结构下的融资模式转换条件变得宽松了，即 $1 - \gamma \geqslant 1 - \hat{\theta}$ 条件下，市场直接融资的要求变高了，融资模式的转换速度加快了，银行中介机构能够较快的加入到技术推广过程中来，进一步地发挥其监管的规模经济优势。在此，设想一种极端情况。当金融合作带来的监管正效应足够强大的时候，在给 $\theta_i = 1$ 的企业融资后偷懒好处立即下降，使得市场融资收益低于银行第一笔贷款收益，解决银行贷款的技术启动问题，同时发挥银行监管的规模经济优势。

四、经济稳定发展阶段（成熟经济体）的金融结构与互嵌融合效应

在成熟经济体或是经济发展水平比较高的地区，得到广泛推广的技术还存在进一步改进至成熟的必要，而技术改进的不确定性将导致事前投、融资双方无法就技术项目投资签订完备合约，关系融资的优势开始体现——通过再融资保证技术改进顺利进行。但由于预算软约束的存在，

因此整个技术改进过程成为再融资优势与软预算约束的博弈过程：在技术改进初始阶段，再融资对技术改进进行的保障性大于软预算约束造成的事前无效率；随着技术改进效果逐步下降，技术日趋成熟，软预算约束弊端逐渐显现，进而逐步超过再融资好处。因此，在技术改进阶段，银行导向型结构中的"关系"更为普遍持久，进而其技术改进能力将大于倾向于保持距离的市场导向结构；而当技术日臻成熟至维持关系的成本大于收益时，距离融资的市场导向结构将更具优势。

1. 技术改进过程中融资方式的静态比较

这里，我们将融资方式分为知情再融资、不知情再融资和不知情无再融资，并将知情融资叫做"关系融资"，不知情融资叫做"距离融资"。投资的过程按以下过程进行：在初始时刻，投资者拥有1单位初始资本。项目能否成功将在下一时期揭示，并取决于项目本身技术条件以及此间是否发生冲击。若发生冲击则项目必然失败，在这里设外生冲击概率为$1-\varphi$；若不发生外生冲击则项目成功与否取决于自身技术条件，要么以概率π成功生产$h>1$单位的中间产品，要么依概率$1-\pi$失败后，额外获得1单位资本再融资生产$h>1$单位的中间产品，或者无法获得再融资只获得不可剥夺的1单位劳动禀赋。在这里，技术改进成功概率随新技术参与人数增多而增加：$\pi=1-\gamma$，在项目失败后无再融资的情况下，出去劳动工资企业家的预期利润为：

$$\varphi\{\pi[w_i(h-1)-\gamma]\}=\varphi\pi w_i(h-1)-\varphi\pi\gamma \quad\cdots\cdots\cdots\cdots\cdots\quad (4-98)$$

在这里γ表示为1单位资本的利息。而在有再融资的情况下，预期利润为：

$$\varphi\{w_i[\pi h+(1-\pi)h]-w_i-L\}=\varphi w_i(h-1)-\varphi L \quad\cdots\cdots\quad (4-99)$$

在这里L包括前1单位资本以及再融资资本的利息收入。

参与中间品技术的人数$1-\gamma<1$时，由于竞争的存在使得企业家只获得经济中的均衡工资，预期利润为0。于是有：

$$\gamma=L=w_i(h-1) \quad\cdots\cdots\cdots\cdots\cdots\cdots\cdots\cdots\cdots\cdots\cdots\cdots\quad (4-100)$$

在以上分析的基础上，进一步分析三种融资方式的利润率。首先考虑无再融资情况，由于只有1单位资本投入，则无再融资利润率R_1为：

$$R_1=\varphi\pi w_i(h-1) \quad\cdots\cdots\cdots\cdots\cdots\cdots\cdots\cdots\cdots\cdots\cdots\quad (4-101)$$

接下来分析知情状态下的再融资。在此，投资人支付了信息成本c

后，可以了解其间是否发生了外生冲击，并据此进行再融资决策。因此，在初始时刻，投资者的预期资本投入为：

$$\varphi\pi \times 1 + \varphi(1-\pi) \times 2 + (1-\varphi) \times 1 = 1 + \varphi(1-\pi) \quad \cdots (4-102)$$

假设信息成本与投资毛利润率存在一个固定比例关系，即：

$$c = b\frac{\varphi L}{1 + \varphi(1-\pi)}, 0 < b < 1 \quad \cdots\cdots (4-103)$$

则预期利润率为：

$$R_1{}^{I} = \frac{\varphi L}{1 + \varphi(1-\pi)} - c = \frac{(1-b)\varphi w_{(}h-1)}{1 + \varphi(1-\pi)} \quad \cdots\cdots (4-104)$$

最后分析不知情状态下的再融资。由于投资者不知道项目期间是否发生了冲击，投资者的投资决策取决于后验概率。而项目失败的后验概率为：$P_s = \frac{1-\varphi}{1-\varphi\pi}$，进而得到再融资预期收入：

$$\varphi\pi L + (1-\varphi\pi)(1-P_s)L + (1-\varphi\pi) \times 0 = \varphi L \quad \cdots\cdots (4-105)$$

而事前预期投入资本为：

$$\varphi\pi \times 1 + \varphi(1-\pi) \times 2 + (1-\varphi) \times 2 = 2 - \varphi\pi \quad \cdots\cdots (4-106)$$

因此，最终得到不知情状态下的预期利润率为：

$$R_1{}^{NI} = \frac{\varphi w_i(h-1)}{2-\varphi\pi} \quad \cdots\cdots (4-107)$$

在以上分析的基础上，我们进一步分析投资者选择融资方式的条件。根据简单计算可知，投资者选择知情再融资的条件为：

$$M = \varphi\pi^2 - (1+\varphi)\pi + 1 > b \quad \cdots\cdots (4-108)$$

选择不知情再融资的条件为：

$$N = \varphi\pi^2 - 2\pi + 1 > 0 \quad \cdots\cdots (4-109)$$

可以证明，$N = 0$ 较小的根 $\pi_2 = \frac{1-\sqrt{1-\varphi}}{\varphi} < 1$。而只有当 $\pi < \pi_2$ 时，投资者才会选择不知情再融资。这是因为技术成功率越高，项目失败的原因就越有可能是因为外部冲击，再融资失败的可能性就越大。

此外，比较不知情两种再融资的利润率，可知，知情再融资优于不知情再融资的条件是：

$$b < b^* = \frac{1-\varphi}{2-\varphi\pi} \quad \cdots\cdots (4-110)$$

2. 银行导向结构下的技术改进

根据前面的分析可知,道德风险监督成本为:

$$b^M = \beta[1-(1-\gamma)] = \beta\gamma \quad (4\text{-}111)$$

而由于信息价值随着技术成功率的上升而提高,即信息成本也由此提高,因此,信息成本可表示为:

$$b^I = \sigma P_s = \sigma \frac{1-\varphi}{1-\varphi(1-\gamma)}, 0 < \sigma < 1 \quad (4\text{-}112)$$

而根据经济均衡条件 $R = R_1{}^I$,因此可得:

$$\frac{R}{w_i} = \frac{(1-b)\varphi(h-1)}{1+\varphi\gamma} \quad (4\text{-}113)$$

再根据 $\pi = 1-\gamma$,则可得到:

$$k_i = \frac{\alpha}{1-\alpha} \times \frac{1+\varphi\gamma}{(1-b)\varphi(h-1)} \quad (4\text{-}114)$$

而事后资本分配公式如下:

$$K-(1-\gamma)(1+\varphi\gamma) = \int_0^\gamma k_i di + \int_\gamma^1 (1-\varphi) k_i di + \int_\gamma^1 \varphi h k_i di \quad (4\text{-}115)$$

由此可得:

$$k_i = \frac{K-(1-\gamma)(1+\varphi\gamma)}{1+(1-\gamma)\varphi(h-1)} \quad (4\text{-}116)$$

最终可得资本存量表达式:

$$K^I = (1-\gamma)(1+\varphi\gamma) + \frac{\alpha(1+\varphi\gamma)}{(1-\alpha)(1-b)\varphi(h-1)} \times [1+(1-\gamma)\varphi(h-1)] \quad (4\text{-}117)$$

而经济增长率为:

$$g_C = \alpha^\alpha (1-\alpha)^{1-\alpha} [(1-b)\varphi(h-1)]^{1-\alpha} \left(\frac{1}{1+\varphi\gamma}\right)^{1-\alpha} \quad (4\text{-}118)$$

3. 市场导向结构下的技术改进

(1)不知情再融资

根据 $R_1{}^{NI}$ 表达式以及经济均衡条件可得:

$$\frac{R}{w_i} = \frac{\varphi(h-1)}{2-\varphi(1-\gamma)} \quad (4\text{-}119)$$

由此可得到 k_i 表达式:

$$k_i = \frac{\alpha}{1-\alpha} \times \frac{2-\varphi(1-\gamma)}{\varphi(h-1)} \quad (4\text{-}120)$$

市场导向结构下，事后资本的分配跟银行导向结构一样，因此可得：

$$K-(1-\gamma)[2-\varphi(1-\gamma)]=\int_0^\gamma k_i di+\int_\gamma^1(1-\varphi)k_i di+\int_\gamma^1\varphi hk_i di \quad \cdots\cdots (4-121)$$

由此可得 k_i 另一个表达式：

$$k_i=\frac{K-(1-\gamma)[2-\varphi(1-\gamma)]}{1+(1-\gamma)\varphi(h-1)} \quad \cdots\cdots (4-122)$$

因此，资本存量表达式为：

$$K_{NI}{}^{M}=\frac{(1-\gamma)[2-\varphi(1-\gamma)]}{1-\alpha}+\frac{\alpha[2-\varphi(1-\gamma)]}{(1-\alpha)\varphi(h-1)} \quad \cdots (4-123)$$

(2)不知情无再融资

根据 R_1 表达式及均衡条件：

$$R/w_i=\varphi(1-\gamma)(h-1) \quad \cdots\cdots (4-124)$$

由此可得：

$$k_i=\frac{\alpha}{1-\alpha}\times\frac{1}{\varphi(1-\gamma)(h-1)} \quad \cdots\cdots (4-125)$$

又事后资本分配公式有：

$$K-(1-\gamma)=\int_0^\gamma k_i di+\int_\gamma^1[(1-\varphi)+\varphi\gamma]k_i di+\int_\gamma^1\varphi(1-h)k_i di \quad \cdots (4-126)$$

则：

$$k_i=\frac{K-(1-\gamma)}{1+\varphi(1-\gamma)^2(h-1)} \quad \cdots\cdots (4-127)$$

则资本存量公式为：

$$K_M=\frac{1-\gamma}{1-\alpha}+\frac{\alpha}{1-\alpha}\times\frac{1}{\varphi(1-\gamma)(h-1)} \quad \cdots\cdots (4-128)$$

(3)技术改进过程中融资模式转换及经济增长率

在不考虑关系融资时，市场导向结构将在 $1-\gamma<\pi_2$ 时采取不知情再融资；当 $1-\gamma=\pi_2$ 时，转换为不知情无再融资。同时，在 $1-\gamma<\pi_2$ 时的增长率为：

$$g_C=\alpha^\alpha(1-\alpha)^{1-\alpha}(h-1)^{1-\alpha}\left[\frac{\varphi}{2-\varphi(1-\gamma)}\right]^{1-\alpha} \quad \cdots\cdots (4-129)$$

在 $1-\gamma\geqslant\pi_2$ 时增长率为：

$$g_C = \alpha^{\alpha}(1-\alpha)^{1-\alpha}(h-1)^{1-\alpha}[\varphi(1-\gamma)]^{1-\alpha} \quad \cdots\cdots\cdots\cdots (4\text{-}130)$$

(4)市场导向结构与银行导向结构的技术改进合作

假设关系融资的关系成本在技术改进初期保持不变或递增,在技术改进中期因规模经济而递减,但无法最终降为0。在技术改进初期,比较银行导向结构下的关系融资以及市场导向结构下的不知情再融资。二者采纳技术的临界资本如下:

$$K^I|_{1-\gamma=0} = \frac{\alpha}{1-\alpha} \times \frac{1+\varphi}{(1-b)\varphi(h-1)} \quad \cdots\cdots\cdots\cdots (4\text{-}131)$$

$$K_{NI}{}^M|_{1-\gamma=0} = \frac{2\alpha}{(1-\alpha)\varphi(h-1)} \quad \cdots\cdots\cdots\cdots (4\text{-}132)$$

由此,当 $b > \frac{1-\varphi}{2}$ 时,具有改进前景的新技术更容易被市场导向结构接受。又由于关系成本在初期不变甚至递增,因此,在技术改进初期,存在某个 $1-\gamma_1$,当 $1-\gamma < 1-\gamma_1$ 时,有 $K_{NI}{}^M < K^I$,不知情再融资优于关系融资,此时应利用金融市场实现技术改进起步。

在技术改进中期,根据知情再融资优于不知情再融资的条件:

$$b < b^* = \frac{1-\varphi}{2-\varphi\pi}$$

可知,随着技术改进成功概率 π 的逐步增大,知情再融资越来越有可能优于不知情再融资,此时银行中介应该参与到技术改进过程,应选择关系融资方式。最后在技术改进后期,当 $1-\gamma \geqslant \pi_2$ 时,比较银行导向结构以及市场导向结构 g_C 可知,由于关系成本的存在,银行导向结构下的经济增长率将低于市场导向结构下的增长率,此时意味着成熟的技术应该走向市场。

尽管市场导向结构下也存在关系融资,但是由于监督成本规模经济的存在,这种"关系"显然不如银行导向结构下的"关系"。因此,在金融结构互嵌与融合的背景下,投资者既可以凭借市场导向结构下的不知情再融资以及无再融资优势实现技术改进的起步以及成熟技术的推出,又可以充分利用银行导向结构下的关系融资优势提升技术改进的速度乃至保持经济增长率,进而避免市场导向下因无法判明项目失败原因而导致过多的错误再融资。

综上所述,通过基于技术演进周期视角下金融结构互嵌融合效应的模型推导,我们可以知道,市场导向金融结构和银行导向金融结构在技术推广的不同时期以及不同发展阶段的经济体中所发挥的作用各不相同,两者各有优势之处,也有劣势的一面。加强这两种金融结构的互嵌与融合能有效地促进技术的进步与推广。当前我国粤、桂、琼、滇四省区出口产业链形成中,最缺乏的就是技术的开发与形成,导致整体产业链条处于较底端的局面,而四省区的金融对出口产业链形成中的重要支撑作用未能有效发挥是其中的重要原因之一。因此,在CAFTA背景下,粤、桂、琼、滇四省区应在加强与东盟国家金融合作的同时,加强四省之间的金融合作。因为四省区的经济发展水平不一致,在某种程度上可以代表不同发展阶段的经济体。加强四省区之间的金融合作,有利于发挥市场导向金融结构和银行导向金融结构对技术形成的促进作用,从而促进我国四省区出口产业链形成中整体技术水平的提升。

本章小结

出口产业链的形成离不开金融支撑体系的支持,正确认识金融在出口产业链形成中的作用,有利于有的放矢地完善地区金融支撑体系,对整个出口产业链的形成将起到重要意义。本章正是论述金融支撑体系对出口产业链的重要作用机理的。

一方面,论述了出口产业链形成中金融支撑体系构建的必要性。本部分从两个方面展开分析,一是从出口产业链的资金需求视角进行分析,出口产业链的形成过程中必然要求基础设施的完善、发展区域特色优势产业及进行产业结构调整,这些建设都将形成巨大的资金需求,从某种程度上讲满足资金需求、解决资金的缺口问题,成为出口产业链建设过程中的一个关键性难题,这就需要金融支撑体系充分发挥其融资能力,积极为出口产业链的形成筹集建设资金;二是从出口产业链形成的金融服务视角进行分析,出口产业链的形成要求有与之相适应的配套金融服务,以便能够满足出口产业链特殊的服务要求,尤其是金融服务要适应出口产业链的国内国际相互联系的更高要求,以及出口产业链融资的特殊性、国际性特点，要通过金融服务的创新和升级来满足新的需求，从而促进出口产业链的形成。

另一方面，论述了金融结构调整与产业结构调整的相互作用机理，尤其是研究了金融发展是如何影响产业结构调整，进而促进出口产业链形成的。首先，分析认为出口产业链形成的核心在于产业结构的调整和优化，进而分析了金融结构与产业结构的相互关系和作用机理，明确了金融结构对产业结构的作用以及产业结构的反向推动与需求效应，进一步认识到产业结构调整，尤其是出口产业链的形成，离不开金融结构的调整和优化；其次，运用实证的分析方法，通过经济模型的分析，进一步论证了金融结构与产业结构的相互作用，从而奠定了通过金融发展促进产业结构调整，进而促进出口产业链形成的理论基础，增强了决策的科学性和方向性；再次，具体分析了金融发展对产业结构优化的作用机制，分别从资本形成机制、资本配置机制等直接作用机制和技术创新机制、生产要素配置组合机制、需求影响机制等间接作用机制多方面因素，论述了金融结构调整是怎样促进产业结构调整，进而推动出口产业链形成的；同时，进一步联系到金融结构的现状，分析了两种典型的金融结构对产业结构优化的作用和局限，以增强对金融发展与产业结构相互作用机理的认识水平。

通过本章的分析，可以明确金融支撑体系对出口产业链形成的作用，有利于增强对出口产业链形成中金融发展作用的发挥，更为创新金融结构加速产业结构优化，进而促进出口产业链的形成和升级奠定了理论基础，为出口产业链的形成指明了努力的方向。

第5章 出口产业链的形成与相关利益的调整

区际出口产业链形成过程中其相关利益的调整问题非常重要,因为它不仅关系着出口产业链的可持续性,更关乎各地区之间的经济发展与合作的长期性与稳定性,因此,需要我们对出口产业链形成对相关利益的影响有一个全面透彻地分析和了解。本章首先对粤、桂、琼、滇四省区出口产业链建立的必要性和可行性进行了理论和现实层面的分析,并对出口产业链上各省区的主体功能进行了图解和介绍,由此埋下了下文中出口产业链形成对各利益主体所产生的影响及在出口产业链形成后各相关主体利益应当如何调整的"伏笔"。第二节介绍了出口产业链形成对地方财政和金融利益的影响,从财政角度来看,主要是对地方政府财政收入、税收收入和转移支付的影响;从金融角度来看,则包括短期出口产业链建立后地区真实物流与货币流的动态均衡关系、生产贸易流与金融资源配置的动态均衡关系,以及长期内伴随出口产业链的建立由相关的产业结构升级所产生的金融结构的影响,并对财政、金融两大方面的相关影响进行了实证检验、得出较为合理的检验结果。最后则结合粤、桂、琼、滇四省区的实际重点分析了出口产业链形成过程中的避税问题。

5.1 出口产业链的形成

出口产业链是产业链的"衍生物"之一,是不同的出口产业部门之间基于一定的技术经济关系,并依据特定的逻辑关系和时空布局关系客观形成的链条式的关联关系形态,它是充分发挥地区比较优势、借助区域市场协调地区之间专业化分工和缓和国内外市场多维性需求矛盾并以产业合作的形式实现地区合作的重要载体。我们也可以进一步理解为,正是在地区之间不同的区位条件和资源禀赋以及经济发展程度的高低不同等多种因素的共同作用下,出口产业链形成过程中的地区分工才得以实现和有效运转。

关于出口产业链形成的背景,本课题认为在此有必要进行简单的介绍。长期以来,我国的对外贸易出口都保持了良好的态势(除受到经济危机的影响2008年的出口额有所下降外),但是目前就我国相关出口产品的产业结构和地区结构来看,不论是原材料的出口还是初级制成品的出口都处于一种分散出口的状态,即各省区都针对自己所拥有的优势资源进行出口,各省区相互之间并没有达成出口产品方面的协调,且多个省区的出口产品或主导产业之间具有较大程度的相似性,特别是邻近省区之间出口产品产业的相似性,一方面形成了地区产业之间特别是出口产品之间的无形竞争,另一方面也造成了我国相对产能的过剩以及相关人力、设备等资源的浪费,而且会在很大程度上影响我国出口产业链的形成和产业结构的优化升级,特别是对于我国一直以来以"出口"为导向的国家来说,地区内部之间的出口产品竞争,会在很大程度上降低我国在国际贸易中的竞争优势和地位,且不利于我国出口产品产业的可持续发展。由于本课题研究的是CAFTA框架下周边省区的出口产业链形成机制,所以我们在此特以我国与东盟之间的贸易进行说明。

近年来,我国与东盟各国的贸易额全面增长,中国与泛北部湾东盟十国的贸易量持续增加。2009年,中国与越南、菲律宾印尼等国的贸易额分别超过了该年美国与越南、菲律宾、印度尼西亚的贸易额。2000—2010

年9月间,我国与东盟的双边贸易额(见图5-1)分别为395.2、416.15、547.66、782.52、1058.8、1303.7、1608.4、2025.5、2311.17、2130、2113.1①亿美元,其中泛北部湾经济区的广东、广西、海南和云南四省区是对东盟十国的主要出口省份。2000—2010年9月间中国对东盟的贸易逆差分别为48.40、48.44、76.29、164、200.8、196.3、182.2、139.83、28.32、182.2、122.5亿美元。随着中国—东盟自由贸易区的全面启动以及泛北部湾区域经济合作的达成,上述贸易集聚优势必将在一定程度上有所扩大,而广东、广西、海南、云南四省区与东盟十国之间的贸易往来也必将更加密切。

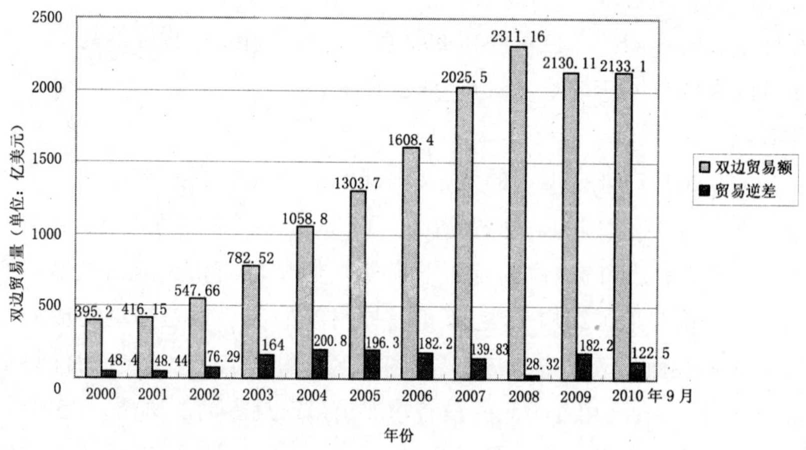

图5-1　2000—2010年9月我国贸易额与贸易逆差

持续的贸易逆差虽然在短期内不会对我国的经济增长产生阻力,但却值得引起我们的充分关注。此外,中国对东盟的这种持续性贸易逆差还说明了两方面的问题,一方面说明了我国在与东盟国家相似产业的竞争过程中处于劣势,另一方面说明了CAFTA框架下我国周边省区亟待建立完善的出口产业链对东盟国家的"产业威胁"进行"抵御",以期扭转我国对东盟的长期持续性贸易逆差并保持我国出口产品在国际贸易中的有利地位。本课题在此以广东、广西、海南、云南四省区之间出口产业链的

① 数据来源:中国商务部网站。

建立为例,来进一步探讨促进我国出口产业结构优化和升级、提升我国出口产业国际竞争力的有效途径。而加快广东、广西、海南、云南四省区之间出口产业链的形成,也具有其必要性和可行性。

5.1.1 建立粤、桂、琼、滇区际出口产业链的必要性分析

构建粤、桂、琼、滇四省区之间的出口产业链必须清楚地认识到其构建的必要性。

一、演化博弈模型的理论支撑

众所周知,演化博弈论研究的对象是一个"种群"(Population)的效应分析,通过对"种群"中具有代表性的有限个体之间的竞争与合作进行分析,并得出相应的结论,可以对"种群"中的其他参与主体起到示范带动的作用,因此,运用演化博弈模型对区际出口产业链的竞争和合作关系进行演绎分析,具有其科学性和现实必然性。演化博弈论核心的概念是"演化稳定策略"(Evolutionary Stable Strategy,ESS)和"复制动态"(Replicator Dynamics)。若策略 s^* 是一个 ESS,当且仅当:(1) s^* 构成一个纳什均衡(即对任意的 s,有 $u(s^*, s^*) \geqslant (s^*, s)$);(2) 如果 $s^* \neq s$ 满足 $u(s^*, s^*) = u(s^*, s)$,则必有 $u(s^*, s) > u(s, s)$。复制动态实际上是描述某一特定策略在一个种群中被采用的频数或频度的动态微分方程。根据演化的原理,一种策略的适应度或支付比种群的平均适应度高,这种策略就会在种群中发展,即适者生存体现在这种策略的增长率大于零,可以用以下微分方程给出:

$$增长率 \frac{1}{x_k} \cdot \frac{dx_k}{dt} = [u(k,s) - u(s,s)], k = 1, \lambda K$$

其中 x_k 为一个群中采用策略 k 的比例,$u(k,s)$ 表示采用策略 k 时的适应度,$u(s,s)$ 表示平均适应度,k 代表不同的策略。在此,本课题主要分析的是,在由多个主体参与的出口产业链中,各参与主体之间竞争与合作的利益博弈。为降低模型的分析难度,在此我们特别选取出口产业链中两个具有同质出口产品的两个参与主体(可以是国家、地区或企业)之间的竞争与合作博弈进行阐述。且根据"演化博弈论"的相关原理,假设被抽取进行博弈分析的两个参与主体的利益权衡结果能够在出口产业链的其他参与主体之间(即博弈方之间)或不同地域出口产业链的参与主

体之间具有广泛被学习或被进行策略模仿的效果。用博弈矩阵表示(见表5-1),就是参与方A和参与方B,他们在出口产业链的形成过程中具有竞争(不合作)与合作的策略选择。在重复的竞争与合作的博弈过程中,在追求自身利益最大化的目标支配下,参与双方不断地通过较满意的结果去代替不满意的结果,最终达到一个较为稳定的均衡状态。

表5-1　出口产业链参与主体之间的竞争与合作博弈

		参与方B	
		竞争	合作
参与方A	竞争	(竞争 竞争)	(竞争 合作)
	合作	(合作 竞争)	(合作 合作)

又假设参与方A和参与方B的正常收益分别为R_1和R_2,在上述博弈过程中参与方A与参与方B同时选择合作策略时双方能够获得的收益分别为$R_1+\Delta R_1$和$R_2+\Delta R_2$,其中ΔR_1和ΔR_2为参与方A和B双方同时选择合作策略时获得的额外收益;而参与方A和参与方B分别为当其中一方选择竞争策略而另一方选择合作策略时获得收益为$R_1-\Delta R_3$和$R_2-\Delta R_4$,其中ΔR_3和ΔR_4为参与方A和参与方B分别当另一方选择竞争策略时该方选择合作所损失的收益。且ΔR_1,ΔR_2,ΔR_3和ΔR_4均大于0,由此我们可以得出参与方A和参与方B的支付矩阵(表5-2)。

表5-2　参与方A和参与方B的支付矩阵

		参与方B	
		竞争	合作
参与方A	竞争	R_1,R_2	R_1,$R_2-\Delta R_4$
	合作	$R_1-\Delta R_3$,R_2	$R_1+\Delta R_1$,$R_2+\Delta R_2$

下面我们来评估一下出口产业链中参与方A与参与方B所属群体

中在竞争与合作的博弈过程中能够获得的收益。根据上文中提到的复制动态方程，我们假设：在出口产业链中的参与主体 A 所属的群体中选择合作策略的比例为 X_1，则选择竞争策略的参与主体所占比例为 $1-X_1$；在参与主体 B 所属的群体中选择合作策略的比例 X_2，选择竞争策略的参与主体所占比例为 $1-X_2$，则：

参与主体 A 所属群体选择竞争策略时的适应度或支付为：

$$U_A = R_1X_2 + R_1(1-X_2)$$

参与主体 A 所属群体选择合作策略时的适应度或支付为：

$$U_A' = (1-X_2)(R_1-\Delta R_3) + (R_1+\Delta R_1)X_2$$

参与主体 A 所属群体的平均适应度或支付为：

$$\bar{U}_A = U_A(1-X_1) + U_A'X_1$$

同理，参与主体 B 所属群体选择竞争策略时的适应度或支付为：

$$U_B = R_2(1-X_1) + (R_1-\Delta R_3)X_1$$

参与主体 B 所属群体选择合作策略时的适应度或支付为：

$$U_B' = (R_2-\Delta R_4)(1-X_1) + (R_2+\Delta R_2)X_1$$

参与主体 B 所属群体的平均适应度或支付为：

$$\bar{U}_B = U_B(1-X_2) + U_B'X_2$$

由此可得出，参与主体 A 所属群体选择竞争与合作策略时的重复动态微分方程为：

$$\frac{d(1-x_1)}{dt} = (1-x_1)(U_A-\bar{U}_A)\ \frac{dx_1}{dt} = x_1(U_A'-\bar{U}_A)$$

同理，参与主体 B 所属群体选择竞争与合作策略时的重复动态微分方程为：

$$\frac{d(1-x_2)}{dt} = (1-x_2)(U_B-\bar{U}_B)\ \frac{d(1-x_2)}{dt} = (1-x_2)(U_B-\bar{U}_B)$$

通过上述动态均衡分析，我们可以得出在出口产业链中的各参与主体之间相互合作时所获得利益是最大的，相互竞争时利益的损失也是最大的。而在此基础上我们对模型进行扩展，将参与博弈的主体扩展为三个、四个甚至是多个，即进行多主体的重复博弈，同样也可以得出上述结论，也就是说对与出口同质产品的企业、地区或国家来说，出口产业链的形成能够确保其追求最大利益目标的实现。

二、广东、广西、海南、云南四省区出口产业可持续发展的内在要求

随着我国改革开放政策的不断深入发展,出口产业的发展确切地说应该是出口产业的可持续发展必将成为各地区政府战略发展的重点。因为面对日趋激烈的国际竞争,特别是来自新兴发展中国家的发展压力,我国的出口产业要想保持在国际贸易中的竞争优势就必须进行不断的升级和创新,而广东、广西、海南、云南等这些沿海沿边省区的出口产业发展压力将会更大,特别是在中国—东盟自由贸易区正式全面启动后。因此为实现出口产业的可持续发展,促进地区经济的不断增长,广东、广西、海南、云南等省区间出口产业链的建立就成为地区发展的内在要求。长期以来作为拉动经济增长三驾马车之一的出口,为我国 GDP 总量的持续扩大作出了巨大的贡献,具体到全国大部分省区出口产业的发展对地区 GDP 的贡献度也不可小觑,特别是广东、广西、海南、云南这些沿海沿边省区,一直以来出口额在其地区 GDP 总额中占较大比重(见表 5-3)①,而且从粤、桂、琼、滇四省区的出口依存度趋势图中我们可以看出,2000 年以来广东、广西、海南、云南四省区的出口依存度的波动较为稳定,其中 1995—2009 年广东省的出口依存度高于全国保持在 0.6 ~ 0.9 之间,广西、海南、云南三省区的依存度则分别保持在 0.04 ~ 0.10、0.08 ~ 0.2 以及 0.05 ~ 0.09 之间。通过对相关数据的分析,我们可以预测随着我国产业结构的不断调整、对外贸易规模的不断扩大、中国—东盟自由贸易区“10+1”合作的不断深入,广东、广西、海南、云南四省区的出口规模也将会有较大幅度的增长,而相应的出口依存度也必将有所上升。而实现上述四省区出口产业的可持续发展就必须拓展新的产业升级和发展的方式,在此背景下加强周边省区相关的产业合作,构建区际出口产业链就成为必然和内在要求。

---

① 资料来源:经中国统计年鉴 2010 相关数据计算所得,其中出口依存度为出口贸易额占 GDP 的比重,其公式为出口依存度=出口贸易额/GDP(或地区 GDP)×100%。

表 5-3　1995—2009 年粤、桂、琼、滇四省区出口依存度

全国	广东省	广西区	海南省	云南省
0. 205	0. 796	0. 125	0. 191	0. 080
0. 176	0. 721	0. 094	0. 179	0. 083
0. 192	0. 795	0. 108	0. 179	0. 060
0. 18	0. 734	0. 105	0. 166	0. 058
0. 18	0. 695	0. 052	0. 130	0. 053
0. 208	0. 708	0. 059	0. 126	0. 045
0. 200	0. 656	0. 044	0. 114	0. 048
0. 224	0. 726	0. 049	0. 105	0. 048
0. 267	0. 798	0. 058	0. 101	0. 051
0. 307	0. 841	0. 058	0. 110	0. 054
0. 342	0. 865	0. 058	0. 092	0. 060
0. 366	0. 905	0. 060	0. 112	0. 062
0. 363	0. 884	0. 067	0. 114	0. 067
0. 333	0. 763	0. 071	0. 089	0. 076
0. 241	0. 621	0. 074	0. 079	0. 061

三、一系列外部因素作用的发挥成为广东、广西、海南、云南四省区区际出口产业链建立的必然推动

这些外部因素主要包括区域经济一体化进程的不断加快，区域内、地区间产业协同发展的不断推进，中国—东盟自由贸易区的正式启动、新东盟成员国的崛起对我国周边省区出口产业发展形成“威胁”，从而导致我国国际贸易竞争压力加大等，下面我们将针对上述每一个外部因素进行详细的分析。

1. 区域经济一体化进程的不断加快

区域经济一体化进程的不断加快是全球经济一体化趋势的必然结果，而区域经济一体化的深入发展又对地区之间包括产业分工与合作以及产业对接在内的地区之间协作关系的发展提出了新的要求，特别是在国内地区之间产业同构化现象日趋严重以及产业竞争日益激烈的情况下，加快地区之间产业链建立的步伐，通过分工协作与“捆绑”的发展方

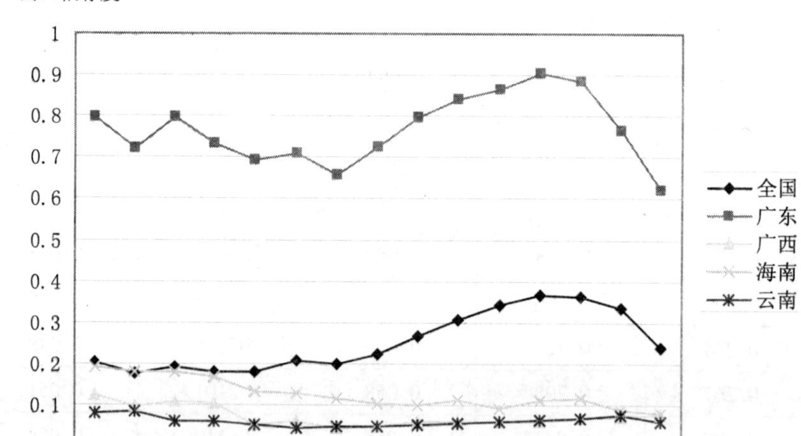

图 5-2 1995—2009 年粤、桂、琼、滇四省区出口依存度

式来提升一国产业在国际范围内的竞争力已经“时不我待”。就我国目前的情况而言,国际上区域经济一体化进程的不断加快,对“中国制造”提出了新的挑战,在此背景下,作为中国对外加工贸易已经是出口额最大省区之一的广东,以及有着中国与东盟经济合作与发展“桥头堡”作用的广西、海南、云南三省区应当而且必须通过区际出口产业链的建立来顺应区域经济一体化发展的趋势、来保持“中国制造”在国际市场上的竞争力以及实现“中国制造”由出口价值链低端向高端的不断迈进(图 5-3)。

2. 区域内以及地区间产业协同发展的不断推进

根据协同效应“1+1>2”或“2+2=5”的作用机理,两个生产相同产品的企业通过并购扩大经济规模,不仅可以减少竞争对手,而且能够实现企业收益的最大化。同样的,区域内以及地区间的同构产业可以通过产业链的构建进一步提高产品生产的专业化分工与整合,在实现区域内以及地区之间产业发展收益最大化的同时,提升区域内整体产业发展以及地区间相关产业发展的竞争优势。广东、广西、海南、云南四省区内部以及四省区之间的产业发展同构现象比较严重,导致长期以来省区内部以及

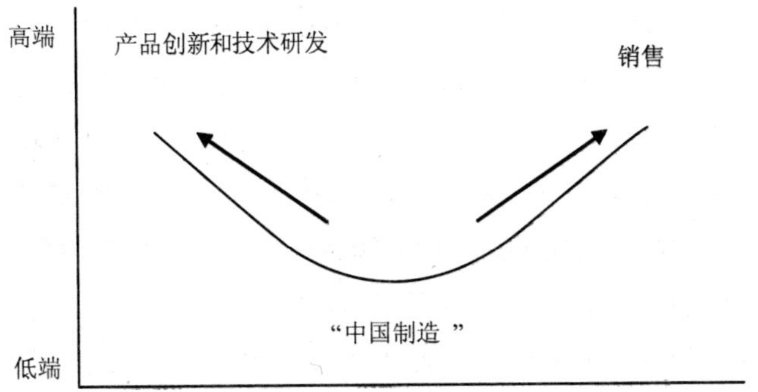

图5-3 出口价值链

省区之间在产品出口方面多多少少形成了一种无形竞争，这种竞争的存在在一定程度上会推进地区产业结构的不断优化和升级，而从另一方面来看在财政分权制度存在的情况下，上述四个省区之间特别是广西、海南、云南经济发展水平相似的三省区之间，为争夺财源而引发的"产业保卫战"也很有可能会导致地区之间相关出口产业之间的"恶性竞争"，从而阻碍地区经济的持续、健康、快速发展，也会影响我国对外贸易中的优势地位。因此，为顺应区域内以及地区间产业协同发展进程的不断推进，提升粤、桂、琼、滇四省区在CAFTA框架下对外贸易的竞争优势，有必要建立粤、桂、琼、滇四省区区际的出口产业链。

3. 中国—东盟自由贸易区的正式启动及对粤、桂、琼、滇四省区贸易竞争力的影响

在分析新东盟成员国的崛起对我国粤、桂、琼、滇等周边省区出口产业发展所形成的"威胁"之间，我们必须清楚地了解新东盟成员国的产业开放政策，下面我们将针对新东盟成员国包括出口产业发展政策在内的产业政策进行简单的介绍：

首先是越南。越南在产业开放政策上强调国家的引导，产业开放的重点是根据国情与发展需要加以确定的，在1994年初越南政府就公布其利用外资发展出口商品的战略目标。而越南制订的外商投资法则以十分宽松受到各国的广泛赞许，该部法律为投资者从以下三种现有的投资模

式中进行选择创造了条件。这三种模式分别是:BCC、合资企业及独资企业。在项目经营期限内,外商投资企业可以改变其投资模式、建立分支机构、进行机构分离、合并及收购。若因越南法律的改变给外商投资企业造成损失,这些企业有权继续享有其投资许可及法律所规定的投资激励。越南始终主动建设并完善其法律体制以便使其能逐步与国际惯例相适应。并且,越南已加入许多双边、地区性及多边机构以规范其外商投资活动。到目前为止,越南已与全球约 50 个国家与地区签订了投资保护协议。在整个 90 年代,越南各经济领域需求 400 亿 ~500 亿美元的发展资金,其中引进外资 200 亿 ~300 亿美元,而这些资金主要用于建设出口加工区、经济特区,建设一批骨干工程,以推进国家的工业化进程。利用外资建立起来的企业每年向国内市场提供数十亿美元的商品,而且出口值要达到 40 亿 ~50 亿美元。

其次是柬埔寨和老挝。以农业为主,工业基础薄弱是两国的共同特征,柬埔寨和老挝的产业开放涉及国家经济的各个方面,重点发展农业、能源、矿产、旅游等优势产业,而增加出口是两国的优先发展的目标选择。柬埔寨洪森政府在摆脱曾经仿效的苏联模式后,进行经济体制改革,实行自由经济政策,推行外贸多元化政策,努力扩大外贸市场,加强国内出口产品的生产,所有行业(包括银行)都对外开放,鼓励外商投资。老挝也积极开放其产业所需的资金、技术,制定自己的开放政策。1994 年 4 月 21 日老挝国会颁布的新修订的外资法规定,政府不干涉外资企业的事务,允许外资企业汇出所获利润;外商可在老挝建独资企业、合资企业,国家将在头五年不向外资企业征税等。

第三是缅甸。20 世纪 80 年代以来,缅甸政府加大了进口替代型工业建设,多渠道吸引外资,加强同外国公司合作,利用丰富的资源,创办资源开发型出口创汇项目。由于开放步子较慢,工业基础薄弱,发展不是很快。十多年来,缅甸经济走上了正常发展的轨道,民族矛盾有所缓和,西方和东盟国家因此也加大了对缅甸投资的力度,缅甸吸收外资大幅增加。

2010 年 1 月 1 日中国—东盟自由贸易区正式全面启动,标志着我国同东盟之间“零关税”时代的到来。关于自由贸易区零关税的真正实施,一方面加大了中国与东盟成员国之间的贸易互动,使得周边各省区对东盟的出口贸易额不断增加,不仅有利于我国出口贸易多元化战略的实现也在很大程度上推动了人民的区域化以及国际化进程。但是,从另一方面来看,中国—东盟自由贸易区全面启动后,中国的对外贸易等方面将会受到"负面"影响的波及,"零关税"的实行不仅会加大中国同东盟国家相似产业的出口竞争,同时也会导致较我国相关产业来说具有比较优势的东盟国家的优势产品进入我国,从而在一定程度上扩大我国对东盟的贸易逆差,并进一步冲击我国国内缺乏竞争力的产业,如农业产品、电子通讯产品、中草药等方面。特别是在我国内外资企业所得税合并之后,由于在中国投资不再能够享受到的特殊优惠,有可能会导致大量外资的"抽逃",在投资替代的作用下大量资本将会流入东盟成员国,这将会在一定程度上影响我国一些产业通过外商投资实现产业结构的优化和升级,将会对我国经济的发展产生一定的影响。而由于地缘因素与东盟成员国之间有着密切联系的广东、广西、海南、云南四省区相关产业的发展更是"首当其冲",因此,有必要通过建立粤、桂、琼、滇四省区之间的出口产业链,通过区际比较优势的充分发挥以及优势的"捆绑"来抵御东盟成员国的崛起对我国周边省区产业的"威胁"以及负面影响。

5.1.2 建立粤、桂、琼、滇四省区区际出口产业链的可行性分析

出口产业链的形成是国际分工浪潮席卷全球的必然,发达国家成功的实践证明了出口产业链的形成具有其现实的可行性,因此,建立粤、桂、琼、滇四省区之间的出口产业链是可行的。而从理论角度出发,对出口产业链形成的可行性可以有如下表述(如图5-4)①:

图5-4中,A3>A2>A1表示市场交易程度的不断加深,B3>B2>B1表示出口产业链发展程度不断延伸,C3>C2>C1表示社会分工程度的不断加深,从C1点开始,而不是从坐标原点开始,意味着社会分工是市场交易的起点,也是出口产业链产生的起点社会分工C1的存在促进了市场交易程度A1的产生,在A1作用下,需要B1的出口产业链形式与它对接B1这种出口产业链形式的产生又促进了社会分工的进一步发展,于是,社会分工就从C1演化到C2。相应的,在C2的作用下,市场交易程度从A1发

① 图片来源:根据百度百科相关资料修改所得。

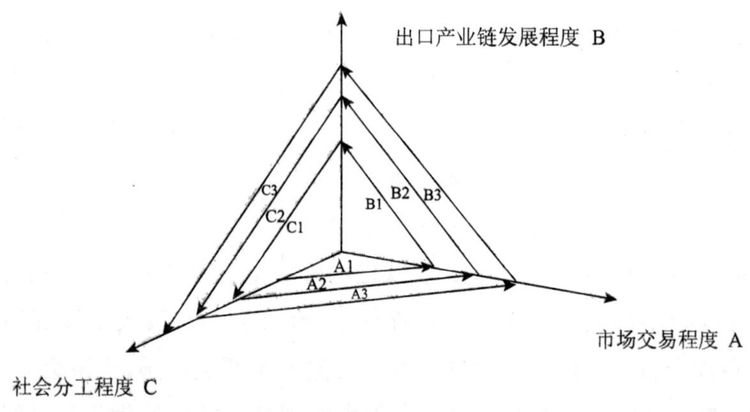

图 5-4　出口产业链

展到 A2,A2 又促进了出口产业链形式从 B1 发展到 B2。接着,按照同样的原理,B2 促使 C2 发展到 C3,C3 又促使 A2 发展到 A3,A3 又促使出口产业链从 B2 发展到 B3……如此周而复始,使出口产业链不断形成与发展①。

关于建立广东、广西、海南、云南四省区出口产业链的可行性分析,我们可以从以下几方面着手研究。

一、相互毗邻的地理位置成为出口产业链建立的现实条件之一

目前关于产业链建立的合作模式主要有地缘合作模式和飞地经济模式。我们认为在区际建立产业链所采取的合作模式地缘模式要优于飞地经济模式。广东、广西、云南三省区山水相连,广东、广西、海南、云南四省区相互毗邻,在这四省区之间建立出口产业链具有与相隔其他省区合作的比较优势,如从昆明通过铁路经广西北部湾港出海,比从上海出海少 1696 公里,比从广州出海少 1235 公里,比从湛江出海少 291 公里,为出口产业链建立过程中的地区分工提供了便利,不仅可以降低与其他相隔省区之间产业合作而产生的高额的运输成本,而且有利于充分发挥产业集聚效应和地区之间产业政策的协调,此外,粤、桂、琼、滇四省区之间出口

---

① 资料来源:百度百科。

产业链的形成有利于泛珠江三角洲地区与泛北部湾地区经济的协同发展,而相邻地区之间的协同发展也有利于缩小我国东西部之间的经济发展差异程度,有利于我国和谐社会的构建和基本公共服务均等化进程的不断推进。

二、生产要素的互补性成为出口产业链建立的现实条件之二

在粤、桂、琼、滇四省区中,广东具有有利的区位优势、较为先进的技术设备、完备的基础设施和发达的交通干道网络以及吞吐量较大的港口资源建设等,广西拥有充足的水资源、种类多样的矿产资源、发达的旅游资源和丰富的蔗糖等农产品原料,海南和云南两省区有水资源、稀有金属等矿产资源、旅游资源和热带农作物等。上述四省区出口产业链形成后,广西、海南、云南三省区能够为广东省大量的加工贸易提供充足的原材料供应,而广东完善的港口设施提供了出口产业链中出口产品的运输保障,经过出口产业链的形成能够有效降低"中国制造"的成本,提升同东盟成员国在国际市场上的比较竞争优势,因此,可以说上述四省区生产要素的互补性能够为出口产业链形成过程中地区分工的良好运作提供强有力的保障。

三、经济发展差异成为出口产业链建立的现实条件之三

2009 年广东省的 GDP 为 39082 亿元排名全国第 1 位,财政收入为 3649.2 亿元排名全国第 1 位;广西区 GDP 为 7700 亿元排名全国第 18 位,财政收入为 620.8 亿元排名全国第 22 位;海南省 GDP 为 1647 亿元、财政收入为 178.2 亿元排名都为全国第 28 位,云南省 GDP 为 6168 亿元排名全国第 24 位,财政收入为 698.3 亿元排名全国第 20 位[①]。在上述四省区中,广东不论是经济增长总量还是财政收入增长都连续十几年"领跑"全国,而广西、海南、云南三省区的经济增长总量和财政收入只处于 34 省区的"中游偏下"的位置,四省区之间经济发展差异程度较大。但是,正是这种区际经济发展差异程度的存在决定了区际出口产业链建立的可行性,因为经济发展差异程度决定了地区分工的不同,经济发展水平较高的地区其专业化水平也相对较高,经济发展水平较弱的地区其专业

① 数据来源:新华网论坛。

化水平也相对较弱，不同的专业化水平负责不同的分工，从而出口产业链才得以形成并不断向纵横方向延伸发展。

四、已有的合作基础成为出口产业链建立的现实条件之四

广东、广西、海南与云南四省区之间长期以来都保持了密切的经贸往来与合作，特别是泛珠江三角洲经济圈和泛北部湾经济区的建立，使得周边省区之间的合作达到了前所未有的高潮，合作水平和层次也不断提升，取得了令人瞩目的成就。据统计，上述广东与广西、海南、云南三省区之间现有合作范围已经由贫困地区扩展到全省或全区范围，合作领域也从农业扩展为工业、交通运输、旅游等服务业。据有关统计数据显示，近5年来，广东与广西合作项目达5289个，项目总投资2979亿元，且近两年来，广东大企业、大项目到广西落户的比例逐渐增多，两省区贸易往来、产业转移已成为经贸合作新的增长点，并呈现了良好的发展态势；近年来广东与海南两省以泛珠和环珠区域合作、广交会和中博会等为平台，联系愈加紧密，合作不断深化，在2010年的广东、海南两省合作交流座谈会上，广东省委书记汪洋曾提出要把粤琼两省的合作打造成为我国相邻省份区域合作的典范；而近年来广西和云南在经贸、交通、旅游、扩大对东盟开放、推进大湄公河次区域合作、泛珠三角区域经济合作、共同开发广西北部湾经济区等方面的合作日益密切，形成了良好的省际协作关系，为进一步深化全面合作带来了新的机遇；此外，广东与云南、广西和海南、云南和海南省区之间近年来在农业、畜牧水产业、旅游业等领域的合作也不断加强，为四省区出口产业链的建立提供了良好的合作基础和现实条件。

五、合作协议及相关政策成为出口产业链建立的现实条件之五

目前，广东省与广西壮族自治区已经签署了《广东省人民政府、广西壮族自治区人民政府关于全面加强两省区合作的协议》和《关于建立桂粤更紧密合作关系的框架协议》等一系列协议，不仅达成了加强合作、共谋发展的共识、在两广交流合作史上写下了崭新的一页，而且也把两广合作推上了一个全新的阶段，形成了一个宽领域、多层次、全方位合作的新格局；早在2005年广东省就与海南省签署了《关于加强粤琼科技合作的协议》以及电力、商务、劳务、农业、旅游、交通等领域的合作与发展框架协议，此后又相继签署了《医疗卫生合作框架协议》等推动了琼粤合作向更广阔领域及更高层次的迈进，据悉广东省与海南省计划在2010年年底签

订战略合作协议，以打造我国相邻省区之间的合作典范；而广东省与云南省也已经签订了《关于加强粤滇科技合作的协议》、《关于加强两省劳务合作的协议》、《粤滇交通运输合作发展协议》、《粤滇农业合作框架协议》等涉及能源、经贸、科技、劳务、交通、农业、旅游等方面的一系列的合作协议，为广东与云南两省之间更深层次合作的开展奠定了良好的基础。广西壮族自治区与云南省之间现有合作协议主要包括《桂滇甘蔗科技合作协议》、《加强交通建设与运输合作协议》、《铁路运输战略合作协议》以及《关于深化滇桂合作的会谈纪要》等，合作内容涉及公路、铁路、港口、航空建设、能源等方面，并着手建立了毗邻地区之间定期高层协商交流、突发事件应急联动合作机制等，有效加强了广西区与云南省之间地方性区域经济联合组织建设；广西壮族自治区与海南省已签署的合作协议涉及旅游、医疗、交通、农业等多个领域，与地级市之间也签署了一些合作协议如云南省与广西钦州市政府签订的《战略合作协议》等；而云南省与海南省之间签订的合作协议所涉及的范围也较为广泛。

5.1.3 粤、桂、琼、滇四省区出口产业链的分工

产业链是产业环逐级累加的有机统一体，某一链环的累加是对上一环节追加劳动力投入、资金投入、技术投入以获取附加价值的过程，链环越是下移，其资金密集性、技术密集性越是明显；链环越是上行，其资源加工性、劳动密集性越是明显。由此，欠发达区域与发达区域的类型划分，往往是依据其在劳动地域分工格局中的专业化分工角色。一般而言，欠发达地区更多地从事资源开采、劳动密集的经济活动，其技术含量、资金含量相对较低，其附加价值率也相对较低；发达地区更多地从事深加工、精加工和精细加工经济活动，其技术含量、资金含量相对较高，其附加价值率也相对较高。因此，区域类型与产业链的层次之间产生了内在的关联关系，欠发达区域一般拥有产业链的上游链环，其下游链环一般则布局在发达区域。出口产业链分工模型的构建也应当遵循上述规律，但是也应当结合实地情况以确保其科学合理性。

关于广东、广西、海南、云南四省区之间出口产业链分工模型的构建，主要是将粤、桂、琼、滇四省区的产业进行分工然后建立主体功能区，包括资源粗加工区、产品深加工区、物流区等等，并在各相关省区间建立一种

产业分工与协调发展的利益分配协调机制，形成科学的出口产业链和生产贸易链，充分发挥粤、桂、琼、滇四省区的自然资源、劳动力优势和技术资金优势，实现出口产品生产的合理分工与合作共荣。在此本课题需要强调的是，由于劳务具有较大的流动性，在实际操作过程中我们很难对其进行强制性的地域划分，而且对劳务输出进行分工不管是理论层面和实践操作层面都很难进行，所以在此本课题只讨论大农业以及工业等相关出口产品出口产业链分工模型的构建。

一、出口产业链分工模型的构建

从国内出口角度来看，在出口产业链的形成分工模型中，广东处于高端分工位次上，广西、海南和云南处于较为低端的位次上，而从国际贸易分工的角度来看，不仅是广东我国的制造业在国际贸易分工中都处于较为低端的位次上。因此，粤、桂、琼、滇四省区之间的出口产业链在构建时，应当充分发挥各自的比较优势，根据自身的区位优势、资源禀赋、港口等基础设施健全程度以及其他实际情况，进行合理的“角色”定位，以形成发达地区与欠发达地区之间出口产品生产的垂直分工关系。同时，上述四省区充分融入国际贸易分工、形成出口产业链的同时，还应当不断优化地区内部水平分工关系，加强对产业链的整合，推进地区产业结构的不断优化升级，以加快融入国际产业价值链的分工体系（见图5-5）。

二、出口产业链分工过程中主体功能区的划分

粤、桂、琼、滇四省区出口产业链的建立必须明确划分出口产业链运行过程中的主体功能区。

1. 产品深加工区——广东

广东省经济发达，占有资本、技术密集型的高新技术，高端人才储备充足，且具有很强的人才引力，在出口产品深加工、提高出口产品附加值方面具有明显优势。广东应该借助其毗邻香港，接近国际市场的特点，发挥多面的衔接功能和辐射功能，必将有力地带动整个周边地区经济进一步发展。其定位主要是发展成为产品深加工区，将劳动密集型产业向有承接能力的广西云南等欠发达地区转移，以腾出空间大力发展技术密集型和资金密集型产业，进行产业的升级，保持广东在新世纪的区域竞争优势和提升国际竞争力。因此，广东作为关于高附加值和高科技产品的加工区责无旁贷。

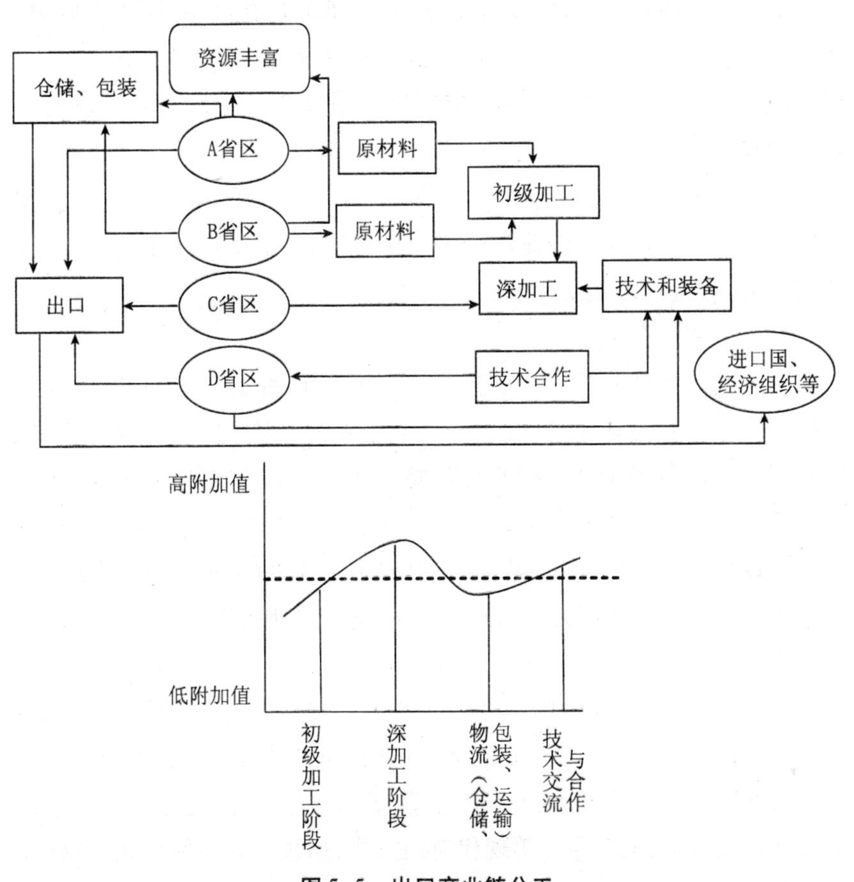

图 5-5 出口产业链分工

2. 资源粗加工区—广西、云南

云南、广西作为传统的农副产品基地、矿产资源大省，发展资源型经济具有竞争优势，作为资源粗加工区具有天然优势。一直以来为东部地区经济发展作出了很大贡献。广西、云南等地区在传统农产品、中药、制糖、有色金属、再生能源、水资源等方面具有天然优势。云南省的比较优势集中在烟草、生物资源开发、矿产业、磷化工和旅游等产业，而广西主要集中在有色金属、电力、汽车、食品、医药、机械、制糖、建材、钢铁、化工、日用品工业等产业。

云南和广西两省均属于西部地区，在自然资源、地理位置均具有相似性，可以通过联合发展区域优势产业和支柱产业，实现区域产业的强强联合和整合共赢的目标。两省联合发展的产业主要有:1、滇桂联合发展有色金属产业。滇桂两省区的矿产资源十分丰富,云南素有“有色金属王国”之称,有色金属资源总量为7357万吨,在10种主要有色金属中,锡、铅、锌、铜、镍和钴的储量居全国前3位;广西亦有“有色金属之乡”的称号,是全国10个有色金属产区之一,尤以铝土矿最为突出。2、滇桂联合发展制糖业。两省区的糖业产量占全国总产量的2/3,糖业产量分别居全国的第一位和第二位。

3. 物流区—广西

中国—东盟自由贸易区的正式启动,作为西部大开发中唯一同时具备沿海沿边优势的省区,广西正好处在东亚经济圈的中心位置,处在中国—东盟统一市场的中心,客观上成为我国发展与东盟贸易的“桥头堡”。2003年10月8日温家宝总理在第七次中国与东盟“10+1”领导人会议上宣布“为促进双方商界合作,中方建议从2004年起每年在广西南宁举办中国—东盟博览会”。这些均为广西北海、钦州、防城港等城市发展成为区域性国际物流中心提供了新的发展机遇,并且自治区党委、区政府已经明确提出“把现代物流业培育成新的支柱产业”。要求各地按照把广西建成中国—东盟自由贸易区物流中心的目标,充分发挥区位优势,依托大通道和中心城市,统筹发展信息、运输、仓储、包装等物流经济,大力发展连锁经营、电子商务等现代流通方式,加快建立多种形式的物流配送体系。并且广西经济工作会议提出,“十一五”时期广西将加快沿海地区的发展步伐,一个以南宁市为龙头、沿海沿边大中城市为支撑,高效、便捷的现代流通网络,一个区域性的国际物流和商贸中心,将在自治区的“十一五”规划中得到实现。

4. 技术合作区—海南

海南建省办大特区已有16年,经济技术活动越来越活跃,与东盟的科技交流与合作已有一定基础。亚洲论坛永久落户博鳌的轰动效应,大大提高了海南的知名度。海南得借助这个平台,把自己在亚洲区域经济一体化中的定位进一步明确,充分发挥作用。博鳌作为国际会议平台这个品牌给海南带来的最大好处就是一种开放的形象。这有助于海南成为东南亚地区对华发展经贸关系所关注的地方。与内地大多数省份相比,海南与东盟开展科技合作与交流有上述地利、人和、天时三大优势。由于地理上接近，海南与东盟之间的海上、空中交通运输便利。自古以来，海南就与东盟诸国交往频繁、关系密切。东盟各国有众多的琼籍华侨、华人，目前，旅居和侨居海外的海南籍华侨、华人和港澳台胞近300多万人，分布在世界80多个国家和地区，其中东南亚最多。海南的产业结构优势与劣势并存，在工业结构内部，传统制造业基础薄弱，增长乏力，东盟国家都是热带发展中国家，热带农副产品加工业、海洋资源加工业和以生物技术、信息技术为主的新兴工业可以成为中国与东盟在科技合作与交流方面最好的切入点之一。

在此需要特别说明的是，按照《广西北部湾经济区发展规划》，在粤、桂、琼、滇四省区出口产业链的构建过程中，广西作为资源粗加工区和物流区应当构建以下组团以加快发展步伐：

南宁组团，主要包括南宁市区及周边重点开发区，发挥首府中心城市作用，重点发展高技术产业、加工制造业、商贸业和金融、会展、物流等现代服务业，建设保税物流中心，成为面向中国与东盟合作的区域性国际城市、综合交通枢纽和信息交流中心；钦（州）防（城港）组团，主要包括钦州、防城港市区和临海工业区及沿海相关地区，发挥深水大港优势，建设保税港区，发展临海重化工业和港口物流，成为利用两个市场、两种资源的加工制造基地和物流基地；北海组团，主要包括北海市区、合浦县城区及周边重点开发区，发挥亚热带滨海旅游资源优势，开发滨海旅游和跨国旅游业，重点发展电子信息、生物制药、海洋开发等高技术产业和出口加工业，拓展出口加工区保税物流功能，保护良好生态环境，成为人居环境优美舒适的海滨城市；铁山港（龙潭）组团，主要包括北海市铁山港区、玉林市龙潭镇，充分发挥深水岸线和紧靠广东的区位优势，重点建设铁山港大能力泊位和深水航道，承接产业转移，发展临港型产业，建设海峡两岸（玉林）农业合作试验区；东兴（凭祥）组团，主要包括防城港东兴市、崇左凭祥市城区和边境经济合作区及周边重点开发区，发挥通向东盟陆海大通道的门户作用，发展边境出口加工、商贸物流和边境旅游，拓展凭祥经济技术合作区功能，建立凭祥边境综合保税区。

5.2 出口产业链形成过程中相关利益的调整

出口产业链的形成特别是地区之间出口产业链的构建会影响各参与主体的相关利益,本课题主要考察的是财政、金融方面相关利益的变化,比如地区之间出口产业链的构建会引起各参与地区之间财政收支以及税收收入的变化、会引起参与地区金融机构贷款余额的变化等等,下面本课题将从有可能因出口产业链的形成而进行利益调整的相关方面展开分析。

5.2.1 出口产业链的形成与地方财政利益的调整

出口产业链的形成对地方政府利益的影响是多方面的,下面我们着重探讨一下出口产业链的形成对地方财政利益的影响。

一、出口产业链的形成对地方财政的影响

出口产业链的形成对地方财政的影响主要表现为出口规模的变化(出口额的变化)所引起的地方财政收入、地方财政支出、税收收入以及税式支出等的变化。

1. 对地方财政收入和税收收入的影响

粤、桂、琼、滇四省区之间出口产业链的形成,和财政政策、货币政策等政策的实施一样,都具有一定的时滞效应。从长远发展来看,出口产业链形成后,除对地方税收收入有较大的影响外,对地方财政本级收入中的地方所属企业收入、中央税收返还和转移支付都会产生影响。

(1)对地方所属企业收入的影响

粤、桂、琼、滇四省区出口产业链形成以后,由于出口产品及产业专业化分工的存在,各省区所扮演的角色各不相同,比如在出口产品的初级加工阶段和深加工阶段,相关企业所获得的收益是不相同的,通常情况下处于深加工阶段的企业所获得的收益要远远高于处于初级加工阶段的企业,如果实际情况都是如此,不仅会加大相关出口企业之间的收入差距,更会在一定程度上拉大省区之间的经济差距。在我们出口产业链模型的构建当中，广东为出口产品的深加工区，广西、云南为资源粗加工区，再考虑到其他因素的影响，广东省参与出口产业链的相关企业所创造的收入将会高于广西、云南和海南地区的地方企业收入。

(2)对中央税收返还的影响

现行中央对地方税收返还包括增值税、消费税返还和所得税基数返还以及成品油价格和税费改革税收返还。2009 年中央对地方税收返还总值为 4886.70 亿元，其中增值税和消费税返还 3422.63 亿元，所得税基数返还 910.19 亿元，成品油税费改革和税收返还 1531.10 亿元，三项税收返还分别占 2009 年中央对地方税收返还比重的 59%、15% 和 26%①(图 5-6)。

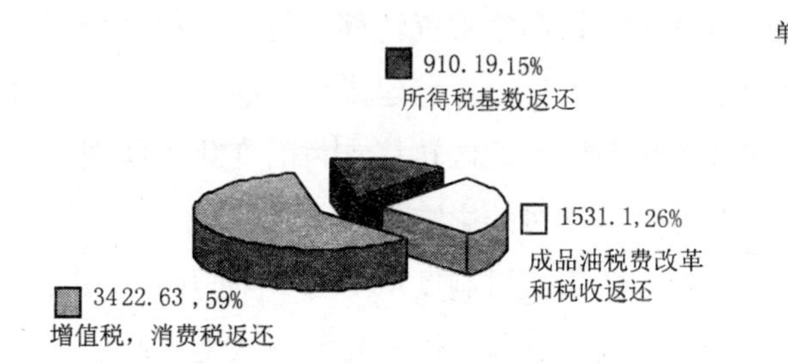

图 5-6　中央对地方税收返还

关于三项税收的返还。增值税和消费税返还，国家是按照 1∶0.3 的比例进行的，即增值税和消费税每增加 1 元钱，国家就对地方返还 0.3 元钱；而所得税基数返还，是以 2001 年为基期的基础上，如果按照 2002 年所得税收入分享体制改革方案确定的分享范围和比例计算出的地方分享的所得税收入小于地方实际所得税收入，差额部分由中央作为基数返还地方；成品油价格和税费改革税收返还②，是指实施成品油价格和税费改革后，中央因改革形成的财政收入，扣除中央本级安排的替代航道养护费等支出，对种粮农民、部分困难群体、公益性行业的补贴，以及用于逐步有序取消政府还贷二级公路收费补助支出以后的部分。在上述三部分税收

① 数据来源：财政部 2009 年中央和地方预算执行与 2010 年预算草案报告。

② 资料来源：中华人民共和国财政部网站。

返还中,出口产业链的形成对"两税"返还和所得税基数返还的影响较大,对成品油价格和税费改革税收返还的影响甚微。此外,由于其对增值税、消费税返还和所得税基数返还与地方税收收入密切相关,我们将在出口产业链的形成对地方税收收入的影响中进行详尽的分析,此处不再赘述。

(3)对转移支付的影响

虽然税收返还也是我国转移支付的重要形式,但是在此我们将税收返还与财力性转移支付和专项专业支付分开进行分析,目的是为了更明确地了解粤、桂、琼、滇四省区之间出口产业链的形成对税收返还和转移支付的确切的影响。目前,我国的财力性转移支付包括了一般性转移支付、民族地区转移支付、调整工资转移支付、义务教育转移支付等等。粤、桂、琼、滇四省区之间出口产业链建成后对财力性转移支付的影响主要会从一般性转移支付与民族地区转移支付的变化中体现。

①对一般性转移支付的影响

我国的一般性转移支付制度从 1995 年起开始实施,它主要用于弥补地方各级政府的财政收支差额以及相同级次地区政府之间的财政收支平稳,所以又称为均衡性转移支付,它包括纵向和横向转移支付两种,目前我国尚未建立完全意义上的横向转移支付制度,类似于横向转移支付的实践也很少,只是在汶川地震时有过对口省份援建的实践,因此本课题在此所探讨的一般性转移支付主要指的是纵向的转移支付。现在我们重新回到探讨粤、桂、琼、滇四省区之间出口产业链的形成对地方一般性转移支付的影响。在广东、广西、海南、云南四省区中,广东的地方财政收入(以 2009 年的统计数据为准)分别是广西、海南、云南三省区的 5.88 倍、20.48 倍、5.23 倍,地方财政支出分别是桂、琼、滇三省区的 2.68 倍、8.87 倍和 2.21 倍[①]。而上述四省区之间出口产业链的形成会改变地区之间现有收入差距状况,而这种改变有可能是向好的,也有可能是恶化的。但是不管是向好的还是恶化的都会在一定程度上影响中央政府对地方政府的一般性转移支付,只是程度有所不同罢了。如果粤、桂、琼、滇四省区之间

① 数据来源:经 2009 年相关统计数据计算所得。

出口产业链的形成使得地区之间的地方财力差距有所缩小，地方所获中央政府给予的一般性转移支付在量上也会减少，而地方政府用于平衡省区内的各级政府之间财力差距的一般性转移支付也会相应减少。相反的，如果粤、桂、琼、滇四省区之间出口产业链形成后，区际的财力差距进一步拉大，会调整和改变中央政府对地方政府的一般性转移支付额度，必要时中央政府有可能会启动地区政府间临时性的横向转移支付制度，作为出口产业链形成过程中相关受损省区的一个利益补偿机制。

②对民族地区转移支付的影响

在广东、广西、海南、云南四省区中，除广东省之外，广西区、海南省、云南省都是少数民族的聚居地，且上述三省区在全国的经济实力也是相对落后的，都可以称得上是名不副实的"西部地区"，综合实力都是不可与广东比及的，因此，上述四省区之间出口产业链的形成对地方"民族地区转移支付"的影响也是很明显的，确切地说是对广西区和云南省的影响比较大（因为民族地区转移支付所涉及的8个民族省区和非民族省区民族自治州[①]只包括了粤、桂、琼、滇四省区中的广西区和云南省）。我国民族地区的转移支付制度开始于2000年，是为了支持民族地区发展、配合西部大开发战略的实施，其转移支付的对象为民族省区和非民族省区的民族自治州等，截止到2009年底，我国中央财政对地方民族地区转移支付的额度已由2000年最初的25.5亿元增加到2009年的275.88亿元，年均增长30.5%。其转移给所定的8个民族省区以及非民族省区的民族自治州资金来源主要有两个方面，一是给予2000年所定基数按照每年中央分享的增值税收入增长率的递增，一是将8个民族省区及非省区民族自治州每年增值税收入较上年增加部分的80%进行转移。

正如上文中所提及的那样，由于我国的民族地区转移支付的对象只包括了西藏、青海、宁夏、新疆、广西、贵州、云南、内蒙古8个民族省区和吉林、湖北、湖南、四川、贵州、云南、甘肃、青海、新疆9个相关省区的民族自治州，因此，粤、桂、琼、滇四省区之间出口产业链形成后对民族地区转

① 8个民族省区分别为：西藏、青海、宁夏、新疆、广西、贵州、云南、内蒙古，目前我国非民族省区民族自治州共有31个，主要涉及吉林、湖北、湖南、四川、贵州、云南、甘肃、青海、新疆等省区。

移支付的影响更多的是从广西区和云南省转移支付额度的变化中体现出来的。出口产业链的形成会使得广西区和云南省的增值税收入发生改变,增值税收入的改变会直接影响中央政府对上述二省区转移支付的额度。

从近期目标来看,粤、桂、琼、滇四省区之间出口产业链的形成会对该四省区的地方税收收入产生较大的影响,这种影响主要体现在对相关税种的影响以及有可能导致税收与税源的背离的现象加剧。对地方财政收入的影响体现为对相关税种的影响,主要是因为地方税收收入主要由营业税、地方企业所得税、个人所得税、城镇土地使用税、土地增值税、城建税、房产税、车船使用税、印花税、耕地占用税、契税、增值税、证券交易税(印花税)的3%部分和海洋石油资源税以外的其他资源税等税种收入构成,据有关资料统计税收收入占地方财政收入的80%左右,区际出口产业链的形成对增值税、营业税、地方企业所得税的影响较为明显。

③对增值税、营业税和地方企业所得税的影响

区际出口产业链的形成对地方增值税收入、营业税收入以及企业所得税收入的影响是通过出口规模的变化来体现出来的。粤、桂、琼、滇四省区之间出口产业链的形成是对区际出口资源的一种整合,各省区负责的专业生产的分工会导致区际间相关税种税收收入的差异性。特别是在我国全面实行消费型增值税以后以及我国出口退(免)税等税收优惠措施的施行,会使得地区之间的税收收入差异更加明显。区际出口产业链的形成对增值税的影响主要是通过出口退(免)税等一系列税收优惠政策产生的,对营业税的影响主要是基于现行的税制结构而产生的,而对地方企业所得税的影响主要是通过所在省区相关出口企业的设立、并购、撤销等方式来对地方企业所得税税收收入产生的。

④加剧税收与税源的背离

目前在我国税收与税源别离的现象普遍存在且在近几年日趋严重。就像上面所分析的那样,出口产业链的形成会对地区营业税收入和地区所得税收入产生影响,目前我国税收与税源的背离也主要体现在营业税和企业所得税上。比如在西气东输工程中,新疆的天然气输送到上海,几千公里的运输量所形成的营业税源是分布在沿途十几个省区的,但按照

现行规定,所有营业税都在企业注册地上海缴纳,这就产生了在当地形成的税源并没有实现为当地的税收,而是导致了税收与税源的背离。在整个西气东输工程中,除新疆从上海获得一部分非制度性补偿外,其他沿途各省区和居民的一系列问题都需要自行解决,比如相关的移民、占地、治安等。而企业所得税税收与税源的背离,主要与现行的税制结构有关,比如现行许多大公司都在全国各地设立有分公司,但是在总部经营的模式下,税源分布在多个地区,但是税收的缴纳却都在总部所在地或注册地缴纳,这就造成了税收与税源的背离,而粤、桂、琼、滇四省区出口产业链的形成有可能会进一步加剧这种状况,因为在上述四省区中,广西区和云南省被划列为西部省份,享受促进西部大发的包括税收优惠政策在内的一系列税收优惠政策。如我国《税法》规定对设在西部地区国家鼓励类产业的内资企业,在2001—2010年间,减按15%的税率征收企业所得税;经省级人民政府批准,民族自治地方的内资企业可以定期减征或免征企业所得税等。此外根据我国《税法》的规定,居民企业以企业登记注册地为纳税地点;但登记注册地在境外的,以实际管理机构所在地为纳税地点。这就无法避免一些企业为减轻本企业的税负而进行合理避税,于是一些企业就会选择在西部地区或民族自治的地方注册设立,而在更加有利于企业发展的地区开展经营业务,从而在一定程度上加剧了地区税收与税源背离的程度。

下面我们来具体测算一下粤、桂、琼、滇四省区的税收与税源背离的程度(见表5-4和图5-7)。测算一地区的税收与税源背离度,可用该地区税收收入占全国税收收入的比重减去该地区GDP占全国GDP的比重的差额来表示,如果该差额为正则表示该地区为税收流入,该差额为负则表示该地区为税收流出,差额为零则表示该地区税收与税源一致,没有发生背离 。用公式来表示则为:

$$S_i = \frac{TR_i}{\sum_{i=1}^{n} TR_i} - \frac{GDP_i}{\sum_{i=1}^{n} GDP_i}$$

其中i=广东,广西,云南,海南,n=1,2, 3,…,31分别为我国的31个省区。S_i为某一个地区税收与税源的背离度,TR为税收收入,GDP为地区生产总值。通过计算,我们得出以下结果:

从表5-4和图5-7中,我们可以看出1995—2009年间在粤、桂、琼、滇四省区中,广东省的税收与税源的背离程度最为严重,呈现出先下降后不断上升然后又下降的波动趋势,而广西区、海南省和云南省的背离度波动趋势则较为平稳,该三省区的税收与税源背离程度分别维持在0.014～0.017、0.002～0.003和0.003～0.008之间。在上文的分析中我们已经指出,造成地区税收与税源相背离的很重要一个原因在于我国的居民企业所得税的纳税地点一般情况下实行的是注册地标准,粤、桂、琼、滇四省区之间出口产业链形成后就不可避免地会出现一些新建立的居民企业在广西区和云南省注册而后在广东省和海南省开展其主要业务,这将会进一步加大粤、桂、琼、滇四省区税收与税源的背离。

2. 对地方财政支出的影响

这主要是从出口产业链形成过程汇总财政对相关出口补贴以及地方政府为促进本地区出口产业的发展所进行的基础设施建设等的支出关系中表现出来的。

(1)出口补贴

出口补贴是一种转移性支出,它是一国政府为了降低出口商品的价格,增加其在国际市场的竞争力,在出口某商品时给予出口商的现金补贴或财政上的优惠待遇。目前出口补贴的方式主要有直接补贴和间接补贴两种,其中直接补贴就是商品出口时直接付给出口企业或出口商的现金

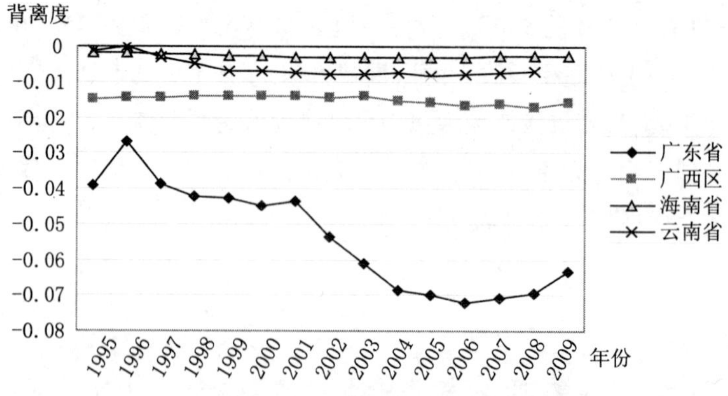

图5-7　粤、桂、琼、滇四省区税收与税源背离度

补贴，最典型的见于欧盟对其农产品出口的补贴，而间接补贴则是一国政府为了保护特定的出口产业以及扩大地区出口规模所给予的财政上的优惠。粤、桂、琼、滇四省区之间出口产业链的形成，会改变各地方政府对出口产业的补贴方式，对地方财政收入和支出进行重新划分和支配，鼓励本地区发展出口产业链形成过程中更具地区专业化分工的优势产业，以提升其在国际市场上的竞争力。

表5-4　粤、桂、琼、滇四省区税收与税源背离度

年份	广东	广西	海南	云南
1995	-0.03902	-0.01484	-0.00187	-0.00118
1996	-0.02664	-0.01439	-0.00172	-0.00012
1997	-0.03872	-0.0143	-0.00216	-0.00288
1998	-0.04217	-0.01406	-0.0023	-0.00482
1999	-0.04275	-0.01412	-0.00258	-0.00693
2000	-0.04479	-0.01399	-0.0028	-0.00698
2001	-0.04347	-0.01411	-0.00299	-0.00765
2002	-0.05367	-0.01435	-0.00328	-0.00794
2003	-0.06123	-0.01411	-0.00323	-0.00781
2004	-0.06869	-0.01534	-0.00328	-0.00732
2005	-0.07006	-0.01576	-0.00305	-0.00827
2006	-0.07229	-0.0166	-0.00298	-0.00778
2007	-0.07055	-0.01644	-0.00283	-0.00727
2008	-0.06956	-0.01696	-0.00263	-0.00687
2009	-0.06335	-0.01577	-0.0026	—①

①　说明：此处没有计算结果是因为缺乏云南省2009年的税收收入数据。

(2)出口退(免)税

出口退(免)税已经成为当今国际贸易中各国或地区普遍采用和接受的,旨在促进各国出口货物公平竞争的一种税收措施。我国的出口货物退(免)税主要是对我国报关出口的货物退还或免征其在国内各生产和流转环节按税法规定缴纳的增值税和消费税,即对增值税出口货物实行零税率,对消费税出口货物免税。2009 年我国出口退(免)税总额达 6487 亿元,2010 年前三季度累计办理出口退(免)税 5298 亿元。众所周知,1994 年之前我国的出口退税额都是由中央财政来负担的,其结果是中央财政的资金压力和所欠出口退税额款项越来越大;2004 年国家按照"新账不欠、老账要还、完善机制、共同负担、推动改革、促进发展"的原则实施了出口退税负担机制的改革,由地方负担出口退税超基数的部分;2005 年在国家出台了《关于完善中央与地方出口退税负担机制的通知后》地方的负担比例调整为 7.5%,不仅有效减轻了中央财政和外贸大省的财政压力,而且在一定程度上发挥了平衡地区间财力差距和调节利益分配的作用。出口退(免)税对地方财政的影响,主要体现在对地方财政支出的影响以及地方对出口退税的管理问题两个方面。一省区对外贸易进出口规模越大,其财政所负担的出口退(免)税的额度越大,相反,一省区对外贸易进出口规模越小,其出口退(免)税额度就越少。出口退(免)税额度较大的省区其地方财政支出压力要大于出口退(免)税额度较小的省区。粤、桂、琼、滇四省区出口产业链形成以后,上述四省区的进出口规模必将有所调整,而出口退(免)税额度的变化对地方支出有着直接的影响。此外,地方财政对出口退(免)税的规范性管理,也将会在一定程度上扩大地方财政的支出范围。

(3)基础设施建设等支出

一个地区基础设施建设是否完善关乎该地区经济和社会的发展,因为基础设施建设具有"乘数效应"它能带来大于其本地区经济和社会发展投资几倍的社会需求和地区国民收入。同样地,在区际出口产业链形成的过程中地区基础设施建设的支出也能够充分发挥其"乘数效应",为地区经济发展"创收"。因此,为扮演好区际出口产业链形成过程中地区分工的"角色",特别是像广西区和云南省陆路交通不是很便利省区,为更好地促进参与出口产业链分工的地区间的交流与合作,就要求地方财政必须加大对公路、铁路、水运、航空、港口等基础设施建设支出的力度，同时加大对地区教育、医疗与社会保障支出的力度，以确保区际出口产业链形成过程中人才的培养和储备，逐步实现在出口产业链的优化和升级过程中由出口原材料初级加工区向深加工区功能"角色"的转变。

3. 对税式支出的影响

虽然税式支出是一种财政补贴性支出，也具有同财政支出相同的形式特征，但是与财政支出仍然具有很大的差别，这些差别主要表现在以下几个方面：(1)政策意义不同，税式支出是政府为了实现自己既定的政策目标，所给予特定对象的一种优惠，会在一定程度上造成国家财政收入的减少，甚至是对相关税制结构的背离，它是由于政府主动放弃或者让与财政收入而产生的；(2)税式支出是一种虚拟性支出，它的实行并没有像财政支出那样伴随着资金的流动；(3)税式支出是一种间接性支出，且与现行的税制结构有着密切的联系，能够表明在某一特定时间段某一特定行业的税收优惠程度，如税法规定我国的增值税基本税率为17%，对小规模纳税人采用简易办法征收的增值税税率为3%，而这两种税率之间的差额就可以看做是小规模纳税人所享受到的一种税收优惠，也是税式支出方式的一种。

下面我们来重点探讨一下出口产业链的形成可能对税式支出所产生的影响。众所周知，税式支出的形式包括起征点、税收扣除、税额减免、优惠退税、优惠税率、盈亏互抵、税收抵免、税收饶让、税收递延和加速折旧等，政府通过上述税式支出形式将相关外部效应转化为产业发展的经济利益，从而调整和引导地区产业结构的优化升级和发展。而由出口产业链的形成所引起的各参与省区之间出口产业结构的调整会促使政府相应调整其税式支出形式或对相应形式进行使用性创新，进而引起税式支出的财政效应等发生改变，而税式支出的变化对地区财政收入也会产生很大的影响，这是一个由出口产业链的形成而产生的连锁反应的过程。

二、出口与地方财政收支及税收收入的协整分析

在此本课题将进一步通过建立协整分析模型来具体阐述出口额的变化对地方财政收支及税收收入三项指标的影响。

1. 模型的建立

协整(co-integration)分析的基本出发点是从长远来看被检验的变量之间所存在的一种均衡关系,它可以被看做是被检验变量之间均衡关系性质的统计表示。对于变量的协整检验,主要有基于回归系数的协整检验和基于回归残差的协整检验,本课题在此所选用的是基于残差的协整检验,通过对所设定的回归方程的残差进行单位根检验,可以论证自变量和因变量之间是否存在协整关系,且主要是运用 ADF 检验方法进行协整检验。

为考察出口产业链的形成对地方财政收支及税收收入的影响,需要我们建立如下回归方程:

$$Y_{LFR_i} = C + aX_{Ej} + \mu_t \quad \cdots\cdots (5\text{-}1)$$

$$Y_{LFE_i} = C + aX_{Ej} + \mu_t \quad \cdots\cdots (5\text{-}2)$$

$$Y_{TR_i} = C + aX_{Ej} + \mu_t \quad \cdots\cdots (5\text{-}3)$$

上述(5-1)(5-2)(5-3)三个回归方程分别考察的是出口产业链形成对地方财政收支和税收收入的影响。在变量和数据的选取方面,根据本课题的研究需要我们分别选取广东、广西、海南、云南四省区 1990—2009 年间的出口总额、地方财政收入、地方财政支出三个变量来建立回归方程。其中 X_{Ej} 、Y_{LFE_i} 、Y_{LFR_i} 分别代表上述四省区的地方出口总额、地方财政收入、地方财政支出,而 E 为(Exports)、LFR 为地方财政收入(Local Fiscal Revenues)、LFE 为地方财政支出(Local Fiscal Expenditures),i、j=广东、广西、海南、云南。此外,为剔除选取数据之间的线性相关性,我们需要对所选数据进行对数化操作。

关于模型的检验步骤。首先,需要考察所选数据是否平稳以及是否具有季节性。如果所选取的数据为平稳的,我们可以对平稳序列数据进行 Granger 因果关系检验和回归分析,并得出相应的结果。如果所选数据不平稳或具有季节性则分别需要我们通过差分进行消除,以得到具有平稳性的序列,而差分方程为:

$$\Delta Y_t = Y_t - Y_{t-1} = (1-\alpha)Y_t = b + \varepsilon_t = b + \mu_t,\ t=1,2,\cdots,T$$

在上述方程中,b 为常数,ε_t 为 t 个 0 均值同方差(方差为 σ^2)的白噪声序列,μ_t 为平稳序列,且 $\varepsilon_t = \mu_t$ 。接下来是对差分后的序列数据进行

ADF(Augmented Dickey-Fuller Test)检验,其作用机理和相关回归方程如下:假设变量 Y 存在 n 阶序列相关,那么就需要 n 阶自回归过程来进行修正,即 $Y_t = b + \alpha Y_{t-1} + \beta Y_{t-2} + \cdots + \lambda Y_{t-n} + \varepsilon_t$ 。

而在其两端各减去 Y_{t-1} ,通过相关方法计算,可得 ADF 检验的一个模型,即 $\Delta Y_t = \theta Y_{t-1} + b + \sum_{i=1}^{n-1} \delta_i \Delta Y_{t-1} + \mu_t$ 。

然后检验假设 $H_0: \theta = 0$ 即序列存在一个单位根,和备择假设 $H_1: \theta < 0$ 即序列不存在单位根是否成立。而在实际操作中为尽量避免所选变量之间的线性相关性,我们可以借助 Eviews 软件等进行实证分析,并得出相关结果。

2. 模型的协整检验及结果

通过检验我们可以得出广东、广西、海南、云南四省区的出口额与地方财政收入、地方财政支出之间存在如下关系:

(1)广东省检验结果

首先需要对变量的平稳性进行检验,变量的单整检验结果为:

变量	ADF 统计量	1%临界值	5%临界值	10%临界值	结论
LG(LFR)原序列	-1. 230426	-3. 631511	-3. 029970	-2. 655194	非平稳
LG(LFE)原序列	-2. 022552	-3. 831511	-3. 029970	-2. 655194	非平稳
LG(E)原序列	-2. 201462	-3. 831511	-3. 029970	-2. 655194	非平稳
LG(LFR)一阶差分	-5. 690291	-3. 857386	-3. 040391	-2. 660551	平稳
LG(LFE)一阶差分	-3. 807691	-3. 857386	-3. 040491	-2. 610551	平稳
LG(E)一阶差分	-3. 218182	-3. 959148	-3. 081002	-2. 681330	平稳

经检验,广东省的 LG(LFR)、LG(LFE)和 LG(E)三个原始序列都存在当方程根,经一阶差分后通过 ADF 检验,说明上述三个变量都是一阶单整的。然后我们将利用 ADF 的协整检验方法来判断残差序列是否平稳,进而确定回归方程的变量之间是否存在协整关系,同时判断模型设定是否正确。经检验,广东省出口额与地区财政收入之间的关系可以表述

为：$lg(lfr)=-0.8131+0.9606lg(e)+\mu_t, t=1,2,\cdots,T$。

对其残差进行单位根检验结果为：

		t统计量	概率值
ADF检验统计量		-3.119059	0.0454
显著性水平：	1% level	-3.920350	
	5% level	-3.065585	
	10% level	-2.673459	

从上表中我们可以看出，残差值的ADF检验的t统计量为-3.119059且P值为0.0454。

小于在5%显著性水平下的t统计量，通过了检验，说明广东省出口额与其财政收入之间存在着长期的稳定的关系，同时也说明我们所构建的回归方程的正确性。而所得方程回归结果$\lg(lfr)=-0.8131+0.9606\lg(e)+\mu_t$，可以表示为广东省出口额每增长1元，其地方财政收入增长0.96元。

同样地，我们通过检验也可以得出广东省出口额与地方财政支出间的回归方程，其回归结果为：

$lg(lfe)=-0.8717+0.996lg(e)+\mu_t, t=1,2,\cdots,T$

然后对其残差进行单位根检验，检验结果为：

		t统计量	概率值
ADF检验统计量		-3.876869	0.0117
显著性水平：	1% level	-3.959148	
	5% level	-3.081002	
	10% level	-2.681330	

从上表检验结果中可以看出，在5%的显著性水平下，残差的t统计量其在5%显著性水平下的t统计量且P值为0.0117通过了ADF检验，说明了广东省出口额与地方财政支出之间的关系是协整的。而回归方程

$lg(lfe)=-0.8717+0.996lg(e)+\mu_t$ 可表示为，广东省出口额每增长1元，其地方财政支出会增加0.996元。

(2)广西壮族自治区检验结果

变量的单整检验结果为：

变量	ADF统计量	1%临界值	5%临界值	10%临界值	结论
LG(LFR)原序列	1.105551	-3.857386	-3.040391	-2.660551	非平稳
LG(LFE)原序列	1.713530	-3.831511	-3.029970	-2.655194	非平稳
LG(E)原序列	-1.131038	-3.831511	-3.029970	-2.655194	非平稳
LG(LFR)一阶差分	-7.157969	-3.857386	-3.040391	-2.660551	平稳
LG(LFE)一阶差分	-3.233333	-3.857386	-3.040391	-2.660551	平稳
LG(E)一阶差分	-3.548045	-3.857386	-3.040391	-2.660551	平稳

检验结果表明广西LG(LFR)、LG(LFE)和LG(E)三个变量的原始序列都存在单方程根，进行一阶差分后在5%的显著性水平下是平稳的，通过ADF检验，即上述三个变量是一阶单整的。根据上述所列回归方程进行回归后，我们得出以下结果：

$lg(lfr)=0.273+0.872lg(e)+\mu_t, t=1,2,\cdots,T$

回归方程残差的验证结果为：

		t统计量	概率值
ADF检验统计量		-8.833937	0.0000
显著性水平：	1% level	-4.200056	
	5% level	-3.175352	
	10% level	-2.728985	

在1%、5%和10%的显著性水平下回归方程残差通过ADF检验，回归方程可以表述为，广西出口额每增加1元，其地方财政收入就增加0.872元。

对广西出口额与地方财政支出之间的协整关系进行检验后，得出回归方程 $lg(lfe)=-0.038+1.136lg(lfe)+\mu_t$，且残差的ADF检验也通过，表明广西出口额每增加1元其财政支出就会增加1.136元。

		t 统计量	概率值
ADF 检验统计量		-8.252884	0.0000
显著性水平:	1% level	-4.200056	
	5% level	-3.175352	
	10% level	-2.728985	

(3)海南省检验结果:

变量	ADF 统计量	1% 临界值	5% 临界值	10% 临界值	结论
LG(LFR)原序列	-1.485725	-3.831511	-3.029970	-2.655194	非平稳
LG(LFE)原序列	0.912048	-3.831511	-3.029970	-2.655194	非平稳
LG(E)原序列	-2.917907	-3.831511	-3.029970	-2.655194	非平稳
LG(LFR)二阶差分	-2.725571	-3.920350	-3.065585	-2.673459	非平稳
LG(LFE)一阶差分	-3.150683	-3.85386	-3.040391	-2.660551	平稳
LG(E)一阶差分	-4.634681	-3.857386	-3.040391	-2.660551	平稳

海南省出口额、地方财政收入、地方财政支出三个变量的原序列在检验过程中呈现出不稳定性,其中出口额和地方财政支出在经过一阶差分后,通过 ADF 检验,而地方财政收入经过二阶差分后仍然呈现出不稳定性,究其原因可能是数据处理不当,在此本课题不予对其进行考虑,只考察海南省出口额与其地方财政支出之间是否存在协整关系。

经检验,海南省出口额与其地方财政支出之间的回归方程可表述为:

$lg(lfe) = -1.686 + 1.93lg(e) + \mu_t, t = 1,2,\cdots,T$

其残差在5%的显著性水平下也通过了 ADF 检验(见上表),表明海南省出口额每增加1元其地方财政支出就会增加1.93元。

		t 统计量	概率值
ADF 检验统计量		-4.002880	0.0384
显著性水平:	1% level	-4.886426	
	5% level	-3.828975	
	10% level	-3.362984	

(4)云南省检验结果:

变量	ADF 统计量	1% 临界值	5% 临界值	10% 临界值	结论
LG(LFR)原序列	-1.833631	-4.121990	-3.144920	-2.713751	非平稳
LG(LFE)原序列	4.335312	-3.959148	-3.081002	-2.681330	非平稳
LG(E)原序列	-2.316934	-4.121990	-3.144920	-2.713751	非平稳
LG(LFR)二阶差分	-1.749974	-4.057910	-3.119910	-2.701103	非平稳
LG(LFE)二阶差分	-6.053857	-4.057910	-3.119910	-2.701103	平稳
LG(E)二阶差分	-5.793037	-4.057910	-3.119910	-2.701103	平稳

从上表中可以看出,云南省的出口额与地方财政收支的三变量的原序列都存在单方程根,二阶差分后出口额与地方财政支出通过 ADF 检验,而地方财政收入未通过,究其原因可能是多方面的,一方面是因为我们选取的数据太少,另一方面可能是相关数据在统计时缺乏一定的科学性,导致数据之间存在自相关等,而在我们的检验过程中这种自相关并未完全消除,在此不予考虑。

下面考察云南省地方财政支出与其出口额之间的协整关系,检验结果如下:$lg(lfe)=0.063942+1.22lg(e)+\mu_t, t=1,2,\cdots,T$。

其残差的平方根检验:

		t 统计量	概率值
ADF 检验统计量		-6.530254	0.0018
显著性水平:	1% level	-5.124875	
	5% level	-3.933364	
	10% level	-3.420030	

经检验,云南省出口额与其地方财政支出之间的关系时协整的,其出口额每增加 1 元,该省的地方财政支出增加 1.22 元。

3. 相关变量之间的 Granger 因果关系检验

Granger 因果关系检验实质上是检验一个变量的滞后变量是否可以引入到其他变量方程中。一个变量如果受到其他变量的滞后影响,则称他们具有 Granger 因果关系。简而言之,如果变量之间是协整的,那么至少存在一个 Granger 原因;在非协整情况下,任何原因的推断将是无效的。Granger 因果关系检验的基本原理是:在做 Y 对其他变量(包括自身的过去值)的回归时,如果把 X 的滞后值包括进来能显著地改进对 Y 的预测,我们就说 X 是 Y 的格兰杰原因;类似的定义 Y 是 X 的格兰杰原因。

为此需要构造:无条件限制模型: $Y_1 = \sum_{i=1}^{m} \alpha_i Y_{t-i} + \sum_{j=1}^{m} \beta_j X_{t-j} + \mu_l$

有条件限制模型: $Y_1 = \sum_{i=1}^{m} \alpha_i Y_{t-i} + \mu_l$

然后用各回归的残差平方和计算 F 统计值,检验系数 $\beta_1, \beta_2, \cdots, \beta_m$ 是否同时显著地不为零。如果是这样,我们就拒绝"X 不是引起 Y 变化的原因"的原假设。其中 F 统计量为:

F=(N-k)(RSSR-RSSUR)/mRSSUR

其中 RSSR 和 RSSUR 分别为有限制条件回归和无限制条件回归的残差平方和;n 是观测个数;k 是无限制条件回归的参数个数;m 是最优滞后阶数这个统计量服从 $F(m,n-k)$ 分布。

然后,检验"Y 不是引起 X 变化的原因"的原假设,做同样的回归估计,但是交换 X 与 Y,检验 Y 的滞后项是否显著地不为零。要得到 X 不是引起 Y 变化的原因的结论,我们必须拒绝原假设"X 不是引起 Y 变化的原因",同时接受原假设"Y 不是引起 X 变化的原因"。下面我们将根据格兰杰因果关系检验原理,运用 Eviews5.0 软件,验证粤、桂、琼、滇四省区出口额(E)与地方财政收入(LFR)、地方财政支出(LFE)以及税收收入(TR)之间的 Granger 因果关系,需要说明的是以下系列检验都选取的是 5% 的显著性水平。

(1)广东省 E 与 LFR、LFE 和 TR 变量之间的 Granger 因果关系检验结果:

Null Hypothesis:	Obs	F-Statistic	Probability
LGLFR 不是 LGE 的 Granger 原因	13	0.43955	0.65900(接受)
LGE 不是 LGLFR 的 Granger 原因		1.85631	0.21764(接受)
结论:广东省出口额与地方财政收入之间互为 Granger 因果关系			

Null Hypothesis:	Obs	F-Statistic	Probability
LGLFE 不是 LGE 的 Granger 原因	13	1.05962	0.39063(接受)
LGE 不是 LGLFE 的 Granger 原因		1.90379	0.21072(接受)
结论:广东省出口额与地方财政支出之间互为 Granger 因果关系			

Null Hypothesis:	Obs	F-Statistic	Probability
LGTR 不是 LGE 的 Granger 原因	13	0.71313	0.51880(接受)
LGE 不是 LGTR 的 Granger 原因		1.36050	0.31004(接受)
结论:广东省出口额与地方税收收入之间互为 Granger 因果关系			

由上述检验结论我们可以看出,广东省出口额的增加会引起其地区财政收入、财政支出和税收收入的联动,而地区财政收入、地区财政支出以及税收收入的变化也会对广东省的出口额产生一定的影响。

(2)广西壮族自治区 E 与 LFR、LFE 和 TR 变量之间的 Granger 因果关系检验结果:

Null Hypothesis:	Obs	F-Statistic	Probability
LGLFR 不是 LGE 的 Granger 原因	13	2.71636	0.12581(接受)
LGE 不是 LGLFR 的 Granger 原因		3.18908	0.09584(接受)
结论:广西出口额与地方财政收入之间互为 Granger 因果关系			

Null Hypothesis:	Obs	F-Statistic	Probability
LGLFE 不是 LGE 的 Granger 原因	13	2.36887	0.15559(接受)
LGE 不是 LGLFE 的 Granger 原因		0.14229	0.86951(接受)
结论:广西出口额与地方财政支出之间互为 Granger 因果关系			

Null Hypothesis:	Obs	F-Statistic	Probability
LGE 不是 LGTR 的 Granger 原因	13	0.33870	0.72244(接受)
LGTR 不是 LGE 的 Granger 原因		2.17427	0.17616(接受)
结论:广西出口额与地方税收收入之间互为 Granger 因果关系			

由上述检验结论我们可以看出,广西区出口额的增加会引起其地区财政收入、财政支出和税收收入的联动,而地区财政收入、地区财政支出以及税收收入的变化也会对广西区的出口额产生一定的影响。

(3)海南省 E 与 LFR、LFE 和 TR 变量之间的 Granger 因果关系检验结果:

Null Hypothesis:	Obs	F-Statistic	Probability
LGLFR 不是 LGE 的 Granger 原因	13	1. 14456	0. 36547(接受)
LGE 不是 LGLFR 的 Granger 原因		4. 77628	0. 04315(拒绝)
结论:海南省的地方财政收入是其出口额的 Granger 原因,但是其出口额不是其地方财政收入的 Granger 原因。			

Null Hypothesis:	Obs	F-Statistic	Probability
LGLFE 不是 LGE 的 Granger 原因	13	16. 4303	0. 00147(拒绝)
LGE 不是 LGLFE 的 Granger 原因		4. 37560	0. 05202(接受)
结论:海南省的地方财政支出不是其出口额的 Granger 原因,但是其出口额是其地方财政支出的 Granger 原因。			

Null Hypothesis:	Obs	F-Statistic	Probability
LGTR 不是 LGE 的 Granger 原因	13	1. 44946	0. 29029(接受)
LGE 不是 LGTR 的 Granger 原因		3. 54679	0. 07892(接受)
结论:海南省的出口额与地方税收收入之间互为 Granger 因果关系。			

由上述结论我们可以看出,海南省地方财政收入的增长对其出口额有一定的影响,这种影响是单向的,因为我们的检验结果表明海南省的出口额不是其地方财政收入的 Granger 原因。同样地,海南省的出口额对其地方财政支出的影响也是单向的,因为其地方财政支出不是其出口额的 Granger 原因。导致上述结果出现的原因可能是由于数据统计的不合理性等多方面的因素。但是海南省的出口额与其地方税收收入之间互为 Granger 原因,即两个变量之间会产生相互的影响。

(4)云南省 E 与 LFR、LFE 和 TR 变量之间的 Granger 因果关系检验结果:

Null Hypothesis:	Obs	F-Statistic	Probability
LGLFR 不是 LGE 的 Granger 原因	13	1.56827	0.26629(接受)
LGE 不是 LGLFR 的 Granger 原因		12.0257	0.00388(拒绝)
结论:云南省的财政收入是其出口额的 Granger 原因,但是其出口额不是其地方财政收入的 Granger 原因。			

Null Hypothesis:	Obs	F-Statistic	Probability
LGLFE 不是 LGE 的 Granger 原因	13	2.06960	0.18863(接受)
LGE 不是 LGLFE 的 Granger 原因		1.31487	0.32083(接受)
结论:云南省的出口额与地方财政支出之间互为 Granger 因果关系。			

Null Hypothesis:	Obs	F-Statistic	Probability
LGTR 不是 LGE 的 Granger 原因	12	0.07871	0.92511(接受)
LGE 不是 LGTR 的 Granger 原因		0.98346	0.42033(接受)
结论:云南省的出口额与地方税收收入之间互为 Granger 原因。			

由上述结论我们可以看出,云南省的地方财政收入对其出口额的影响是单向的,因为其出口额不是其财政收入的 Granger 原因。但是云南省的出口额与地方财政支出以及出口额与地方税收收入之间是互为 Granger 原因的,其中一方的变化必会对另一方产生影响。

5.3 出口产业链的形成对地区金融的影响

出口产业链的形成对地区金融的影响也是非常广泛的,不仅涉及对出口产业链形成过程中货币流的影响,而且还涉及产业结构的调整对金融结构和金融发展的影响,也可以简单概括为近期影响和长远影响。

5.3.1 出口产业链的形成对地区金融的近期影响

出口产业链形成对地区金融的影响主要是通过出口生产贸易流与金

融资源配置的动态均衡的关系来体现的，具体包括真实物流与货币流的变动关系以及出口产业链形成过程中区际金融资源配置效率及出口产业链的形成对区域金融发展的影响等。

一、出口产业链形成中真实物流与货币流的动态均衡关系

从近期来看，出口产业链的形成对区域金融的影响我们可以从真实物流与货币流的变动关系中进行考察。在区际出口产业链的形成过程中各种资源、要素等的跨区域流动会在很大程度上引起地区间资金流动规模的变动。这种变动表现在出口产品粗加工区与深加工区之间的货物交付所产生的资金流的变动、货物运输所产生的资金流的变动、出口产业链相关省区之间的产业转移所产生的资金流变动以及利益补偿机制的运行所产生的资金流变动等。总而言之，粤、桂、琼、滇四省区之间出口产业链的形成使得各种资源、要素跨区际流动更加频繁，将会进一步带动区域资金流动规模的扩大，也需要在粤、桂、琼、滇四省区之间构建一个跨区域、多层次的支付清算网络，为金融机构、企业、地方政府和个人提供高效、安全、便利的资金支付结算和管理平台，以加快资金周转速度，提高资金使用效率。

考察粤、桂、琼、滇四省区真实物流与货币流之间的变动关系可以选用铁路、公路、水运货运量与地区金融机构年末贷款余额来表述（见图5-8和图5-9）。

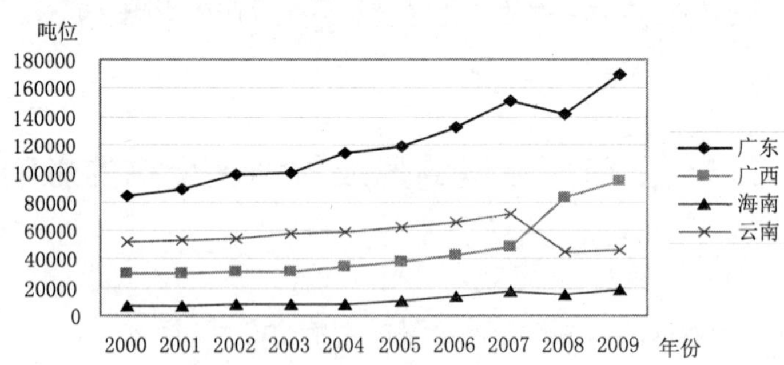

图5-8　粤、桂、琼、滇四省区货运量

下面我们来进一步考察粤、桂、琼、滇四省区总货运量与其金融机构年末贷款余额之间的协整关系。

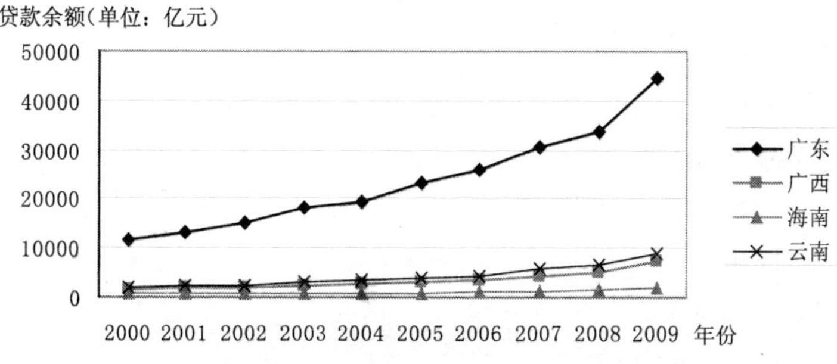

图5-9　粤、桂、琼、滇四省区年末金融机构贷款余额

首先对上述四省区的总货运量与金融机构贷款额两个序列进行平稳性经验，经检验，广东省的总货运量与金融机构贷款额原序列都存在单位根，在对其进行一阶差分后在5%的显著性水平下通过ADF检验，即广东省的总货运量与金融机构贷款额都是一阶单整的(见下表)。

变量	ADF统计量	1%临界值	5%临界值	10%临界值	结论
LN(FT)原序列	-0.527327	-4.582648	-3.320969	-2.801384	非平稳
LN(TD)原序列	0.904767	-4.582648	-3.320969	-2.801384	非平稳
LN(FT)一阶差分	-3.818968	-4.803492	-3.403313	-2.841819	平稳
LN(TD)一阶差分	-4.762696	-4.582648	-3.320969	-2.801384	平稳

对上述两个变量之间进行回归分析，得回归方程

$ln(td) = -11.23 + 1.817ln(ft) + \mu_t, t = 1, 2, \cdots, T$

对上述回归方程残差进行ADF检验结果如下：

		t统计量	概率值
ADF检验统计量		-3.992677	0.0179
显著性水平：	1% level	-4.420595	
	5% level	-3.259808	
	10% level	-2.771129	

从上述检验结果中可以看出，在5%的显著性水平下回归方程残差通过了ADF检验，说明广东省总货运量与其金融机构贷款额之间的关系

时协整的，即在粤、桂、琼、滇四省区出口产业链形成后，广东省总货运量的变化会引起金融机构贷款额发生变化，总货运量每增加 1 万吨，金融机构的贷款额将会增加 1. 817 亿元。

同样地，我们对广西、海南、云南三省区总货运量与其金融机构贷款额之间的关系进行协整检验，但是我们检验后的结果为广西、海南、云南三省区的总货运量与其金融机构贷款额之间不存在协整关系，这可能是由于数据样本量太少也可能是其他方面原因所造成的。

通过对广东、广西、海南、云南四省区总货运量与地区金融机构年末贷款余额的 Granger 因果关系检验我们得出以下结果：广东省、广西壮族自治区、海南省的总货运量与金融机构年末贷款余额之间都互为 Granger 原因，即总货运量的变化会引起金融机构贷款额的变化，金融机构贷款额的变化也会对相关的货运量产生一定的影响。经检验，云南省的总货运量是其金融机构年末贷款余额的 Granger 原因，而其金融机构年末贷款余额不是其总货运量的 Granger 原因，也就是说云南总货运量的变化能够引起其金融机构贷款额发生变化，但是其金融机构贷款额的变化对其总货运量的变化没有影响。之所以会出现这样的结果一方面有可能是两个变量之间真实互动结果的反映，另一方面也有可能是我们所选取统计值较少引起的。

（1）广东省总货运量与金融机构贷款余额之间的 Granger 因果关系检验：

Null Hypothesis：	Obs	F-Statistic	Probability
LOGFT 不是 LOGTD 的 Granger 原因	8	1. 96570	0. 28474
LOGTD 不是 LOGFT 的 Granger 原因		1. 03366	0. 45553

（2）广西壮族自治区总货运量与金融机构贷款余额之间的 Granger 因果关系检验：

Null Hypothesis：	Obs	F-Statistic	Probability
LOGFT 不是 LOGTD 的 Granger 原因	8	3. 43235	0. 16771
LOGTD 不是 LOGFT 的 Granger 原因		0. 14720	0. 86899

(3)海南省总货运量与金融机构贷款余额之间的 Granger 因果关系检验：

Null Hypothesis：	Obs	F-Statistic	Probability
LOGFT 不是 LOGTD 的 Granger 原因	8	0. 99692	0. 46562
LOGTD 不是 LOGFT 的 Granger 原因		5. 15297	0. 10706

(4)云南省总货运量与金融机构贷款余额之间的 Granger 因果关系检验：

Null Hypothesis：	Obs	F-Statistic	Probability
LOGFT 不是 LOGTD 的 Granger 原因	8	0. 27208	0. 77877
LOGTD 不是 LOGFT 的 Granger 原因		12. 2718	0. 03595

粤、桂、琼、滇四省区出口产业链形成以后，由区际真实物流变动所引起的货币流的变动将会更加明显，如同实体经济部门与金融部门的资本配置达到均衡时，经济才能实现最大化增长一样，出口产业链的形成也要求真实物流与货币流之间必须达到一种动态均衡。由于出口产业链的形成是产业结构优化升级的必然结果，因此在出口产业链形成过程中真实物流与货币流之间的动态均衡又会最终发展成为包括出口在内的产业结构与金融结构之间的一种动态均衡关系。

二、出口产业链形成过程中生产贸易流与金融资源配置的动态均衡

地区经济发展的非均衡性，导致了不同区域对资金的需求必然不同，包括地区间出口产业链形成的过程中对资金的需求。这种非均衡性的不断发展有可能会导致区域之间资金供求的不平衡，这就为跨地区间出口产业链形成过程中的金融合作提供了现实的经济基础和现实需求。[①] 从理论上说，区域经济一体化发展的每一阶段都应该有一个最优金融结构和健全的金融支撑体系与之相对应。区域资本的流动和区域性国际贸易两者相互渗透，往往融为一体，它们在各自运作和发展的同时，既受到对方的限制又能促进对方的发展。只有正确处理和协调好区域金融发展与

① 中国人民银行南昌中心支行课题组：《区域金融合作相关问题研究》，《南方金融》2006年第12期。

生产分工、产业转移、对外贸易之间的关系，才能给区域经济发展带来最大的合力。

粤、桂、琼、滇四省区之间出口产业链的形成将会成为区域间经济合作的重要典范之一。大量的区域经济合作理论和实践证明，加强区域经济合作，拓宽地区间经济协作与交流的渠道，形成分工专业、优势互补的经济协作区域，对区域经济的协调快速发展具有重要的推动意义。当经济发展达到一定阶段后，冲破地域限制，将势力向经济关联度较大的地区延伸是实现进一步发展的必然要求。而地缘相近的地区将首先实现区域间的经济合作。通过生产要素的跨地区流动和组合，充分利用各地区在生产要素上的差异性以及在产业结构上的互补性，能最大限度地发挥差异性生产要素的聚集效应，从而实现区域经济的效益最大化。在区域经济合作的各种形式和途径中，区域金融合作是最基础、也是最核心的环节。

作为经济发展的必然产物和客观要求，在出口产业链构建等区域经济合作的过程中，伴随着实物资源的跨地区流动，金融资源也将进行跨地区的空间配置。而且，现代市场经济的发展证明，不仅有实物资源带动金融资源的流动，即所谓的“钱随物走”更有金融资源的流动推动实物资源的流动，即所谓的“物随钱流”。实行区域金融合作，加强地区间金融机构的协作发展，将有效促进金融资源在区域内的自由流动和优化配置，从而发挥“物随钱流”的效应，能够带动区域经济合作的发展以及出口产业链的优化升级。因此，不论在区域间经济合作的发展中还是地区间出口产业链的形成过程中，都离不开金融体系的支撑，一个完善健全的金融体系可为地区间出口产业链的形成和发展提供重要的融资、结算、风险规避等支持。而广东、广西、海南、云南四省区之间出口产业链的形成使得该四省区之间的经济联系密切度增加，这就必然要求出口产业链的各参与主体之间即粤、桂、琼、滇四省区之间进行包括金融合作在内的多方面的合作，否则，地区间出口产业链在其发展过程中就很容易发生“断裂”等情况，且存在着较大的合作风险，因此，在本课题中我们有必要考察粤、桂、琼、滇四省区之间出口产业链形成过程中区际金融合作的必要性。

在粤、桂、琼、滇四省区出口产业链的形成过程中必然伴随着地区之间金融的合作，同时在出口产业链的发展过程中两者之间也存在着相互

的影响关系。与出口产业链的建立一样,区域间的金融合作也是需要一定的现实条件的。这些条件包括:

1. 经济条件

区域金融的发展,离不开良好的经济基础。只有经济发展了,才能从根本上推动金融的成长。经济的发展意味着贸易和投资的增长,进而产生对资金的需求,同时,经济的增长会带来收入的增加和储蓄的增长,进而产生对资金的供给,巨大的资金供给和需求以及便利的资金融通渠道将促使金融业发展水平的提高。良好的经济基础首先体现在有利的宏观经济形势。宏观经济形势会影响融资者的筹资成本和利润实现,从而影响融资者的经营业绩,影响区域内企业的经营。如果宏观经济大幅度波动,众多企业高负债经营,金融机构流动性储备不足,社会对经济前景和政府控制经济局面的能力持悲观态度,将会影响区域金融的稳定。其次,区域内应具有较强的产业基础,雄厚的产业实力会形成对区域金融的有效需求。当区内产业不发达或者发展欠佳时,区域金融就会失去市场基础,其发展最终也会受到限制。只有区内产业发展,才会催生更充足有效的金融资源,为区域金融合作区的形成提供更广阔的空间。

2. 区域内经济联系紧密

地区间紧密的经济联系和交流是形成区域金融合作区的保障。地区间的金融合作不仅包括资金的流动,还伴随有金融人才、金融技术的跨区流动。经济联系度越高,将使资源的跨区域流动越容易实现。形成地区间紧密的经济联系有两种模式,一种是自发互动模式,即在市场机制的作用下,地区之间自发出现的资源要素流动;另一种是政府推动模式,通过政府这只“看得见的手”,促进和加强区际经济联系,包括:1、通过政府信息机构的沟通作用,促进地区间生产要素的流动。区域内的不同地区,在市场机制、信息机制等方面必然会存在一定的差异。通过政府的信息传递职能,能为地区间资源的合理流动和有效配置搭桥牵线。2、通过拆除地方保护主义政策,促进区际经济联系的提升。消除“诸侯经济”,地方政府层面的沟通协作十分必要。加强政府间的协商合作,能有效地拆除地区间的经济藩篱,对提高地区间的经济联系程度具有重要意义。

3. 金融条件

金融条件主要体现在金融发展的差异性、金融资源的自由流动性两个方面。

(1)金融业发展的差异性

金融业发展的差异性主要体现在两方面:金融业实力和金融业特色。首先,金融业实力上的差异性是形成区域金融合作区的基础。金融合作的形成必须以区域内的某一地区作为整个金融合作的中心,以实现金融资源在区内的集聚和扩散,发挥增长极组织、集散和传输的枢纽作用。金融业实力最强的地区将成为这一增长极,并带动其他地区金融水平的提高,实现区域金融的共同发展。若各地区金融实力相当、难分伯仲,都想成为整个金融合作区的中心,势必将在争夺过程中产生无谓的资源浪费和损耗,造成区域金融的混乱局面,并影响到整个合作进程的顺利进行。当然,金融实力的差异性应建立在水平相近的基础上,若实力相差悬殊,对金融合作区的形成也会带来负面影响。其次,金融业特色上的差异性是促使区域金融合作形成的动力各地区的金融业发展都刻有其经济发展的烙印,在金融机构、融资渠道、金融工具、制度规章、运行模式等领域具有自己独特的优势和特色,当然也会存在不同程度的缺陷和不足。通过金融合作来弥补缺陷、发挥优势、提高自身金融实力是各地区的共同目的,因而也构成了区域金融合作形成的最主要的动力。

(2)金融资源的自由流动性

区域金融合作的作用机制是通过金融资源的自由流动来实现资源在区内的最优配置。因此,金融资源的自由流动是形成金融合作区的关键。金融资源的自由流动体现在三个方面,首先是资金的自由流动。当区域内不同地区的资金供求发生失衡时,通过资金在区内的自由流动,提高资金的使用效率,充分发挥区内有限的资金资源对经济的推动作用。其次,金融资源的自由流动还体现在信息的自由流动,即区域内的金融机构拥有畅通的信息交流和沟通渠道。信息的自由流动性能降低区域金融合作过程中产生的信息成本,提高金融机构的运作效率和服务质量,并防范由于信息不畅所可能产生的金融风险。再次,金融资源的自由流动还体现在金融人才在区内的自由流动。通过人才的跨区自由流动,不仅能使个人根据自身实力“择良木而栖”,也能使金融机构挑选到最适合的人才,提高其管理运作效率。

4. 地理条件

形成区域金融合作的各地区在地理位置上应相互临近。区域金融合作是一个多层次的空间网络体系，必须依附于一定的空间位置和范围来形成紧密的金融网络，这就要求构成网络各节点的地区在地理位置上必须彼此接近。而且，一般而言，地理上毗邻的地区在语言、文化、思想观念等方面具有相似性，能有效地降低经济金融合作过程中的摩擦和阻力，有利于金融合作区的顺利建成。此外，地缘联系紧密的地区具有相近的区域经济特征和相似的经济政策目标，特别是大国经济中，位置接近的地区往往在该国经济发展中处于相似的地位和处境，因而能产生一致的经济政策目标，这对于区域金融合作的实现也能起到有利的作用。

5. 政治和法制条件

一个区域的政治是否稳定，是决定该区域能否形成金融合作的重要因素。它将直接影响合作各方的信心和合作的进程。同时，良好的法制环境是金融合作建成的基本保障。当经济和社会发展到一定阶段之后，法制环境对一个区域经济发展的影响力和重要性将逐步上升成为关键的因素之一。法律的规范性能保证市场的安全；法制的透明度能保障利益的预期；公正的司法制度和高效的仲裁机制能有效地裁断经济纠纷，有利于平息经济社会矛盾。在区域金融合作的形成过程中，完善、健全的金融法律体系在鼓励金融合作的同时，能引导、规范合作参与方的行为，利用法制的约束手段主导金融合作、互动活动的协调发展，通过公平的竞争机制来激活金融联动经济，从法律和法规上营造对内对外双重开放的氛围和规范的环境，保障各种金融要素充分流动。完善健全的法制条件是金融合作发展的必然要求，法律制度缺失或规范之间冲突不协调必然会延缓其发展进程。

5.3.2 出口产业链形成对地区金融的长远影响

出口产业链的形成对地区金融的长远影响主要包括出口产业链形成中产业结构的调整和优化升级对金融结构和金融发展的影响。

一、出口产业链形成中产业结构升级对金融结构调整的影响

出口产业链形成中产业结构升级对金融结构调整的影响是非常重要的，金融结构顺应产业结构升级进行的相关调整会在很大程度上促进出口产业链和产业结构的优化升级。

1. 粤、桂、琼、滇四省区出口产业链的形成会推动区域金融结构的调整

出口产业链形成过程中,区域金融结构的调整主要是在企业、政府以及金融机构的合力作用下进行的。

(1)企业对金融结构调整的作用

这主要是从企业经营过程中对于投融资、贸易结算手段的选择上来发挥作用的。在企业的融资结构来看,有银行信贷、发行股票和债券三种主要形式,企业会从自身经营目标和企业风险管理角度,配置杠杆融资中最合理的比例,虽然传统的 MM 理论认为企业效益和其融资结构无关,但事实上融资结构会影响企业的经营风险,尤其是股权融资占比大的上市公司。从历史经验看出,企业通常先选择内部融资,再选择债务融资,最后才是股权融资方式,企业的融资结构改变着金融机构对于各项品种的开发,提高资产利用效率。从外向型企业,在贸易过程中,存在着贸易融资便利、结算方式上的选择,这方面主要是对于银行类金融机构的业务结构的调整作用,在贸易过程中产生了很多品种的票据和贷款类型,如信用证、汇票及信用证抵押贷款,卖方信贷、卖方信贷等形式的短期贷款类型。同时存在着一系列的贸易过程中的商业保险,丰富了保险市场,促进保险市场发展。企业是构成证券市场的重要主题之一,其融资行为影响着股票市场的买卖,活跃了证券市场,促进了对于企业信息披露机制的发展,使得证券市场在整个金融业发展中的作用不断扩大,制衡各类金融机构的相互作用。

(2)政府部门对金融结构调整的作用

这主要是通过财政资金和金融界相关法律政策的制定来发挥作用的。政府通过财政进行基础设施建设、提供社会福利,在基础设施建设方面,财政支出只能是一部分,更多的是银行等金融机构采取银团贷款融资方式,大力推进了银行类资产的使用,并不断探索更便利、高效、低风险的投资类型,丰富了银行类金融机构的资产的投资安排,多样的投资组合可以在固定收益的情况下降低投资风险,优化银行类金融机构投资结构,同样,证券公司除了经纪业务外,还有大部分的衍生品业务、自有资金的投资管理和投行业务,都可以加入到大型的投资项目中,达到分散风险的高度化的投资结构,从而形成金融结构的优化。另一方面,政府通过制定相

关金融法律来规范金融机构的各项业务的开展和风险投资行为，更多时候金融律法的规定可以限制金融机构盲目追逐利益，如控制银行的过度放贷导致呆坏账；对证券公司风险监控防止挪用客户保证金进行风险投资；股票交易中的黑市操作等，从而保障金融发展和金融结构随着经济发展的自然调整和优化，随着经济的发展，金融结构会自发朝着复杂化、高度化、高效率和服务型金融结构体系发展。

3、金融机构间行为对金融结构调整的作用

金融机构之间的相互作用是社会经济生活中的必然现象。首先，银行间隔夜拆借市场的利率反应了金融市场的效率，泛北部湾经济区内主要的两个银行间拆借利率有新加坡银行间拆借利率和上海银行间拆借利率。美国将银行间的拆借利率作为基准利率说明其充分反映了金融市场的真实利率、金融市场的效率。基于粤、桂、琼、滇四省区出口产业链形成的地区之间的金融合作，能够加大地区之间金融机构的合作力度，创造出更高效的银行间拆借市场。其次，从区域金融机构间的竞争来看，伴随着出口产业链的形成与区域金融化程度的加深，银行类金融机构、证券类金融机构和外资金融机构间存在着业务交叉，这样相互间的竞争会导致金融机构间对于业务产品的创新开发(提高服务质量或投资收益、通过金融工具组合降低风险)，从而对区域金融结构产生影响，并在竞争中得到调整和优化，更好地服务于地区产业和经济的发展。

(4)伴随着区际出口产业链形成而来的区域产业结构的演进和不断优化，金融结构也会发生相应的变化

在现代市场经济条件下，不管是出口产业还是其他各产业发展所需的资金融通是以金融业为媒介的，在出口产业链形成推进区域产业结构升级的过程中，金融结构也必然会发生相应的变化，不同产业部门投资活动的变化引起金融活动方式、金融资产结构、金融市场结构以及金融机构结构的变化。根据金融供求理论，产业结构的升级引起金融结构的调整和发展。随着出口产业链上产业发展规模的扩大，要求金融业提供更大规模的金融服务，与此同时，伴随着出口产业链升级而引起的企业技术创新、企业制度创新、市场规模扩大及其复杂化，要求金融业提供更为复杂的金融服务。区际出口产业链的不断延伸和发展，出口企业规模的不断扩大，引致了直接融资的需求，股票、债券市场随之产生；经济规模的扩

大、经营风险的提高，引致了企业对衍生金融产品的需求。而金融结构的调整和变化，为整个区域出口产业的发展提供了更为宽广的融资渠道以及降低经营风险的完善的金融服务，也为区际出口产业发展或产业链的优化升级提供了更加有利的发展环境和更大的发展空间。出口产业链形成过程中的产业结构优化升级对金融结构的调整影响主要是从需求和供给两方面来体现的。

2. 出口产业链形成对地区金融结构调整的影响

出口产业链形成对地区金融结构调整的影响主要包括对地区金融结构调整的需求和供给影响两个方面。

(1)对金融结构调整的需求方面影响

出口产业链形成中产业结构的升级必然会推动经济的增长，增加国民收入和提高各经济单位对金融服务的需求，这刺激了金融业的发展。市场经济下，经济主体的各种投融资活动主要以降低成本、获取收益为目的。在产业发展的前期阶段，由于收入水平很低，经济体无力支付金融费用或因为交易量太小，每单位交易量所负担的成本过高而得不偿失，从而对金融需求很少。由于需求市场狭小，金融市场和中介一直发展不起来，金融结构也将处于低级的阶段。随着产业的发展，一方面，产业结构的升级必然伴随着经济的增加和国民收入的提高，人们收入与财富的增加，对理财和货币的增值保值需求日益强烈，这会刺激金融业的发展。另一方面，产业结构升级伴随着产业的更替和相关主导产业规模逐渐增大，内源性金融无法满足自身的发展需要时，发展迅速的新兴产业和主导产业对资金投入的需求越来越大，这在客观上会要求经济体系中的金融资源由低效益和发展缓慢的产业流向这些新兴的产业，促使金融结构的调整。另外，产业结构的升级也意味着产业部门由生产初级产品为主，向生产高级复杂、高附加值产品为主的阶段发展，工业化进程的加快会向金融机构提出更多和更高的要求，对金融产品的数量和种类需求也日趋旺盛和多样化。作为对金融需求的反应，金融中介和金融市场开始发展壮大，金融产品为适应金融需求也在不断创新。由于交易量的放大、金融方式和技术的创新，金融中介可以降低经济体的金融成本，从而又促使金融需求的进一步扩大，金融结构在金融需求的力量下，逐步从简单向复杂和高级化方向发展。

(2)对金融结构调整的供给方面影响

由于出口产业链形成引发的产业结构的升级,往往又是伴随着高新技术产业的发展,从而推动技术进步和信息技术的研发与运用。这一方面为金融市场提供了更便捷的金融交易手段,大大提高了金融市场的交易效率,使得金融市场的范围极大扩大,金融市场不再受地域和时间上的限制,金融渠道得以在广度上拓宽。另一方面,科技信息技术的进步为金融创新的发展奠定了基础,导致了金融工具和金融产品的创新,使金融的手段和方式多样化。技术从根本上重建了金融产品的创新以及产品提供并被最终用户接受和使用的模式(格林斯潘,1997)[①],为金融双方提供了更多的风险分散和金融组合选择,降低金融成本,从而会进一步刺激金融需求,推动金融结构的升级发展。

3. 出口产业链形成对金融资源的配置效率的影响

随着经济货币化的基本完成和经济金融化的展开,金融逐步成为现代市场经济中"资源配置的核心制度",金融资源配置是地区之间乃至全国、全球经济资源配置的关键。因此,出口产业链的形成导致资源配置效率的改变,必须先提高区域金融资源的配置效率。区域金融资源配置效率会影响包括区际出口产业链的形成在内的区域经济的发展,而区际出口产业链的形成对金融资源配置效率也具有反作用。长期以来我国金融资源的配置一直存在着金融体系流动性过剩、区际间金融资源配置结构性失衡以及直接融资比例低、间接融资比例高等金融资源配置效率低下等问题。区际出口产业链的形成与优化升级不仅来源于有效的资本积聚和形成的支持,更受到资本的配置方向和配置效率的影响。由区域金融资源配置引起的金融结构的调整优化不仅可以充分调动社会上的闲置资金,还可以提高金融效率,优化金融资源配置,更重要的是出口产业链的形成有利于供应链金融的形成和发展。

供应链金融是指对某一产业链中的单个企业或者上下游多个企业提供全面的金融服务,以促进供应链上下游配套企业"产—供—销"链条的稳固和流转畅顺,并通过金融资本与实业经济协作,构筑银行、企业和商

① 王加胜:《现代金融创新(发展)的原因、趋势和特点》,《济南大学学报》2006年第5期。

品供应链互利共存、良性互动、持续发展的产业生态结构。就产品供应链的结构来看,呈现出网链特征,网络的节点包括了产品的整个产销过程,负责原材料供应、产品制造、分销、零售的企业及最终用户,将这些节点贯穿起来的是物流、资金流和信息流。其中,物流是指物品从供应地到销售地的实体流动过程,包括原材料从供应商到生产商,产品从生产商到分销商到零售商,最终到用户的运输、储存、包装等过程。资金流是指对物流过程的商品交易和服务进行资金支付的过程,包括信用条件、支付方式、委托与所有权契约等。信息流是指伴随交易和服务过程的商品和资金交付的信息,如需求信息、采购订单、货物状态、账单等。

通过提供区际出口产业链形成中的供应链融资,银行可以针对企业运作流程的各个环节进行融资服务,满足企业供应链环节上的不同需求。银行的"供应链融资"对资金不足的上下游配套中小企业提供支持,解决供应链中上下游企业间的失衡问题。其次,融入了银行信用上下游企业的购销行为,增强其商业信用,使供应链条上的企业更加平等地协商和建立长期稳定的战略协同关系。企业只需支付少部分的保证金,就可以获得国际贸易供应链融资中足额的资金支持。同时,企业在这种杠杆经营下,盘活企业动产和应收账款来改善企业现金流,可以提升在供应链环节的竞争规模和实力以及整个供应链的竞争实力。此外,银行还可以通过延迟支付进口款项或者提前收回出口货款,帮助企业有效防范汇率风险。

在出口产业链形成过程中,金融体系的发展、金融衍生产品的创新、金融服务的开展,就在于适应建立在要素禀赋结构之上的产业结构的需求,为具有竞争力的产业服务,保证将资本配置到这些企业和产业中去,最大限度地靠近帕累托最优。金融体系为经济中具有比较优势的企业和产业提供服务、配置资本的过程,就是金融市场以及适应产业发展需要的金融结构的形成过程。不同的产品需要不同的要素投入,对金融体系所提供的服务也提出不同的要求。同时,不同的金融机构和中介在提供不同的金融服务上各具比较优势;不同的国家法律限制、不同的产业贸易,使得跨国贸易结算方式、贸易融资需求不同;不同国家的汇率变动、资金结算时间结构不同,使得国际结算货币的选择和衍生的保值增值的金融衍生产品选择不同。因此,相应于不同的产业结构,金融结构为适应不同的生产贸易需求而更加复杂化、高度化,而金融机构间的业务竞争,促使各类金融机构自身结构和产品多样化,盈利性、安全性和流动性有效结合,最终实现金融结构优化。从这个角度来讲,区际出口产业链的形成也会对金融资源的配置效率产生影响。

5.4 出口产业链形成过程中的避税问题

为避免粤、桂、琼、滇四省区出口产业链形成过程中避税行为的出现给相关省区的财政税收收入造成损失,我们首先有必要对避税的相关问题进行一个全面的了解。

5.4.1 避税的负面影响

避税(Tax Avoidance)与反避税(Against Tax Avoidance)一直以来都是关乎一国或一地区经济发展特别是税收收入增长的一个十分重要的问题,特别是在我国由于缺乏反避税的相关法律法规的约束,由避税所产生的一些问题如果不采取严厉措施进行有效解决,长此以往会严重影响到我国经济的可持续增长和我国的税收权益。据有关数据资料统计,我国由企业避税所导致的税款损失每年超过300亿元人民币,这种避税既包括外资企业的避税又包括内资企业的避税,但最主要的还是由外资企业的避税所造成的。但是不论是何种避税行为都会产生一系列的负面影响。

避税的第一个负面影响是会导致相关国家或地区财政收入的减少。此处财政收入的减少包括由避税所导致的税款的损失,如我国每年因避税所产生的税款损失超过300亿元人民币,这一点我们已经在上文中有所提及;此外还包括由避税所产生的财政支出的增加,这主要是国家或地区的税务部门采取措施来确保税收征管工作的开展,如增强人力、物力来不断加强对企业税收缴纳的监管等。

避税的第二个负面影响是会导致税负的失衡,同行业或同类企业中一些企业避税行为的存在,有效降低了这些企业的税负,但是会产生不同企业之间的税收差别待遇,导致其他同行业或同类企业的相对税负高于采取避税措施的这些企业的税负,造成了税负的失衡。

避税的第三个负面影响是会造成经济福利的损失，就像政府征税会产生"无谓损失"一样，企业的避税行为也会造成经济福利的损失，政府的征税在产生"无谓损失"的同时也产生了一个新的"帕累托均衡"，但是企业的避税行为打破了这种"均衡"，造成了经济福利的损失。如企业避税行为的产生会导致企业之前所制定的发展方案、经营计划、人力资源分配等发生变化，而且企业的避税也必须是经过充分研究、必须在不违反国家法律的情况下才得以进行的，企业需要聘请专业的税收筹划方面的专家来进行策划，这样会在一定程度上增加企业生产经营的成本，改变了社会经济的福利水平(见图5-10)。

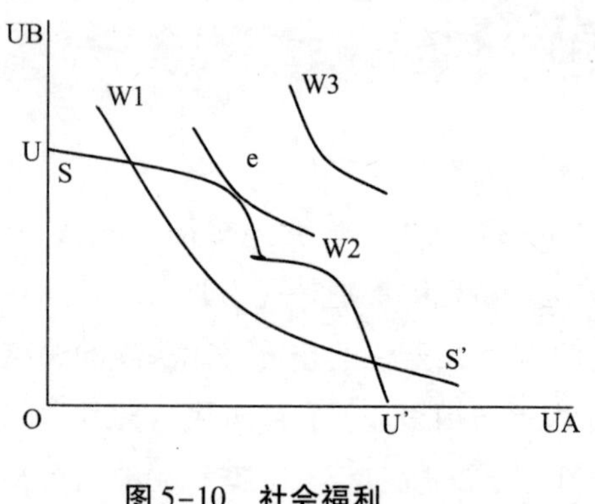

图5-10　社会福利

在上图中，我们假设整个社会是只有两个参与主体A和B的社会，W1、W2、W3分别为社会无差异曲线，UU'为效用可能性曲线，在e点社会福利达到最大，但是由于企业避税行为的产生导致国家财政收入的减少、相关企业的税收负担加重、扰乱了税收征管效率，造成了社会福利损失。在上图中就表现为社会无差异曲线与效用可能性曲线由切点e相较于s和s'两点，该两点的福利水平均低于社会经济达到帕累托均衡时的社会福利水平，而避税企业的福利水平则相对较高，因为通过避税企业的税负有所减轻，企业的相对利润增加，如果用上图表示，我们可以将避税企业的福利水平用更高的社会无差异曲线W3来表示，但是W3远远超出了效用可能性曲线，也就是超出了现有经济发展条件下所能够达到的最大的社会福利水平，是无法实现的。

在地区之间出口产业链的形成过程中，避税与反避税问题也是至关重要的，因为它不仅关系着相关不同地区的税收权益，更密切关系着区际出口产业链形成过程中相互合作的可持续性与长期性以及我国产业结构的优化升级。避税问题的存在会形成区际同类企业之间不同的税收差别待遇，会造成由不公平竞争所产生的税收效率扭曲，并进一步加大地区之间税收负担的差异程度。

5.4.2　避税的主要方法

对于一些企业来说，合理避税可以减轻企业的税收负担，更加有利于提高企业在同行业间乃至国际范围内的竞争力，它虽然没有违反法律，但从道德角度来讲还是具有一定程度的不合理性，而且也会在某种程度上导致我国或地区区域税源的减少，目前，我国国内企业避税的方法主要有以下几种。

第一，利用海关特殊监管区域进行避税。海关特殊监管区域享有境外进口货物入区保税、出口货物入区退税以及流转税优惠政策，它主要包括综合保税区、出口加工区、保税物流中心（A 型和 B 型）、保税物流园区、保税港区以及保税仓库等。目前，我国海关特殊监管区域共 97 个，其中保税物流中心 26 个，已建立的保税区具有进出口加工、国际贸易、保税仓储商品展示等功能，享有"免征、免税、保税"政策，实行"境内关外"运作方式，是中国对外开放程度最高、运作机制最便捷、政策最优惠的经济区域之一。这些海关特殊监管区域的存在为企业活动的开展特别是外资企业活动的开展提供了极大的便利条件和优惠，并且有效延伸了产业链。如我国的综合保税区就享有大量的税收优惠政策，包括国外货物可以入区保税、货物出区进入国内销售按货物进口的有关规定办理报关并按货物实际状态征税、国内货物入区视同出口实行退税、区内企业之间的货物交易不征增值税和消费税等。

第二，利用转让定价即关联企业内部交易进行避税。转让定价常见于跨国企业利用不同国家的税率差来实现企业自身发展的利益，通常是由高税负的国家转移到低税负的国家。转让定价对我国的税收产生了许多负面影响，会造成税收永久性的流失、税收缴纳时间的延迟，同时也使得地区财政收入分配格局发生扭曲、税收和税源相背离，并且扰乱了财政资源的配置效率。究其原因在于,就目前我国的经济发展状况来看,享受税收优惠较多的地区往往经济较为发达,如我国的广东省,在改革开放后的一段时间里国家出台了一系列的税收优惠政策来促进广东省的对外开放和发展,尽管为促进西部大开发,国家出台了一系列的税收优惠政策,但是通过研究来看我国至今包括广东省在内的周边省区所享受的税收优惠还是远远多于经济发展相对落后的西部地区的,在此背景下,一些企业通过转让定价的手段将企业当年利润转移,会引起利润的流向发生改变,享受较多税收优惠的地区的税收收入增加而税收优惠较少地区的税收收入减少,会在一定程度上扩大地区之间财力和经济实力差距,并有可能会进一步加重地区之间两极分化的程度。

第三,利用优惠政策进行避税。这些优惠政策涉及我国多个税种,如企业所得税中就规定了高新技术企业优惠、小型微利企业优惠、创投企业优惠、民族自治地方的优惠等,增值税、消费税中规定了出口退税优惠等。利用优惠政策进行避税是企业特别是外资企业进行有效避税的非常重要的方法之一。众所周知,我国为充分吸引外商投资出台了大量的税收优惠政策,但是正是因为这些税收优惠措施的存在在很大程度上推动了外商投资企业的避税行为,很多企业在成立之初或运行过程中都"瞄准"这些优惠,并采取措施进行充分地"运用",这些避税行为的存在造成了我国税款的大量流失,正如上文中曾提及的那样因外资企业的避税行为给我国税收收入带来了巨大的损失,据不完全测算每年税款损失大概都在300亿元人民币以上。

此外,企业进行有效避税的方法通常还包括折旧、存货计价、资产摊销以及挂靠、资产租赁等方法。

5.4.3 相关税种利用税收筹划进行避税的实例考察

目前,企业对相关税种所进行的有效避税主要包括增值税、企业所得税和营业税等。下面我们将通过具体的实例来对各税种进行充分的考察。

一、增值税税收筹划案例考察[①]

① 资料来源:中国税务信息网。

假设粤、桂、琼、滇四省区出口产业链形成后，某一出口型机电产品企业采用进料加工方式为国外某公司加工精密仪表类产品一批，其中进口保税料件价值1500万元，加工完成后返销给该公司售价为2700万元，为加工该批产品所耗用的辅助材料、低值易耗品、燃料及动力等费用的进项税额为30万元，该批仪表产品的增值税征税率为17%，退税率15%，那么该企业当期不予退税的税额为24万元((2700－1500)×(17%－15%))，当期应纳税额为6万元(30–24)，即该出口企业采用进料加工的形式从事仪表加工业务所需缴纳的增值税为6万元。

但是上述出口企业将生产方式改为来料加工方式时，根据我国《税法》的规定：来料加工复出口的货物，即原材料进口免税，加工自制的货物出口不退税，进口免税出口也免税，因此较进料加工来说可以少缴纳6万元的增值税，因此，在广东省甚至是在全国范围内来料加工所占出口贸易的比重是非常高的。

二、企业所得税税收筹划案例考察

我国《税法》规定，对在西部地区新办交通、电力、水利、邮政、广播电视企业，上述项目业务收入占企业总收入70%以上的，可以享受企业所得税如下优惠政策：内资企业自开始生产经营之日起，第一年至第二年免征企业所得税，第三年至第五年减半征收企业所得税(按15%税率计算出应纳所得税额后减半执行)。

[案例]假设粤、桂、琼、滇四省区出口产业链建立后，某投资者欲在广西(享有《税法》规定的西部大开发的税收优惠)投资创办一个新公司，兼营交通业务和其他业务，预计全年交通业务收入为450万元，非交通业务收入为250万元，利润率为30%。

[方案1]投资创办一个交通企业兼营其他业务，因交通业务收入占全部业务收入的比例为64.28%(450/700×100%)小于70%，因此，不能享受免税优惠，也不能享受15%的税率。2010年应缴纳企业所得税税额为700×30%×25%=52.5(万元)。

[方案2]分别投资两个企业，一个从事交通运输业务，一个从事其他业务。从事交通运输业务的企业收入全部为交通运输收入，超过了70%的比例，可以享受免税待遇，免税期后也可享受15%的税率。那么，2010年应缴纳企业所得税税额为250×30%×25%=18.75万元。比较两种方

案，方案 2 比方案 1 在企业成立的前两年由于交通运输企业免征企业所得税而节税 33.75 万元（52.5－18.75），并且，在交通运输企业投资创立后的第三年至第五年还可享受减半缴纳企业所得税的优惠政策，因此，每年可持续节税（450×30%×25%－450×30×15%/2＝23.625 万元）。

［方案 3］投资创办一个交通运输企业兼营其他业务，该企业扩大投资规模，扩展交通运输业务，预计 2010 年交通运输业务收入 600 万元，其他条件不变，则这时的交通运输业务占企业全部业务收入的比例为 70.59%（600/850×100%）。经企业申请，税务机关审核后任务该企业符合西部大开发的减免税政策，可享受"免 2 减 3"的优惠政策，因此，该企业在 2010 年至 2011 年度可享受免征企业所得税，2012 年至 2014 年度可享受减半缴纳企业所得税的优惠政策。方案 3 和方案 2 比较，企业在免税期间每年可以省去因开展其他业务所缴纳的 18.75 万元的企业所得税，免税期后的第三至第五年每年应缴纳的企业所得税为 850×30%×15%/2＝19.125 万元，方案 3 比方案 2 共可以节税 18.75×5＋10.125×3－19.125×3＝66.75 万元。

三、营业税税收筹划案例考察①

众所周知，目前我国国内的租赁业务主要有融资租赁和经营租赁两种，根据我国《财政部、国家税务总局关于转发〈国务院关于调整金融保险业税收政策有关问题的通知〉的通知》（财税字〔1997〕45 号）规定：纳税人经营融资租赁业务，以其向承租者收取的全部价款和价外费用减去出租方承担的出租货物的实际成本后的余额为营业额，并依此征收营业税。出租货物的实际成本，包括由出租方承担的货物购入价、关税、增值税、消费税等费用；《财政部、国家税务总局关于营业税若干政策问题的通知》（财税〔2003〕16 号）规定：经中国人民银行、外经贸部和国家经贸委批准经营融资租赁业务的单位从事融资租赁业务的，以其向承租者收取的全部价款和价外费用（包括残值）减除出租方承担的出租货物的实际成本后的余额为营业额。以上所称出租货物的实际成本，包括由出租方承担的货物的购入价、关税、增值税、消费税等和贷款的利息。融资租赁

① 资料来源：根据中国税务信息网相关案例改编而来。

应缴纳营业税的计税依据实际上是扣除成本费用后的净收入；而经营租赁是按营业税“服务业”中的“租赁业”征收营业税，其营业额为向对方收取的全部费用，包括价外收费，且不得抵扣成本费用支出。因此，在提供租赁业务时，是选择融资租赁（符合国家规定企业）还是经营租赁，租赁方所承受的税负是不一样的。

[案例]假设粤、桂、琼、滇四省区出口产业链形成后，广东省广州市的甲公司为适应出口产业链专业化生产的需要进行相关技术改造，需引进一套自动化机器设备，而广州市的可以开展融资租赁业务的乙银行可以为甲公司提供其所需的机器设备。乙银行购买到此机器设备，价格为 819 万元（含增值税），境内运输费和安装调试费 20 万元，借款利息 15 万元。为此，乙银行特别指定了两套方案供甲公司选择，这两套方案分别为：

[方案 1]乙银行与甲公司签订经营租赁合同，租期为 8 年，租金总额为 1020 万元，甲公司每年年初支付租金 127.5 万元，租赁期满，乙银行收回设备，假定收回设备的可变现净值为 200 万元。那么，在此情况下，乙银行应当缴纳的营业税为 51 万元（1020×5%），应缴纳的城建税及教育费附加为 5.1 万元（51×(7%+3%)），应缴纳的印花税为 1.02 万元（经营租赁合同的印花税税率为 1‰，因此应当缴纳的印花税＝1020×1‰），乙银行所获利润为 1020+200−819−20−15−51−5.1−1.02＝308.88 万元。

[方案 2]乙银行与甲公司签订融资租赁合同，明确融资租赁价款为 1200 万元，租赁期为 8 年，甲公司每年年初支付租金 150 万元，合同期满付清租金后，该机器设备自动转让给甲公司，转让价款为 10 万元（残值）。那么，在此情况下乙银行应当缴纳的营业税为 17.8 万元（(1210−854)×5%），应缴纳的城建税及教育费附加为 1.78 万元（17.8×(7%+3%)），应缴纳的印花税为 0.06 万元（融资租赁合同的印花税为 0.5‰，因此应当缴纳的印花税＝1200×0.5‰），乙银行所获利润为 1200+10−819−20−15−17.8−1.78−0.06＝336.36 万元。较方案 1 来看，乙银行采取方案 2 开展业务所承担的税负较轻，可以多获得 27.48 万元的利润。

5.4.4 粤、桂、琼、滇四省区现有“避税条件”

这里所说的“避税条件”是指粤、桂、琼、滇四省区现有的为企业开展有效避税所提供的税收优惠政策等条件。关于这些“避税条件”我们将分别从广东、广西、海南、云南的实际情况来展开分析。

一、广东省

广东省是我国改革开放以来享受税收优惠政策最多的省份之一，这些税收优惠政策的实施对广东省的对外进出口贸易的发展和广东省经济社会的发展起到了决定性的作用，时至今日国家的大量优惠政策仍然惠及广东省经济的发展。广东省目前已经拥有东莞保税物流中心、中山保税物流中心、广州空港保税物流中心、南沙开发区保税港区、白云机场综合保税区等15个海关特殊监管区域，其中有6个保税区、4个出口加工区、2个保税物流园区、2个保税港区和1个珠澳跨境工业园区。这些保税物流特殊监管区域的存在特别是区域内"境内关外"政策的实施，给相关出口企业带来了直接的好处，如企业在入保税物流区之前出口时出口退税款项往往要等到货物离境后的两三个月才得以退还，现在企业入区就等同离境即可获得退税款，大大降低了企业退税款项的占压，加快了广州电子信息产业、服装加工、玩具制造业等的发展。

二、广西壮族自治区

广西壮族自治区经济增长近年来取得了良好的发展，这在很大程度上归功于国家支持沿海沿边地区、民族地区经济发展等一系列促进西部大开发优惠政策的实施，特别是广西作为中国—东盟自由贸易区框架下中国与东盟合作的"桥头堡"，近些年充分享受了国家给予北部湾经济区经济发展的大量优惠政策。目前，广西壮族自治区已经成为中国市场与东盟市场互动的"踏板"，特别是在2010年1月1日中国东盟自由贸易区全面开启"零关税时代"后，东盟国家产业的进出口与广西区对外贸易的发展联系将会更加紧密。广西区现有的能够成为出口将企业有效避税的利用"条件"主要有：在税收优惠政策方面，我国《税法》规定民族自治地方的自治机关对本民族自治地方的企业所应缴纳的企业所得税中属于地方分享的部分，可以决定减征或者免征；对设在西部地区国家鼓励类产业的内资企业，在2001—2010年期间，减按15%的税率征收企业所得税；经省级人民政府批准，民族自治地方的内资企业可以定期减征或免征企业所得税等。关于海关特殊监管区域方面，目前广西已经拥有4个，分别是钦州保税港区、南宁保税物流中心、北海出口加工区和凭祥综合保税区，在增强广西区区域竞争力、深化中国与东盟区域经济合作以及推进北部湾经济区充分参与国际贸易竞争和税收竞争以及经济全球化合专业化等方面发挥了重大作用。

三、海南省

早在1988年国家就出台了《关于鼓励投资开发海南岛的规定》,包括税收优惠在内的一系列优惠政策吸引了大量的国内外投资资金,提升了海南岛的国际知名度。目前海南省已经拥有海口综合保税区、海南洋浦保税港区两个海关特殊监管区域,享受国外货物入区保税、国内货物入区视同出口实行退税、区内企业之间的货物交易不征增值税和消费税等优惠,为海南与国际市场接轨、拓展海外的现代物流和加工贸易运营示范区奠定了良好的基础,吸引了大量的中外企业,为海南省经济社会的发展做出了十分重大的贡献。

四、云南省

云南省相对于上述三省区来说,基本上没有建立海关特殊监管区域,在很大程度上避免了企业利用海关特殊监管区域进行有效避税行为的发生以及由企业采用该种方法进行避税所造成的税收收入损失。但是作为西部地区,和广西区一样,云南省也享受了大量国家出台的促进西部大开发的税收优惠政策和产业优惠政策。

本章小结

粤、桂、琼、滇四省区区际出口产业链的形成,有其可行性和必要性。出口产业链的建立,一方面可以通过对相关产业的整合,提高资源的利用效率、避免资源的无谓浪费,推进我国产业结构的不断优化升级,提高我国出口产业的国际竞争力,产生了一系列的正面效应;另一方面,由于区际专业化程度的不同,不同省区在出口产业链的形成过程中所扮演的"角色"不同,有可能会导致区际经济发展非均衡的进一步扩大,其负面效应也将逐步显现。演化经济学认为经济增长是活动特定的,经济活动有着不同的"质量"以及与其活动行为相匹配的"价值",不同的经济活动创造报酬递增的能力不同,一般来说,"高质量"的经济活动能够创造较高的价值,"低质量"的经济活动创造的价值则相对较低。因此,如果在广东、广西、海南、云南四省区之间建立区域出口产业链,按照上述的演化经济学的相关理论,较于广东较为娴熟和高端的专业化,广西、海南、云南的专业化水平相对较低,在出口产业链的分工过程中,根据专业化活动的"质量"不同,粤、桂、琼、滇四省区获得的相应"价值"即利益也不相同,因此,就引发了出口产业链形成过程中的利益分配问题。虽然分工对于各省来说都有利,但是由于各个省区的专业化差异,会造成各省之间收益分配的不均衡情况,这就需要对出口产业链形成过程中可能涉及的相关利益的调整问题有一个清楚的认识和透彻的分析。而财政措施也必须不断顺应地区产业发展的需要进行调整和创新,以更好地解决因区际出口产业链的形成而导致的利益分配问题。

一个地区经济社会的资源禀赋结构及比较优势决定着其产业发展的性质和特征,进而决定了支持产业发展的金融结构,出口产业也不例外。随着经济的发展,要素禀赋结构及比较优势会发生变化,产业经济活动的性质和特征也会相应发生变化。金融体系结构只有适应资源禀赋结构的变化才能有效满足不同区域产业和企业的金融需求,促进区域产业的合理、高度化布局。因为一定发展阶段的资源禀赋结构决定了该地区国家经济活动中的产业技术结构和产业结构特点,要求有与之相应的金融体系结构。对相对欠发达国家和地区而言,资本是稀缺的要素,经济中的比较优势在于土地等资源密集型和劳动力密集型产品,从而资源和劳动密集型产业成为该国家和地区的主导产业,此时金融发展水平较低,金融市场和金融中介不发达。而相对发达国家和地区,经济剩余较多,资本积累数量大,在经济要素禀赋结构中资本成为较丰富的要素,资本价格也相对较低,使得该国家和地区企业的投入要素结构发生改变,资本和技术密集型产业成为具有比较优势的产业,资金规模成为影响产业发展规模和速度的重要因素。特别是对于规模经济效应显著的物质资本密集型产业而言,投资项目因为技术复杂性、市场不确定性使得投资风险巨大,因而需要能够迅速汇集和处理信息,满足企业风险管理需要的金融市场。与此相应,金融市场、风险投资机制日益发展,银行规模日益扩大,证券市场的活跃可以满足大量融资和提高抗风险能力的要求。

第6章 出口产业链形成过程中的区域财政金融支撑体系

CAFTA框架下，粤、桂、琼、滇四省区出口产业的形成过程中需要很多方面的支撑，财政金融方面的支撑更是举足轻重。在此，本章第一节较为全面地分析了当前我国粤、桂、琼、滇四省区的财政金融支撑体系状况，其中对财政支撑体系现状的分析主要从西部大开发政策、沿海沿边政策、民族优惠政策三方面展开，对四省区金融支撑体系的现状分析则主要从金融机构、保险业、证券业入手，然后根据该四省区财政金融支撑体系的状况进行了其在出口产业链形成过程中的国际竞争力分析。第二节则重点介绍了财政金融支撑体系在促进出口产业链形成方面的演进过程，并深入剖析了粤、桂、琼、滇四省区在现有条件下，财政金融支撑体系在存进出口产业链形成方面所存在的问题与不足。第三节分析了CAFTA框架下东盟海上六国在推动出口产业链形成和发展方面所采取的财政金融政策，以及其财政金融支撑体系构建状况，以期能够为我国粤、桂、琼、滇四省区出口产业链构建过程中财政金融支撑体系的创新和完善提供有利的国际经验借鉴。

6.1 区域出口产业形成过程中的财政金融支撑能力现状

改革开放以来,我国给予 CAFTA 框架下的粤、桂、琼、滇四省区不少倾斜政策,1980 年在广东省划出深圳、珠海、汕头三个经济特区,1984 年批准广西北海市和湛江市为国家首批沿海对外开放城市,1988 年批准海南建省并成立经济特区,这些优惠条件给粤、桂、琼、滇四省区经济发展带来了转机。为了加快促进产业化,进一步调整和优化产业结构,国家还出台了一系列重大产业政策。其中与出口产业有关的政策主要有:2004 年《外商投资产业指导目录》(国家发改委、商务部令第 24 号),2005 年《国务院关于发布实施〈促进产业结构调整暂行规定〉的决定》(国发[2005]40 号文,2005 年 12 月 2 日)及国家发改委配套出台的《产业结构调整指导目录(2005 年本)》(发改委令第 40 号)。粤、桂、琼、滇四省区充分利用了中央给予沿海开放城市、经济特区的倾斜政策和周边国际政治军事形势趋于缓和的有利条件,加快改善投资环境,吸引大量外部资金涌入,当地经济快速发展,产业结构发生很大变化。按照国家规划,北部湾经济区建成中国—东盟开放合作的物流基地、商贸基地、加工制造基地和信息交流中心,成为带动、支撑西部大开发的战略高地和开放度高、辐射力强、经济繁荣、社会和谐、生态良好的重要国际区域经济合作区。那么,我们面临的问题是,除了固有的区位优势与资源优势,粤、桂、琼、滇四省区现有的经济基础及其支撑条件能否“担起重任”?本部分我们就此疑问进行研究。

6.1.1 粤、桂、琼、滇四省区出口产业形成的财政支撑现状分析

粤、桂、琼、滇四省区出口产业形成过程中的财政支撑包括西部大开发政策、沿海沿边政策以及民族优惠政策等,主要采取对粤、桂、琼、滇四省区实行税收优惠和财政补助的手段,对四省区出口产业的形成与发展有巨大的鼓励、支持作用。

一、粤桂琼滇四省区财政支撑——西部开发政策

广西、云南在国家实施西部大开发十二省市区之列，享有财政部、国家税务总局、海关总署《关于西部大开发税收优惠政策问题的通知》（财税[2001]202号），国务院《关于实施西部大开发若干政策措施的通知》（国发[2003]33号）和《关于西部大开发若干政策措施的实施意见》规定的五大类十九条具体优惠政策措施，包括西部开发的产业政策和区域政策、增加资金投入的政策、扩大对内对外开放的政策等。

在财税优惠政策方面，规定对设在西部地区国家鼓励类产业的内资企业和外商投资企业，在2001—2010年期间，减按15%的税率征收企业所得税；对于在西部地区新办交通、电力、水利、邮政、广播电视企业项目业务收入占企业收入70%以上的，给予企业所得税两年免征、三年减半征收的优惠政策。

值得注意的是，西部大开发中的政策优惠虽然众多，但在推进经济发展过程中利用并不充分，即仍有一些政策没有完全地施展开来；另外，西部大开发中规定的优惠年限至2010年，由于目前广西、云南绝大部分地区的开发正处于初级起步阶段，仍然需要大量的政策支持，因此期待能够得到国家支持，延长西部大开发政策年限。

二、粤桂琼滇四省区财政支撑——沿海沿边政策

国家为了扶持边境贸易的发展，制定了一系列优惠政策，党在十七大更是提出要“深化沿海开放、提升延边开放”。其中，税收优惠政策是其重要组成部分。税收优惠政策的制定和实施在中越边境贸易的发展中起到了巨大的推动作用，给沿边地区的贸易增添了活力。粤、桂、琼、滇四省区在发展边境贸易优惠方面有以下政策：

1. 关于边民互市贸易方面

2008年，国家发布《关于促进边境贸易发展有关财税政策的通知》（财关税[2008]90号）及《关于促进边境地区经济贸易发展问题的批复》（国函〔2008〕92号），规定提高边境地区边民互市进口免税额度。边民通过互市贸易进口的生活用品，每人每日价值在人民币8000元以下的，免征进口关税和进口环节税。通知还加大了对边境贸易发展的财政支持力度，规定国家在现行边境地区专项转移支付的基础上增加资金规模，加大对边境贸易发展的支持力度，为企业的发展创造良好的外部环境。2008

年全年按20亿元掌握,实际执行期为两个月;以后年度在此基础上建立与口岸过货量等因素挂钩的适度增长机制。地方财政部门要结合本地实际,并根据支持边境贸易发展和边境小额贸易企业能力建设的要求,认真落实中央补助资金,切实发挥资金使用效益。

2. 关于边境小额贸易方面

边境贸易在出口方面同样能享受税收优惠。国家对边境小额贸易企业自营出口货物实行零税率政策。通过边境小额贸易出口的货物,可以享受国家的出口退税政策,获得出口退税。

3. 其他方面

2003年,国家食品药品监督管理局关于实施《药品进口管理办法》有关事宜的通知(国食药监注[2003]320号)。为加强管理,提高通关效率,经国务院批准,设广东省广州市、深圳市、珠海市、海南省海口市等18个城市为允许药品出口的通关口岸。

2005年,国家发布《海关总署、国家食品药品监督管理局关于开放黑河等20个边境口岸作为中药材进口通关口岸的通知》(署监发[2005]130号),规定为促进我国边境贸易的发展,保证药材质量,方便边贸进口,根据国务院批复,决定开放广西壮族自治区凭祥、东兴、龙邦等共20个边境口岸作为中药材进口通关口岸,中药材通过上述口岸进口凭药品监督管理部门签发的《进口药品通关单》办理通关手续。

此外,还扩大了以人民币结算办理出口退税的试点,清理了涉及边境贸易企业的收费,并补助支持边境口岸建设。

不可否认,以上优惠政策极大地促进了沿边贸易的发展,使边境的交易市场逐渐活跃。

此外,中越联合打造的跨境经济合作区正在紧锣密鼓的建设中。中越跨境经济合作区横跨中国广西凭祥市和越南谅山省,区内将实行"两国一区、境内关外、自由贸易、封闭运作"的管理模式,实行货物贸易、服务贸易和投资自由的开放政策。除两国法律禁止进出口的货物及物品外,原产于中越两国的货物及物品可自由进入该区,免征关税和环节税,区内生产的产品进入中越两国市场,减半征收关税和环节税。凭祥综合保税区作为中越跨境经济合作区的中方母体与越方对接,除了拥有各大综合保税区的优惠政策外,还享有民族自治区、西部大开发、边贸开发、大湄公河次区域合作等优惠政策，综合政策优惠居全国所有综保区之首，是我国边境第一个综合保税区且是目前国务院批复的综合保税区中面积最大的一个。

中越跨境经济合作区项目建成后，将进一步促进中越两国的边境贸易，推进中越"两廊一圈"战略的实施，实现两国互利合作和共同发展，推动中国——东盟自由贸易区进程。

三、粤桂琼滇四省区财政支撑——民族优惠政策

依照法律规定，民族自治地区的自治机关除行使地方国家机关的职权外，可依照法律规定行使自治权，可以根据本地实际，在不违背宪法法律的原则下，有权采取特殊政策和灵活措施，加快民族自治地区经济和社会发展。如根据我国法律规定，民族自治地方的自治机关对本民族自治地方的企业应缴纳的企业所得税中属于地方分享的部分，可以决定减征或免征；民族自治地方的人大依照制定自治条例和单行条例的规定，可以制定有关税收的地方性法规。

粤、桂、琼、滇四省区都属少数民族地区，自然有享受相关规定的特殊权力。粤、桂、琼、滇四省区均有众多少数民族聚居的民族区域自治地区，人民群众对民族商品和民族贸易有着特殊需求。民族贸易在满足少数民族群众生产生活需要的同时，也逐渐成为少数民族地区最具特色、最具比较优势的产业。少数民族旅游工艺品、少数民族成药等少数民族特产已成为新的经济增长点。为保证民族特需商品供应正常和商品流通渠道的畅通，根据《国家民委关于继续执行民族贸易和民族特需商品生产有关优惠政策的通知》（民委发[2006]157 号）有关规定，在"十一五"期间对民族贸易网点和民族特定商品定点生产单位继续实行技术改造贷款财政贴息和税收优惠政策，增强了民贸民品企业的竞争能力和经济效益，有效推动了粤、桂、琼、滇四省区民族产业的发展。

根据国家赋予少数民族自治地区权限和国家有关文件精神，2001 年广西还出台了《广西壮族自治区关于贯彻实施国务院西部大开发政策措施的若干规定》（桂政发[2001]100 号），涉及投资、税收、土地、矿产资源、价格和收费六个方面贯彻国家西部大开发政策的措施，进一步明确扩大开放的一系列政策措施，对于改善投资软环境、提高对外开放水平起了很好的促进作用。依据少数民族地区优惠政策，广西将在充分利用现行

政策基础上，进行进一步的延伸和拓展，加快经济区的开放开发力度。

6.1.2 粤、桂、琼、滇四省区出口产业形成的金融支撑现状分析

下面首先对粤、桂、琼、滇四省区的金融结构现状进行分析，再分别从银行类金融机构、保险业、证券业三个方面具体分析。

一、粤、桂、琼、滇四省区出口产业形成的金融结构现状分析

在对 CAFTA 框架下粤、桂、琼、滇四省区的金融结构现状进行探讨之前，我们首先对其所处的大环境——中国金融结构的现状进行简要的阐述和总结，然后再分别对 CAFTA 框架下粤、桂、琼、滇四省区的金融结构现状进行探讨。

中国实施分业监管，目前中国的监管体系为一行三会一局的局面，一行为中国人民银行，三会即银监会、证监会和保监会，一局及中国外汇管理局，这四个部门分别对中国的金融机构实施监管。其中，中国人民银行负责制定和执行货币政策，不断完善金融机构运行规则，更好地发挥央行在宏观经济调控和防范与化解系统性金融风险中的作用。银监会则负责统一监管银行、金融资产管理公司、信托投资公司等金融机构，保监会负责监管全国商业保险市场，证监会则负责对全国的证券业进行监管，加强对证券市场的金融风险的防范和化解工作，国家外汇管理局主要负责全国外汇市场的监督管理工作，对结售汇业务进行监督，培育和发展外汇市场。中国目前的金融机构形成了以中国人民银行为核心，银行类金融机构和非银行类金融机构共同发展的局面。银行类金融机构主要包括央行、商业银行和政策性银行三大类，目前我国的政策性银行有三家，都属于国有性质。商业银行有国有商业银行、外资或合资银行和股份制商业银行三类。非银行类金融机构分为证券机构、保险机构和其他非银行金融机构。总体看来，我国金融机构的种类相对齐全，呈多元化发展，基本能满足发展金融所需要的各种机构载体，但是，我国金融机构中仍以银行为主体，国有金融机构的比重较大。中国的金融市场是货币市场、资本市场、保险市场、外汇市场、黄金市场共同发展的市场结构，货币市场有同业拆借市场、债券回购市场、商业票据市场等，中国的金融市场体系已初步建立起来，但是衍生性金融市场的发展还相对落后。从区域结构的角度来看，中国的金融机构多设置在城市，且集中在东部地区，中、西部地区金

融业的发展程度和开放程度都十分低，CAFTA 框架下粤、桂、琼、滇四省区中就存在了这种现象。

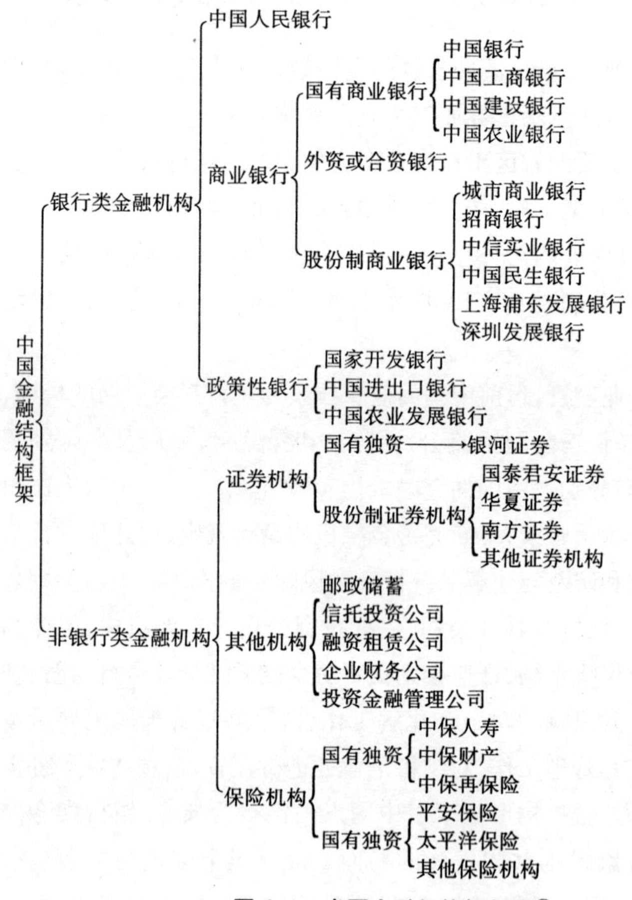

图 6-1　中国金融机构框架图①

1. 广东省金融结构现状

广东省无论是从经济还是金融发展方面在 CAFTA 框架下粤、桂、琼、滇四省中都居于首位，是四省区中经济最发达的地区，从 1987 年至今其经济总量一直居于全国首位，广东金融与经济相互促进，广东在成就经济第一大省的同时，也奠定了金融大省的地位。

① 资料来源：刘仁伍：《区域金融结构和金融发展理论与实证研究》。

(1)广东金融机构结构现状

广东省的金融机构数量众多,目前,中国人民银行在广州市设有广州分行,分管广东、广西、海南三省的分支机构。从金融机构的种类角度来看,广东的金融机构设立比较健全,银行类非银行类金融机构都有很好的发展。从广东省金融机构数量来看,银行仍然占据主导地位银行类机构数量占金融机构总数量的比例达到了 74.58%,银行类金融机构数量在这四年有所下降,但是其资产总额却呈逐年上升的趋势。证券公司、基金公司的数量变化不大,期货公司和保险公司数量较 2006 年都有所增长,保险公司的分支机构数量增加幅度比较大,与 2006 年相比数量增加了 22%,其在广东省金融机构总数量中的比重仅次于银行,与之相对应的保费收入较 2006 年增加了 85%,增幅非常大,保险深度①也有所增长,从 2006 年的 2.3 增加到了 2009 年的 3.1。总体来看,广东金融机构在数量的设置上,总体上呈现出不断上升的趋势,金融机构的增多使得金融对经济的支撑作用增强,同时金融机构间的竞争也更加激烈,同业竞争促使金融服务质量不断提高、金融创新不断增多。

表 6-1 2006—2009 年广东省金融机构数量和资产数量

项目	2006 年	2007 年	2008 年	2009 年
银行类金融机构数	15457	15352	14363	14306
银行类金融机构资产总额(亿元)	48812	60815	70040	85941
总部设在辖区的证券公司(家)	23	23	23	22
总部设在辖区的基金公司(家)	20	19	20	19
总部设在辖区的期货公司(家)	23	24	24	25
总部设在辖区的保险公司数(家)	9	9	12	13
保险公司分支机构数(家)	3940	4411	4817	5133
保费收入	607.9	809.3	1125	1231.2
保险深度(%)	2.3	2.6	3	3.1

数据来源:2009 年《广东省金融运行发展报告》。

① 保险深度是指保费收入占 GDP 的比重。

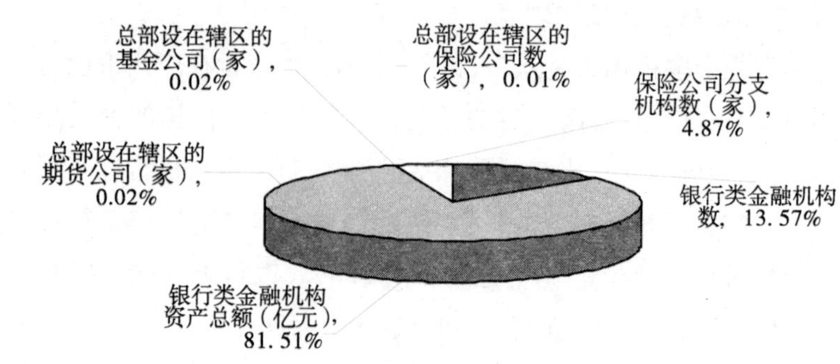

图 6-2　2009 年广东省金融机构数量结构图

(2)广东省银行类金融机构结构

广东省银行业的规模一直处于不断增长的状态,且运行质量不断提高。如图 6-2 所示,根据广东省金融运行发展报告,将广东省银行类金融机构分为国有商业银行、政策性银行、股份制商业银行、城市商业银行、城市信用社、财务公司、邮政储蓄等十种类型,在银行类金融机构的数量和从业人数中占比最大的要数国有商业银行和农村合作机构,资产总额居

表 6-2　2009 年广东省银行类金融机构情况表

机构类别	机构个数(个)	从业人数(人)	资产总额(亿元)
国有商业银行	5870	133130	46538
政策性银行	82	2280	3285
股份制商业银行	914	30899	18577
城市商业银行	346	10987	3069
农村合作机构	5772	62346	9399
财务公司	9	397	741
邮政储蓄	1090	10450	1835
外资银行	148	6797	2433
农村新型机构	75	2164	65
合计	14306	259450	85942

数据来源:《广东省 2009 年金融运行发展报告》。

于前两位的是国有商业银行和股份制商业银行。从单位机构资产总额角度来看，广东银行业金融机构中，财务公司、股份制商业银行、外资银行和城市商业银行居于前列。

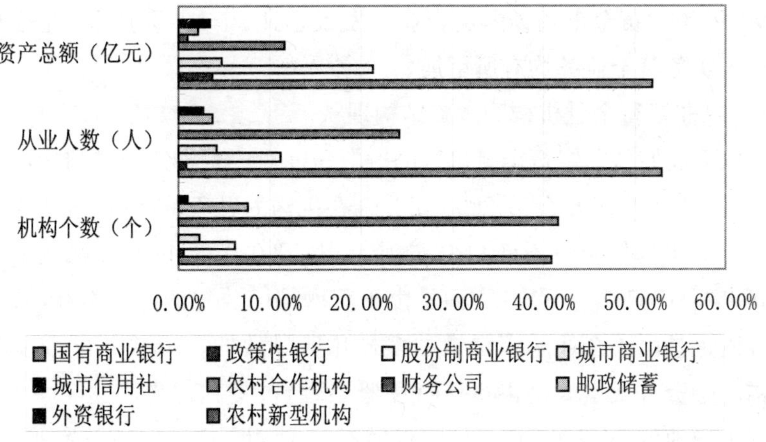

图6-3　广东省银行类金融机构构成百分比

(3)广东省金融市场结构现状

在美国金融危机的影响下，虽然股票市场的筹资规模有所下降，但是期货和债券市场发展稳定，证券业整体来看运行平稳。目前，广东省内的证券公司总部有23家，期货公司总部24家，基金公司总部20家，2009年末区内的国内上市公司有225家，发行可转换债券的公司有2家，发行公司债券的公司有3家。在筹资的结构中，在国内A股筹资额为602.8亿元，股票交易额为251051.8亿元；国内债券融资额为712.3亿元，其中短期债券筹资额249.3亿元，占债券筹资额的35%。

广东省的保险市场一直处于良好的发展状态，目前广东省的保险公司总部有13家，分支机构共有5133家，其中财产险公司分支机构2801家，寿险2332家。从保险机构数量构成来看，无论是总部数量还是分支机构数量，财产险机构的数目都偏多。但是，在2009年1231.2亿元的中资保险机构的保费收入中，人寿险保费收入达到了895亿元，占了73%，保险密度达到了1277.4元/人。在财产险业务中，非车险的保费收入有所提高，使得收入结构有所调整；寿险公司的渠道结构和缴费结构都得到了优化。

广东的外汇市场和黄金市场一直处于快速的发展状态，交易十分活跃，外汇市场交易币种以美元为主，交易方式以询价交易为主，成交量高达99.98%。黄金市场场内黄金业务发展迅速，个人“纸黄金”业务和代理个人实务黄金业务均有所增加。

(4)非银行金融机构的融资结构现状

以下我们从非银行金融机构的融资角度对广东省的金融结构进行考察，本文考察了2000年到2008年非金融机构的融资情况，在这9年的时间里金融机构信贷量不断减少，融资量从2000年的4856.7亿元下降到2008年的1767.2亿元，一方面是由于金融部门放贷的谨慎引起的，另一个方面也是由于企业融资渠道的多样化所导致的。2004年之前非金融机构的融资方式主要是银行信贷和股票融资，贷款比重高达95%以上，占据主导地位，从2005年开始债券融资方式发展了起来，并逐年增长，但是银行信贷仍占据着非金融机构融资的大部分，股票市场融资则受经济发展和波动等影响，呈现波动前进的情况。除了以上三种筹资方式外，现在的企业可以通过其他方式进行融资，如外商投资、地下钱庄等。但是，广东目前的金融结构仍是银行主导型的金融结构。

2. 广西壮族自治区金融结构现状

广西地处中国西南边境，一直以来经济发展速度较慢，在全国省市中属于较落后的地区。近年来，随着中国东盟博览会的落户和北部湾经济区的建立，广西的经济和金融取得了长足的发展，广西得到了越来越多国内外金融机构的关注，金融多元化程度正在逐步加快。以下从广西金融机构数量结构、银行类金融机构结构、广西金融市场结构和非金融机构融资结构这几方面对广西的金融结构现状进行分析。

(1)广西金融机构数量结构

改革开放以来，广西金融业从人民银行“大一统”格局起步，经历了30多年的发展，已经取得了长足的进步，但是对比粤、琼、滇三省区，广西的金融还是属于相对落后的。广西银行类金融机构经过这几年的改革、合并等数量从2006年的5391家减少到2009年的5384家，经过改革后的银行类金融机构资产总额呈现出逐年增加的趋势，改革成效已经凸显

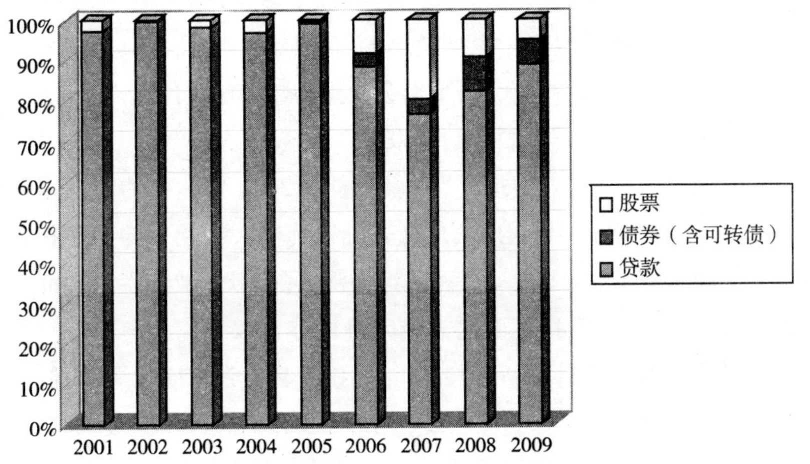

图 6-4 2001—2009 年广东省非金融机构融资情况图

数据来源:《广东省 2010 年金融运行发展报告》。

出来;区域内证券公司、基金公司和期货公司的数目没有任何变化保险公司的分支机构呈现出逐年增长的趋势。2009 年广西金融机构的结构中,银行类金融机构的数量仍然占据着主导地位,非银行类金融机构数量偏

表 6-3 2006—2009 年广西金融机构数量和资产情况

项目	2006 年	2007 年	2008 年	2009 年
银行类金融机构数	5391	5285	4547	5384
银行类金融机构资产总额(亿元)	5659.6	6660.7	8484	11563
总部设在辖区的证券公司(家)	1	1	1	1
总部设在辖区的基金公司(家)	1	1	1	1
总部设在辖区的期货公司(家)	0	0	0	0
总部设在辖区的保险公司数(家)	0	0	0	0
保险公司分支机构数(家)	1428	1682	1959	2053
保费收入	80.6	100	133.5	148.6
保险深度(%)	1.7	1.7	1.9	1.9

数据来源:2006—2009 年《广西壮族自治区金融运行发展报告》。

少，非银行类金融机构中保险分支机构数量最多，证券公司、基金公司只有1家，目前，广西还没有一家期货公司和保险公司的总部，金融机构数量结构存在着严重的不平衡，银行类金融机构数量比重过大。

（2）广西银行类金融机构结构现状

近年来，广西一直大力推进“引金入桂”，2007年一年的时间里就有13家金融机构进驻广西，为广西地区基础设施和大型项目的建设提供了大力的支持。同时，为了推动广西北湾经济区的发展，成立了广西北部湾开发投资有限责任公司，广西地方金融机构整合取得重大突破。广西这几年国有商业银行数目不断增长，政策性银行数目没有变化，股份制商业银行数目于2008年骤减，这主要是由于北部湾商业银行成立过程中合并了将南宁商业银行等商业银行进行重组的缘故，邮政储蓄和农村合作机构数目均有所下降。随着广西金融业的开放和优惠政策的实施，广西于2008年迎来了第一家外资银行南洋商业银行南宁分行，即将在南宁落户的外资银行还有越南西贡商信银行南宁分行、新加坡星展银行。2009年广西银行类金融机构的结构中，国有商业银行数量最多，占比最大。广西目前尚未有一家财务公司，银行类金融机构的多元化程度还不是很高。国有商业银行之间为了增强竞争力纷纷进行服务和产品的创新，工商银

表6-4　广西银行类金融机构情况

项目	2006	2007	2008	2009	从业人数（人）	资产总额（亿元）
国有商业银行	1885	1864	1947	1848	34905	5709
政策性银行	63	63	63	61	1569	1274
股份制商业银行	104	103	20	121	3478	1209
城市商业银行	128	129	128	137	2768	607
农村合作机构	2360	2275	2163	2263	21566	2153
邮政储蓄	851	851	225	921	9306	582
外资银行	0	0	1	2	54	7

数据来源：2006—2009年《广西壮族自治区金融运行发展报告》。

行大力开展电子结算等中间业务，农行推出了三农连新卡，建行与泰康人寿联合推出了理财新产品，银行类金融机构在金融创新中占据了主导地位。

(3)广西金融市场结构现状

近年来，广西的证券市场得到了迅猛发展，目前广西境内的证券公司总部数目有1家，它即是2001年由广西证券公司更名的国海证券有限责任公司，它是广西首家也是目前唯一一家全国性综合类券商。总部设在广西的基金公司也只有一家，它是国海富兰克林基金管理有限公司，它成立于2004年。近年来，有大量的证券与期货公司在广西设立了分支机构，截至2009年3月，广西的证券营业部有52家，期货营业部也由2007年的5家增长到2008年的18家，2009年广西的上市公司共有26家，占全国上市公司的1.5%，总体运行平稳。2009年新增上市公司1家，国内证券筹资额为41.4亿元。

广西保险市场整体实力不断增强，保险的覆盖面不断拓宽。2009年保险总部设在广西区的公司为0家，分支机构有2053家，财产险公司分支机构数量比重较大，但是寿险收入却高于财产险保费收入。目前广西的保险密度为264.3元/人，保险深度仅为1.9%，低于CAFTA框架下中国四省中的其他三个省。虽然，广西保险业处于稳定增长的良好态势，但是广西保险业的发展仍比较落后，仍需要进一步改进。

广西外汇市场受国际金融危机的影响，2009年结售汇市场交易活动呈下滑趋势，结汇降幅大于售汇。黄金买卖业务也大大降温，黄金交易量从2008年的45.8亿元降至2009年37.3亿元，同比减少18.6%，从事黄金代理的商业银行从原来的3家增加到5家。

(4)广西非金融机构融资结构现状

从非金融机构融资的纵向发展情况来看，非金融机构融资量逐年上升，从2001年的151.1亿元增加到2009年的2301.4亿元，债券融资从2003年才开始出现，并呈增长趋势。横向来看，在广西区域融资结构中，银行贷款仍占绝对主导地位，以间接融资为主的单一融资渠道状况没有改变。股票融资仍处低迷状态。股票融资和债券融资是现代融资的主要渠道之一，但在广西非金融机构融资结构中，股票融资和债券融资所占比重非常小。

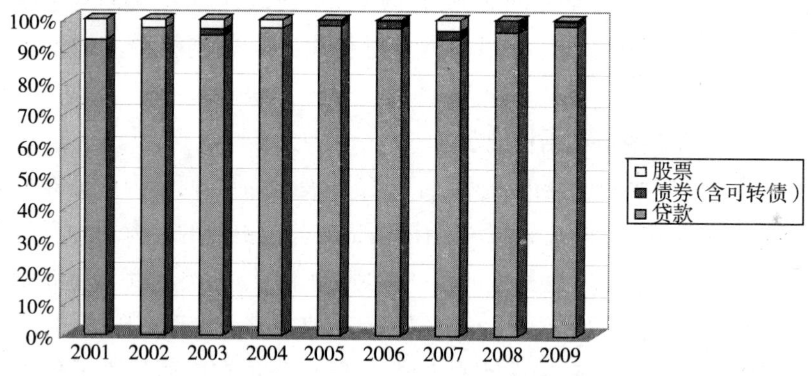

图 6-5　广西非金融机构融资结构图

数据来源:《广西壮族自治区 2009 年金融运行发展报告》。

3. 云南省金融结构现状

改革开放以来,云南省的国民经济和各项社会事业进入了快速发展时期,经济实力明显增强,随着澜沧江—湄公河次区域经济合作的加强,云南正成为中国西南地区对外开放的通道和前沿。以下从金融机构数量结构、银行类金融机构结构、金融市场结构和非金融机构融资结构这几方面对云南省的金融结构现状进行分析。

(1)云南金融机构数量结构现状

云南属于我国西部地区,经济发展相对落后,其金融业的发展也没有广东那么发达。对比 2006 年到 2009 年这几年的云南金融机构数量我们不难发现,云南银行类金融机构数量在 2007 年出现了大幅的增长,到 2008 年又出现了回落的趋势,2009 年又上升到新的高度。其他非银行金融机构除了保险公司的数量逐年增长外,证券公司、期货公司数量均保持不变,迄今为止云南尚没有一家基金公司,这从一方面反映出云南金融机构多元化、金融创新程度很低。2009 年云南金融机构数量结构,银行类金融机构占了金融机构总数的 99. 4% ,在云南省金融机构数量中占据了绝对领导地位,证券公司、期货公司和保险公司的机构总量都不及 1% 。这从另一个侧面反应出了云南金融机构结构的单一和落后。

表 6-5　2006—2009 年云南省金融机构数量和资产数量

项　目	2006 年	2007 年	2008 年	2009 年
银行类金融机构数	2985	5038	4221	5130
总部设在辖区的证券公司(家)	2	2	2	2
总部设在辖区的期货公司(家)	2	2	2	2
保险公司分支机构数(家)	20	24	27	27
保费收入(亿元)	95	111.9	165	180.1
保险深度(%)	2	2.4	3	2.9

数据来源:2006-2009 年《云南省金融运行发展报告》。

(2)云南省银行类金融机构结构现状

如表 6-6 所示,云南省银行类金融机构有国有商业银行、政策性银行、股份制商业银行、城市商业银行、农村合作机构、邮政储蓄、外资银行和农村新型机构这八种类型。目前云南省境内还没有成立一家财务公司,与四省中金融发达的广东省相比,云南的银行类金融机构种类机构单一且数量和资产规模都相对较小。在云南银行类金融机构中,从机构数量的 角度来看,国有商业银行、农村合作机构数量最多,其次是股份制商

表 6-6　云南省银行类金融机构情况表

机构类别	机构个数(个)	从业人数(人)	资产总额(亿元)
国有商业银行	1548	33164	6741
政策性银行	87	1808	1392
股份制商业银行	117	3611	1942
城市商业银行	123	2240	660
农村合作机构	2306	19385	2496
财务公司	1	15	5
邮政储蓄	809	4990	313
外资银行	2	27	3
农村新型机构	137	1156	53

业银行和城市银行;从从业人员的结构角度来看,其结构跟机构数量相对应;但是,从单位机构资产结构的角度来看,政策性银行、股份制商业银行和城市商业银行则超过国有商业银行和农村金融合作机构居于前列。到目前为止,云南的外资银行只有两家,云南金融业对外开放程度还不是很高,邮政储蓄银行只有一家。

(3)云南省金融市场结构现状

目前,云南省只有两家证券公司,它们分别是太平洋证券公司和红塔证券公司,有32家证券营业部,26家上市公司,发行了26只A股和1只H股,2009年云南省上市公司总市值1488.1亿元,占全国A股总市值的1.07%。近年来,云南证券期货市场对其上市公司进行了股权分置改革,股市交易活跃。证券机构业务结构由于改革创新也逐渐向多元化方向发展,目前云南省的两家证券公司积极开展投资银行业务、权证创设、资产管理等业务,盈利结构得到了优化。云南省债券融资的增长加快,2009年云南省国内债券融资量为39亿元,其中短期融资债券筹资21亿元,占债券融资总量的54%。

云南省的保险市场处于不断的增长过程中,无论是从保险机构数量还是从业务范围来看,其规模都有所增大,保障功能持续增强。27家保险公司分支机构中,有17家是经营财产险的公司分支机构,经营财产险的保险公司比重较大,但是保费收入结构中,人寿险保费收入占保费总收入的51.3%,目前,云南省的保险密度为394元/人,保险深度已从2006年的2%增加到2009年的2.9%。

受2008年金融危机的影响,省内企业进出口放缓导致云南省银行间外汇市场交易热情不高,结售汇需求明显降低,2009年市场成员在外汇市场的交易量较去年同期下降了21%。与外汇市场相反,在股市低迷的情况下,黄金市场异常火热,业务迅速发展,商业银行黄金交易量大幅增长,2009年云南省累计黄金交易量达110.8吨,较去年增长了79%。

(4)云南省非金融机构融资结构现状

2001年到2009年这9年期间,云南省非金融机构的融资量从2001年的195.4亿元上升到2382.6亿元,融资量增长了1219.3%。在2001到2004年这几年云南省非金融机构的融资机构主要以银行贷款和股票为主,且银行贷款是其主要的资金来源。2005年以来,债券融资方式得到了很好的发展，融资比重快速增加，2008 年债券融资比重达到了 8.6%，股票融资比重也达到 4.9%，但 2009 年又分别回落至 4.1% 和 3.4%。对比 2001 年的融资结构，贷款的比重从 96.2% 下降到了 92.5%，纵向来看，云南省金融机构的融资结构正不断优化，融资方式朝着多元化的方向发展。横向来看，云南省金融机构融资结构仍以银行贷款为主，债券和股票融资比重仍比较低，银行主导型的金融结构是其主调。

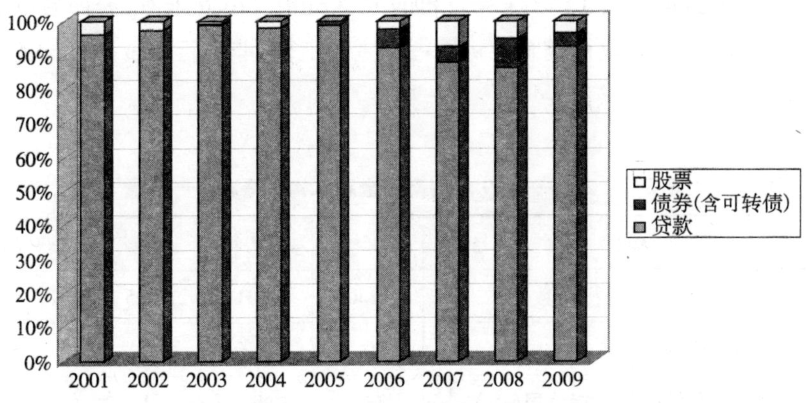

图 6-6　云南省非金融机构机构图

数据来源：2009 年《云南省金融运行发展报告》。

4．海南省金融结构现状

海南省的经济不是很发达，由于政府重点扶持的是旅游业以及其他无污染的绿色行业，海南省工业发展相对落后，海口和三亚城市规模都不是很大。但是近年来，海南经济总量在不断壮大、质量有所提高、结构也得到了一定的改善，海南已从一个贫穷落后的边陲岛屿发展成为初步繁荣的经济特区。随着其经济发展，海南的金融结构也实现了一定发展，但是水平还相对落后。以下从金融机构数量结构、银行类金融机构结构、金融市场结构和非金融机构融资结构这几方面对海南省的金融结构现状进行分析。

（1）海南省金融机构数量结构现状

海南在北部湾四省中经济发展水平也比较落后,其金融业的发展也不发达,总体规模小,而且金融结构尚有待完善。海南省金融机构数量比云南省的金融机构总数还要少,且金融机构种类不多。纵向来看,其金融机构数目变化的幅度不大,银行类金融机构数量在1230家左右徘徊,期货公司数量则维持在3~5家之间,只有保险公司分支机构数量有所增长。横向来看,2009年海南省金融机构的数量结构中,银行类金融机构数目占海南省金融机构总是的98.3%,总部设在辖区内证券公司只有两家,总部设在辖区内的期货公司只有4家,目前该省尚没有基金公司和保险公司的总部,只有15家保险公司的分支机构。由此来看,海南省的金融结构比较单一,银行类金融机构占据主导地位,非银行类金融机构的种类不多。

表6-7　2006—2009年海南省金融机构数量和资产数量

项目	2006年	2007年	2008年	2009年
银行类金融机构数	1230	1231	1225	1232
总部设在辖区的证券公司(家)	0	2	2	2
总部设在辖区的期货公司(家)	3	5	4	4
保险公司分支机构数(家)	12	15	15	15
保费收入(亿元)	17.7	22.6	30.1	33.1
保险深度(%)	2.0	1.8	2.1	2.0

数据来源:2007—2009年《海南省金融运行发展报告》。

(2)海南省银行类金融机构结构现状

海南的银行类金融机构有国有商业银行、政策性银行、股份制商业银行、农村合作机构、财务公司、邮政储蓄、外资银行这七种。总体来看,其银行类金融机构结构中,种类不够丰富,分布不够合理。从机构数量和从业人员的角度来看,国有商业银行、邮政储蓄和农村合作机构位居前三列,财务公司和外资银行仅有一家;从单位机构资产总额的角度来看政策性银行、股份制商业银行和国有商业银行位居前列。由此我们不难看出,在海南省银行类金融机构中,国有商业银行仍占据主要地位,其次是政策性银行和股份制商业银行，农村合作机构虽然数量众多，但是资产规模不大，难以构成影响，金融公司等金融机构尚处于发展阶段，银行业开放结构也不够大，外资银行比重过低。

表 6-8　海南省银行类金融机构情况表

机构类别	机构个数（个）	从业人数（人）	资产总额（亿元）
国有商业银行	469	10949	2415
政策性银行	19	481	989
股份制商业银行	16	483	237
农村合作机构	388	3170	242.9
财务公司	1	18	20
邮政储蓄	338	2550	209.5
外资银行	1	32	4

（3）海南省金融市场结构现状

2007 年之前海南省还没有证券公司，只有 23 家营业部，到目前为止，海南省已成立了金元和万和两家法人证券公司，证券营业部有 25 家，上市公司 21 家，期货公司由 2007 年的 3 家正常营业的期货公司和 2 家营业部变成了 2009 年的 4 家期货公司，但是省内的期货公司盈利模式较单一，缺乏持续盈利能力。2008 年受金融危机的影响，市场资本需求很弱，海南省股票市场筹资额仅为 2.4 亿元，但是债券市场交易仍比较活跃，2008 年国内债券筹资额达 39.2 亿元，远远高于股票筹资额，同其他省和地区一样，其短期融资筹资额占比较高，达到了债券融资总额的 80%。但至 2009 年，国内股票市场筹资额达到 13 亿元，而债券筹资额为 0。

海南省的保险市场处于不断扩大和市场体系不断完善的过程中，到目前为止，海南还没有一家保险公司总部，只有 15 家保险公司分支机构，其中经营财产保险的公司分支机构有 8 家，经营寿险的公司分支机构有 7 家，在机构结构中，仍是财产险公司分支机构较多，但是在保费收入中，人寿险为 20.8 亿元，财产险为 12.3 亿元，目前，海南省保险密度为 382.7

元/人,保险深度仅为2.0,低于粤、桂、琼、滇四省区中广东和云南两省。

海南省全省共有3家会员单位参与银行间外汇市场交易,2009年受人民币升值预期和金融危机外汇需求下降等影响,海南省外汇市场交易维持卖房格局,交易量下降了37.9%。黄金市场在国际金价增高的影响下,交易十分活跃,金融机构黄金投资产品业务也逐渐丰富起来,如纪念性金条等业务发展迅速。

(4)非金融机构融资结构现状

从2001年到2009年这几年的时间里,海南省非金融机构融资量增长了近41倍,这一方面得益于经济的快速发展,资金需求量的增加,另一方面得益于金融机构提供资金能力的增强。在2005年以前,海南省非金融机构的融资来源主要是贷款和股票两种形式,2006年开始债券融资才逐渐发展起来,并且得到了迅速发展,贷款的比重在总体融资中逐渐变小。但是从横向的角度来看,银行贷款的融资方式仍占据着重要的地位,股票和债券的比重也有所上升,但是仍有待加强。总体来看,海南省的融资结构仍是银行主导型的结构。

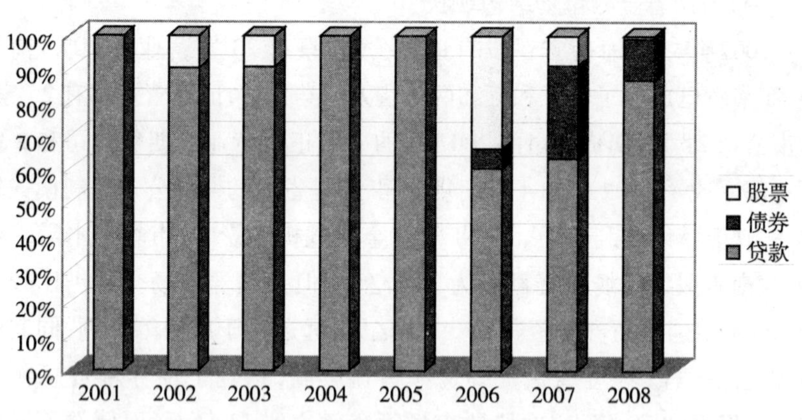

图6-7 海南省非金融机构融资结构图

粤、桂、琼、滇四省区属于第一梯度地区,该梯度国家(地区)对于资本自由流动的管制较轻,资金流动的障碍比较少,是区域金融市场一个不可分割的部分。粤、桂、琼、滇四省区的金融供给整体而言相对充足,但地区金融发展程度不平衡,金融基础设施地区性差异较大。广东集中了中国地区内的大部分金融资源,资金供给充裕,融资渠道多元化发展,金融发展程度较高,而广西、云南、海南三省金融资源则呈现劣势,融资渠道单一依靠银行信贷,需要承接广东包括金融领域的产业转移。

中国社会主义市场经济处在初级阶段,粤、桂、琼、滇四省区的资金供给的以间接融资为主,金融机构信贷方式居于主导地位,随着近几年证券市场的发展,股票和债券的融资比重也越来越大。资金供给的金融支持体系区域发展不平衡,利率尚未市场化,广东的金融发展水平相对较高,2009 年广东省融资量占四省区融资总量的 2/3,其他三省金融市场都还不够发达。2009 年,粤、桂、琼、滇四省区合计融资 17335. 2 亿元,其中金融部门信贷方式融资占融资总量的 85%,是四省在经济区域建设中融资的主导模式。但近两年来,资本市场融资在粤、桂、琼、滇四省区中所占比重逐年提高,融资方式趋于多元化,金融体系健康化发展。

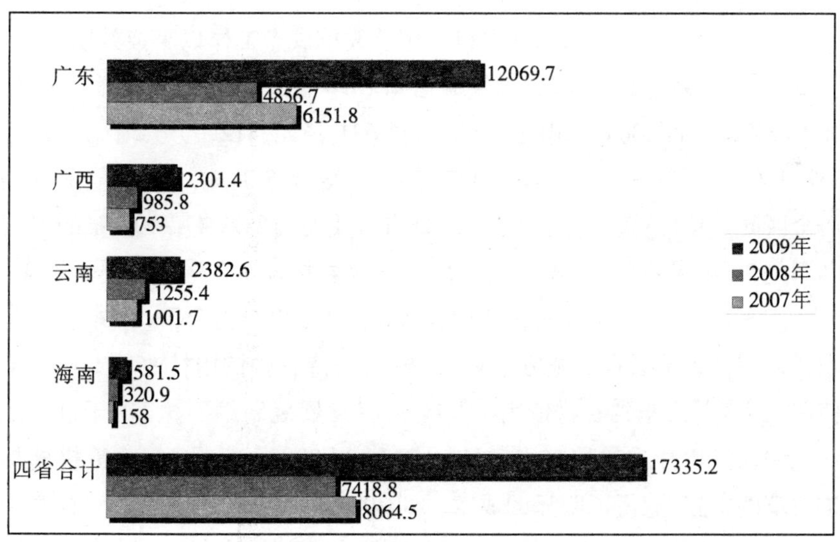

图 6-8　粤、桂、琼、滇四省区金融资金供给总量

二、粤、桂、琼、滇四省区银行类金融机构、证券业、保险业发展现状

CAFTA 框架下,粤、桂、琼、滇四省区金融业经过多年发展已经形成一定规模,极大地促进了四省区经济的发展。近年来,银行类金融机构、

证券业、保险业经过一系列改革发展，又呈现出新的态势。

1. 银行类金融机构

银行类金融机构贷款作为金融资金供给的主力，将社会闲散资金集中起来，集中供应到粤、桂、琼、滇四省区经济区域合作中的基础设施建设、产业转移等项目上。四省区现有银行类金融机构包括：国有商业银行、政策性银行、股份制商业银行、城市商业银行、城市信用社、农村合作社、财务公司、邮政储蓄、外资银行和农村新型机构。

(1)银行类金融机构改革、创新取得突破

CAFTA框架下粤、桂、琼、滇四省区的银行类金融机构主要包括四大国有商业银行、政策性银行、股份制银行、城市信用合作社、城市商业银行、农村信用社、邮政储蓄等，随着粤、桂、琼、滇四省区经济的发展，各金融机构通过改革创新，经营规模不断扩大、效益持续改善。其中，农村信用社的改革尤为引人注目。

①农村信用社改革

广西从2005年开始实施农村信用社改革试点工作以来成效明显，截至2008年8月，全区各项存款余额达到1090亿元，各项贷款余额738亿元，与改革前的2004年相比，分别增长631亿元、412亿元，增幅分别为137.47%、125.91%；2006年、2007年和2008年8月末，存、贷款增幅均居全区同业首位；资产总额相比2004年增长了125.9%，2007年的经营利润是2004年的8.08倍。全区89家县级农村合作金融机构全面盈利。

广东自2004年实施农村信用社改革以来，相继出台了《广东省深化农村信用社改革试点实施方案》、《省财政扶持农村信用社改革专项资金使用方案》、《广东省农村信用社"十一五"发展规划纲要》、《关于进一步深化农村信用社改革的实施意见》(粤府办[2009]36号)等政策措施促进改革的实施，取得了明显的成效。到2009年，全省共98所农联社基本完成了230亿元专项票据兑付工作。2009年12月，广州农村商业银行股份有限公司，东莞农村商业银行和顺德农村商业银行相继转型成功，揭牌开业。

海南农村信用社联合社于2007年挂牌开业后，截至2009年7月末，全区各项存款余额达到195.19亿元，各项贷款余额109.03亿元，不良贷款余额22.36亿元，与2007年7月末相比，分别增长87.48亿元、52.57

亿元和减少了14.66亿元，增幅和减幅分别为81%、93.11%、45.06%。成功实现扭亏为盈，存贷款自筹备之日起实现翻番，新增贷款不良率控制在2%以下。2010年5月省政府出台了《海南省支持农村信用社改革发展的若干意见》，进一步推动海南农村信用社改革。

云南省农村信用社改革工作开展以来，全省农信社财务状况明显改善，盈利能力明显提升。至2008年，历年亏损挂账全部弥补完毕。2009年全省实现盈利12.25亿元，相对2002年和2004年分别增长56.26%和13.41%。全省共129家农村合作金融机构全面盈利。

②银行业规模发展

目前，随着北部湾经济区的开发，东盟自由贸易区的建设和大湄公河次区域的发展，CAFTA框架下粤、桂、琼、滇四省区的银行业规模也有了一定的发展。目前，粤、桂、琼、滇四省区的银行机构主要包括四大国有商业银行、政策性银行、股份制银行、城市商业银行、城市信用合作社、农村信用社、邮政储蓄等，可分为全国性银行机构和地方性银行机构及外资银行机构三类。

表6-9 广东省主要城市2009年末银行类金融机构分布情况

单位：个

银行	广东	深圳	汕头	佛山	银行	广东	深圳	汕头	佛山
工商银行	363	120	61	176	邮政储蓄银行	172	79	53	67
农业银行	280	113	73	378	渣打银行	5	7	-	-
建设银行	248	103	53	113	兴业银行	18	22	-	24
中国银行	200	117	61	110	中信银行	21	28	-	4
交通银行	82	49	31	28	招商银行	38	70	-	8
光大银行	19	29	1	2	华夏银行	9	16	-	-
浦发银行	20	20	-	-	宁波银行	-	1	-	-
东亚银行	8	9	-	-	民生银行	24	29	5	1
深圳发展银行	22	88	-	10	广东发展银行	57	28	23	36
北京银行	-	1	-	-	汇丰银行	9	9	-	-
平安银行	1	48	-	-	花旗银行	3	4	-	-
					总计	1599	990	361	957

表 6-10 广西主要城市 2009 年末银行类金融机构分布情况

单位:个

银行	南宁	北海	钦州	防城港	银行	南宁	北海	钦州	防城港
工商银行	90	19	12	9	邮政储蓄银行	138	19	46	17
农业银行	143	35	42	18	浦发银行	4	–	–	–
建设银行	99	16	10	9	兴业银行	5	–	1	–
中国银行	62	19	9	8	中信银行	1	–	–	–
交通银行	39	5	*	–	招商银行	1	–	–	–
光大银行	9	–	–	–	华夏银行	1	–	1	–
西贡银行	1	–	–	–	北部湾银行	54	–	*	–
南洋商业银行	1	–	–	–	总计	648	113	121	61

表 6-11 云南省主要城市 2009 年末银行类金融结构分布情况

单位:个

银行	昆明	玉溪	曲靖	大理	银行	昆明	玉溪	曲靖	大理
工商银行	138	19	37	23	邮政储蓄银行	97	47	38	76
农业银行	147	54	62	44	民生银行	9	–	–	–
建设银行	103	23	28	20	兴业银行	6	–	–	–
中国银行	60	11	9	7	中信银行	11	–	–	–
交通银行	30	6	7	–	招商银行	15	–	–	–
光大银行	9	–	–	–	华夏银行	16	4	–	–
深圳发展银行	8	–	–	–	广东发展银行	12	4	3	–
浦发银行	11	–	–	–	总计	672	168	184	170

表 6-12 海南省主要城市 2009 年末银行类金融机构分布情况

单位:个

银行	海口	三亚	东方	文昌	银行	海口	三亚	东方	文昌
工商银行	54	13	4	5	邮政储蓄银行	63	17	15	25
农业银行	67	17	4	15	中国银行	41	12	3	7
建设银行	34	6	–	3	交通银行	17	–	–	–
光大银行	8	1	–	–	总计	284	66	26	55

(2)银行经营规模与效益持续改善

在进一步深化国有商业银行股份制改革,全面推进农村金融改革的过程中,各家银行业金融机构不断强化资本约束的管理理念,促进自身资本实力、资产质量、经营效益得到明显提高。近年来,粤、桂、琼、滇四省区银行业金融机构从业队伍稳步增长,从业人员的素质结构也得到了不断优化;粤、桂、琼、滇四省区银行整体实力持续增强,资产质量进一步提高,不良贷款率均有所下降。虽然,较以前相比北部湾银行业有了一定的进步,但是要成为支撑区域经济发展的支柱还需要进一步发展。下面对粤、桂、琼、滇四省区的贷款供给规模进行分析。

①广东省

2009 年,广东省银行类金融机构数扩大至了 14306 家,资产总额达 85941 亿元,比上年同期增长 22. 7% ,不良贷款率比年初下降 1. 3 个百分点。金融机构资金来源充裕,但在全球金融危机的影响下,盈利有所下降。在年末适度宽松货币政策的引导下,各金融机构积极拓宽业务,增加信贷投放,对经济发展的支持力度不断加强,

2009 年末,广东省本外币各项贷款余额 44510. 2 亿元,同比增长 31. 2% 。流向固定资产投资的主要是中长期贷款,对贷款增长的贡献率达到 69. 9% ,信贷结构进一步优化,支持经济发展力度加大。投向交通运输、商务服务及房地产、制造业等六大行业的新增贷款占全部新增贷款的比重为 58. 2% ,同比增长 2. 2% ,对弱势行业和弱势群体的信贷支持也继续增加,人民币涉农贷款、小额创业贷款也得到较快发展。[①]

②广西壮族自治区

2008 年,广西上升为国家战略和重点项目,基础设施建设投入增大,并计划将南宁建设成区域金融中心。2009 年广西全年本外币各项贷款余额达到 7360. 4 亿元,比上年增加 2249. 8 亿元。新增贷款市场份额主要集中在制造业、交通、电力等瓶颈行业和支柱行业,中小企业贷款增量占全部企业贷款比重显著提高。信贷期限错配风险减弱,贷款投向重点突出,对薄弱环节的信贷支持力度增强。受国家宏观调控和项目建设力

① 中国人民银行广州分行:《2009 年广东省金融运行报告》,2009 年。

度加大的影响，中长期贷款占比有所上升，超过80%，广西全年信贷资金投放呈现"前高后低"型态势，一、二季度信贷投放占全年的70%以上，三、四季度贷款则相对较少，外汇贷款"前增后减"，相比2008年贷款增长"U"型趋势，2009年广西信贷投放节奏不如2008年均衡，运行波幅不够平缓。①

值得注意的是，2008年广西北部湾股份有限公司揭牌成立，北部湾银行是在重组南宁市商业银行的基础上形成的，并计划吸收合并柳州市商业银行和桂林市商业银行，并在钦州市、北海市、防城港市和区内其他城市设立分支机构，今后适时在中国其他地区、东南亚国家和地区增设分支机构、业务网点。对南宁市商业银行等城市商业银行的重组，有利于扩大资产规模，南宁商业银行原有资产规模为94.11亿元，重组后资产规模达到了成立初的130亿元，吸收桂、柳商业银行后资产规模将达到280亿元以上，这样有助于推动公司的上市，扩大地方商业银行的规模和影响力，从而更好地服务于广西经济和北部湾经济区开放开发。

③海南省

海南省中资金融机构2009年各项本外币贷款余额为1940.9亿元，同比增长40.1%，创九年来增幅新高。全省全年新增贷款555.1亿元，主要投向基础设施、制造业、个人客户。房地产业受海南国际旅游岛建设影响，新增贷款提速22.4%。受"扩内需、保增长、调结构"的宏观调控政策的要求，全年信贷投放呈倒"U"型的态势，二季度新增贷款量占比近40%，国家信贷政策落实效果显著。②

④云南省

云南省中资金融机构2009年贷款增长呈前低后高的态势。受2008年下半年信贷规模的取消、适度宽松货币政策的有效贯彻以及经济刺激方出台的影响，四个季度新增贷款分别为804、675.1、456.6、249.1亿元，贷款增长比去年增快14.5%。中小企业贷款余额占全部贷款的比重达34.6%，涉农贷款余额占比达33.4%，金融扶弱功能显著增强。但全省贷款增速不平稳，3月和6月出现高点，占全年43.8%。受企业进口需

① 中国人民银行南宁分行：《2009年广西壮族自治区金融运行报告》，2009年。

② 中国人民银行海口分行：《2009年海南省金融运行报告》，2009年。

求回升和人民币升值预期的影响，外汇贷款增长2.76亿美元。信贷期限结构优化，中长期贷款增量占比上升了30.2个百分点，对流动性资金需求的供给上升，贷款结构优化，政策导向效果明显。①

表6-13 粤、桂、琼、滇四省区金融部门信贷资金供给

单位：亿元

年份	广东	广西	云南	海南	合计
2001	1392.9	151.1	195.4	14.2	1753.6
2002	2681.1	216.1	257.8	75.3	3230.3
2003	3677.9	250.6	564.1	125.6	4618.2
2004	2591.1	546.8	439.2	124.5	3701.6
2005	2209.6	478.6	669.4	98.0	3455.6
2006	3484.3	557.0	886.8	210.8	5138.9
2007	6151.8	753.0	1001.7	158.0	8064.5
2008	4856.7	985.8	1254.1	320.9	7417.5
2009	12069.7	2301.4	2382.6	581.5	17335.2

(3)粤、桂、琼、滇四省区现有的金融产品创新和金融服务能力得到加强

①政策性银行

目前的政策性银行的国家开发银行和中国农业发展银行这两家在粤、桂、琼、滇四省区都设有分支机构，中国进出口银行则仅在粤、滇两省设有分支机构。国家开发银行的主要产品和服务除了传统的信贷业务、理财咨询业务、承销有信贷关系的企业债券、建设项目贷款的人民币和外汇担保、贷款项下的本外币企业存款和结算业务、国际结算业务、同业人民币、外汇拆借业务、贷款项下的结汇、售汇业务、自营外汇买卖业务外，还拥有国开行特色融资项目：软贷款、技术援助贷款和银团贷款；中国农业发展银行的业务主要是针对区内农业等相关产业的贷款，同时也经营一些银行承兑汇票业务、开户企事业单位结算、保险代理、代理资金结算、

① 中国人民银行昆明分行：《2009年云南省金融运行报告》，2009年。

代收代付、委托贷款、国际结算等业务；中国进出口银行的主要业务除了出口买卖双方的信贷业务和进口信贷业务外，还包括交通运输融资、优惠贷款、外国政府转贷、贸易融资业务，对外担保等中间业务以及资金业务等。

②四大国有控股银行

与政策性银行相比，四大银行的经营范围更为广泛，金融产品品种也比较丰富。四大行金融产品涵盖了电子银行业务、国际业务、对公结算业务、公司业务、投资银行业务、机构业务、银行卡业务、个人金融业务、房地产业务、资金业务等，为客户提供财务顾问服务、投资理财服务、人民币支付结算服务、融资服务、代理、托管、担保等服务。其中，工行、建行和中国银行的网银业务建设的比较完善，提供的网上服务相当全面，无论是公司客户还是个人客户，都可轻松使用中国银行的网上银行服务，开展网上查询、转账、支付和结算等业务，相比之下，中国农业银行的网上银行服务项目就显得比较简单，且其网上银行的易用性较差。目前，四大行在粤、桂、琼、滇四省区的分行可为广大客户提供安全、方便、快捷的人民币、越南盾、美元等多币种的边境贸易结算服务。其中，农行还推出了惠农信用卡、农户贷款、多户联保贷款等三农个人产品来支持经济区农业的发展。总体来看，四大行的产品和服务在北部湾地区是处于领先地位的。

③股份制银行

几年来，各个股份制银行不断创新金融服务产品，推出了一系列与地方经济发展相适应的金融产品和服务，来满足客户的业务要求。如交通银行广西壮族自治区分行先后推出了太平洋卡"全国通"、"银证通"、"缴费通"、"基金理财"、"得利宝"、"积分宝"、"太平洋——医保 IC 卡"、"外汇宝"、沃德理财、个人易贷通、电话银行、网上银行、保管箱等新兴服务。股份制银行都普遍关注对中小企业的贷款业务的发展，中国光大银行、中信银行都加大了对中小企业的支持，光大银行通过运用全程通、保理、票据包买、仓单质押、个人助业贷款等新业务、新产品，通过链式营销，积极拓展优质中小客户。中信银行则积极探索小企业金融服务模式，为中小企业量身订制适合其特点和需求的金融产品。

(4)邮政储蓄银行、农村信用社及北部湾银行

邮储银行自 2007 年成立以来，业务经营种类形成了以人民币存取款

为主要服务项目的负债业务；以国内、国际汇兑、转账业务、银行卡、代理保险、代理国债、代收代付业务、银证通为主的中间业务；以银团贷款、协议存款、小额贷款业务为主的资产业务。已建成为粤、桂、琼、滇四省区覆盖城乡网点面最广，交易量最多的个人金融服务网络。粤、桂、琼、滇四省区的农村信用社以服务"三农"、区内中小企业和县域经济为宗旨。以广西农村信用社联合社为例，广西农村信用社联合社的产品和服务主要是针对个人和小企业，其提供产品有企业和个人质押贷款、农户联保贷款、农户小额信用贷款、贫困家庭学生助学贷款、公务员、事业单位员工小额信用贷款、医院贷款等，它是经济区发放"三农"贷款的主要金融机构，2007 年其三农贷款余额占广西金融机构农业贷款余额的 90.99%，同时它也已成为小企业贷款的主办银行，对小企业贷款余额约占广西金融机构小企业贷款总额的 68%。广西北部湾银行在大力开拓国际业务，加强与境内外金融机构的合作，经营传统银行业务的同时，继续加强与中小企业客户的沟通与合作，在充分把握市场需求和有效控制风险的前提下，顺应市场需求，推出包括贷款、信息咨询、公司理财等业务在内的一揽子增值金融服务，迅速、全面地满足客户需求。

各个银行在独立支持四省经济区建设的同时，还组成银团对区内重大项目提供贷款支持，如广西目前最大的外商电力投资项目——中电防城港电厂，到目前为止，由工商银行、农业银行、中国银行组成的银团成员行向中电防城港电力有限公司发放的项目贷款已经达到了 292 亿元，占该项目总投资的 53%。再如，国家开发银行广西分行等 6 家银行组成的银团向南宁至广州等五条铁路项目提供了 175 亿元的贷款。

总体来看，粤、桂、琼、滇四省区的银行业在这短短的几年里实现了突破性的发展，大量区外金融机构开始进入粤、桂、琼、滇四省区，使得四省区内银行种类和数量逐渐丰富起来，并逐步向区域经济发展所要求的多形式、多功能、多所有制的金融机构体系方向发展。与此同时，四省区现有银行业部门也在不断加大改革和创新力度，提高自身的服务水平，为四省区的重点项目和基础设施的建设提供了有力的支持，银行以银团贷款等各种形式为经济区重大项目和基础设施建设提供贷款和融资，确保了四省区内项目的实施。

2. 证券业

作为一种更能体现金融市场交易关系的直接融资方式,资本市场的建立和发展对于推进一国(地区)的金融发展,促进整个金融制度的市场化转变具有重要意义。但就区域而言,资本市场发展主要体现在该区域对国内外资本市场的介入和利用程度,如区域上市公司的数量、规模、再融资能力及上市资格的可持续发展等方面。北部湾的资本市场经过多年发展,已经初步建立起以股票市场,债券市场等为主的现代资本市场基本框架,但其内部明显地呈现出极为不平衡的发展趋势。这主要表现在一方面对资本市场的利用和介入程度小,股票、债券等基础性金融工具发行规模有限;另一方面,其发行的股票、债券收益率低,对投资者缺乏吸引力,因而引资能力弱,市场融资能力不足。

(1)粤、桂、琼、滇四省区重大项目建设需要证券融资支撑

2008年,国家批准实施《广西北部湾经济区发展规划》,确定把广西建设成为中国—东盟开放合作的物流基地、商贸基地、加工制造基地和信息交流中心。广西需开工建设大批公路、铁路、沿海港口、机场等交通基础设施项目和石化、钢铁、林浆纸、能源等临海工业项目,预计年均投资规模上千亿元。这些项目的实施,将带来巨大的资金需求,而以银行为主的间接融资模式将难于满足这些重大项目的资金需求,所以发展直接融资尤其是证券融资的重要性和紧迫性不言而喻。

目前广西的开发已经有了实质性的建设,包括七个“一千万”和两个“一千亿”项目。七个“一千万”项目为:中石油钦州1000万吨炼油项目;武钢柳钢千万吨钢铁项目;1000万亩速生林支撑的芬兰斯道拉恩索、印尼金光集团两大林浆纸一体化项目;年榨大豆千万吨的粮油项目;年产水泥超千万吨海螺集团项目;总装机容量达1200万千瓦的电力项目;新增吞吐量1500万吨的沿海三市9个深水公用码头建设项目。两个“一千亿”项目为:产值达1000亿元电子产业项目(中国电子集团北海电子产业基地+富士康集团在广西投资项目);投资1000亿元的铁路改造和扩建“一揽子”项目。这些经济区的重大项目的实施,将带来巨大的资金需求,考虑到目前北部湾港口仅有北海港一家上市公司,许多证券公司对北海港的资本运作充满期待。根据区域金融发展的梯度推进理论,广西上市公司的证券融资也将踏上了新的征程;广东省23个轨道交通项目建设提速;中海石化1200万吨炼油等十个重大项目陆续投产;包括清远抽水

蓄能电站和乐昌峡水利枢纽在内11个重大项目获国家审核批准；中石化、中石油、宝钢集团、中国船舶、东方电气等一批具有代表性的先进制造业骨干企业落户广东；云南在2009年泛珠三角区域经贸合作洽谈会上与"9+2"各区签订了八大合作项目，项目涉及贵金属、电力、旅游、环保等领域，分别是地矿金玉缘珠宝科技园、年产60万吨镍合金多金属及制品加工生产线、楚雄州风力发电、茶马古镇建设开发、年产3000吨钨钼多金属回收、个旧城市管道天然气工程、太阳湖环湖综合开发及云县食品植物油加工饮料制造生产线；[①]海南的西环铁路、跨海工程、博鳌机场、红岭水库等。这些重大项目的建设都少不了直接融资，尤其是证券融资。

(2)粤、桂、琼、滇四省区经济区证券融资现状

①股票市场融资供给现状

股权市场的融资功能具有很大的发展潜力。利用直接融资筹集具有稳定性的、可以长期使用的投资资金，一方面通过一级市场IPO把一些效益好的企业推荐上市；另一方面通过整合、重组等手段，充分利用已上市企业"壳资源"进一步融资。

中国股市近年迅速发展，截至2009年底，四省区共有上市公司274家，其中海南21家、云南26家、广西26家、广东225家。上海证券交易所总发行股本15410.39亿元，市价总值约97251.91亿元；深圳证券交易所总发行股本3441.86亿元，市价总值约24114.53亿元。

2009年，中国四省区共通过股票市场融资706.6亿元，其中，广东602.8亿元，云南81.6亿元，海南13亿元，广西9.2亿元。

2009年广东省受金融危机的影响较大，受国际、国内证券市场深幅调整影响，企业改制上市步伐放缓，全年新增上市公司14家，比2007年少增加10家，IPO融资487.4元，比上年减少727.3亿元。上市公司并购重组稳步推进，有3家上市公司(不含深圳)完成了重大并购重组，合计发行股票7.43亿股。2009年随着宏观经济回温，IPO重启，新增上市公司23家，总市值达29808.4亿元。

2009，广西证券市场经受住了金融危机的冲击，上市公司总体运行平

---

① 云南网：http://yn.yunnan.cn

稳，企业融资继续保持增长，但发展较上年有所放缓。证券经营机构发展稳健，期货营业部由2007年的5家扩大到2008年的18家，2009年实现利润1678万元。2009年新增上市公司1家，总计共有上市公司26家，其中北部湾经济区12家，上市公司总股本同比增长8.4%。

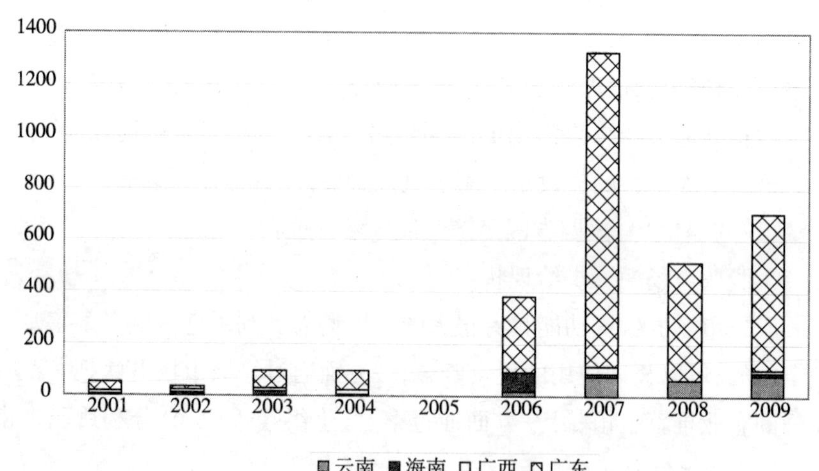

图6-9 粤、桂、琼、滇四省区股票市场资金供给量

2009年，海南共有21家上市公司，新增1家上市公司，这是海南省自2002年来的第一家上市公司，但总体来说海南省2009年的融资功能仍然较弱。2008年在股市震荡下行的情况下，证券交易量明显萎缩，上市公司市值缩水严重，全年境内股票市场筹资总额为2.4亿元，同比减少11.6亿元。境外融资实现突破，迈出了拓展融资渠道的可喜一步，实现境外融资0.3亿元。2009年情况大为好转，全年境内股票市场筹资总额达13亿元，比上年增加10.6亿元。

2009年，受股市深幅下调影响，云南省证券成交量下降，投资者投资意愿减弱，股票融资步伐放缓。云南共有26家上市公司，与2008年相比减少1家，发行26只A股和1只H股，总市值1488.1亿元，较上年增长133.5%。上市公司总体实现利润29.3亿元，摆脱2008年总体亏损的局面。

表6-14 粤、桂、琼、滇四省区股权市场资金供给

单位:亿元

年份	云南	海南	广西	广东	合计
2001	7.4252	0	9.9726	36.2154	53.6132
2002	6.9606	7.3041	5.8347	13.4055	33.5049
2003	2.8205	11.5552	15.3204	66.2022	95.8983
2004	8.3448	0	14.7636	75.1419	98.2503
2005	0	0	0	2.2096	2.2096
2006	19.5096	70.618	3.342	289.1969	382.6665
2007	75.1275	13.746	26.355	1211.9046	1327.1331
2008	61.4509	2.5672	0	451.6731	515.6912
2009	81.6	13	9.2	602.8	706.6

②债券市场融资现状

要解决粤、桂、琼、滇四省区经济发展中的资金"瓶颈",除了发展股权市场融资之外,还要利用债券融资等形式,为企业扩展融资渠道,也为资本市场提供金融商品支持。2009年,四省区债券市场共融资792.7亿元,其中云南融资39亿元,广西融资41.4亿元,广东融资712.3亿元,海南无债券融资。虽然总量上较上年有一定的增长,但局部发展极为不平衡。海南融资由上年的39.15亿元降为12.8亿元,云南省的融资规模也大幅下降。

2009年广东省债券市场融资总额达712.3亿元,占广东省全年融资总额的5.9%,债券融资量比上年增长63.4%,债券市场融资增长迅速。

2008年广西通过发行可转债及短期融资券获得直接融资38.4亿元,比上年增长47%,创历史新高。随着银行体系的不断完善,间接融资增长较快,而国际金融危机下股市、债市的不景气造成直接融资增长相对乏力,全年仅有2家上市公司通过发行可转债进行再融资共计13.4亿元,债券市场融资总额占广西区融资总量的3.9%。2009年通过发行可转债及短期融资券获得直接融资41.4亿元,比上年增长7.8%。

2008年海南省债券市场共融资39.1498亿元,占海南省全年融资总

额的12.2%，债券融资量比上年下降12%，可转换债券实现突破，发行可转换债券8.2亿元，拓展了融资渠道，对海南省金融市场的发展有着里程碑式的意义。2009年海南省债券市场共融资12.8亿元，占海南省全年融资总额的2.2%，债券融资量比上年下降67%。

2008年云南省的债券市场融资规模增长较快，直接融资比例继续上升：利用短期融资券、企业债等工具融资107.5亿元，同比增长59.1%，其中短期融资券多增35亿元。金融机构还和省内企业加强合作，通过发行理财产品、融资租赁等方式为项目提供资金，利用债券市场推动直接融资发展。2009年云南省的债券市场融资规模有所下降，融资额为97.7亿元，较2008年下降了9.1%。

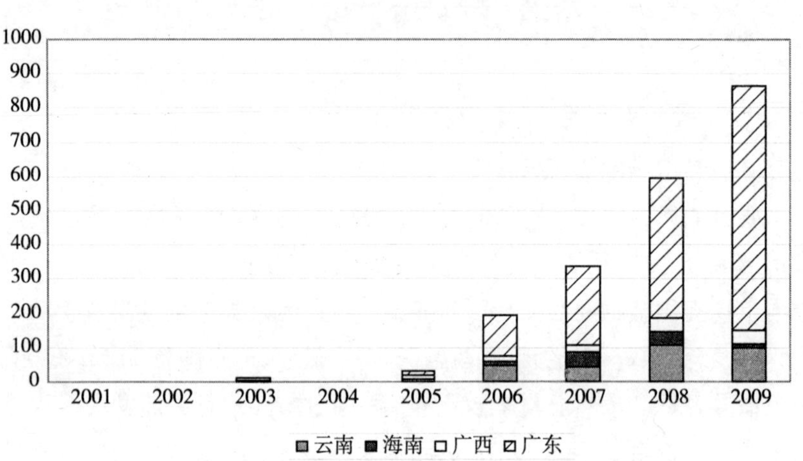

图6-10　粤、桂、琼、滇四省区债券市场资金供给量

(3)粤、桂、琼、滇四省区上市公司发展历程与突破

在现代经济中，上市公司作为调整经济结构、推动区域经济发展的重要工具，已与区域经济交融为一体，成为区域经济的主要组成部分。上市公司往往是区域内的优势产业、支柱产业，规模大、业绩优的上市公司往往是区域行业的龙头，可以带动区域经济腾飞。随着粤、桂、琼、滇四省区区域经济发展、实现西部大开发、中国—东盟自由贸易区建设和北部湾经济的开放与开发，四省区上市公司的融资能力经历了由弱到强，由不规范到规范的过程。当前，我们必须清醒地认识四省区上市公司发展对较为

落后省区经济发展的意义及与周边省份的差距，采取有效措施加快培育和发展壮大四省区上市公司。

①广西上市公司发展历程及突破

1990 年前，北海市工业基础十分薄弱，根本谈不上高科技，而如今，高科技产业开始成为北海市的支柱产业。北海银河科技原是一家房地产公司，改制上市后，现已成为我国最大的电阻生产基地，同时涉足电力自动化产品、电子商务等高科技领域，2006 年公司总资产达 33 亿元。

北海国发原来也是一家房地产公司，正是在高科技企业优先上市的政策引导下，公司立足北部湾丰富的海藻、虾蟹壳等海洋生物资源，依托农业部规划设计院、中科院海洋所等的技术和人才优势，以生物农药和生物农肥为研发重点，现已开发出一系列绿色环保产品。

贵糖股份和南宁糖业于 1998 年和 1999 年先后上市，2001 年和 2004 年南宁糖业又两次配股成功，这 2 家公司从证券市场募集资金 8.76 亿元，这笔资金对发展广西糖业和制糖综合利用起到了重大作用，并带动蔗区 1200 多万人口脱贫致富。

截至 2007 年，广西北部湾经济区上市公司（以公司注册地为准）共有 12 家，总股本 48.9 亿股，流通股总市值 326.38 亿元。2007 年广西全区共有 6 家公司通过股票市场（A 股）融资 26.6 亿元，北部湾经济区共有 3 家上市公司（南宁糖业、南化股份和阳光股份）通过增发方式实现再融资 12.33 亿元，占全区股票市场（A 股）融资额的 46.35%。广西共有 3 家企业获准发行短期融资券共计 39 亿元，2007 年发行 10.5 亿元。同时，经济区 12 家上市公司中有 3 家（北海港、桂冠电力、五洲交通）的主营业务分别是港口、电力、交通等，这 3 家公司共募集资金 10.12 亿元，投向基础设施建设，从而改善区域投资环境，带动区域经济发展。而且，广西北部湾共有 4 家企业建立博士后工作站：贵糖股份、银河科技、南宁化工、北海国发。这对加强和推进企业自主技术创新工作起到了积极作用。

②广东上市公司发展历程及突破

广东积极推动符合国家产业发展政策的优质企业改制上市，重点支持现代服务业、战略性新兴产业、先进制造业、优势传统产业以及现代农业五大现代产业，同时积极推动广东高新技术园区企业大力发展风险投资、私募股权投资基金，加快建设广东多层次资本市场体系。截至2009年底，广东省上市公司的总市值达到2.51万亿元，在国内证券市场累计融资3839.51亿元，其中仅2009年融资就达688.16亿元，比上年增长50%，占全国证券市场融资总额的13.41%。

③云南上市公司发展历程及突破

经过十余年的建设，截至2010年9月云南省上市公司共29家，其中有两家分别在香港和美国发行上市，整体业绩较好，部分上市公司已发展为全国性龙头企业，主要分布在有色金属、化工、医药生物等优势行业，融资额近年来屡创新高。

④海南上市公司发展历程及突破

海南省作为我国最大的经济特区，20世纪90年代中，与上海、深圳一起走在中国资本市场的最前列，到了2002年，海南省的上市公司只有26家，占全国总数比例不足1%，而2010年仅剩25家。且海南省作为旅游大省，25家上市公司无一家旅游企业。可见海南省应该重视资本市场的平稳发展，重视、推荐企业上市。

总之，上市公司具有股权直接融资功能，它与债权融资或银行贷款相比，具有融资面广、融资数量大、无需支付利息等优点，从而成为现代企业融资渠道的首选。通过融资可以增强企业自身实力和促进区域经济发展。然而，和国内发达地区相比，广西、云南、海南三省区上市公司的运行情况并不乐观，与周边省区上市公司相比还存在一定的差距。

(4)粤、桂、琼、滇四省区资本市场特点分析

CAFTA框架下的粤、桂、琼、滇四省区的资本市场发展不平衡，广东省的资本市场相对广西、云南、海南三省区资本市场的发展要成熟。

① 广西、云南、海南资本市场特点分析

广西、云南、海南省资本市场融资结构逐步优化，但资本运作力度不够，中小企业通过资本市场融资基本属于空白，且融资局限于境内，证券机构分布不平衡，债券市场和期货市场规模有限。

A. 融资结构逐步优化，但资本运作力度不够

近年来，桂、琼、滇三省区融资结构逐步优化，但是优化的速度还是相当的缓慢，而且直接融资与间接融资比重呈现相差甚远，以广西为例，由表6-15可见，广西直接、间接融资比重最高出现在2001年为6.6：93.4，

最低出现在2005年为2.1∶97.9,这说明广西的证券融资(即股票和债券融资)的比重非常小,而且很不稳定。

表6-15　广西企业融资结构表(2001—2009年)

年　度	融资量(亿元)	比重(%)		
		银行贷款	债券融资	股票融资
2001	151.1	93.4	0	6.6
2002	216.1	97.3	0	2.7
2003	450.6	94.8	1.8	3.4
2004	546.8	97.3	0	2.7
2005	478.6	97.9	2.1	0
2006	557	97	2.4	0.6
2007	753	93.8	2.7	3.5
2008	985.8	96.1	3.9	0
2009	2301.4	97.8	1.8	0.4

广西区上市公司资本运作力度不足,上市以来没有再融资的有6家,占上市公司数量的50%,进行过两次以上融资的只有2家,且融资渠道明显单一,只有首发A股、配股、增发和可转债4种形式,B股、H股、N股发行均为空白。① 另外,上市公司扩张能力不够强,做大、做强的意愿不足,导致企业主业过于狭窄,没有新的利润增长点,利用收购、兼并等资本运营手段不够,因此使企业缺乏可持续发展的能力。

B. 中小企业板块基本属于空白

中国证监会于2004年5月17日深圳证券交易所在主板市场内设立中小企业板块,这标志着分步推进创业板市场建设工作已全面展开。中国证监会决定"分步推进创业板建设方案,在深圳证券市场所设立中小盘板块"作为第一步,借以完善创业投资机制,拓展中小企业融资渠道。中

① 李秉恒、付春明:《利用资本市场促进广西北部湾经济区开放开发研究报告》,http://www.csrc.gov.cn/n575458/n870620/n1335036/10776727.html 2008年8月21日。

小企业板块将重点突出主业、成长性和科技含量三个方面的特点。中小企业板块的设立,除了有助于我国建立多层次资本市场体系、完善国内资本市场格局、对我国资本市场的长远发展产生积极重大影响。

这个板块对于急需资金来发展扩大业务的中小企业是一个很重要的融资渠道,但是,经济区内的企业在这个板块基本属于空白的。三省区政府应该抓住北部湾经济开放和开发这个机遇,制定相应的有利于经济区中小企业证券融资的政策,满足中小企业的资金需求。

C. 局限于境内融资模式

对于内地的中小企业,资金匮乏是制约发展的瓶颈。如果仅靠企业自身的自有资金来满足资金方面的需求,受到经营业绩和生产状况的限制很大,无法满足企业高速发展的需求。对于处于三省区有利地理环境的中小企业也是面临这种窘境。通过银行贷款和通过内地证券市场发行股票或公司债券对很多民营的中小企业又是可望而不可即的事情。于是,三省区的中小企业可以在这种内地获取发展资金困难的情况下,选择境外风险投资或直接在境外的证券市场上市融资,利用境外的资本市场帮助实现自己的目标。

广西上市公司融资渠道明显单一,只有首发A股、配股、增发和可转债4种形式,没有一家公司发行B股、H股、N股,国外融资空白。积极争取发行B股、H股和N股。目前西部其他省份的一些上市公司已通过发行多种类型的股票实现了扩大融资和加快企业发展的目的,如内蒙古、重庆就各有二家上市公司发行B股,云南有一家上市公司发行H股。桂、琼、滇三省区上市公司应以积极进取的姿态,力争发行B股、H股。同时向玉柴学习,争取在海外上市,努力进军国际资本市场。

在此之前,三省区没有一家企业选择在海外上市。虽然在全国范围内,已有数百家的中国内地企业在美国、中国香港、新加坡等地的证券市场收获颇丰。除了百度、网易这些互联网企业和中石油这种大型国企,一些中小企业也成功的通过买壳、造壳等方式纷纷成功地在境外上市。因而,广西、云南、海南三省区的中小企业抓住自己的特色,以及利用中国经济的持续增长以及已经在境外上市的中小企业成功示范效应,大胆地拓宽海外融资渠道,而不仅仅局限自己的融资范围。

D. 证券经营机构分布极不平衡

一个地区资本市场的发展离不开中介力量的壮大，券商和其他债券中介机构的数量及实力大小从另一个角度上反映了该地区资本市场发育程度。截至2009年4月，广西北部湾经济区有证券公司和基金管理公司各1家，证券营业部22个，证券服务部7个，具有证券相关业务资格的中介机构8个，其中资产评估事务所2个，会计师事务所2个，律师事务所3个，土地评估事务所1个。这些证券经营机构主要分布在南宁市，其他县市分布很少。所以，广西北部湾经济区企业从金融市场得到的直接融资数额甚微。

E. 债券市场和期货市场规模有限

债券市场是资本市场的重要组成部分。债券以其到期偿还等特性弥补了股票的某些不足，成为人们乐于接受的金融工具之一。我国债券市场按发行主体不同分为国债市场和企业债券市场，然而由于种种原因，我国资本市场出现了重视股票市场轻视债券市场。在债券市场中又出现重视国债轻视企业债的内部结构不平衡现象。北部湾区域与发达地区相比较，仍然有很大的差距。南化股份成为我国第一家实施债转股的企业，筹资1.5亿元。期货市场可以使企业规避市场风险，增强竞争力，也有利于经济的安全运行。期货市场的发展可以健全市场价格体系形成，完善市场经济体系，有利于包括证券市场在内的资本市场的健康稳定发展。尤其是目前证券市场进入了熊市，大部分证券公司出现了亏损或者即将出现亏损，各种证券投资基金已很难运作，期货市场发展正当时机。但目前三省区北部湾区域金融和商品期货市场均不发达，没有区域性期货市场，期货经纪公司少，期货经营机构少，开展业务范围有限，业务量低。

②广东资本市场特点分析

A. 上市公司规模跃上新台阶

截至2009年末，广东在深圳、上海证券交易所挂牌的上市公司共225家，数量之多居全国首位，在国内证券市场累计融资额达1315.1亿元，此外还有60多家企业在香港、新加坡上市。

B. 证券期货机构创新

广东省一直大力支持证券公司综合治理和创新发展，截至2008年9月，广东省共有证券公司22家及证券营业部480家，实现利润81.25

亿元。

C. 资本市场对外开放

改革开放以来，广东积极引导企业海外上市，同时引进境外证券期货机构，粤港澳资本市场合作日益紧密。

D. 仍处于发展阶段

广东省的资本市场发展仍旧处于发展的初级阶段，资本市场发展不充分不成熟，上市公司总体规模较小，证券机构的总体经营规模也较小，发展的方式需要适时改变创新。

3. 保险业

(1)保险功能的实现与四省区经济建设

保险具有经济补偿、资金融通和社会管理功能，是市场经济条件下风险管理的基本手段，是金融体系和社会保障体系的重要组成部分，在社会主义和谐社会建设中具有重要作用。[①] 保险功能的实现为 CAFTA 框架下粤、桂、琼、滇四省区的建设提供了有力支撑。

①经济补偿功能

经济补偿是保险的基本功能也是实现风险分散的重要手段。现实生活中各种灾害和意外事故时有发生，使人们的生产和生活蒙受损失；而这种损失的发生具有不确定性，人们无法预料损失何时发生、损失的金额有多大，由此带来的不稳定因素影响了社会再生产的连贯性。人们希望减少这种不确定性带来的影响，以赢得稳定的可预期的未来。正是出于这个目的，现代保险利用保险精算技术、使用财务手段、集合投保人的保费建立保险基金，从而实现了对少数发生保险事故的被保险人的经济补偿和风险分散，这就是保险的经济补偿功能。

粤、桂、琼、滇四省区建设中存在大量的风险因素。首先是自然风险，粤、桂、琼、滇四省区经常面临冰冻、干旱、洪涝、台风、火灾等自然灾害的影响；其次是经济风险，在企业的生产经营过程中，市场条件、供求关系、贸易条件等因素的变化，企业经营决策的失误，都可能导致经济上遭受损失出现经营亏损；还有汇率风险和政治风险，在积极参与中国—东盟自由

① 国务院文件：《关于保险业改革发展的若干意见》，2006 年 6 月。

贸易区建设、发展外向型经济的过程中，粤、桂、琼、滇四省区有着大量对外经贸往来，汇率的波动、经贸伙伴所在国政治、经济状况的变化都有可能导致经济损失。

②资金融通功能

作为金融业三大支柱之一的保险业，与银行业、证券业一样，具有资金融通的功能。所谓资金融通，是指资金的积聚、流通和分配过程。保险的资金融通功能主要指保险公司对保险资金的积聚和运用。保险公司一方面通过承保业务获取保费收入来积聚资金、分流部分社会储蓄，另一方面又通过投资实现对保险资金的运用，同时达到保险资金保值增值的目的以满足未来支付的需要。区别于银行储蓄资金，保险资金特别是储蓄类保险产品吸收的资金大部分是长期资金，具有资金来源稳定、期限长、规模大的优点。正是由于这个原因，在西方发达国家中，保险公司已成为资本市场上的重要机构投资者。如 1998 年全球 40% 的投资资产由保险公司管理，保险公司持有的上市公司股票市值占整个股票市值的比重，美国为 25%，欧洲为 40%，日本为 50%。[①]

发展初期的 CAFTA 框架下粤、桂、琼、滇四省区属投资拉动型经济，在加大基础设施建设、发展特色优势产业、建立区域性融资平台和产业结构调整的过程中资金需求很大，仅靠银行信贷的支持远远不能满足经济发展的需要。不断拓宽融资渠道的探索过程给保险业提供了广阔的发展空间，保险资金的进入将会给北部湾经济区建设提供有力支持。在存在巨大资金缺口的背景下，自治区政府已经计划每年引入保险资金 10 亿元以上投入广西重点项目建设，实现保险资金运用的重大突破。2007 年广东省出台了《关于大力推进我省保险业改革发展的意见》（粤府〔2006〕129 号）引导商业保险资金支持省内重点项目和基础设施建设。

③社会管理功能

随着社会经济的发展，保险在发挥传统经济补偿和资金融通功能的同时，已经不仅仅是提供简单的产品服务，而是提供一种协调现代生活各

---

① 中国保监会武汉保监办课题组：《对保险功能的再认识》，《保险研究》2003 年第 11 期。

个领域正常运转和有序发展,并促进社会资源配置效率提高、实现社会安全稳定的制度安排。这种制度安排充分体现了保险的社会管理功能,它不同于以国家为主体的“他我管理”或者是部门管理,而是起到社会润滑剂的作用。

保险的社会管理功能主要体现在:第一,社会保障管理。伴随着我国经济体制改革产生的一系列问题比如国企改革造成大量职工下岗、公费医疗取消、住房体制改革等使我国的社会保障体系受到巨大挑战,凸显了我国社会保障体系建设的滞后性。在此形势下,商业保险就成了社会保障体系的重要补充和完善。通过养老保险、医疗保险、失业保险、农村保险等险种的经营,保险业在有效缓解了政府压力的同时提高了全社会的保障水平。第二,社会风险管理。保险作为专门经营风险的行业,利用其在风险识别、衡量和分析上的专业特长,积极参与并主动配合全社会的防灾防损工作。保险公司积极宣称保险知识、制定差别费率等措施促使全社会重视风险防范、加强风险管理,同时通过经济补偿减少了社会财富损失。第三,社会关系管理。保险公司对保险事故的赔付,减少了社会摩擦,为维护社会秩序的稳定创造了条件。以责任保险为例,保险公司对受害人进行的经济补偿,避免了致害人和受害人的法律纠纷,减少了社会摩擦和冲突,保证了社会的高效运转。最后,社会信用管理。保险在经营过程中可以收集企业和个人的履约行为记录,为社会信用体系的建立和管理提供重要的信息资料来源,实现社会信用资源的共享。保险公司通过开展信用保险业务,在将信用风险转嫁给保险公司的同时,有助于提高交易双方的信用,构建诚实守信的交易环境。

保险业社会管理功能的实现,能够补充和完善社会保障体系、稳定经济生活、缓解社会矛盾,为 CAFTA 框架下粤、桂、琼、滇四省区的建设创造良好的发展环境。

(2)粤、桂、琼、滇四省区保险业发展现状①

①保险市场发展速度快,总体规模小

---

① 本部分所用相关保险数据来源于《广西壮族自治区金融运行报告》和保险监督管理委员会网站,以及历年《中国保险年鉴》。

数据显示,2009 年广西辖区内保险主体共 26 家,比 2008 年新增 1 家,其中产险公司 15 家,寿险公司 11 家,分支机构 2053 家,比 2008 年增加 142 家,保险从业人员 65725 人。广西区保险业总资产已达 274.4 亿元,较 2008 年增 49.7%,并形成了多元化的保险市场新格局。这样一方面表明这些保险业经营业绩有了很大改善,另一方面说明自广西人民保险意识增强。在此环境下,2009 年广西区保险公司实现保费收入 148.6 亿元,比上年增长了 11.3%。其中,财产险业务保费收入 49.71 亿元,同比增长 24.12%,健康保险收入 0.89 亿元,同比减少 74.1%,意外伤害险保费收入 2.19 亿元,同比增长 2.8%。

2009 年广东省保险业总资产 2018.2 亿元,实现保费收入 959.6 亿元,同比增长 8.5%,其中财产险保费收入 239.1 亿元,同比增长 14.87%,实现总体扭亏为盈,人身险保费收入 720.5 亿元,同比增长 6.46%。广东保险市场由主要有寿险拉动转为由产险、寿险共同拉动。

海南省共有省级保险分公司 15 家,其中财产险公司 8 家,人寿险公司 7 家,分支机构 105 家,较 2008 年增加 10 家,营销服务部 190 家,较 2008 年增加 5 家。2009 年共实现原保费收入 32.96 亿元,同比增长 9.62%,财产险公司与人身险公司原保费收入分别为 12.32 亿元和 20.64 亿元,分别较 2008 年增长了 17.45% 和 5.43%。

云南省 2009 年实现保费收入 180.49 亿元,同比增长 9.31%,其中财产险增长较快,保费收入实现 68.03 亿元,同比增长 24.58%。截至 2009 年底,全省共省级分公司 27 家,其中财产险 17 家,人身险 10 家,分支机构 2254 家,较 2008 年增加了 82 家。

与全国其他地区相比,广西壮族自治区、云南省和海南省的保险总体规模小、发展落后。从规模总量上来看,以 2009 年保费收入为例,广东保费收入为全国最高,达 959.6 亿,是广西的 6 倍多、云南省的 14 倍多。广西的保费收入介于全国排名 31 的贵州和排名 32 的厦门之间,仅领先厦门、宁夏、海南、青海、西藏五地。从发展水平来看,2007 年广西北部湾经济区保险深度为 1.90%,低于全国平均水平 0.95 个百分点;保险密度为 225.27 元,远远落后于 533 元的全国平均水平。

表 6-16　全国部分省区保费收入

排名	省市名称	保费收入(亿元)	排名	省市名称	保费收入(亿元)
1	广东	95933.72	31	贵州	9525.61
2	江苏	90773.01	32	厦门	5839.33
3	北京	69759.52	33	宁夏	3927.81
4	山东	67751.74	34	海南	3306.87
5	上海	67298.09	35	青海	1820.83
26	广西	14861.57	36	西藏	400.69

②业务结构逐步优化

以广西壮族自治区为例,财产保险方面,多年来车险一直是最重要的险种,2009 年车险保费收入占全部财产保险保费收入的 73.2%。农业保险和责任保险连年实现快速增长,2009 年保费收入分别达到 1310.5 万元和 2011.9 万元。人身保险方面,产品转型稳步实施,内涵价值较高的分红型人寿保险业务较快发展,2009 年分红型人寿保险保费收入占人身保险保费收入达 74.60%。同时,寿险首年期交保费出现大幅增长;银行保险渠道销售的分红保险实现五年期向十年期转型,并推出了万能寿险和投资联结保险产品。

③保险市场体系逐步健全

目前,粤、桂、琼、滇四省区已经建立起了包括财产保险公司、人身保险公司、保险代理公司、保险经纪公司、保险公估公司和兼业代理机构在内的完善的市场体系。广西在“引保入桂”方面取得巨大成绩,2006—2009 年,共引进 14 家新保险主体,三年间保险业主体数翻了一番。截至目前,广西区有保险公司 26 家,保险中介公司 70 家,兼业代理机构 1349 家。云南省保险分支机构数量较 08 年增加 82 家,保险服务领域不断拓宽,逐步形成相互合作、相互竞争的市场话化格局。

④各地保险业务发展不均衡

粤、桂、琼、滇四省区的保险业务发展差距悬殊,基本上是首府城市一枝独秀,无论在保费收入、保险深度还是保险密度上都远远领先于各省辖区内其他城市。2009 年,南宁保费收入 27.08 亿,超过其他五市的总和,保险深度为 2.55%,保险密度为 399.64 元。崇左保险规模最小,保费收入仅为2.17亿，且增长速度最慢。钦州保险发展水平最低，保险深度0.90%、保险密度77.46元。这些数据充分显示出北部湾经济区保险业务地区间发展的不均衡。

6.1.3 粤、桂、琼、滇四省区促进出口产业链构建的国际竞争力分析

本文主要运用SWOT分析法对CAFTA框架下粤、桂、琼、滇四省区的财政金融竞争力进行分析。它通过对区域财政、金融主体自身所具备的优势和劣势的分析来判断财政、金融主体的实力；通过对财政、金融主体所处的环境中的机会和威胁来判断环境的吸引力。财政、金融主体自身的实力和环境的吸引力构成该地区的主要竞争力。我们可以以此作为制定该区域财政、金融发展战略的出发点。使该战略能最大限度地集中区域自身的优势并予以充分发挥，更大的提升区域财政、金融的竞争力，使区域财政金融更好的发展。运用SWOT分析法，对粤、桂、琼、滇四省区产业竞争力的分析主要有以下四个方面：

一、优势分析

粤、桂、琼、滇四省区产业竞争力的优势主要体现在受政府及领导的高度重视、财政金融相关政策支持、良好的产业合作优势和市场发展空间较大。

1. 受政府及领导的高度重视

各级党政领导干部群众，建设各省区经济的积极性高、主动性强，干部群众思想统一、组织到位，各单位目标明确、行动有力。

2. 财政金融相关政策支持

经济区在金融和税收等方面，享有很多的特殊政策支持，既享有民族区域自治政策，又享有西部大开发政策、沿海沿边开放政策等优惠政策。以广西为例，为了加快北部湾开发，中央给了广西壮族自治区六个特权，即一是综合配套改革（行政管理体制、市场体系、土地管理制度等）。二是重大项目布局方面。三是保税物流体系方面。四是金融改革方面。五是开放合作方面。六是规划组织实施方面。拥有这些特权后，广西就可以直接与东盟各国的首脑会晤，直接探讨经济等领域的合作，拥有这些特权后，广西即可以直接搞“资本运作”，全力为北部湾的发展筹措资金。如2005年12月，广西首府南宁市获中国银监会批准向外资银行开放人

民币业务，为外资银行在中西部地区设立机构和开办业务开辟了绿色通道，鼓励外资银行在南宁这样的西部省会（首府）城市设立分行，开展业务，并在同等条件下优先审批其设立机构和开办业务的申请。此外，广西区党委、政府重点实施《广西北部湾经济区发展规划的决定》，明确把北部湾经济区作为广西加快发展的重中之重，提出经济区开发建设的目标任务和方向，使全区上下统一思想、形成合力，为加快经济区的建设创造了良好的基础。自治区政府出台的《关于促进广西北部湾经济区开放开发的若干政策规定》中金融支持政策包括：支持金融主体建设、加强信贷支持、支持中小企业担保机构发展、拓宽融资渠道、加强金融便利化建设、营造良好的金融生态环境等，这为经济区金融体系的构建提供了有力的引导和支持。这些优惠政策为北部湾地区的金融发展起到了一定的激励作用。2008 年 12 月审批通过的《广西壮族自治区人民政府关于促进广西北部湾经济区开放开发的若干政策规定》也为经济区金融的发展指明了方向。

3．良好的产业合作优势

粤、桂、琼、滇四省区拥有丰富的劳动力资源、矿产资源、水能资源、旅游资源和土地资源。同时还具有良好的生态环境和人居环境，可以满足加快金融发展的基本要求，转移已成为经贸合作新的增长点。

4．市场发展空间较大

粤、桂、琼、滇四省区基于独特的区位优势，可以加快融入中国—东盟自由贸易区建设进程，特别是在加强与越南全面经济贸易合作以及参与大湄公河次区域经济发展方面，都将为四省区金融发展提供更广阔的空间和更有力的支撑。

二、劣势分析

1．经济区内严格的行政区划，容易造成金融资源浪费

粤、桂、琼、滇四省区内的金融机构与国内其他金融机构一样，由于受历史因素影响，金融组织体系和资金管理体系的行政区划色彩颇浓，所形成的“区划壁垒”使得各种金融资源被严格限制在一定的行政区划范围之内，并且受金融机构数量和资产规模限制，金融业服务的覆盖范围多限于经济区内，很难实现自由、高效地配置，阻碍了区域金融合作和区域经济的整合和提升，市场分割的现象依然存在，造成金融业辐射带动能力

不强。

2. 信贷结构失衡,贷款呈现长期化趋势

主要表现在三个方面:一是短期贷款与长期贷款结构失衡。四省区内的银行偏重于支持中长期的投资需求,压缩了短期贷款的投放,而短期贷款主要用于当前生产,短期贷款投放的不足必然导致对企业正常流动资金投放的减少,使企业流动资金偏紧,同时贷款的长期化也会给银行的流动性和安全性带来负面影响。二是直接融资与间接融资比例严重失衡。粤、桂、琼、滇四省区中的广西、云南、海南三省区投资资金主要来源于自筹资金和银行贷款。通过证券市场直接融资非常有限,直接融资比例过低,也使风险过度向银行部门集中。三是从市场的服务层次结构看,各种金融机构和金融工具依然主要服务于国有企业或大中型企业,缺乏向中小企业和民营企业等非公有制经济服务的金融机构和金融市场组织。

3. 金融危机使财政收入锐减、支出增加,加大了财政调控经济的难度

2007年爆发的美国金融危机,引发了世界性金融危机,并促成了现在世界经济萧条的现状。粤、桂、琼、滇四省区的贸易对象主要面向东盟国家,经济外向型较大,在这次金融危机中,实体经济纷纷倒闭,很多企业面临亏损局面、大量人员失业。这种现状就会使财政收入的税源减少,另一方面为帮助企业渡过难关和安排失业人员再就业就会加大财政支出。一方面财政收入税源减少,另一方面财政支出幅度增大,这都会对财政调控经济的能力造成影响,形成财政能力的匮乏。

4. 金融业主体发育不足,发展的稳定性较差

粤、桂、琼、滇四省区中的广西、云南、海南三省区,从金融机构的设立方面看,没有一家跨区域的金融机构将总部、数据中心或结算中心设在该区域。目前,虽然各大银行都在改制过程中,但仍然以国有或国家控股为主,地方性私营机构总体比重很小。而且外资银行入驻不足,就会对引进外资方面造成一定的障碍。另外,从金融机构的规模上看,中小金融机构如城市商业银行、城乡信用社等发展缓慢;证券市场总体规模较小,市场品种比较单一;资本市场实力不够,支持经济发展能力有限。比如,截至2008年12月,全国已有上市公司1771家,广西的上市公司只有25家,仅

占1.75%，上市企业的数量明显低于全国平均水平；金融工具单一，业务创新能力不足，如金融租赁、个人理财及其他业务创新等均属空白等，与北部湾经济的持续发展需要不相适应。

5. 金融市场层次低，服务功能不完善

企业融资渠道单一，高度依赖银行贷款，年度间接融资占总融资规模比率近几年都在95%以上，即直接融资占融资的规模比率都不到5%，直接融资规模和水平非常低，这不但不能充分利用市场资源，也不能满足经济发展的需求，难以有效地转移和分散风险。一个完善的金融市场体系应该包括货币、资本、保险、外汇、黄金、期货等市场。但受各种因素制约，北部湾经济区金融市场化水平相对较低，目前，经济区内没有一家全国性的金融市场，区域性市场作用不明显，服务范围不广，功能不完善，难以形成聚集和辐射效用。

6. 金融人才总量不足，整体素质不高

虽然近年桂、琼、滇三省区有了较快的发展，但不管是经济总量还是人均经济指标在全国的排名均较靠后，这造成了广西、云南、海南三省区对优秀人才的吸引力不足。而且，就目前三省区金融业从业人员的结构来看，员工的整体素质有待提高。金融人才相对缺乏将不利于推动区域金融的发展和合作。

三、机会分析

1. 国家十分重视

中央和国务院领导都对粤、桂、琼、滇四省区的开发开放工作作出明确指示，提出了殷切期望和要求。全国政协把这项工作作为参政议政的重要内容，许多全国人大代表提出议案或建议，大力加以推动。经国务院批准的《西部大开发"十一五"规划》将广西经济区纳入重点经济区，研究采取综合措施推进其加快发展，基于金融对经济贡献的重要性，对金融机构的改革措施则成为亟待解决的一方面。国家对广东省的进一步开发工作也十分重视，2008年底《珠江三角洲改革发展规划纲要》把粤港澳合作上升到国家战略层面，使得加强粤港澳合作，构建世界级珠三角都会区有了政策的保障。2009年国务院批准《横琴总体发展规划》，2010年4月又正式批准了《粤港合作框架协议》，2010年8月，国务院正式批复同意深圳前海《发展规划》。2010年1月国务院发布了《国务院关于推进海南国际旅游岛建设发展的若干意见》，对调整海南省经济结构，加快发展海南省现代服务业的发展有重要的意义。

2. 我国金融领域对外开放的扩大

“十一五”期间国内金融改革发展将金融一个新的阶段，这为北部湾合作引进境外银行、证券公司、投行等金融机构提供了政策基础，对粤、桂、琼、滇四省区金融业的发展既是一个重大机会，又会带来新的挑战。

3. 金融全球化和自由化趋势

由于金融全球化和自由化的影响，在中国加入 WTO 及 2006 年全面开放金融业的背景下，境内外金融资源的流动性增强。金融全球化和自由化既为粤、桂、琼、滇四省区的金融业发展提供了良好的发展机会，也必将带来严峻的挑战。一方面，要抓住这一机会，加大金融业改革开放和金融生态环境优化的步伐，吸引更多的全国性金融机构和外资金融机构入驻，在四省区内聚集足够的资金增强金融产业的核心竞争力。另一方面，要求粤、桂、琼、滇四省区内的金融机构发展必须树立国际竞争意识、忧患意识和风险意识，深化金融体制和金融机构改革，完善治理结构，切实提高综合竞争力及金融风险防范和控制能力，以良好的姿态融入竞争越来越激烈、风险越来越突出的国际竞争环境中。

4. 地处多区域合作的交汇点

粤、桂、琼、滇四省区地处中国—东盟自由贸易区、北部湾经济区、大湄公河次区域以及泛珠三角、西南六省区等多区域合作的交汇点，是我国西部唯一兼有海路和陆路两大对外通道的地区，也是促进中国—东盟全面合作的重要基地，开发潜力巨大。通过天然的地域优势，粤、桂、琼、滇四省区内的金融机构就更加容易与东盟国家进行跨区域和跨国金融合作和交流。

5. 四省区区域经济合作战略的提出与实施

粤、桂、琼、滇四省区区域的区位优势，决定了它可以融入东盟+中日韩合作（“10+3”），就有更多的机会引进外资金融机构的进入，同时可以活跃和创新金融市场，提供更多的投融资方式。另一方面方面，应与毗邻的泛珠三角地区展开更广泛的金融合作，以更大范围的广度和深度吸收外部金融资源，获取合作的机会和经验。

6. “一轴两翼”区域经济合作新格局

"一轴两翼"是指由北部湾经济合作区、大湄公河次区域两个板块和南宁—新加坡经济走廊一个中轴组成,形成形似英文字母"M"的大格局。提出和实施这一战略,将形成一个太平洋西岸新兴的经济增长带,将进一步丰富和充实中国与东盟合作的内涵,促进东亚整体合作的深入发展。这将有利于区域内资源共享,促进产业转移与合理分工;有利于扩大区域市场和经济发展的空间,创造新的、更多的经济增长点;有利于区域内各国充分发挥比较优势,互补互利,合力提升本地区的整体竞争力;有利于共同吸纳与更合理地运用国际资本和外部资源,促进在更高水平、更深层次上的国际经贸合作。

7. 历届中国—东盟博览会的胜利召开

东博会的举办为四省区金融业发展提供了良好契机。至2015年,东盟10国与中国将实现一个人口超过18亿、经济总量达2.4万亿美元、主要由发展中国家组成的全世界最大的自由贸易区。这些都为粤、桂、琼、滇四省区金融业的扩大发展提供了广阔的市场空间。

四、威胁分析

1. 国家的相关配套政策还处于研究规划阶段

随着《西部大开发"十一五"规划》的实施,中央将继续坚持重点支持西部地区发展的政策不减弱,并将进一步调整和完善优惠政策,这必将对加快打造粤、桂、琼、滇四省经济区增长极,起到重要的推动作用。但是由于国家的相关配套政策还处于研究规划阶段,可能有些配套政策不能很好的满足经济区金融发展的需要。

2. 粤、桂、琼、滇四省区周边国家与地区的发展势头迅猛,竞争激烈

从国内看,东部沿海省区继续保持我国经济发展重要火车头的趋势,大西南地区其他省市加快发展的势头,湖南湖北等地区的迅速崛起。从周边国家和地区看,东盟国家特别是越南的发展势头迅猛,竞争压力日益加剧。

3. 粤、桂、琼、滇四省区整体经济发展水平较低

近几年,粤、桂、琼、滇四省区经济总体上在快速增长,但各省区在结构发展上很不平衡。除省会城市和重要工业城市外,有些地区工业企业萎缩,高科技企业和高附加值产品少,缺乏吸引银行资金投放的项目和增长点。以广西壮族自治区为例,据统计,自1999年以来,广西区内金融机

构从县域撤并的营业网点多达2029个,其中四大行县域网点降幅达51.64%。不理想的经济环境加剧了信贷资金流向的不平衡,制约了四省区金融生态环境的整体提升和优化,影响了四省区经济的全面发展,更不利于四省区的全面建设和发展。

4. 区域经济发展造成金融业竞争激烈

目前,海峡西岸经济区、成渝经济区也已经成为区域发展的热点,各个区域已经按照发展规划展开了建设,各地都在积极地进行招商引资,各地在向国家争取资金和优惠政策的同时,都在大力发展金融产业,在引进外资和金融机构入驻方面对粤、桂、琼、滇四省区都造成了不小的竞争压力。另一方面,发展程度较高的环渤海湾经济圈,长江三角洲经济区和珠江三角洲经济区在各个方面的竞争中,都会对四省区产生影响,从发展的角度来看,会大量地分享粤、桂、琼、滇四省区的金融机遇。

Opportunities—机会
1. 国家十分重视
2. 金融领域对外开放扩大
3. 金融全球化和自由化
4. 地处多区域合作交汇点
5. 北部湾区域经济合作战略
6. "一轴两翼"区域经济合作新格局

Weaknesses—劣势
1. 区域内严格的行政区划,造成金融资源浪费
2. 信贷结构失衡
3. 金融危机使财政收入锐减、支出增加,加大了财政调控经济的难度
4. 金融业主体发育不足,发展的稳定性较差
5. 金融市场层次低,服务功能不完善
6. 金融人才总量不足,整体素质不高

WO 战略
利用机会 克服劣势
①采取相关措施,提升金融竞争力
②提高金融开放程度
③扩大金融规模,建立多次金融市场体系

SO 战略
利用机会 发挥优势
①抓住北部湾地区发展这一契机加强金融宏观调控,深化金融改革
②加强与周边国家与地区的金融合作,构建有特色的区域金融中心
③继续优化区域金融生态环境

Strengths—优势
1. 四省区领导重视
2. 财政金融相关政策支持
3. 金融生态环境持续改善
4. 良好的产业合作优势
5. 市场发展空间较大

WT 战略
减少劣势 回避威胁
①有效防范化解金融风险
②促进地方金融发展,强化金融监管

ST 战略
利用优势 回避威胁
①加强与周边国家与地区的金融合作
②制定明确的区域金融政策目标,缩小或消除与周边地区差距

Threats—威胁
1. 国家的相关配套政策处于研究规划阶段
2. 粤、桂、琼、滇四省区整体经济发展水平较低
3. 周边国家与地区发展势头迅猛
4. 区域经济发展造成金融业竞争激烈

图6-11 粤、桂、琼、滇四省区财政金融竞争力的SWOT战略矩阵图

五、粤、桂、琼、滇四省区财政金融竞争力的SWOT战略矩阵

SWOT分析实际上是将分析对象的内外部条件进行综合和概括，进而分析其优劣势、面临的机会和威胁的一种方法。其中，优劣势分析主要着眼于分析对象自身的实力及其与竞争对手的比较，而机会和威胁分析则将注意力放在外部环境的变化及可能影响上。但是，外部环境的同一变化给具有不同资源和能力的分析对象带来的机会和威胁却可能完全不同，因此，在利用SWOT分析工具进行战略设计时有必要将内外部条件加以组合。正是在这一思想指导下，SWOT战略矩阵内含四大战略：利用机会发挥优势战略（SO战略）、利用机会克服劣势战略（WO战略）、发挥优势克服威胁战略（ST战略）和规避威胁减轻劣势战略（WT战略）。图6-11就是在前文分析的基础上所得出的有关粤、桂、琼、滇四省区金融竞争力的SWOT战略矩阵。

6.2 出口产业链形成过程中区域财政金融支撑体系的演进及存在的问题研究

本节从CAFTA的角度，首先以CAFTA的发展阶段为依据分析各个阶段粤、桂、琼、滇四省区财政金融支撑的演进，并分析各个阶段的发展中存在的问题。

6.2.1 粤、桂、琼、滇四省区财政金融支撑的演进

由于本文旨在分析CAFTA框架下区域财政金融支撑体系的演进，下面以中国—东盟自由贸易区的建设进程作为阶段划分的依据，将出口产业链形成过程中的区域财政金融支撑体系的演进划分为三个阶段：以《中国与东盟全面经济合作框架协议》的签署和为界，2002年中国—东盟自由贸易区的建设正式启动之前为第一阶段；至2010年中国—东盟自由贸易区全面建成前为第二阶段；自由贸易区建成至今为第三阶段。

一、2002年以前粤、桂、琼、滇四省区财政金融支撑状况

CAFTA框架下，2002年以前粤、桂、琼、滇四省区的财政金融支撑已

有了一定的发展,但显然力度不如自由贸易区开始建设后的财政金融支撑。

1. 粤、桂、琼、滇四省区金融支撑状况

改革开放以来,我国金融机构结构的改革取得了巨大成就,恢复和设立了多家独立的银行,并逐渐建立起较完整的金融支撑体系。首先是恢复了和设立了多家独立的银行,并逐渐构建起较完整的金融机构体系。从1979年到1984年期间,中国农业银行、中国银行、中国建设银行先后从中国人民银行独立出来,进行独立的经营和运作,中国人民银行则专门行使央行职能,负责制定和执行货币政策、实施宏观调控和外汇管理等活动。1984年中国工商银行成立,中国人民保险公司亦与中国人民银行脱钩,成为独立的经营实体。虽然各专业银行实行了企业化经营,但是还带有强烈的政策性。直到1994年国家金融体制改革,成立了中国进出口银行、国家开发银行和中国农业发展银行,才使得政策性金融与商业性金融分离开来,使原有专业银行向国有商业银行转化,并建立起以其为主体的多层次的商业银行体系。从1979年允许设立外资金融机构以来,中国金融对外开放程度也在不断加大,外资金融机构的数量和种类都在逐渐增多。信托公司、投资银行、保险公司、证券公司、财务公司、租赁公司、邮政储蓄等非银行金融机构也如雨后春笋般发展起来,中国的金融机构结构趋于多样化。

金融工具和信用形式也随着改革的发展逐渐增多,改革开放以来,中国的信用形式从原来的单一的银行信用又扩展到了国家信用、商业信誉、消费信用以及国际信用,国库券、商业票据、外币债券、股票、债券等金融工具都得以恢复,并朝着多元化方向发展。随着改革的深入,金融市场也得以恢复和发展,如同业拆借市场的恢复、银行间外汇市场的成立、债券股票流通市场的发展,使得我国金融市场呈现出货币市场、资本市场和外汇市场同时运作的金融市场结构。经过改革,中国人民银行的证券机构和保险机构对监管权分别由证监会和保监会承担。

2. 粤、桂、琼、滇四省区财政支撑状况

根据《中华人民共和国进出口关税条例》以及1992年《国务院关于修改〈进出口关税条例〉的决定》的规定,虽然2001年12月11日加入世贸组织的当天,我国宣布将从2002年1月1日起履行加入世贸组织时关税减让的承诺,将5300多个税目的税率降低,总体关税水平从15.3%降到12%。但中国与东南亚各国的进出口贸易以及相互之间的投资并没有享受到特殊的优惠,这不利于临近东南亚十国,常有边境贸易往来的粤、桂、琼、滇四省区的出口产业发展。

二、2002—2010年粤、桂、琼、滇四省区财政金融支撑状况

2001年12月11日,中国正式加入WTO。同月,中国和东盟十国正式宣布十年内将建成中国—东盟自由贸易区。中国经济的对外开放越来越大,与之相对应的财政金融支撑也逐渐呈现出多元化趋势。第一,从金融市场方面来看,回购和现券市场已成为我国货币市场上最活跃的市场;资本市场上增加了许多基金证券,中小企业创业板市场的开办使得资本市场的层次更加丰富;2002年我国在原有金融市场类型的基础上增办了黄金市场,金融市场的种类已经基本齐全。2003年成立了银监会,自此金融监管体系"一行三会"的格局形成。随着竞争的加剧,金融机构更加重视金融工具的创新,商业银行不断推进新的存款种类,一时间外汇宝账户、一卡通、银证账户等大量吸引了储蓄者的目光,保险行业也不断推进各种险种的保险单,金融资产的种类已经丰富了很多,但是金融资产的结构上来看还不够合理,尚需进一步改进。纵观十年来的发展,中国金融结构逐渐丰富和多元化,但是尚不能完全适应国家发展的脚步,金融危机的产生更给我敲响了警钟,金融在经济中的支撑作用已日益突显出来。为了适应时代潮流,我国的金融结构仍需进一步的探索和发展。第二,2004年11月,中国—东盟签署了《货物贸易协议》,商定自2005年7月起,除2004年已实施降税的早期收获产品和少量敏感产品外其他约7000个税目的产品降税为零;从2004年开始至2006年,约600项农产品关税降为零。这些减免关税政策的实施,极大地促进了粤、桂、琼、滇四省区出口产业的发展和对外开放程度的提高。

三、2010年至今粤、桂、琼、滇四省区财政金融支撑状况

2010年1月1日中国对东盟93%产品的贸易取消关税。经济处于复苏之际的中国四省区以及东盟十国,在接下来的经济发展中,需要适当控制和降低财政和金融的扩张程度,经合组织预计,东盟2011—2015年的GDP增长幅度在6%左右。经合组织同时对东盟提出财政金融支撑的改革重点的建议,如完善财政法规、创建独立的财政制度和中期预算框

架，以及金融提高汇率弹性、提高资本流动管理的效率等。我国粤、桂、琼、滇四省区的经济复苏强劲而稳定，依靠中国—东盟自由贸易区减免关税，扩大区域贸易的规模和相互投资的规模，利用中国—东盟投资合作基金，推动粤、桂、琼、滇四省区在基础设施以及重大的民生项目领域的合作，巩固经济进一步复苏的好形势。

6.2.2 粤、桂、琼、滇四省区域财政金融体系演进过程中存在的问题

CAFTA 框架下的粤、桂、琼、滇四省区财政金融支撑自 2002 年以来不断发展完善，但其中也存在不少问题。

一、区域金融体系演进过程中存在的问题

改革开放之后，随着我国经济货币化程度的不断提高，粤、桂、琼、滇四省区金融业在规模和结构方面均获得快速发展，金融资产规模结构趋于优化，由原来的现金与贷款总额为主转变为现金、贷款总额、债券、股票市场市值和保费余额等多种成分；金融机构由单一的银行制发展为银行、信托、证券、保险等多元化金融机构共同发展的格局；金融市场已由简单的银行信贷和国债市场发展为信贷、同业拆借、债券、股票、保险等多层次货币市场与资本市场共存的良好格局。但目前我国金融体系仍然存在一定的问题，主要体现在金融体系不健全、融资结构不合理、债券内部结构不尽合理、货币结构中存在大量的超额货币、股市市盈率居高不下、国有股和法人股无法上市流通五个方面。

1. 金融体系结构的问题

金融业最主要的功能是优化资本配置，这一功能的发挥需要健全的金融体系。作为健全的金融体系结构，其服务应覆盖各个层次的经济主体，为各种经济活动主体提供公平融资机会与融资渠道。目前，粤、桂、琼、滇四省区虽已建立了银行信贷、企业债券、股票等多种融资渠道，但各种融资方式的服务范围受到限制，服务对象主要是国有企业或大中型企业，缺乏为中小企业和民营企业提供完善、多层次服务的金融体系，具体表现为：从贷款来看，主要向国有企业、大型企业倾斜，对民营企业、中小企业的资金需求渗透不够，在农村信用社、农村合作金融方面发展不够；从资本市场服务对象来看，上市企业 90% 以上为国有大中型企业，民营企业甚少，民营高科技企业更是微乎其微，而以扶持民营企业和高科技企

业的二板市场迟迟不能开通；从债券市场的服务对象看，主要服务于大型、信誉好的企业。因此，总体看来，粤、桂、琼、滇四省区金融服务体系不健全，需要不断发展与完善，充分满足实体经济的各方面的金融服务需求。

2. 企业融资结构的问题

在粤、桂、琼、滇四省区企业法人的外源融资中，1979—1984 年间，基本上是银行贷款一统天下，企业外源融资 100% 依靠银行体系和非银行金融结构发放的贷款，1985 年以后，随着金融体制改革的深化，金融市场的逐步建立，金融品种、金融机构结构的健全，债券市场、股票市场逐步发展起来，企业可以有多元化的融资战略选择，但经过 15 年的发展，结果仍然不尽如人意，如广西，截至 1999 年，企业的外源融资中，贷款融资占外源融资总额比例仍高达 98.83%，股票融资占外源融资总额比例为 1%，债券融资占外源融资总额仅仅为 0.18%。因此，发展至今，企业外源融资结构变化较小，贷款融资仍然是占据绝对主导地位，股票融资、债券融资等证券市场份额极小。考虑到国有企业的资产负债率总体在 80% 左右，可以粗略估算出，国有企业的内源融资占融资总额的 20% 左右，外源融资占融资总额的 80% 左右。非国有企业由于历史原因，多数靠自我积累、自筹资金发展自己，普遍内源融资比例较高，融资结构比较合理。

相对于美国、英国、日本等发达国家企业的外源融资结构，美国、日本的外源融资中，20% 左右是贷款融资，80% 左右是证券市场融资，而在这 80% 的证券市场融资中，又以债券市场融资为主，且债券市场融资比例有不断增高的趋势，占证券市场融资总额的 70% 左右，股票市场融资占证券市场融资总额的 30% 左右，且有逐步递减趋势，有的个别年份，个别大公司通过股份回购，使得股票市场融资总体表现为负数。这一融资结构的变迁，反映出发达国家对融资结构的选择更趋成熟，更趋全面、合理。融通资金已经不是选择融资结构的第一决定因素，更多的考虑企业今后发展战略、股东控股地位、公司经营管理权限的配置以及公司长远、稳步发展。这三种外源融资方式相比而言，债券融资更具有优势，受到发达国家企业的青睐，其原因在于：股票融资存在无法克服的弊端，会危及企业控股股东的地位、股权分散而致存在被收购的风险、年末分红压力大、股权稀释过大增加经营压力，不利于企业长远发展；贷款融资，受到贷款期限、贷款抵押、银行介入企业经营等限制；而债券融资，不仅可以获得长期资金来源，最大限度地发展企业，而且能够屏蔽贷款融资的不利之处，不会受到贷款期限、贷款抵押等限制，能够屏蔽股票融资的弊端，不会面临股权稀释带来的被收购、被稀释利润、经营决策权失控等风险。

而我国四省区的外源融资中，贷款融资处于绝对主导地位，股票融资、债券融资份额很小，不仅使银行处于较大的企业经营风险之中，若企业经营不善，其经营风险最大的受害者将是银行，对银行金融风险控制不利，而且对国家金融风险控制构成威胁，目前我国四省区商业银行中，四大国有商业银行占据70%左右的市场份额，一旦大量国有企业出现问题，引发银行金融风险，必然将政府、国家暴露于金融风险之下，在国家财政支出多年大于财政收入、存款保险机制尚未建立的情况下，存在引发金融危机的隐患。因此，粤、桂、琼、滇四省区目前迫切需要大力发展股票市场、债券市场，缓解银行贷款压力，以防患于未然。

3. 债券结构的问题

中国的债券市场发展时间较短，但取得了较大的成效，截至2005年1月，中国内债发行额达到6924亿元。但纵观粤、桂、琼、滇四省区债券市场内部结构，尚存在如下几个亟待解决的问题：

(1)债券发行政企不分

目前，我国的债券分类，大致可分为政府债券、金融机构债券和企业债券。其中，政府债券包括中央政府债券和地方政府债券，金融机构债券包括国家投资债券、金融债券，企业债券包括地方企业债券、短期融资券、内部债券。上述明细债券分类中，除了政府债券由国家财政担保外，国家投资公司债、国家投资债是国家计委和各大专业银行发行的债券，也主要由国家财政担保，金融机构债的发行主体为国有独资银行，企业债的发行主体大多为国有企业，即使是非国有企业发行企业债券，也需要中国人民银行地方派出机构和国家计委地方派出机构共同审批，在很大程度上，使得发行的债券，无论是国债还是其他债券，都具有国有性质，而国家财力、物力毕竟有限，长此以往，不利于债券市场、尤其是企业债券市场的深远发展。

(2) 债券结构不尽合理

债券结构不尽合理主要表现在以下几个方面：

①债券余额占金融资产比例偏低

无论从国外发达国家发展趋势看，还是从我国内在需求看，需要债券市场、股票市场发展，解脱、化解国有商业银行风险，都是需要大力发展债券市场，增加债券余额占金融资产的比例。

②债券内部结构不尽合理

主要表现为自1995年开始发行政策性金融债以来，以企业债券为主的其他债券份额逐渐下降，从1992年的1276.27亿元，下降至1998年的676.93亿元，其占债券余额总额的比例从最高的1992年的49.9%，下降至1998年的5%，降幅很大；而包括政策性金融债在内的政府债券占债券余额比例从1995年的83.08%，增加至1998年的95%，债券市场逐步演化为国家筹集资金的重要场所，而实体经济中，有巨大企业债券需求的企业融资需求则受到较大的压抑，不利于实体经济企业的快速发展。

③国债市场不发达

目前，粤、桂、琼、滇四省区的国债市场与股票市场相比，发展比较缓慢，国债市场巨大的需求潜力、发展潜力均没有发挥出来。究其原因，在于我国存在较大的供给障碍，主要表现在以下几个方面：

第一，观念问题。认为发行国债，带来较大的财政赤字，不利于国民经济的发展。

第二，国债市场流动性较低。由于我国国债还有相当部分无法上市流通，不仅严重制约了国债的进一步发展，而且不利于中央银行推行公开市场操作等间接调控方式的改革。

第三，国债发行制度和交易制度不利于国债的大规模发展。目前我国国债发行制度规定，只有一级自营商才能进入一级市场，而一级自营商数量极少，抑制了广大普通投资者的投资需求；国债品种较少，不利于广泛吸引投资者；国债流通市场中，大部分国债在银行间债券市场进行交易，一般机构和个人难以参与其中，都不利于国债市场的迅速发展。

④货币结构的问题

1978年改革以来，中国的金融增长速度令人惊叹，但却未引发通货膨胀。1978—1995年间，中国的货币存量(M2)年间增速达25%，零售物价指数年均上升7.54%，同期GNP增长速度为年均9.65%。这种长期保持物价稳定，而金融出现高速增长的现象，被美国经济学家麦金农称为

"中国之谜"。

中国的超额货币供给增长率(即通过M2的增长速度减去实际GDP增长速度,再减去通货膨胀率得出)自1985年以来一直较高,发达国家如美国、日本,CAFTA成员国如韩国等国家,其超额货币供给较低,一般在2~3%左右;除了个别年份较低外,如1987—1989年分别为3.31%、-7.45%和-4.92%,1994年、1995年分别为1.53%和4.99%外,基本上都在10%以上,而1987—1989年间正是通货膨胀最严重的时期,通货膨胀率分别为7.29%、18.53%和17.78%,该时期超额货币增长率的降低,是当时实行紧缩的货币政策的直接体现,1993--1995年,同样出现了较高的通货膨胀,通货膨胀率分别为13.19%、21.69%和14.8%,央行再次实行紧缩性货币政策,导致超额货币供给的较大幅度的降低。如果我们把1978—1995年间超额货币供给较大幅度的上升,而未引发通货膨胀,归结为货币化进程的必然结果(谢平),那么,在1994年,M2与GDP的比例达到101以后,超额货币供给增长率仍然增势不减,保持了平均10%左右的增长速度,在货币供给总量基数不断增大的基础上,这部分超额货币并未引发通货膨胀,反而在1997—2000年间出现了通货紧缩,这部分增量货币流向何处?这部分"迷失"的货币引发了经济界的诸多争论。

有的人认为,这部分"迷失"的货币,被日益火爆的股市吸纳了;有的人认为,这部分"迷失"的货币被国有企业不良资产,导致的银行等信贷机构的呆坏账吸纳了;还有人认为,流失到了国外,发生了资本外流。通过分析,我们认为,这部分"迷失"的货币,并未被股市吸纳,股市火爆的1996—2000年间,M1增长率是逐年下降的,流入股市的增量资金只是M1中资金的结构再调整的结果。而这部分"迷失"资金,最有可能被国有企业不良资产所吸纳,致使超额货币供给一再增加,而M2的GNP流通速度却不断下降,信用链条创造受到阻碍。当然,不排除资金流失国外,但总量较小。

(5)股市结构问题

粤、桂、琼、滇四省区股票市场经过十几年的发展,取得了重大的成就,但受多种因素影响,使股票市场投机气氛较浓,市盈率偏高。四省区股票市场目前产生泡沫经济的可能性较小,但隐患犹存,关键在于如何规范股市发展,如何解决好股市发展中的各种历史遗留问题,如何提高实体经济盈利水平,尤其是上市公司的经营业绩。若解决好这三大问题,中国的股市泡沫必会逐步消灭,更不会引发泡沫经济。

目前,国内对于股市发展存在较大的分歧,我们认为,当前的关键在于正确判断这种股市泡沫化的程度,合理、适度的泡沫有多大,投机的泡沫有多大,才能决定下一步股市的发展方向。我们认为,目前粤、桂、琼、滇四省区股市泡沫成分较大,但远未达到引发泡沫经济的程度,其原因主要有以下几点:

①股票市场发行严重供小于求

虽然我国股票市场上市公司数量以年均1334%的速度飞速发展,由1991年的10家,迅速上升至2000年的1211家,筹资总额从1992年的0.02亿元,上升至2000年的1亿元,总共筹集资金6.16亿元,但面对8万多亿元的居民存款,面对狭窄的投资渠道选择,股票发行严重供小于求,这是造成市盈率偏高的重要原因,投机炒作只是其中一个方面。

②股票结构存在特殊的不合理性

经过近十年的发展,虽然我国股票市值上升很快,到2000年,股票市值占GDP的比例高达53.7%,但其中水分很大,这是由于我国特殊的股票结构所致。在发展股票市场初期,国家尚未认识到,政府的职责和国有企业的日益增加的财政压力,因此,对股票结构作出了不合理的设计,流通股一般只占到总股本的30%左右,70%左右的国有股、国有法人股或法人股无法上市流通,成为我国股票市场的一大"特色"。而正是这一"特色",使得上市流通的每一支股票股本规模偏小,为投机泛滥、庄家控盘、机构联手操纵市场、抬高市盈率孕育了"温床"。如果能够较好地解决这部分非流通股的流通问题,真正做到"同股同权同利",相信我国股票市盈率一定会回归其合理波动区间。

③股票市盈率偏高与对国民经济快速发展有着良好的预期密切相关

我国改革开放以来,经济增长年均增速高达10%左右,所取得的成就举世瞩目。虽然1989—1993年进行了治理整顿,1997—2000年间出现了通货紧缩,但这都是经济发展过程中的必然调整,只有经过调整、休整,才能更好地发展。2000年,我国物价水平开始回升,外贸顺差增大,外汇储备进一步增加,经济运行中,短期出现拐点,中期仍在高速增长时期,经济结构不断优化、升级,政府更多地转向市场化的手段调控经济,这些都构成了对今后经济快速、健康发展的良好预期。认为作为实体经济基石和现金代表的上市公司,一定能够在良好的外部环境下,优先快速发展自身,使得人们在市盈率较高的情况下,仍然选择投资股票。

④我国实体经济发展潜力巨大

我国经过20多年的改革,市场化程度日益提高,国有企业问题逐步得到解决,民营企业、三资企业发展迅速,非国有经济创造的收入占总国民收入的60%～70%,经济结构不断调整、优化和升级,服务业上升很快,日益成为我国最具发展前景的行业,同时,利用外资成功引进了许多先进技术和管理手段,自身科技成果频出,人民教育素质不断提高,经济运行充满了活力和前进的动力。面对13亿人口的巨大内需市场,面对12亿农民构成消费水平亟待提高的消费群体,我国实体经济发展空间广阔,发展潜力巨大,为股票市场的长远发展奠定了坚实的基础。因此,我国股票市场市盈率偏高,但有实体经济发展作后盾,只要能够加强监管,规范股票市场发展,解决国有股、法人股流通等历史遗留问题,增加股票发行供给,培育机构投资者,实现实体经济结构升级和转变,相信我国股市的泡沫会逐步消除,市盈率会回归其合理区间,泡沫经济的隐患会自生自灭。

(6)战略选择

我国经济发展已进入工业化中后期阶段,保持经济持续高速增长需要不断优化经济结构、促进产业结构升级,急需金融业作出相应的变革,以满足经济结构优化升级和经济发展对金融服务提出的更高需求。鉴于粤、桂、琼、滇四省区金融发展中存在多方面的金融抑制和金融过度倾向,且二者均与金融改革滞后和制度不完善有关,粤、桂、琼、滇四省区金融适度发展的当务之急是加快金融体制改革、完善金融结构,采取化解金融抑制与防范金融过度并举的双重改革措施。根据前面论述和分析,针对当前粤、桂、琼、滇四省区金融发展中存在的结构问题,我们提出如下发展战略选择:

第一,建立健全金融体系,尽快形成全方位、多层次、立体化、渗透到各个实体经济领域的金融发展服务体系。当前,民营经济具有的活力、经营机制和发展潜力都远远超过国有企业。而二者在所获得的金融服务方面,则相差甚远,民营经济存在较大程度的金融抑制。因此,应加快对民营经济金融服务体系的建立,如培育民营银行、中小企业银行等。同时,加快农村金融体系建设。

第二,充分发挥银行有效配置资金、推动实体经济结构升级的积极作用,遏制银行呆坏账的发展势头,争取做到存量见底,增量为零。当前,粤、桂、琼、滇四省区经济发展的重要任务是经济结构调整,银行作为金融体系的绝对支撑是资金优化配置的最重要的媒介。银行呆坏账的长期存在,会使银行系统,尤其是国有商业银行系统始终处于金融风险之中,就好比头上悬着"达摩克利斯之剑"一样,严重束缚国有商业银行的市场化改革和优化资金配置作用的发挥。因此,解决好银行的呆坏账问题,对银行充分发挥出其合理配置资源功能,具有十分重要的意义。

第三,大力发展股票市场、债券市场,优化企业融资结构,化解银行系统金融风险。粤、桂、琼、滇四省区企业融资结构十分不合理,由此导致银行系统积聚了较大的金融风险。因此,应加快发展直接融资方式,尤其是要加快股票市场和债券市场的建设,在分散银行金融风险、优化融资结构的同时,保证实体经济的资金供应,并通过股票市场和债券市场资金配置功能,优化实体经济结构,促进经济增长。

第四,尽快建立风险投资体系,促进本土化高科技的发展,为经济结构调整创造条件。高科技企业对一国经济结构优化升级、对经济发展具有巨大而持久的推动作用已毋庸置疑,而催生并推进高科技企业的发展壮大取决于多种因素,其中风险投资的介入尤为重要。针对中国特有的二元经济特点,可以根据不同地区、不同经济发展水平、不同经济结构调整的内在需求,制定不同的经济发展政策。可以优先发展东部地区的风险投资,通过制度创新和金融创新,发展风险投资市场,有效促进发达经济地区经济结构升级,而后再逐步展开,以点带面、以先进带后进,协同发展,为实现结构优化升级创造良好的金融环境和外部条件。

二、区域财政体系演进过程中存在的问题

1. 国有企业亏损影响财政收入和支出

国有企业经营状况不容乐观,作为财政收入重要来源的国有企业自1997年第一次出现集体亏损,经过扩大资本市场融资、扩大财政投资、拍卖中小企业、降低利率等扭亏解困措施,情况有所好转,但近年来又出现亏损上升的态势。2005年,国家统计局公布我国国有企业以及国有控股工业企业亏损达到1026亿元,同比增长56.7%,亏损额增幅创16年来新高。国有企业的巨额亏损不仅直接影响财政收入,还间接影响财政支出。我国未加入 WTO 以前,对国有企业的政策性亏损有专门的补贴政策,我国加入 WTO 后,为遵守 WTO 旨在统一和规范各国财政补贴政策而制定的《补贴和反补贴措施协议》,承诺将不符合 WTO 规则的财政补贴取消。但在现实经济运行中,由于信息不对称等原因,国有企业的营业性亏损和政策性亏损难以界定,一些国有企业利用信息优势将营业性亏损归结于政策性亏损,导致财政为国有企业承担所有亏损,从而国有企业预算软约束,财政资使用效率低下。

2. 金融风险财政化

金融财政化问题仍然存在,金融机构的不良资产不断增加,积累的金融风险是财政的很大包袱。我国国内银行绝大部分贷款资金流向国企,随着外资大量流入,许多企业在日益强烈的竞争中面临破产,其在国有银行的借款随之成为坏账,这些国有银行的坏账将最终成为财政的巨大包袱。财政部则采取发行特种国债来向国有银行注资、由地方财政担保再向人民银行申请再贷款、成立资产管理公司收购国有商业银行不良资产等方式,以提高国有商业银行抗风险能力,解决地方金融机构关、停、并、转问题。如此以往,必然耗费大量财政资金。不论是以追加注资、成立资产管理公司等直接方式投资,或是以税收减免、中央银行再贷款等间接方式来解决金融风险问题,都将由政府财政承担,使政府财政不堪重负。2009 年末,各类存贷款余额为 23465. 44 亿元,当期银行业不良贷款比例为 0. 21% ,各类存贷款金融机构的不良贷款余额为 4973. 3 亿元。其中,国有商业银行的不良贷款总额约为 3627. 3 亿元,占整个银行业不良贷款的 73% 。这仅仅是银行类金融机构的风险,假如将证券业、保险业等金融机构的金融风险纳入其中,那么政府将要背负巨大财政包袱。

6. 3 出口产业链形成过程中区域财政金融支撑体系的国际比较及其启示

下面将从金融机构数量结构和金融市场结构的视角,对经过数十年甚至数百年发展后的区域内各国和各地区金融结构的现状进行研究。由于国家和地区发展水平和发展层次的不同，文章将对东盟六国和中国粤、桂、琼、滇四省区的金融结构进行研究，最后用SWOT分析法对CAFTA整个经济区的金融结构的优势、劣势和机会、威胁进行列示，并提出相应的解决方案。

6.3.1 CAFTA框架下东盟海上六国的金融支撑现状分析

CAFTA区域内东盟海上六国包括新加坡、文莱、越南、马来西亚、印度尼西亚以及菲律宾，各国经济金融发展状况不同，出口产业的金融支撑也各不相同。

一、新加坡金融支撑现状

在北部湾经济区内，金融发展水平最高、金融结构发展最完善的国家要数新加坡，它不仅是东南亚地区的金融中心，在全球都享有盛誉。新加坡金融业发展无论是从基础设施还是从金融深度方面来看，都已经发展到了很高的水平，以下将从新加坡金融机构数量结构、金融资产结构、市场结构等视角对新加坡金融结构的发展现状进行研究。

1. 新加坡金融机构数量结构

新加坡是区域金融中心和亚洲美元市场中心之一。新加坡的监管机构是执行中央银行职能的新加坡金融监管局，它的主要使命是在维持物价稳定的前提下促进新加坡经济的先进的金融中心的发展。其主要职能包括：执行新加坡央行的职能，主要有制定和实施货币政策、货币发行、作

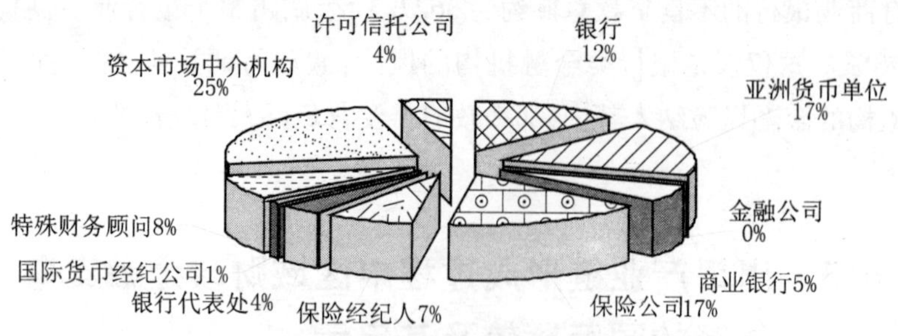

图6-12　2009年新加坡金融机构数量构成图

数据来源：新加坡金融管理局《2009年年度报告》。

为银行的银行对支付体系实施监管；对金融服务和金融稳定实施监督；管理官方外汇储备；将新加坡建设成世界金融中心。近十年来，随着新加坡政策的调整，金融机构的结构也有所变化，主要体现在金融公司、银行以及经营亚洲货币单位的机构由于合并重组等原因，数目都有所缩减，而财务顾问、信托公司等新型机构的数目逐年增多，资本市场中介从2003年开始也逐年增加，这说明新加坡金融机构结构的多元化、市场化程度越来越高。

表6-18 2000—2009年新加坡金融机构类型和数量

	2000	2001	2002	2003	2004	2005	2006	2007	2008	2009
商业银行	140	133	120	117	115	111	108	108	113	114
经营亚洲货币单位的银行	195	184	169	164	160	153	151	154	158	160
金融公司	14	11	7	5	3	3	3	3	3	3
商人银行	63	58	55	53	51	48	48	49	49	50
保险公司	153	151	144	144	138	140	149	153	151	158
保险经纪公司	–	88	90	57	61	61	63	62	65	66
银行代表处	66	62	55	51	49	45	42	43	45	36
国际货币经纪公司	9	8	8	8	8	10	9	10	10	10
财务顾问	–	–	–	49	52	56	61	67	69	73
资本市场中介机构	243	247	224	166	163	168	171	183	215	221
信托公司	–	–	–	–	–	–	–	31	35	38

数据来源：新加坡金融管理局《2009年年度报告》。

2009年新加坡金融机构构成如图6-12所示，目前新加坡的商业银行有114家，当地银行只有6家，其余108家均为外资银行，其中完全执照的外资银行27家，限制性营业执照的外资银行41家，离岸执照外资银行40家。经营亚洲货币单位的银行有160家，其中49家为商人银行。经过合并重组后，新加坡现存的金融公司有3家，商人银行50家。现有

158 家保险公司,其中直接承保公司有 62 家,专业再保险公司 27 家,授权的再保险公司 6 家,自保组织 63 家。资本市场中介机构有 221 家,其中证券公司有 90 家,期货交易公司 50 家,证券投资咨询公司 37 家,基金管理公司 113 家,外汇期货交易公司 19 家,证券融资公司 16 家,证券保管公司 40 家,房地产投资信托基金管理公司 1 家。从金融机构的数量来看,新加坡的资本市场中介机构占比重最大,其次是经营亚洲货币单位的银行和保险公司,此外,在银行机构的结构中,外资银行的比重非常大,这体现出新加坡金融市场化和国际化的程度比较高,市场对融资的影响也越来越大。

2. 新加坡金融资产结构

2008 年,新加坡金融服务增加值为 3378940 万美元,占新加坡 GDP 的 13.13%,2009 年上半年的服务增加值为 1741240 万美元。本文从 2000—2008 年新加坡股票市场的资本总额、银行资产和债券市场余额三方面对新加坡的金融资产结构现状进行考察。2000 年北部湾经济区成立之初,新加坡的金融结构已经凸显了市场主导的趋势,但是市场直接融资的比重还不是很大,与银行间接融资的比重相当,2003—2007 年这五年期间,新加坡直接融资所占的比重维持在 70% 左右,市场主导型的金融结构的功能已经越来越明显。2008 年由于受金融危机的影响,新加坡股票市场与全球股市走势一致,大部分时间都在波动下滑,加之经济发展处于疲软态势,使得直接融资更加困难,这直接导致了 2008 年直接融资比重的大幅下滑,但是这并不代表新加坡市场主导型金融结构的倒退,相信金融危机的影响过后,新加坡直接融资的主导地位又会凸显出来。

3. 新加坡金融机构结构的总结

通过以上两个视角对新加坡金融结构的分析,再结合上一节新加坡金融机构历史变迁,我们可以系统地将新加坡金融机构的特征概况如下:新加坡形成了以新加坡金融管理局为监管核心,商业银行等银行类金融机构和金融公司等非银行类金融机构并存的金融结构体系。如下图所示,新加坡银行类金融机构主要包括央行、商业银行、金融持股公司、商人银行等六种类型,新加坡商业银行是新加坡最重要的金融机构,新加坡金融管理局严格按照银行条例从资本充足率、许可证发放、流动性、风险方面对其进行监管,新加坡商业银行主要有三种类型,在其发展史中已做详细介绍。金融持股公司也即是新加坡 DBS 银行，它是新加坡最大的国内银行，商人银行的主要经营活动包括离岸银行业务、包销、合并、投资组合管理、管理咨询，以及其他收费项目等。非银行金融机构的种类就相对丰富和复杂，这与新加坡发达的金融市场有关，文章将其分为政府债券经销商①、资本市场服务商、金融顾问公司、信托公司②、保险类金融机构、豁免型③金融机构及其他相关机构七大类。

4. 新加坡金融市场结构现状

新加坡金融市场包括国内货币市场、外汇市场、国际货币市场、债券市场、证券和期货市场和保险市场 7 种，以下分类对其进行介绍。

(1)国内货币市场

在新加坡，国内银行间交易主宰着新加坡的国内货币市场，在该市场中的参与者主要有商业银行、商人银行、金融公司、货币经纪商和新加坡金融监管局。银行间同业拆借贷款的期限从一个星期到一年不等，除了同业拆借贷款外，新加坡国内货币市场还交易国库券、以新元计价的可转让债券、商业票据、汇票和信托收据。

(2)外汇市场

新加坡外汇市场是一个不断发展壮大的市场，新加坡经济的快速发展使得其外汇市场交易很活跃，交易量非常大。此外，新加坡自由的市场经济和对外贸易政策是新加坡外汇市场保持平衡发展的关键，它实施的是浮动汇率制度。新加坡主要的参与者包括银行外汇经销商、跨国公司或外贸公司的财务主管、投机者、货币经纪人和中央银行。外汇经销商代表他们的银行管理机构的外汇的投资组合；公司财务主管负责管理他们公司的外汇风险；投机者可能是个人也可能是机构，他们主要是想从货币汇率波动中获利；央行则是通过干预外汇市场来维持汇率的稳定；货币经

① 新加坡政府债券经销商又分为：一级市场政府债券经销商和二级市场政府债券经销商。

② 新加坡除了专营信托业务的公司外，银行和商人银行以及一些个人也在从事此类业务。

③ 豁免型的金融机构是指：既不通过出版物、著作的形式，也不通过电子、印刷的形式来提供金融服务，而是按照金融行为建议第二章第 110 条和第 289 条的要求和形式来提供服务，以下都是按照该规定。豁免型的金融顾问机构有银行、商人银行、金融公司、保险公司、保险经纪公司、资本市场服务公司、再保险公司以及只能向规模不超过 30 个正规投资者单位提供金融顾问服务的公司。豁免型基金管理公司只向不超过 30 位符合资格的投资者提供资金管理服务。豁免型公司融资咨询公司只向认可的投资者提供公司融资服务。

纪人是外汇需求者和供给者之间的中介,并从中赚取佣金。为了满足不同个人和机构的需求,创造了大量的金融工具,如货币远期合约、货币期货合约、货币互换和货币期权等。

(3)国际货币市场

新加坡国际货币市场也即新加坡亚洲美元市场,亚元市场的快速发展也促进了新加坡国际金融中心的形成。在亚洲美元市场交易的工具主要有美元、德国马克、日元、瑞士法郎和英镑等标价的票据等,亚洲美元市场的参与者主要来自于东盟各国、中国香港、日本以及其他的亚洲国家,还有西欧、美国、澳大利亚以及中东地区。市场大部分的资金供给者来自香港、东盟国家和欧洲,资金使用者则是澳大利亚、香港和东盟国家居多。

(4)国债市场

新加坡国家债券主要是由政府发行的,在1987年之前,有两种政府债券,一种是注册的股票,另一种是短期债券,CPF主要购买股票,而银行为了保持流动性主要购买短期债券。1985年,新加坡进一步加速国债交易市场的发展,并通过立法来对其进行重新调整。调整后的新加坡国债市场成为公司债券的基准,政府定期发行不同利率的债券,并由批发商来拍卖,债券的大小和期限问题取决于CPF和金融机构的需求。国家证券经纪人取代了之前的贴现机构,承担起买卖国家债券的责任,并赚取差价。

(5)股票市场

新加坡的股票市场相当发达,企业可以在新加坡股票交易所发行股票来筹集长期资金。目前新加坡有两个交易所,新加坡交易所和SESDAQ交易所。公司上市必须获得证券业理事会和新加坡证券交易所的批准,在新加坡交易所主板上市要求公司必须满足其定性和定量的要求,定性要求包括管理的连续性、管理的高效性和完整性以及避免利益冲突。初次上市要求公司至少经营了5年以上,且25%的资本应至少在1000个股东手中,实缴资本至少为15百万新元,且申请前三年的税前累积利润不低于7.5百万新元,前六年的税前累计利润不低于1百万新元,外资公司上市则要在上述条件基础上加倍。SESDAQ交易所使得具有良好发展前景,但又不能在主板上市的中小企业在资本市场筹资成为可能。在新加坡创业板上市要求国内企业经营不低于3年,注册资本至少有50

万股或不少于发行及实收资本的50%,对最低股东数量没有规定。

(6)期货市场

作为一个国际金融中心,新加坡需要为投资者提供一个规避市场利率风险和外汇风险的市场。1983年新加坡成立了新加坡国际货币交易所(SIMEX),其产品包括交易最活跃的石油产品和金融商品等,指数产品有日本、印度、香港等多个国外市场,利率产品涉及欧洲美元存款利率等。运营期货市场的公司有5家,分别是新加坡证券交易所、中央托收私人有限公司、衍生商品交易所、衍生商品结算所以及提供技术和运作方面服务的科技服务私人有限公司。其交易的产品主要有长期利率期货与期货期权、短期利率期货与期货期权、能源期货、个股期货、股票指数期货与期货期权。

5. 新加坡金融结构特征总结

总体来看,新加坡的金融结构呈现出以下几个显著特征:

第一,新加坡金融机构和种类呈现出多元化的特色,金融工具多样化且创新程度高。

第二,尽管一直以来新加坡对金融业实施严格的管制,但是新加坡金融结构开放程度还是很高的,外资金融机构比重很大,对新加坡经济的贡献也起着举足轻重的作用。

第三,新加坡金融市场十分发达,呈现出全面、多样的特点,并且新加坡国内金融市场和国际金融市场虽然由于严格的政策规定,处于相隔离的状态,但是都得到了较好的发展。

第四,新加坡金融结构中,市场占主导地位,这种金融结构是适应新加坡经济发展和金融环境,是符合新加坡金融中心的发展策略的。

6. 新加坡的资金供给现状

2007—2008年世界经济论坛显示,新加坡的全球竞争力排第7位。产业结构高度化特征明显,第三产业已居主导地位。新加坡的金融业高度发达,是CAFTA经济区域金融中心和亚洲美元市场中心,与纽约、东京、香港等世界著名金融中心24小时的互联互通,具有资本输出和金融人才聚集的双重优势。新加坡的货币为新加坡元,已经实现市场化,无外汇管制,通过将贸易加权汇率维持在一定目标区域内来实现货币政策目标。新元可自由兑换,但持有规模上有所限制。

(1)银行类金融机构贷款供给

新加坡不设中央银行,金融管理局负责制定和实施各项金融政策,监督与管理商业银行及其他金融机构的经营活动,行使国家中央银行职能,但不发行货币。新加坡共有商业银行 113 家,商业银行贷款是其金融供给的主体。新加坡的金融机构在早期经历了大规模的数量扩张后,近年来,又出现了大规模的合并和重组浪潮。到 2008 年新加坡外国银行有 107 家,而为应对国际竞争,本地银行已合并至 6 家以推动本地金融机构国际化的进程。

新加坡实行金融立国的政策,作为金融市场自由化、国际化的国际金融中心,外资银行占据优势。大部分新加坡金融机构都是外资或同外资合营,且大都是混业经营,在银行集团公司下设证券子公司或保险子公司。新加坡是仅次于伦敦、纽约和香港的全球第四大银行中心,外资企业可向新加坡本地银行、外资银行及各类金融机构申请贷款和融资业务,包括短期贷款、应收账款融资、汇款融资、分期付款、出口融资等,并由银行或进入机构审批批准。

2008 年,新加坡本地银行共向非金融机构发放贷款 2721.75 亿元,其中向商业机构发放贷款 1578.06 亿元。支持物流及通讯等基础设施建设的银行信贷资金达 92.12 亿元,比上年增长 0.89%;支持一般贸易的信贷资金达 500.07 亿元,比上年增长 11.64%;支持商业贸易及商业服务的信贷资金达 30.9 亿元和 335.06 亿元,比上年分别增长 19.32% 和 23.31%。

(2)股票市场融资供给

新加坡证券交易所(SGX)成立于 1999 年 12 月,是亚太地区首家通过公开募股和私募配售方式上市的交易所。新加坡 1990 年即开发了境外股票场外交易市场"自动撮合国际股市",以电脑交易方式从事场外交易,是亚洲首家实现电子化及无场地交易的证券交易所。其股票市场国际化程度非常高,在中国—东盟各主要证券交易所中处于首位。融资业务包括一级市场 IPO 和已上市股份公司的增发,而二级市场是对资金期限结构的支撑,可以帮助企业转换长期资本与短期资金的结构,包括股票、凭单与备兑凭单、托收票据、金融期权等资金流通工具。

截至 2009 年 10 月,新交所共有上市企业 760 家,市值 2540 亿新元。与中国证券市场相比,新加坡交易所公司上市的条件也较低,创业板对税前盈利、资本额等均无要求,创业板上市企业上市满两年,达到主板要求的,即可转入主板市场。只要市场投资者接受,上市后企业的再融资没有时间间隔的要求,融资量没有上限。

新加坡经济发展程度较高,政府债务完全由国内债务构成,10 年来没有外债。国内债务由发行记名股票和债券、短期国库券以及项目投资中的进口保证金三种融资工具构成。2008 年新加坡政府负债为 2554. 65 亿元,其中以股票及债券等金融工具筹集资金 2459. 25 亿元,中长期融资(包括股票市场净融资及一年期以上的债券市场净融资)占资金供给的 75. 91% 。

(3)债券市场融资

新加坡债券市场融资分为公开发行债券融资和私募债券融资两种方式。发行主体由新加坡国家政府和私人股份公司共同构成。1997 年金融危机的深刻教训,让新加坡金融监管局意识到过于依赖银行信贷供给的间接融资模式有很大的金融风险,自此出台了一系列促进债券市场发展的措施。该政策刺激了新加坡债券市场在规模、深度和流动性等方面的发展,债券市场规模自 1997 年的 23. 77 亿元发展到 2006 年的 99. 18 亿元,已经翻了两番并稳步快速增长。政府债券规模大于公司债券规模,增长速度协调同步。债券市场结构相对合理,发展速度均衡。

二、文莱金融支撑现状

文莱是经济区内经济发展水平较高的国家之一,但是其金融发展水平与其经济发展水平相比却存在一定的差距,这主要是其经济结构等原因造成的,但是近年来文莱政府加大力度促进文莱金融中心的成立,文莱金融业也取得了一定的发展。以下将从文莱金融机构数量结构、金融资产结构、市场结构等视角对文莱金融结构的发展现状进行研究。

1. 文莱金融机构数量结构

文莱是东南亚第三大产油国和世界第四大液化天然气生产国,这些资源是文莱的经济支柱,占其国内生产总值的 36% 和出口总收入的 95% ,由此可以看出文莱是一个资源主导型的经济发展模式,文莱的经济结构相对单一,近年来文莱政府正在努力改善这种状况,使其经济发展朝着多元化方向发展,自 2003 年文莱金融中心成立以来,文莱的金融业得到了长足发展。相对新加坡、马来西亚等金融较发达地区的金融机构,文莱的金融机构种类偏少，主要是银行、金融公司、保险公司等基本提供金融中介服务的金融机构。虽然文莱金融机构数量偏少，但是还是能很好地满足其经济发展过程中的金融需求。国内金融机构的比重在总体金融机构中占的比重较大，离岸金融机构占比只有10%。文莱银行的数量虽然不是很多，但是在文莱金融体系中的作用和影响力居首位；其次是金融公司，文莱的金融公司可以向公众借款，如向公众发放债券、接受公众定期存款等；再次是保险公司，文莱目前有10家国内保险公司和3家离岸保险公司，文莱保险业务和其他国家普通保险业务类同，其中建筑业的保险合同、火险和劳工保险最为普遍。由于文莱石油出口等贸易的需求，文莱货币兑换公司和汇款公司数量比较多，占了金融机构总数量的62%。

2. 文莱金融机构结构现状总结

近十年来，文莱金融业有了显著的发展，这主要体现在世界著名的国际金融机构的数量逐渐增多，而且不断有新的金融机构成立以及其整体交易量和提供的金融服务数量不断增加之上。对外汇交易的无限制，以及伊斯兰金融机构的发展都使得现如今的文莱的金融发展空间与1956年《银行法》立法之时大不相同。金融部门是建立在双系统的基础上的，在文莱，普通的金融机构的产品和伊斯兰金融机构的产品都能方便使用。尽管伊斯兰金融部门的参与者不多，但是金融业的增长速度还是很快的。文莱国内的金融体系可以分为银行类金融机构和非银行类金融机构两种，文莱没有中央银行，其金融监管的职能是由文莱财政部（Ministry of Finance）通过其下属的文莱货币与金融委员会（Brunei Currency and Monetary Board, BCMB）以及金融机构部（Financial Institutions Division, FID）行使的。其中BCMB主要负责发行货币、管理外汇储备、维持币值稳定的职能；而FID则对文莱的银行、金融公司、保险公司等机构实施监管，它主要负责颁发金融机构经营许可证，监管金融公司和银行的最低现金余额（MCB），使其保持在有效负债的6%。2006年成立的伊斯兰金融监管理事会主要管理及处理各项有关伊斯兰金融、银行、保险、财务、金钱等事宜。文莱的银行业是十分活跃的，许多知名的国外银行如渣打银行、汇丰银行、花旗银行、华联银行等早已在文莱立足。非银行金融机构主要有金融公司、保险公司和回教保险公司、货币兑换和汇款公司、信托公司以及伊斯兰信托基金公司等，其提供的金融服务，对于只有35万人口的小国文莱来说可谓是照顾周全。

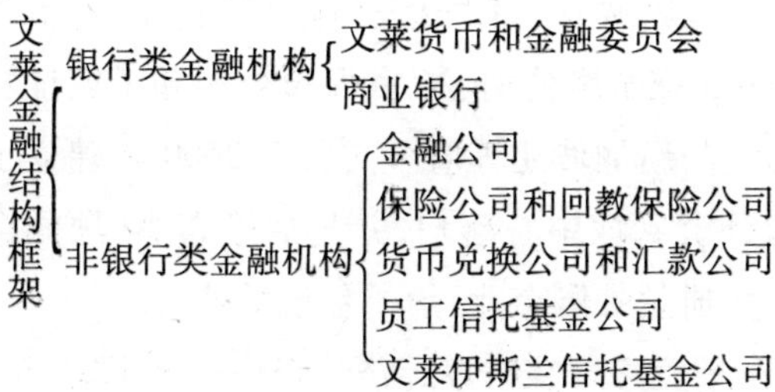

图 6-13　文莱金融机构框架图

资料来源：文莱财政部网站 http://www.mof.gov.bn/English/FinancialInstitution/FinancialSector/Pages/FinancialInstitutionDirectory.aspx.

3. 文莱金融市场结构现状

文莱金融市场的起步比较晚，其第一家证券交易公司——国际文莱交易公司(IBX)到2003年才成立，其发展仍处于初级阶段，目前只有两家证券公司提供相关的服务。之前，文莱政府不发行债券，直到2007年才第一次发行了短期伊斯兰债券。文莱外汇政策比较宽松，货币为文莱元，根据文莱与新加坡政府的货币互换协议，新加坡元与文莱元可以等值流通。近年来，文莱货币对西方主要货币的汇率呈稳定上升态势，文莱无外汇限制，非居民可以在文莱银行开户借款等。文莱的保险市场在亚洲堪称最小的，而且其发展尚处于起步阶段，随着文莱财政部保险法的出台，并准备塑造一个更加有力、专业化的面向消费者的保险业，文莱的保险市场正在逐渐扩大。

4. 文莱金融结构特征总结

总体来看，文莱金融业呈现以下几个特征：

第一，金融机构数量和规模不大，这主要是受到文莱国家经济和产业等方面的金融需求的影响；

第二，金融市场不发达，品种不多，许多市场都处于初级建设阶段，证券市场起步晚，交易量小；

第三，虽然文莱金融业不是很发达，但是随着文莱国际金融中心的成立和政府的大力发展，文莱金融业正处于快速发展阶段，发展前景很好。

5. 文莱的资金供给现状

文莱不设国家中央银行,在财政部(MOF)设货币局和金融局负责金融的管理。全国有9家银行、5家金融公司、26家保险公司和1家证券交易公司。货币名称为文莱元,与新加坡元等值。文莱于2000年建立了文莱国际金融中心,积极吸引外资到该中心落户,并先后颁布10项同金融中心有关的法令,对在中心注册的外国企业,给予免税的待遇。

2008—2009年文莱的全球竞争力在世界经济论坛中排名第39位,属于高收入国家和地区。石油和天然气是文莱经济的主要支柱,占国内生产总值的40%和出口收入的88%,石油预计可采至2020年,天然气预计可采至2035年。文莱政治稳定,贸易和投资风险较低,市场化程度高,辐射马来西亚、印度尼西亚、菲律宾等东盟东部地区。

由于国民经济高度依赖油气出口,文莱经济易受国际市场油价波动影响。近年来,文莱政府积极提倡经济多元化发展,调整单一经济结构,努力将文莱建成地区国际金融中心,鼓励国内外国商人在文莱投资、经商,促进中小型私人企业、商业部门的发展,外资在高科技和出口导向型工业项目上可以拥有100%的股权;设立中小企业发展基金,为中小企业提供财政支持。

2000年,文莱成立国际离岸金融中心后,取得了比预期更快的发展。截至2008年,已有超过1 0000家包括离岸银行、信托公司、基金管理公司、投资顾问公司及贸易公司等离岸公司在文莱作业。为了确保文莱国际离岸金融中心的吸引力,政府立法为离岸公司提供无税奖励,是全球少数几个提供无税奖励的国际离岸金融中心。目前文莱在全球各地设立的国际离岸金融中心有40余所,大部分提供低税优惠。一些国际知名银行纷纷在中心注册,发展离岸金融业务,加拿大皇家银行成为在中心注册的第一家离岸银行,花旗银行、汇丰银行等也相继在该中心注册。这标志着文莱正朝着金融界、银行业、证券业和保险业方面深入发展,为文莱成为本区域金融服务中心的构想打下了基础。

文莱资本市场的起步比较晚,发展仍处于初级阶段,2002年才成立其第一家证券交易公司——国际文莱交易公司(IBX),并首次买入2.5亿美元的企业债券,之后连续关闭了三年。对于投资及贸易的金融支持作用只占很小的比例。而债券市场的起步更晚,2006年,文莱政府加大实施伊斯兰金融力度，成立了伊斯兰金融监管理事会，才开始发行短期伊斯兰金融债券，并将文莱伊斯兰银行（IBB）及文莱伊斯兰发展银行（IDBB）合并，成立了文莱达鲁萨兰伊斯兰银行（IBBD）。

三、马来西亚金融支撑现状

在 CAFTA 经济区内，马来西亚的金融发展水平仅次于新加坡，马来西亚的金融业发展程度较高，金融创新和多元化趋势也较强，但是马来西亚的金融业发展还存在一定的缺陷如金融业的对外开放程度还不是很高，政府尚需进一步放宽政策，以下将从金融机构数量结构、金融资产结构、市场结构等视角对马来西亚的金融结构的发展现状进行研究。

1. 马来西亚金融机构种类和数量的机构现状

马来西亚的央行是马来西亚国家银行，它完全归政府所有，并定期向国家金融部汇报相关金融和货币方面的情况。它的主要职能是实施谨慎的货币政策，将通货膨胀率维持在一定的水平，以保持林吉特的购买力。同时，它还肩负着维持金融系统稳定，建立一个健全的、先进的金融体系。此外，它还担任着建立有效、安全的支付系统和必要的部门（如证券交易所等）的职能，它是银行的银行，并在制定宏观经济政策和管理国际储备方面起着关键的作用。在央行的监督和推动下，马来西亚已经成立了一个多元化的、综合的、有弹性的金融系统，它可以满足马来西亚复杂的、日益增长的消费者和企业的需求，并成为促进经济发展的推动力。从表 6-19 中我们可以看出，马来西亚的金融机构中银行机构和非银行机构的种类呈现多元化现象，其中，开发性金融机构有 13 家，其中银行有 6 家，它们分别是马来西亚人民银行、马来西亚农业银行、马来西亚中小企业银行、马来西亚进出口银行、国家储蓄银行和马来西亚建设银行，它们是由政府成立的特殊部门，主要负责向目标部门提供相对应的服务和产品，以推动和促进国家目标部门如农业、中小企业、基础设施建设等产业部门的发展。22 家商业银行中有 13 家为外资银行，但是在 58 家银行金融机构中，外资银行仅占了 36%，保险类金融机构中外资机构也只占到了 35%，整体来看马来西亚金融业对外开放程度还不够高，尚需进一步开放。但是，这并不代表马来西亚金融业的发展水平不高，从金融机构的种类和结构来看，马来西亚的金融业已经发展到了一定的水平，在 CAFTA 框架下的七个国家里居于前三的位置。如图中所示，2009 年马来西亚的资本中介机构的数量在全部金融机构中占比达 41.18%，银行和保险机构数量在整体中的比例相当，这从一定程度上反映出马来西亚金融市场已经呈现出市场主导型的态势，资本中介机构的种类也呈现多样化的趋势，满足了日益增长的市场需求，从而为经济的繁荣提供了有力的支撑。

表 6-19　马来西亚金融机构数量和种类结构

金融机构分类		数量
开发性金融机构	开发性银行	6
	其他开发性金融部门	7
合计		13
银行型金融机构	商业银行	22
	伊斯兰银行	17
	伊斯兰国际银行	2
	投资银行	15
	其他银行机构	2
合计		58
保险类金融机构	保险公司	47
	回教保险公司	12
合计		59
资本中介机构	货币经纪公司	7
	保险经纪公司	4
	保险和回教保险经纪公司	30
	专营回教保险经纪公司	4
	清算公司	36
	财务顾问公司	10
合计		91

资料来源：马来西亚国家银行网站 http://www.bnm.gov.my/microsites/financial/02_msia_fsector.htm.

2. 马来西亚融资结构的现状

由于 2008 年金融危机的影响，金融和经济环境都发生了一定的变化,虽然马来西亚的金融结构具有一定的弹性,在危机中并没有受到巨大的影响,2008 年前三季度银行和资本市场还为经济发展提供了有力的资金支持,但是随着经济发展的减速和企业经营的动荡,从 2008 年第四季度开始,整体的资金需求有所下降。为了科学起见,文章将从对比 2007 年和 2008 年两年马来西亚的融资结构来展开分析。图中,金融中介机构主要是指银行、开发性金融机构以及保险公司、房产信贷公司等;资本市场主要包括债券和股票市场;外部融资包括外商直接投资和对外借款。2007 年和 2008 年在马来西亚的融资构成中,金融中介机构占比分别为 50.92% 和 47.62% ,是占比最大的部分。其中从银行部门融资额分别占从金融中介机构融资额的 71% 和 87% ,分别占总融资额的 36% 和 40% 。从融资结构来看,马来西亚资本市场的融资额虽然比银行等中介机构的融资额略低,但是也占据了重大的地位,这说明马来西亚的市场融资功能比较完善,市场主导型的金融结构正在马来西亚慢慢形成。

3. 马来西亚金融结构的总结

通过上文从融资结构和金融机构结构的视角对马来西亚金融结构的分析,结合马来西亚金融发展历程,我们可将马来西亚的金融机构进行以下概括,马来西亚金融形成了以马来西亚国家银行为管理核心,银行、保险和资本中介机构共同发展的金融结构局面。其中马来西亚国家银行主要负责维持国家货币稳定,管制和监督银行、金融及保险机构发行国家货币。马来西亚当地主要商业银行有:马来银行、土著联昌银行、大众银行、丰隆银行、兴业银行等;主要外资银行有:花旗银行、汇丰银行、标准渣打银行、美国银行、德意志银行、华侨银行以及中国银行在马来西亚设立的分行;保险公司则有保险公司和回教保险公司两大类,资本中介机构有清算公司、财务顾问公司、货币经纪公司等六类机构。

4. 马来西亚金融市场结构现状

马来西亚的金融市场可以分为三大类,它们分别是外汇市场、长期资本市场和短期货币市场。马来西亚的外汇市场经历了几次大的变化,1997 年亚洲金融危机使马来西亚金融体系遭到重创,1998 年 9 月马来西亚政府实施固定汇率制,对外汇流出实施严格管制。随着经济状况的好转,2005 年 7 月,政府实施管理下的浮动汇率制,外汇管理措施大幅度放宽,创造了良好的投资环境,外汇市场交易也逐渐活跃起来。

马来西亚的资本市场只有吉隆坡股票交易所一家股票交易市场，它经营股票、期货、债券、衍生品等，分为主板市场、二板市场和自动报价市场三部分。截至 2008 年 10 月 20 日，吉隆坡股票交易所共有上市企业 1288 家。根据马来西亚规定，任何公司在吉隆坡股票交易所上市，都须把公司股份的至少 30% 交与本土公司或个人认购。

马来西亚的货币市场包括一般货币市场和伊斯兰货币市场，它主要经营中期和短期的债券，满足银行、筹资者短期资金的需求，它交易的金融工具主要有政府的短期债券、银行间同业贷款、商业票据、汇票等。参与者主要有商业银行、马来西亚国家银行、货币经纪商等。

5. 马来西亚金融结构特征总结

总体来看，马来西亚的金融结构呈现出以下几个显著特征：

第一，金融机构种类和数量结构呈现出多样化的特征，比较有当地特色的金融机构当属伊斯兰银行、回教保险公司等金融机构。

第二，金融结构较合理、且富有一定的弹性，2008 年金融危机对马来西亚造成的影响并不算大，除了正确的宏观政策外，还得益于马来西亚合理的金融结构。

第三，马来西亚金融的开放度不高，外资金融机构占比较小，占主导地位的仍为本土金融机构。

第四，马来西亚市场主导型的金融结构正逐渐形成，市场在金融部门的作用越来越明显。

6. 马来西亚资金供给现状

马来西亚属于中上等收入水平国家，具有中等技术和资本密集型产业比较优势，可以成为高收入国家的外缘市场，在产业和技术转移中可以担当承上启下者的角色。美国、日本、德国、新加坡、荷兰、韩国、澳大利亚、台湾地区等是其主要外资来源地。很多世界著名跨国企业都在马来西亚投资，例如戴尔、英特尔、索尼、松下、三星等。

马来西亚的中央银行是马来西亚国家银行（Negara Malaysia），货币为林吉特（M＄）。2008 年在国际投资者大规模去杠杆化的外资流出进程中，平均广义货币（M3）供应量比上年增长 11.9%。

（1）贷款供给

在日益恶化的全球金融和经济条件下，马来西亚 2008 年信贷需求有所放缓,但信贷状况仍保持稳定。金融运行的平稳主要归功于其出口产品的多元化和竞争力增强,主要金融供给部门仍是国内银行机构。按净值计算,至2008年底银行贷款和PDS大幅增长至12.7%,贷款主要供给商业部门。由于出口下降,经济增长越来越依靠内需,特别是私人消费和政府投资的拉动。资本市场融资、高储蓄和低通货膨胀率都是这时刻支持经济的关键。尽管在金融危机初期,银行对新增信贷的投放持谨慎态度,但2008年马来西亚银行机构信贷资金的投放量仍然保持了大幅的增长。马来西亚对信息与通讯技术计划所针对的"多媒体超级走廊公司"和生物科技领域的公司都提供一系列金融鼓励政策及保障。

作为以穆斯林为主的国家,马来西亚政府在2001年独辟蹊径,决定要在国际上发展伊斯兰银行业务,并制定了一系列符合伊斯兰教规的相应法律和鼓励措施。经过多年努力,来自伊斯兰世界的资金大量涌入马来西亚,马来西亚已成为伊斯兰世界居主导地位的银行业中心之一,并开始向有大量资金托管需求的中东海湾地区拓展业务,而同样以穆斯林为主的中东海湾地区的投资者和银行也将马来西亚当作进入亚洲地区的跳板。

(2)股票一级市场融资

马来西亚证券交易所(MYX)前身是吉隆坡证券交易所,现和马来西亚布尔萨交易所(Bursa Malaysia)一起监管马来西亚资本市场。截至2009年11月,马来西亚共有上市公司957家,其中主板市场840家,中小板市场(ACE)117家,是亚洲最大的交易所之一。吉隆坡综合指数(KLCI)、FMB30和FMBEMAS是马来西亚金融市场的主要指标。2008年,马来西亚资本市场净融资大幅增长,达到M\$143亿。净融资增长主要靠公共部门融资增长带动,2008年公共部门融资已达M\$139亿。而私人部门通过PDS市场净融资M\$2.29亿,股票市场净融资M\$2.22亿。

(3)债券市场融资

马来西亚的债券市场包括普通债券市场和伊斯兰债券市场。亚洲金融危机以后,马来西亚政府认识到现有金融结构抗风险能力不足,为改变以银行体系间接融资为主的太过单一的融资结构,开始大力发展资本市场,扶持直接融资。马来西亚专门成立了国家债券市场委员会(NBMC),由来自马来西亚国家银行、证券委员会、经济发展部、吉隆坡股票交易所等部门代表组成，并制定《金融发展主规划》和《资本市场主规划》，以推进债券发行的市场化进程。

同时，为加强马来西亚资本市场的深入，以穆斯林为主的马来西亚还专门提供一个伊斯兰债券的上市平台，并和马来西亚国家银行、证券委员会一起，力争为把马来西亚债券市场建设成国际回教金融中心（MIFC）。他们专门修正相关政策，为所有上市及未上市伊斯兰股票和一般债券的交易提供上市豁免体系（Exempt Regime）。这一体系的制定主要是针对为了上市地位和分析目的而上市的伊斯兰债券及普通债券发行人。这一体系下不对散户投资者开放，只有资深的投资分析机构可以认购，它为机构投资者和高净值投资者提供了更高的透明度投资工具。在政府的大力推动下，马来西亚债券市场无论是在市场规模上，还是在工具种类和市场效率上都得到了很快的发展，2006 年已成为亚洲最大的债券市场之一。①

马来西亚债券市场的发展，很大程度上归功于来自伊斯兰债券的资金。自"9・11"事件后，拥有大量资金的中东国家开始寻找新的市场置放资金，每年从中东地区外移的资金高达 1500 亿美元（约 5297 亿林吉特），无形中大幅提高了回教债券的需求。而马来西亚伊斯兰债券（SUKUK）正好可以供给这部分服务，马来西亚每年发出总值 300 亿美元的伊斯兰债券，吸引了大量来自伊斯兰世界的资金涌入。

四、印度尼西亚金融支撑现状

虽然东南亚金融危机对印尼的经济和金融造成了强烈的冲击，但是印尼政府及时地采取改革措施，改善印尼的经济和金融环境，经过改革后的印尼金融业取得了长足发展，金融结构也更趋合理化。以下将从金融机构数量结构、金融资产结构、市场结构等视角对印度尼西亚的金融结构的发展现状进行研究。

1. 印度尼西亚金融机构结构现状

1997 年的金融危机对印度尼西亚造成了强烈的冲击，印尼盾严重贬值，银行出现了大规模挤兑现象，为此，政府对银行体系进行了全面改革。改革后的印尼银行体系有了明显好转，印尼的金融环境也得到了改善。

① 马来西亚证券交易所网站 www. klse. com. my

到目前为止，印尼形成了以印度尼西亚银行（对银行业实施监管）、DGFI（对非银行金融机构实施管理）、BAPEPAM（对资本市场实施管理）三大监管机构分业监管为核心，银行金融部门和非银行金融机构共同发展的金融结构体系。印尼的银行类金融部门作为金融中介将资金盈余部门的存款贷给资金短缺的部门，根据印度尼西亚银行法可将其银行类金融部门分为商业银行和农村信用银行。商人银行与农村信用银行的区别在于农村信用银行不涉及直接支付系统，并且对某些业务领域有限制。目前，印度尼西亚的商业银行有121家，其中国家银行有4家(其中有两家为国家伊斯兰银行)，私人民族银行有117家(其中伊斯兰商业银行有5家，普通私人民族银行86家，政府区域银行26家)，农村信用银行2296家(其中伊斯兰农村信用银行132家)。非银行金融机构有保险公司、信用担保公司、风险投资公司、金融公司、证券公司等，金融公司主要是向消费者提供融资、租赁、保理和信用卡业务，2009年第一季度由于银行的信用扩张速度放慢，使得金融公司资金的主要来源变少，从而经营业绩下降。

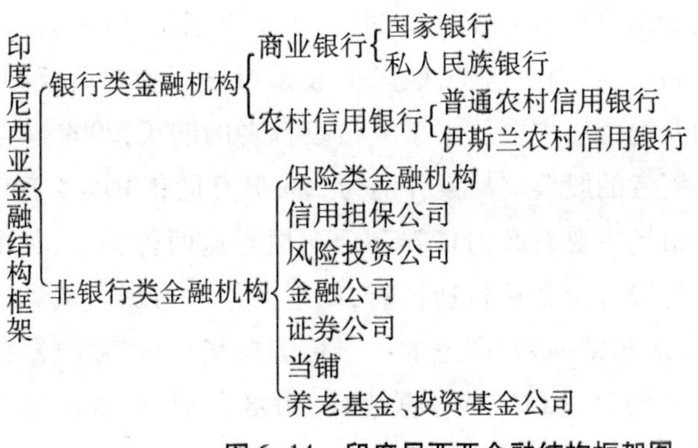

图6-14　印度尼西亚金融结构框架图

2. 印度尼西亚金融机构资产结构现状

本文主要对商业银行、农村银行、保险公司、退休基金、金融公司、证券公司和当铺这几种主要的金融机构的资产进行了统计分析，从图6-14我们可以发现，在印尼金融机构中，银行业的资本占据着主导地位，其资产占印尼金融机构总资产的83.9%(其中商业银行的资产占比达79.5%，农村银行资产比重为4.4%)，非银行金融机构的资产占总资产的比重只有16.1%。在资产结构中，占据第二位的是保险公司，其资产占印尼金融机构资产总值的8.8%，第三位的是证券公司，其资产占印尼金融机构资产总值的2.7%。从资产角度来看，印尼的金融资产呈现出银行主导型的态势。

3. 印度尼西亚金融市场结构现状

印度尼西亚目前的金融市场主要包括外汇市场、股票市场和债券市场、保险市场四种类型。印尼的外汇市场的管制比较宽松，在印尼资本可以自由转移。印尼货币为印尼盾，它实行是浮动汇率政策，采取一篮子汇率定价法，根据印尼主要贸易伙伴货币汇率的特别提款权的汇率变化来确定印尼盾的对外币的汇价。在印尼的货币兑换点和金融机构，印尼盾可以与美元、英镑等主要货币自由兑换，现如今的印尼外汇市场正在由政府主导逐渐向市场机制方向转变。2007年，印尼的股票市场由原来的雅加达股市和泗水股市合并为一个全国的股票市场——印度尼西亚股票市场，合并后的印尼股票市场共有上市公司420家，且合并当年全年利润增长率达到了52.1%，成为全球范围内增长速度最快的市场之一。2008年金融危机使得印尼股票市场曾一度被迫休市，由于对未来经济的良好预期和油价的攀升，2009年上半年亚洲地区的股票市场开始有所反弹，国内股价指数止跌回升的背后主要是由于大量投资者的购买，2009年第一季度国内和国外投资者的股票交易量分别为325.7万亿和104.4万亿印尼盾。印尼的债券市场主要有政府债券和公司债券这两种类型，其中政府债券的大部分都为银行金融机构所持有，印尼的债券市场虽然处于初级阶段，但是发展需求非常强烈，印尼的一级债券市场发展得比较好，二级市场尚需要进一步的建设和发展。据统计，2008年股票、政府债券和公司债券对GDP的贡献率分别为21.73%、10.61%和1.47%。印尼的保险市场这几年得到了蓬勃发展，即使是在全球保险业都出现下滑的2008年，印尼保险业却逆市而上，印尼保险收入的大部分来自寿险，但是印尼市场的规模还是很小的，2007年保险业占印尼GDP的比重只有1.1%，还有很大的发展空间。

4. 印尼金融结构特征的总结

总体来看，印尼的金融结构呈现出以下几个主要特征：

第一，虽然印尼金融业正朝着市场主导型的方向发展，但是目前其银行业在印尼金融结构中仍占据着主导地位。

第二，非银行金融机构规模尚小，且种类不多，其占据印尼金融系统的比例还不到20%。

第三，印尼金融机构的开发程度正在逐渐扩大，印尼外资金融机构的数量越来越多。

5. 印尼资金供给现状

印度尼西亚作为东盟人口最多和影响力较大的国家之一，农业和油气产业为传统支柱产业，一直试图在东盟一体化进程和以此为基础的区域合作中发挥主导作用。2008年，印尼经济实现了平稳和较快增长，即使是在下半年受到全球金融危机冲击的情况下，全年经济增速仍达到6.2%，各项宏观经济指标大体良好。1997年亚洲金融危机，印尼的经济受到了较大的冲击，自此之后，印尼政府加大了外汇储备的规模，2008年底外汇储备量约达516亿美元，外债约1500亿美元，受国际金融危机影响，2008年下半年印尼盾开始大幅贬值，仅10月份就下跌了6.5%。

(1)银行贷款供给

印尼的中央银行是印度尼西亚中央银行(BI)，是与内阁各部门平级的独立机构；货币为印尼盾(IDR)，可自由兑换。在1997年亚洲金融危机中，印度尼西亚的银行业成为重灾区，受到了严重的打击。为走出危机的阴影，危机后一些银行进行了合并重组，拓展业务范围，增加收入来源。不少银行在合并后核心资本和资产规模明显扩大，抗风险能力和综合竞争力大大增强。经过10余年的整顿与重组，印尼银行业的抗风险能力和资产管理水平已有很大提高，信用、存贷率、利润、资本充足比例等均有改观，国际评级机构对印尼金融系统的评级多次提升。

得益于相对于其他第三梯度国家而言，印尼的银行业在整顿后抗风险能力比较高，所以2008年的全球金融危机，印尼的银行业相对损失不大，实现了稳步增长。万自立银行(Bank Mandiri)、印尼国家银行(BNI)及私有银行中亚银行(BCA)是印尼的三大银行，2008年不良贷款率分别为4.7%、4.9%和0.6%，均低于5%。但印尼的银行结构很不平衡，尚需大力完善。一方面，在全国132家银行中，10家最大银行资产总量占了全国银行资产总量的69.13%，控制了41.16%的贷款市场份额；而另一方面，全国有40家银行，相当于银行总数的30%，其资本却不足1000亿印尼盾。

印尼一直面临较大的通货膨胀压力，为此，2008 年印尼央行连续 6 次提高利率，将基准利率提高到了 9.5%，但上半年通货膨胀率仍节节攀高，7 月达 11.9%，创 17 年来通胀率新高，10 月份后，在利率杠杆的累积作用和全球金融危机的双重作用下，通货膨胀指数逐渐下降。2008 年全年平均通胀率为 10.8%，而 2009 年第三季度通货膨胀率已经抑制到 2.8%，基本控制在合理范围。

（2）资本市场融资

相对于其他的东南亚国家，印尼 1912 年便开始有了证券市场，发展相对较早。1996 年印尼颁布《资本市场法》，2002 年 10 月颁布《有价证券法》，印尼股市在这段时间迅速发展，但在 1997 年亚洲金融危机中遭到重创，加上此后的印尼政局一直动荡不安，到 2004 年才趋于稳定。2004 年印尼总计上市公司有 424 家，IPO 总计净融资 9220 亿印尼盾。稳定后的印尼证券市场每年新上市的公司数连续三年翻倍增长。2007 年，印尼雅加达股市和泗水股市合并为一个全国性的股票市场，名为印度尼西亚股票市场，合并后印尼股市利润增长率高达 52.1%，IPO 净融资额增长率 16.63%，成为全球范围内增长最快的市场之一。受全球次贷危机的影响，2008 年股市狂跌，印尼证交所雅加达综合股指自 2008 年初的

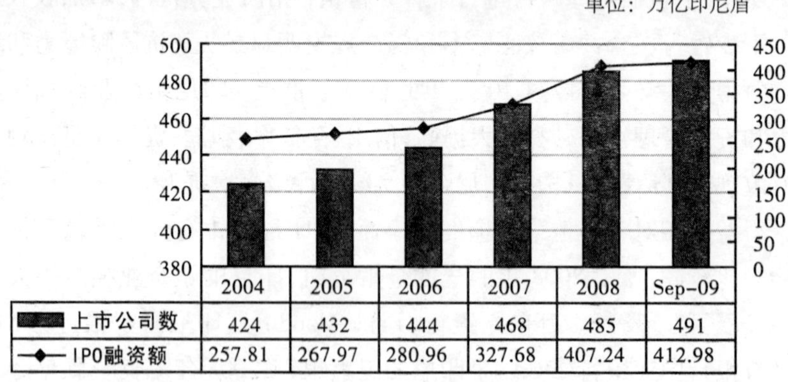

	2004	2005	2006	2007	2008	Sep-09
上市公司数	424	432	444	468	485	491
IPO融资额	257.81	267.97	280.96	327.68	407.24	412.98

图 6-15　印度尼西亚资本市场股权融资量

数据来源：Capital Market Statistics，统计数据中包括了退市公司。

2745.88 点跌至 11 月底的 1340.89 点，降幅达 51.7%，在全球股市降幅中排名第三。印尼政府被迫作出休市的决定，至 2009 年 4 月才重新开启 IPO 市场。截至 2009 年 9 月，印尼共有 491 家上市公司，股票一级市场 IPO 共筹资 84110 亿印尼盾。公司债券市场发展迅速，2007 年和 2008 年债券融资额增长率分别为 30.5% 和 10.6%，截至 2009 年 9 月共筹集资金 163 万亿印尼盾。

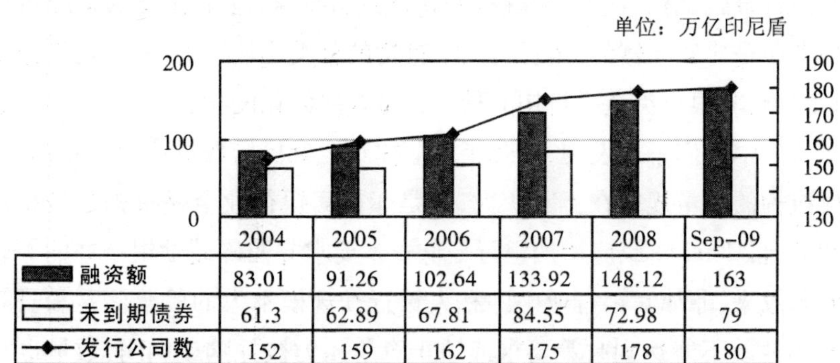

	2004	2005	2006	2007	2008	Sep-09
融资额	83.01	91.26	102.64	133.92	148.12	163
未到期债券	61.3	62.89	67.81	84.55	72.98	79
发行公司数	152	159	162	175	178	180

图 6-16 印度尼西亚资本市场债券融资量

数据来源：Capital Market Statistics，统计数据中不包括国债。

五、菲律宾金融支撑现状

经过经济改革的菲律宾虽然经济上没有太大的长进，但是曾经的经济繁荣为菲律宾金融业发展提供了有利条件，菲律宾金融结构在经济改革过程中也有了一定的调整，如过多的银行金融机构有所减少等。以下将从金融机构数量结构、金融资产结构、市场结构等视角对菲律宾的金融结构的发展现状进行研究。

1. 菲律宾金融机构结构现状

自 1997 年东南亚金融危机以来，菲律宾央行就先后采取了一系列的措施来整顿和改革菲律宾的金融业，经过改革后的菲律宾金融系统形成了，以菲律宾中央银行为主要监管者，证券交易委员会、保险业委员会和菲律宾存款保险公司为共同实施监管的监管结构，其中菲律宾中央银行是国家货币管理部门，负责制定和实施国家外汇管理政策，致力于促进经济发展和保持物价稳定，为经济的可持续发展提供一个强有力的金融制度,对金融机构实施有效的监管。菲律宾金融机构也分为银行类金融机构和非银行类金融机构,其中银行类金融机构主要有商业银行、政府特别银行、农村银行和专业性银行四种类型,专业性商业银行又可以分为储蓄银行等四类。本文将菲律宾非银行型金融机构分为准银行金融机构和非准银行金融机构,其中准银行金融机构主要是住房投资和金融公司,非准银行金融机构包括金融公司、当铺、投资公司、证券交易商和经纪人等10种非银行金融机构。仅从金融机构构成这方面来看,菲律宾的金融机构的种类还是比较丰富的,银行类金融机构的分类比较详细,专业化经营也比较普遍,非银行类金融机构的种类也呈现多元化的状态。

从表中我们不难发现,近几年来菲律宾金融机构数量正在逐年攀升,金融机构的数量规模在不断扩大,但是菲律宾银行业金融机构还是相对过剩的,自2000年政府增加银行最低资本要求并明确鼓励银行并购等政策实施以来,菲律宾银行业中的私人银行和规模不大的股票储蓄和贷款协会等便因不能达到政策要求或迫于竞争压力被并购或倒闭,数量也有

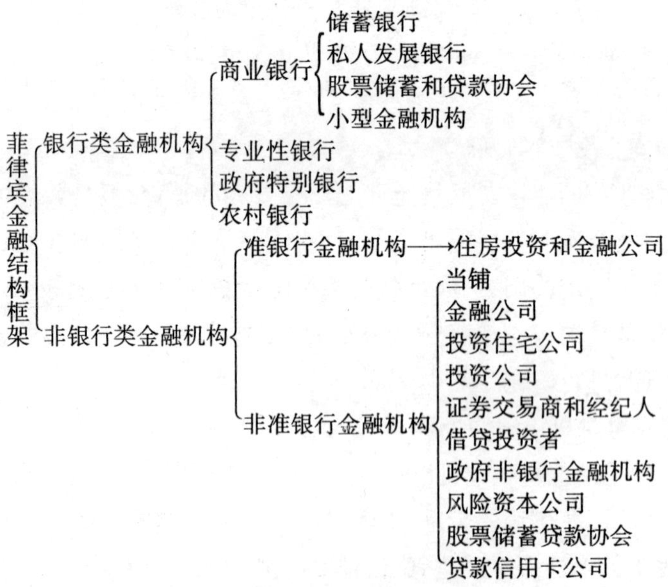

图6-17　菲律宾金融结构框架图

资料来源:《2009年菲律宾金融发展现状报告》。

所下降。商业银行是银行类金融机构的重要组成部分，据统计，截至2009年6月末，菲律宾商业银行总部的数量有42家，其中17家为外资银行，从数量上看，外资银行已成为菲律宾银行体系的重要组成部分，其参与度在亚洲新兴市场国家居于前列。菲律宾非银行类金融机构的数量一直处于增长阶段，从2009年第一季度菲律宾金融机构结构图来看，其非银行金融机构占金融机构总数量的65.45%，这从一定程度上反映出菲律宾金融机构多元化发展的趋势，并朝着市场主导型的金融结构方向转化。

2. 菲律宾金融机构资本结构现状

从图6-18中我们不难发现，从2000年到2005年这几年时间里，菲律宾银行业资本占GDP的比重在金融体系中一直居于首位，商业银行又是菲律宾银行体系的核心，总资产约占银行业总资产的90%。债券资本占GDP比重波动中有所降低，而2003年以来菲律宾资本市场资本占GDP的比重则一直处于上升趋势（2008年除外，考虑到2008年金融危机的特殊性，该年的数据的代表性尚待考究），并于2006年超过银行业，在金融体系资本结构中居于首位，这也体现出菲律宾金融业正朝着市场主导的方向发展。

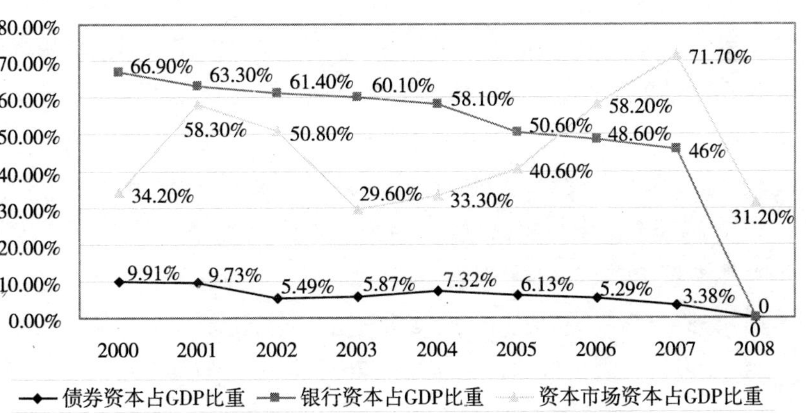

图6-18 菲律宾金融机构资本结构图

资料来源：亚洲开发银行《2009年亚太地区主要指标统计报告》。

3. 菲律宾金融市场结构现状

菲律宾金融市场主要有货币市场、资本市场、外汇市场和股票市场这几种类型。菲律宾中央银行实施浮动的汇率系统,汇率受外汇市场上的外汇需求和供给所决定。菲律宾货币为比索,可自由兑换,在银行体系之外,可以自由买卖外汇。菲律宾银行家成员协会的成员银行以及成员银行同央行之间的比索与美元的兑换都是通过电子平台菲律宾交易公司来完成的,菲律宾的商业银行可以经营比索、美元或其他第三货币的远期和掉期交易。菲律宾的货币市场有着悠久的历史,目前货币市场上交易的对象主要包括政府债券、商业票据、银行通知贷款、银行同业拆借等。菲律宾的证券交易所只有菲律宾证券交易所一家,菲律宾证券交易所是一个私人组织,旨在提供和保持一个公正、高效、透明和有序的购买股票和其他有价证券的市场,它主要经营股票、期货、债券交易。2007 年菲律宾股票交易所通过首次和二次公开发行股票筹措资金 972.5 亿比索。到 2008 年 10 月,在菲律宾证券交易所上市的企业共有 136 家。自 1997 年菲律宾开放保险市场以来,菲律宾保险机构的数量随着外资保险公司的涌入也逐渐增多起来,随着外资保险机构的大力宣传,国民投保热情高涨,2008 年在全球经济低迷的情况下,菲律宾保费总收入为 128217 百万比索,上升了 10%,其中非寿险保费 47498 百万比索,寿险保费收入 80719 百万比索,分别增长了 19% 和 6%,2008 年对菲律宾保险经营环境评级为 51.4,虽然较一些发到国家较低,但在亚太地区已属于中等发展水平。总体来看,菲律宾保险业进入门槛低,但是目前其保险业的分布还是比较分散,税负比较重,这对保险业的渗透造成了一定的限制。

4. 菲律宾金融结构特征总结

总体来看,菲律宾金融结构主要有以下几个特征:

第一,菲律宾金融结构中,虽然银行尤其是商业银行仍占据主导地位,但是非银行金融机构的份额也在不断提高,重要性逐渐增强,菲律宾市场主导型的金融结构正在形成。

第二,菲律宾金融体系的开放度也越来越高,外资银行、外资保险公司在菲律宾均得到了良好的发展,并为菲律宾经济和金融发展提供了有力的支持。

第三,菲律宾银行业的数量由于合并等措施有所减少,但是规模却越来越大,这体现出菲律宾银行改革已取得一定成效,银行业机构过多的现象也有所缓解。从所有权来看,菲律宾商业银行的70%资金为私人所有。

5. 菲律宾资金供给现状

菲律宾的经济在1997年的亚洲金融危机也遭到了沉重的打击,受损程度比其他东盟国家轻,此后菲律宾政府采取了一系列的措施来发展金融市场,提高抗风险能力,但复苏进程要比马来西亚等其他东盟国家慢,复苏的回弹力较弱。

到2003—2007年,菲律宾经济基本恢复GDP年增长率5%以上发展水平,特别是2007年,菲律宾GDP增长7.1%,创31年来的最高纪录。但2008年,因受全球金融危机影响,菲律宾经济发展受阻,仅增长3.8%,外汇储备额370.59亿美元,同比下降2%,金融体系抗风险能力很弱。菲律宾的国内资金供给不足,外债负担(DBS)很重。

(1)银行贷款供给

菲律宾中央银行(BSP)是菲律宾的货币发行及管理部门,负责制定和实施国家外汇管理政策,致力于促进经济发展和保持物价稳定,是马来西亚金融系统的主要监督者,与证券交易委员会、保险业委员会和菲律宾存款保险公司为共同实施监管。除了三家主要本地银行外,所有银行都由私营部门拥有多数股权和控制权。外资银行作为分支或附属机构运营,受与本地商业银行相同的监管。

菲律宾20世纪90年代开始实施银行业改革,1997年的亚洲经济危机极大地影响了银行结构的变化,并进一步催生了银行业的整合与重组。1994年,菲律宾通过了7721号法案,允许外资银行进入国内金融市场,但申请者必须是世界前150大银行,或者本国前5大银行,并且至少拥有2.1亿比索的资本。2000年,菲律宾新《公司法》又进一步放宽了外资银行的持股比例限制。此外,菲律宾政府对国有专业银行进行了私有化改革,以帮助国内银行更好地应对外资银行的竞争。这些政策反映了菲律宾央行推动银行兼并收购以减少银行数和扩大银行规模的战略,并希望能够通过整合反过来带动银行体系的优化与稳定。菲律宾主要银行有首都银行、菲律宾商业银行等,可分为普通银行(UBs)、商业银行(KBs)、国有银行、外资银行四大类别。菲律宾金融体系一直由银行机构主导,信贷资金量逐年稳步上升,而随着准入自由化的政策和新《公司法》的放开,外资银行对菲律宾信贷供给量也逐年上升。2008 年菲律宾银行信贷体系共融资 2.5 万亿比索,比上年增长 14%。

2008 年菲律宾通货膨胀率高涨,从上年的 2.8% 猛增至 9.3%,经济增长率明显放缓,失业率激增,政府开始动用财政对贫困人口进行补贴,并在 2008 年 6 月实行了 3 年来的首次加息,提高工资水平,在政府的全力抑制下,2009 年第三季度的通胀率仅为 0.3%,基本消除了通胀压力。

(2)资本市场融资

菲律宾资本市场发展较早,1927 年成立的 Manila 证券交易所(MSE)是菲律宾的第一个证券交易所,也是亚洲最早的交易所之一。1963 年,菲律宾又成立了第二家证券交易所——Makati 证券交易所(MkSE)。这两家国有证券公司于 1992 年合并,成立了现在的菲律宾证券交易所(PSE)。现在的菲律宾证券交易所已经完成了私有化,并进行了公司制改革,仍然保持两个总部和两个交易市场,但使用统一的交易系统,上市公司和交易价格则保持一致。① 2007 年,菲律宾证券交易所累计发行 244 家上市公司股票。2007 年,菲律宾股票交易所通过首次和二次公开发行股票筹措资金 972.5 亿比索(合 19.65 亿美元),较上年的 723 亿比索增长了 34.4%,累计融资 1030 亿美元。② 在亚洲,菲律宾一度是除日本和中国以外最大的外币债券发行国,也是 CAFTA 区域国家中较早发展债券市场的国家之一,但在后来发展的过程中进展缓慢。马来西亚等国家债券市场后来居上,菲律宾的债券市场已慢慢落后。

菲律宾债券市场融资在 20 世纪 70 年代初就开始起步。因为存在着财政赤字的问题,而国内落后的金融市场无法满足政府大量融资的金融需求,因而菲律宾的外币债券市场当时得到了较快的发展,但自 1997 年金融危机之后,菲律宾债券市场发展缓慢。尤其是从机构投资者角度来看,菲律宾是除印度尼西亚以外机构投资者规模最小的国家,相对于马来西亚 58319 亿美元机构投资,菲律宾的机构投资者具有数量少、规模小和债券市场投资有限的特点,这些特点大大削弱了机构投资者在债券市场

---

① 菲律宾证券交易所,www.pse.com.ph。

② 维基百科。

中的作用。

六、越南金融支撑现状

1. 越南的资金供给现状

2008 年越南遭遇国内通货膨胀和国际金融危机的双重挑战，但经济增长率仍达到 6.23%，成为东南亚发展最快的国家之一。越南本轮通货膨胀率始于 2007 年底，2008 年上半年不断加剧，上涨至 24.4%，创 17 年来最高纪录。越南政府扩大了每日越南盾兑外币交易价浮动幅度，由 0.75% 扩大至 1%，并加息 2 个百分点抑制物价上涨。严重的通货膨胀抑制了越南的贸易出口，加剧了越南的贸易逆差，物价和利率的提高同时也给企业投资、经营造成困难。由于资本信贷能力的削弱，越南中小企业受到了较大的打击，农业的生产、收购、仓储、加工也受到了影响。

(1)银行贷款供给

越南的中央银行是越南国家银行，货币名称为越南盾，不可自由兑换。越南共有 5 家国有控股银行(外贸银行、农业与农村发展银行、工商银行、投资发展银行、九龙江房屋发展银行)、1 家政策性银行(越南发展银行)、25 家城市股份商业银行、11 家农村股份商业银行、22 个国家的 33 家外国银行分行、5 家合资银行、3 家外资银行，44 家外国金融组织驻越办事处、19 家直属分行，6 家金融公司、10 家金融租赁公司、960 家信用社。①

为控制通货膨胀，并抑制国际金融危机引起的经济衰退，越南国家银行将基准利率由 12% 调高至 14%，并对外汇作出了管制。存款利率的提高使银行吸收了大量存款，减轻了清账的压力，也在一定程度上避免了储户纷纷从银行提取现金购买黄金的现象。在国际市场上，规定自由市场只能买进外汇，不能将外汇卖给个人，外汇代理点买进的外汇必须上交国家。在政府的治理下，越南通货膨胀率已经由 2008 年的 24.4% 降至 2009 年第三季度的 4%。②

为了克服国际金融危机带来的经济衰退，至 2009 年 8 月，越南已发放贴息贷款 397.749 万亿越南盾。2009 年前三季度，越南新增信贷总额

① 《2009 年中国—东盟商务年鉴》。

② 菲律宾中央银行统计，www.bsp.gov.ph。

同比增长28%。M1 约增长21.69%。[①] 其中,国家商业银行和中央人民信用基金发放贴息贷款余额273.986万亿越南盾;商业股份银行发放97.97万亿越南盾;联营(合资)银行、外国分行和外资独资银行发放20.87万亿越南盾;财政公司发放4.914万亿越南盾。

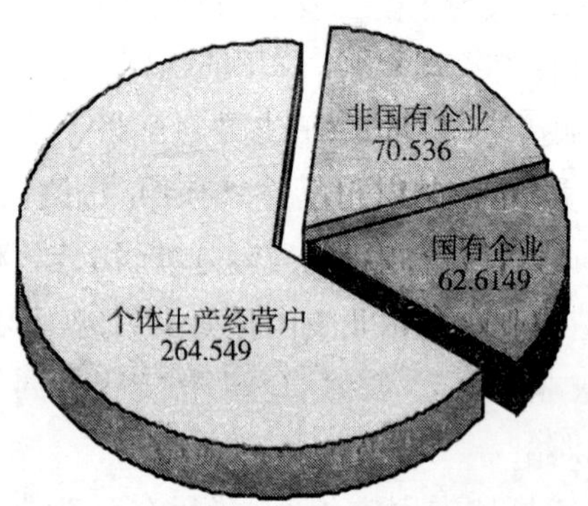

图6-19 越南贴息贷款量及放款对象

数据来源:越南经济时报

(2)资本市场融资

越南的证券市场发展比较晚,1997年成立的胡志明市证券交易中心(HSX)是越南第一家证券交易所,是越南的主板上市及交易市场,2000年开始正式营业。2005年又开通了河内证券交易中心(HNX),是越南的中小板上市及交易市场。受宏观经济大环境的影响,越南证券交易所指数从2008年初开始大幅下跌,越南证券市场热钱出逃,胡志明市证券交易所的VN股指从上年末的927.02点跌至287.57点,河内证券交易中心的HASTC股指从上年末323.55点和95.44点,跌幅达68.9%和70.5%。股市的低迷同样影响了一级市场融资,2008年越南IPO新增股票上市公司88家,其中主板31家,中小板57家,股市融资约29万亿越南盾(约16.57亿美元),仅为上年融资总额的23%。股票成功发行量仅占批准注册登记总量的55%。到2008年底,越南共有上市公司338家,股票市值约225万亿越南盾(约128.57亿美元),仅占GDP的17.5%,股票市值比

① 越南国家银行。

上年下降 52.5%，所占 GDP 比重比上年下降 23.5%。[①]

2009 年，越南政府为增强股票市场融资能力，采取了一系列鼓励股市发展的措施，截至 2009 年 11 月，越南股票市场共有上市公司 421 家，其中主板 183 家，中小板 238 家。2009 年主板市场 IPO 新上市 32 家，中小板 IPO 新上市 73 家。

政府债券方面，2009 年越南政府发行的政府债券总共为 43.733 万亿越南盾（约 25 亿美元），利息每年、定期结算，本金在到期日一次结清。债券的期限为一年、二年和三年各一亿美元。其中主要包括两部分，第一部分是 2008 年政府没有发行而转入今年发行的 7.733 万亿越南盾（约 4.41 亿美元），另外一部分是 2009 年政府在国家预算中计划发行的 36 万亿越南盾（约 20.6 亿美元），其中交通领域有 19.7 万亿越南盾（约 11.14 亿美元）、水利项目 9.3 万亿越南盾（约 5.23 亿美元）、山罗水电站再安置工程 1 万亿越南盾（约 5649 万美元）、医疗卫生领域 3 万亿越南盾（约 1.69 亿美元）。[②]

公司债券方面，2009 年，胡志明证券交易中心（主板）共有 65 家公司上市发行债券，总融资 13.94 亿越南盾；河内证券交易中心（中小板）共有 508 家公司上市发行债券，总融资 1663.1 亿越南盾。其中就中小板来看，2008 年新上市发行债券的公司共有 328 家，共融资 93.1 亿越南盾，而 2009 年仅有 25 家公司上市发行债券，总融资 10.3 亿越南盾。

2009 年 6 月，越南河内证券交易中心成立了一个新的场外交易市场（OTC），让非正式挂牌的股票交易，以规范越南股票市场，越南有至少 959 家公司在场外买卖，市值达 68 亿美元。OTC 证券交易实行会员制，投资者通过证券公司完成交易。

2. 越南金融结构现状

越南是一个发展中国家，经济实力等各方面都还相对落后，虽然经过多年的发展，其与发达国家和地区相比还存在很大差距，但是我们不难发现其金融结构正在不断的发展和完善，目前的越南金融结构还是比较单一的，金融市场层次也不够明显，以下将从金融机构数量结构、金融资产

---

① 越南《劳动报》2009 年 2 月 6 日。

② 《越南经济时报》2009 年 6 月 2 日。

结构、市场结构等视角对越南的金融结构的发展现状进行研究。

(1)越南金融机构结构现状

经过二十多年的金融改革,越南金融机构逐渐丰富和完善起来,现如今越南形成了以中央银行越南国家银行、财政部、国家证券委员会为监管核心,银行机构和非银行金融部门共同发展的局面。其中,越南国家银行履行央行职能对国家货币和银行经营实施监管,它还负责制定监管方面的法规,对违规的信用机构进行处罚。此外,信用机构营业执照的签发或撤销,解散、兼并都由国家银行来执行。对保险业的监管、相关法规的制定,以及保险经营许可证的签发、撤销是由越南财政部实施的。越南国家证券委员会对证券市场进行监管,它的主要责任包括签发证券公司上市的许可证、对证券公司的经营活动进行监管,处罚违规的证券公司,证券交易与服务等。越南的银行类金融机构包括,一直以来在越南金融市场占据重要地位的国有银行,它们分别是越南工商银行、外贸银行、越南农业银行、越南投资银行、越南发展银行和越南九龙江房产发展银行。越南商业银行有城市股份制和农村股份制商业银行两种,越南私营商业银行主要是针对个人存户以及小型企业的融资,由于大量外资银行的竞争,许多越南私营银行把发展重心转移到了外资银行涉足较少的城郊地区。越南现有 5 家合资联营银行,随着越南对外资金融银行政策的放宽乃至全面开放,这几年的时间里外资银行蜂拥而入,现已有 33 家外资银行办事处、54 家外资银行代表处,外资银行的进入对本地银行业的发展造成了极大的威胁。越南的非银行金融机构还不是很完善,目前主要有金融公司、金融租赁公司、证券公司和保险公司这几种非银行金融机构。根据越南央行规定,金融公司经营的业务范围包括一年期以上的存款业务和各种期限贷款业务、外汇业务,以及有价证券的抵押业务等,金融租赁公司除了可以开展与金融公司相类似的信贷业务外,还进行本外币直接租赁、转租赁、委托租赁、回租等业务。保险公司主要提供寿险、非寿险、保险经纪和代理、再保险等服务,包括险种 600 多个。在 32 家保险公司中有 15 家为外资保险公司,另有约 30 家国外保险公司在越设立办事处,从事市场调研。整体来看,越南银行类金融机构尤其是国有银行仍然占据着主导地位,

(2)越南金融资产结构

以上从机构的视角对越南金融机构进行了考察,以下将从资本结构的视角对其金融机构进行考察。由于越南的股票市场2000年才开始建立起来,且建立之初市场不是很活跃,开户量只有1813家,越南资本市场的资本占比一直不是很大,随着越南金融市场的对外开放及经济快速发展,外国投资者开始注意到这个年轻的、增长率仅随中国之后的"亚洲明日之星",2006年大量外资进入越南股市,越南股票市场交易十分活跃,证券公司人满为患,还出现了交易量太大以致交易系统被堵塞的局面,2006年越南资本市场资本明显增高,这种现象持续到2007年10月越南政府开始着手调整股市过度投机现象,对个人资本征收20%所得税,之后越南股市便一蹶不振。从图中,我们不难发现越南银行资产在总资产结构中比重最大,债券市场资本呈降低的趋势,但是总体看来,越南银行仍是银行主导型的金融机构,银行等金融中介机构在金融体系中起着举足轻重的作用。

(3)越南金融市场结构现状

越南的金融市场还不是很发达,目前,主要有外汇市场、证券市场和保险市场这三类金融市场。越南的外汇市场成立于20世纪90年代初,像许多其他发展中国家和新兴市场国家的外汇市场一样,各项功能都还不够成熟,例如交易量非常低、很少使用外汇衍生产品、流动性低、价格信号的失真等,这与以市场为导向的经济发展动态不相适应。越南的证券市场起步比较完,最早的证券交易所成立于2000年,现有胡志明市证券交易中心(主板)和河内证券交易中心两个交易所,越南的证券市场还不是很发达,上市公司多为中小企业,大多都是短期交易且交易量有限,投资者对银行、基金和保险等专业领域投资少,虽然越南证券市场在2006年和2007年经历了一段繁荣时期,但是主要是外资的炒作,越南整个证券市场体系的实力还是比较弱的。越南的保险市场始于20世纪90年代初,经过十几年的发展,越南保险业已经由刚开始以国有企业为主的局面发展成了多种经济成分共同参与的局面,保险市场规模也不断扩大。

(4)越南金融结构特征总结

总体来看,越南金融结构呈现出以下几个特征:

第一,越南金融结构呈现出银行主导型的金融结构,银行在金融系统中起着举足轻重的作用。

第二,越南金融市场不够发达,债券市场还不具规模,没有从证券市场中单独分离出来,股票市场还不够稳定。

第三,越南外汇市场发展水平落后,金融业开放度很高,但是金融开放速度和广度与经济发展水平不相适应,这也是越南金融危机爆发的原因之一。

七、CAFTA 框架下区域金融结构现状 SWOT 分析

图 6-20 就是结合 CAFTA 框架下区域金融结构现状所得出的有关东盟六国和中国四省区金融结构的 SWOT 战略矩阵。

Opportunities—机会
1. 各国都十分重视金融业的发展
2. 成员国金融领域对外开放程度正逐渐扩大
3. 金融全球化和自由化
4. 区域经济合作战略
5. 新加坡、文莱、广东、马来西亚的经济发展较好

Weaknesses—劣势
1. 经济区内大部分国家和地区金融机构发展不平衡
2. 大部分地区金融市场尚处于初级阶段
3. 金融危机对某些国家和地区的金融业产生了一定的冲击
4. 各地金融业开放结构不一
5. 金融市场层次低,服务功能不完善
6. 金融人才总量不足,整体素质不高

WO 战略
利用机会 克服劣势
①采取相关政策措施,优化地区金融结构
②进一步提高金融开放程度
③合理调整金融规模,建立多次金融市场体系
④借合作之机,发达地区带动落后地区金融业发展,使整个地区金融结构实现优化

SO 战略
利用机会 发挥优势
①各国应抓住泛北部湾地区发展这一契机加强金融宏观调控,深化金融结构改革
②经济区应加强地区的金融合作,构建有特色的结构合理的区域金融中心
③继续加强金融发展程度较高的国家和地区金融业发展,进而带动整个地区的发展

Strengths—优势
1. 各国和地区金融结构正在不断优化
2. 各成员国和地区金融政策的大力支持
3. 金融生态环境持续改善
4. 良好的产业合作优势
5. 市场发展空间较大
6. 新加坡金融业比较发达

WT 战略
减少劣势 回避威胁
①区域内各国要积极应对金融危机的影响,共同防范化解金融风险
2. 促进地区经济发展,从而带动地区金融业的发展
③积极培养国际性金融人才,促进地区人才交流,优化人才结构

ST 战略
利用优势 回避威胁
①加强经济区内国家与地区的金融合作
②促进区域内产业分工和产业转移,从而为金融结构发展提供一定的依托
③对经济金融合作战略实施情况实施跟踪

Threats—威胁
1. 金融危机对全球经济产生了重要影响
2. 经济区大部分经济体发展水平较低
3. 经济区周边国家和地区的经济和金融发展迅猛,对经济区造成一定的威胁
4. 经济区合作战略的落实情况无人监督跟踪

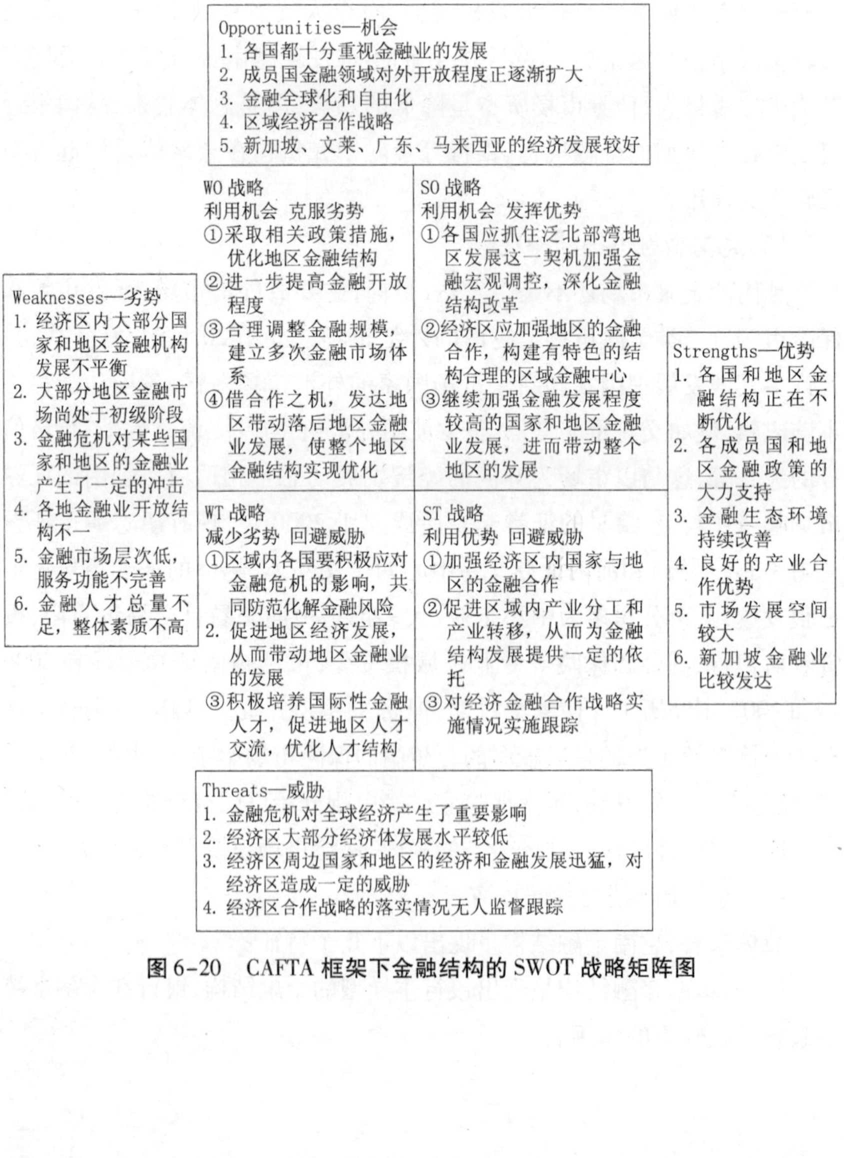

图 6-20 CAFTA 框架下金融结构的 SWOT 战略矩阵图

6.3.2 泛北东盟海上六国的财政支撑现状分析[①]

一、文莱主要税收优惠政策

包括外国投资融资优惠政策和企业扩大生产的鼓励政策。按照文莱政府经济发展规划的要求，投资于新兴产业的外国投资企业，可以以投资额为标准，在5年之内免缴公司所得税和用于生产的原材料的进口关税。符合一定条件的，免税期限可以继续延长。对于经文莱政府许可的非居民个人提供的外国贷款利息免征预提税。扩大生产的企业只要满足新增固定资本支出的一定标准，获得文莱政府的许可，就可以享受5年以内的免税待遇。

二、柬埔寨主要税收优惠政策

1. 投资鼓励政策

根据2005年9月颁布的《柬埔寨王国投资法修正法实施细则》规定，柬埔寨政府对符合政府鼓励投资项目的企业给予如下优惠政策：投资企业获利之后，免征三年公司所得税；之后根据投资行业的不同，投资企业还可以追加2~5年免税期；免征进口生产设备、原材料的关税。

2. 再投资优惠政策

柬埔寨政府对于符合政府鼓励的投资项目且取得的利润在柬境内进行再投资的企业，给予加速折旧的税收优惠政策。

三、印度尼西亚主要税收政策

印尼政府对东部一些省份和一些产业给予税收优惠，主要有：亏损结转的年限扩大到10年；允许加速折旧；降低股息税负。另外，对资本品、原材料及特定投资项目给予减免关税的优惠。

四、老挝主要税收优惠

根据2004年11月15日颁布的《鼓励外国投资法》，老挝政府鼓励外国投资企业投资如下行业和地区，并给予各种税收优惠政策。

1. 鼓励外资企业投资的行业项目

(1)出口商品生产

① 东盟六国财政政策出自《中国—东盟商务年鉴》。

(2)农林业、农林业和手工业产品加工

(3)利用先进技术的加工制造业,科学研究与开发项目,环境保护与生物多样性项目

(4)有关人力资源和劳动力技能开发及公民医疗保健方面的项目

(5)基础设施建设项目

(6)服务于重要工业生产的原料和设备生产项目

(7)旅游工业和过境服务发展项目

2. 鼓励外资企业投资的三类地区

(1)一类地区:尚无基础设施提供给投资者的山区、高原和平原地区

(2)二类地区:有基础设施,并可以接受部分投资的山区、高原和平原地区

(3)三类地区:已接受国投资、且基础设施较好的山区、高原和平原地区

3. 税收优惠政策

投资上述行业和地区的外资企业可以享受如下税收优惠政策:

(1)在一类地区投资,可在7年内免征公司所得税,之后可按10%的税率缴纳公司所得税

(2)在二类地区投资,可在5年内免征公司所得税,之后3年内可按15%的一半税率缴纳公司所得税,此后将按15%的税率缴纳公司所得税

(3)在三类地区投资,可在2年内免征公司所得税,之后2年内可按20%的一半税率缴纳公司所得税,此后按20%的税率缴纳公司所得税

公司所得税免征时间从外资企业经营之日起计算。植树造林项目免征公司所得税的时间从企业盈利之日起计算。

除上述优惠政策外,外资企业还可以享受如下税收优惠:

(1)在减免公司所得税期间免缴最低税

(2)用于扩大再生产项目的投资经批准课免缴公司所得税

(3)直接用于生产的材料、零配件、交通工具,老挝国内没有或者有但不足的原料,用于加工或装配出口产品所进口的半成品可以免征进口关税和进口环节其他税款

(4)出口产品免征出口关税

五、马来西亚主要税收优惠政策

1. 鼓励国内投资和资本性投资的税收优惠政策

新兴企业(包括制造业、农业、饭店、旅游及其他产业)投产5年内,70%的法定所得免纳所得税;对从事资本密集型和高技术投资的企业可以按照逐案审查原则在最初5年的免税期内给予全部免税;其他免税项目包括纳入国家重点战略的森林种植计划、多媒体高级通道以及电子芯片的生产。

2. 再投资的税收优惠政策

对在投资生产重型机械和普通机械、设备的公司给予减免额为5年内进行再投资所产生增量收入的70%的再投资优惠;对利用椰油生物资源和再投资生产附加值产品的企业,其利润给予10年的全额免税优惠;对从事产业扩张计划、产业现代化、自动化以及制造工艺多样化的企业,给予再投资扣除的优惠,再投资扣除额为在15年内发生的用于上述目的的机械设备、厂房的资本性支出的60%。

3. 促进出口的优惠措施

对制造业、农业、饭店以及服务部门为促进产品出口而产生的费用,采取双倍扣除等优惠措施。

4. 技术与职业培训扣除

对经批准的培训雇员项目发生的费用允许双倍扣除;培训费用双倍扣除的规定同样适用于中小型制造业公司。

六、菲律宾主要税收优惠

对于先进企业或位于不发达地区的企业,以及位于不发达地区的非先进企业和产品出口企业,在公司所得税方面,可以享受定期免税或者按照减低税率纳税。对于位于不发达地区的先进企业,自开始商业经营或者目标经营之日(以其两者中的较早者为准)6年内全额免除公司所得税;对位于不发达地区的先进企业免税期为4年;对于扩大出口型企业免税期为3年。如果符合以上各条件,所享受的免税期最长不超过8年。对于设在Natianal Capital Region(NCR)和Metro Manila的企业新建项目和延期项目不再享受免税期。

对于进口育种材料和遗传材料,享受10年免除关税和一切税收。

七、新加坡主要税收优惠政策

新加坡采取的税收优惠政策主要是为了鼓励投资、出口、增加就业机会、高新技术产品的生产以及使整个经济更加具有活力的生产经营活动。例如，对具有新技术开发性质的产业给予5年至15年的免税期；出口产品的生产可以享受最高达所获利润的90%的免税待遇，期限为3至15年；对计算机软件和信息服务、农业技术服务，医药研究、实验室和检测服务等生产和服务公司用于研究和开发的支出允许双倍扣除。

在涉外税收方面，居民公司来源于国外的收入在汇到新加坡时应该纳税，但有税收协定的可以根据协定的规定得到抵免。另外，对于居民来源于与新加坡没有税收协定的某些国家的特定项目所得也可以得到新加坡提供的单方减免税优惠。这些所得包括：提供专业技术、咨询获得的所得，以及税法规定的金融等服务业所获得的所得。

在东盟国家取得的所得也可以获得对应的单方税收减免。汇到新加坡的股息可以得到相应的抵免。

八、泰国主要税收优惠制度

鼓励进口措施包括：对进口机器设备、原材料减免进口税；免征公司税3～8年；对营业权、特许权使用费或汇往海外的资金免征预提税最多至5年；在税收优惠期内免除试用对象企业的股息应纳税所得额。

鼓励出口措施包括：对再出口的商品免征进口税；对减除运费和保费以外的上一年度出口收入增额的5%，允许从法人应纳税所得额中扣除。

鼓励特区投资企业的措施：在正常的所得税优惠期过后，或未设税收优惠期自取得收入之日起，对法人所得减半征收；允许从法人应纳税所得额中双倍扣除水电费和交通费。

经授权在泰国从事国际金融业务的商业银行拥有以下特权：对国际金融机构业务收入按10%征收公司所得税；向境外贷款时，支付给外国存款人或债券人的利息免征预提税。

为吸引外国公司在泰国设立地区经营总部（ROH）对符合规定条件的ROH设置了一些税收鼓励措施，如ROH向子公司和分支机构提供行政管理服务、技术援助、研发及培训收取的服务费按10%征收公司所得税，还有其他相关减免税规定。

九、越南主要税收优惠

越南政府规定，符合某些条件的企业和在鼓励投资的行业或者地区进行投资的企业，其公司所得税可以享受10%、15%和20%的优惠税率，优惠期为开始经营年度起 10 年内或在整个项目存续期间。优惠期满后，税率调整回标准税率(28%)。

外国投资者还可以享受免税期，即从企业开始盈利(冲抵亏损之前)起的一定时期内可以免缴公司税，并且在以后的一定时期内减半征税。免税期的长短直接与该项目使用的税率有关，最长可达到 8 年。

位于出口加工区、工业区和高技术区的外国投资企业和建设——经营——移交项目，如果符合一定条件，还可以享受其他税收优惠。

十、缅甸主要税收优惠

1. 任何从事生产或服务性行业的单位，从投产或启动之年算起，连续三年免征所得税。如有需要，可依实际情况，经批准可烟瘴减免所得税的期限；

2. 若将利润作为积累且在一年内再投资，可减免所得税；

3. 机器、设备、建筑物及其他资产可按 MIC 同意的比例加快折旧；

4. 如果企业生产产品是供出口的，其产品销售国外所得利润的 50%免税征所得税；

5. 投资者有义务向缅甸政府支付向外籍受聘人员所得税，该项所得税可从应征税中扣除；

6. 外国人的收入可按缅甸公民支付所得税税率计征；

7. 如属国内确需的科研项目和开发性项目的费用支出，允许从应征的税收中扣除；

8. 企业在享受减免所得税优惠后，连续两年亏损者，可从亏损当年算起，连续三年予以转账和抵消；

9. 企业开办期间确需进口的机器、设备、仪器、零部件、备件和有关材料可减免关税或国内税或两种税同时扣除；

10. 企业建成后的最初三年，因用于生产而进口的原材料，减免征收关税或国内税，或两者都予以减免。

本章小结

本章讨论分析了财政金融支撑通过中央专项补助、沿海沿边政策、西部开发政策、民族优惠政策等财政政策支持和银行类金融机构、证券业、保险业等金融支撑对粤、桂、琼、滇四省区产业建设发展和优化升级的政策和资金保障现状，以及财政金融支撑发展演进的三个阶段，包括2002年《中国与东盟全面经济合作框架协议》的签署前、签署后至2010年中国—东盟自由贸易区全面建成前，以及2010年自贸区建成之后三个阶段，并且分析这三个阶段发展中存在的问题。最后与东盟国家的财政金融支撑进行比较，得出我国四省区的优势、劣势，以及面临的机会和威胁。

第7章 出口产业链形成和升级的区域财政支撑体系创新

CAFTA框架下，粤、桂、琼、滇四省区出口产业链的形成是需要有配套的区域财政支撑体系的支撑的，这些支撑既包括如何解决出口产业链形成过程中所遇到的困难和障碍，也包括如何采取有效措施促进出口产业链的不断优化和升级。本章第一节从构建粤、桂、琼、滇四省区利益补偿机制的必要性以及现实基础入手，以转移支付制度为核心，结合国内外转移支付制度践行的成功经验，提出了粤、桂、琼、滇四省区出口产业链形成和升级过程中的利益补偿机制方案，该方案主要从纵向和横向方面进行了设计，其中纵向转移支付的落脚点为财力保障、税收政策及税式支出的支持以及配套设施的完善，横向转移支付方案的重点为自愿粗加工区与深加工区的利益协调与补偿以及地区之间税收权益的协调与补偿。第二节则介绍了出口产业链形成和升级的其他财政支撑体系的创新举措，如合理调整财政支出的方向、增强对出口产业链升级财力支持的针对性、统筹运用所有财政性资金以及完善出口退税相关优惠政策、实施反避税政策等。

7.1 出口产业链形成和升级过程中利益补偿机制方案的设计

设计粤、桂、琼、滇四省区之间出口产业链的形成和升级过程中利益补偿机制方案,首先必须对相关的问题有一个透彻的分析和了解,此利益补偿机制方案设计的重点在于政府间转移支付机制的有效运行。

政府间的财政转移对出口产品链的形成作用已有第三章中进行了分析,在这里不再赘述。

7.1.1 构建出口产业链形成和升级过程中利益补偿机制的相关分析

关于构建粤、桂、琼、滇四省区之间出口产业链形成和升级过程中利益补偿机制的相关分析,我们主要是从其必要性、构建基础、经验借鉴这三个方面来进行的。

一、构建粤、桂、琼、滇四省区出口产业链利益补偿机制的必要性

地区经济发展是一个不均衡、连续的动态过程,经济增长和产业结构的最新调整总是最先发生在那些具有相对比较优势的地方,然后逐步扩散到其他地方,出口产业链的形成也具有相似的规律。广东、广西、海南、云南四省区之间的经济发展水平及产业结构的多层次阶梯状态,决定了四位主体之间产业关系的互补性和广泛的合作前景。以人均 GDP 为 1000 美元、1000 ~ 2000 美元、3000 ~ 4000 美元标准划分,按照上述四省区之间的经济实力可以分为两个层次,第一层为广东,第二层为广西、海南和云南,这再一次地表明粤、桂、琼、滇四省区之间经济实力差距和产业结构的互补成了奠定构建粤、桂、琼、滇四省区之间出口产业链的坚实基础之一。但是,我们不得不承认的是,这种差异性的存在也表明了,区域的整体利益与各地区的局部利益并不一定能在任何时间上保持统一的,有时总体利益得到实现,并不能代表各个地区所实现的局部利益都相同,有时局部利益得到实现,并不一定保证整个区域整体利益能够实现。在粤、桂、琼、滇四省区出口产业链的建立和优化升级过程中,这种现象也将会

是不可避免的，但是我们也不能对那些为达到整体利益效果而做出牺牲的相关省区的局部利益损失视而不见，因此，建立一套完善、公平、合理的利益协调机制，以解决广东、广西、海南、云南四省区出口产业链形成和发展过程中可能产生的利益冲突和矛盾，保障各方参与出口产业链构建和推动出口产业链优化升级的合作积极性就成为必然。

构建粤、桂、琼、滇四省区间出口产业链形成和升级过程中的利益补偿机制，给予利益受损地区于补偿，不仅有利于地区出口产业链不断优化和升级的顺利实现，而且兼顾了出口产业链参与各方的切身利益，避免了地区之间由于参与出口产业链的分工而导致的财力、经济实力等差距的进一步扩大，因此，区际出口产业链利益补偿机制的建立不仅有利于地区之间其他合作的良好开展、有利于不同地区之间经济的互动增长和利益的共享、更加有利于社会的和谐发展。本课题中调节出口产业链形成和升级过程中的利益补偿主要运用的是转移支付的方法来实现的。这种转移支付方法不仅包括我国现行的且相对成熟的纵向转移支付制度，也包括通过构建地区之间有效运转的横向转移支付制度来实现的。

二、构建粤、桂、琼、滇出口产业链利益补偿机制的现实基础

我们将粤、桂、琼、滇四省区区际出口产业链利益补偿机制主要定义为纵向转移支付和横向转移支付机制，它的实施是否具有可行性就需要我们进行进一步的分析。

1. 我国现行转移支付制度的实践支撑

我国的转移支付制度，自其实施以来进行了不断的调整和完善。我们在此所说的转移支付不单单指的是财政的纵向转移支付，还包括政府间的转移支付即财政的横向转移支付和企业的转移支付，其中财政的纵向转移支付制度较其他两种转移支付方式来说是较为完善的，形式也具多样性。

(1)我国纵向转移支付制度的实践支撑

我国的转移支付制度的践行阶段大致上可以分为建国初期以补助形式为主的转移支付制度、改革开放后以地方分权为主的转移支付制度以及1994年分税制改革后以财力转移支付和专项转移支付为主的转移支付制度，且为单一的纵向转移支付制度即中央政府对地方政府的转移支付制度。十几年来，纵向转移支付制度在我国的实行，充分显示了中央支

付的财政资源配置权威，有效改善了省级地方政府的财政紧张的状况，同时，也使得我国的纵向转移支付制度所覆盖的范围不断扩大、制度建设不断走向完善。1994年分税制改革以来，我国的转移支付制度的内容随着时间的推移开始从一般性的转移支付发展完善并囊括了民族地区的转移支付、国家重点生态功能区转移支付、资源枯竭城市转移支付、农村税费改革转移支付、缓解县乡财政困难的转移支付、成品油的转移支付等内容。

目前我国的纵向转移支付制度主要有中央对地方的税收返还以及一般性转移支付和专项转移支付构成。其中，中央对地方税收返还主要是增值税和消费税返还、所得税基数返还以及成品油价格和税费改革税收返还。据统计资料显示（见表7-1）2009年我国中央对地方税收返还总值为4886.70亿元，其中增值税和消费税返还3422.63亿元，所得税基数返还910.19亿元，成品油税费改革和税收返还1531.10亿元，三项税收返还分别占2009年中央对地方税收返还比重的59%、15%和26%；2009年，一般性转移支付11317.2亿元，占转移支付的47.8%；专项转移支付12359.89亿元，占转移支付的52.2%。一般性转移支付就是原来统计口径中的财力性转移支付，它在2009年时刚刚改变统计名称的，是为了加快我国财政职能向公共财政的进步转变，一般性转移支付主要包括均衡性转移支付、民族地区转移支付、农村税费改革转移支付等16项；专项转移支付主要包括对教育、对科学技术、对医疗卫生等的转移支付，是国家为了达到一定的宏观经济目标所进行的。

表7-1　2009年中央对地方税收返还和转移支付

单位：亿元

项　　目	预算数	决算数
一、中央对地方转移支付	23954.81	23677.09
1. 一般性转移支付	11374.93	11317.20
（1）均衡性转移支付	3918.00	3918.00
（2）民族地区转移支付	280.00	275.88
（3）县级基本财力保障机制奖补资金	550.00	547.79
（4）调整工资转移支付	2365.63	2357.60

续表

项目	预算数	决算数
(5)农村税费改革转移支付	770.22	769.47
(6)资源枯竭城市财力性转移支付	50.00	50.00
(7)定额补助(原体制补助)	138.14	138.14
(8)企事业单位划转补助	348.00	347.87
(9)结算财力补助	344.51	369.22
(10)工商部门停征两费转移支付	80.00	80.00
(11)村级公益事业一事一议奖励资金	10.00	10.00
(12)一般公共服务转移支付	45.00	23.93
(13)公共安全转移支付	332.90	329.84
(14)教育转移支付	908.49	893.56
(15)社会保障和就业转移支付	1234.04	1201.83
(16)医疗卫生转移支付		4.07
2. 专项转移支付	12579.88	12359.89
其中:教育	448.86	520.21
科学技术	32.79	78.17
社会保障和就业	1816.17	1640.47
医疗卫生	1124.28	1205.64
环境保护	1199.27	1113.90
农林水事务	3143.19	3182.54
二、中央对地方税收返还	4934.19	4886.70
增值税和消费税返还	3476.00	3422.63
所得税基数返还	910.19	910.19
成品油税费改革税收返还	1530.00	1531.10
地方上解	-982.00	-977.22
中央对地方税收返还和转移支付	28889.00	28563.79

长期以来,我国纵向转移支付制度的践行与发展,在一定程度上调节了我国各省区之间的财力不均衡等状况,这一结果我们可以通过相关的实证来进一步证明(见表7-1)。在此我们选用2009年的数据和泰尔指

数来测度地区之间的财力差距。泰尔指数的计算公式为：

$$T=\sum_{i=1}^{31}P_i\log\frac{P_i}{Y_i},i=1,2,3,\cdots,31$$

其中，P_i 为各省区的人口数占全国总人口数的比重，Y_i 为各省区的人口所拥有的地方本级财政收入占全国财政收入的比重。2009 年末我国全国人口数为 13.19 亿人,2009 年末我国全国财政收入为 68476.88 亿元,经测算得出我国各省区的财力差异度为(见表 7-2)：

表 7-2　2009 年我国各省区财政能力差异度

地区	差异度	贡献率	地区	差异度	贡献率	地区	差异度	贡献率
北京	-0.00462	-0.01152	安徽	0.026327	0.065625	四川	0.034664	0.086406
天津	-0.00102	-0.00255	福建	0.008395	0.020927	贵州	0.019444	0.048468
河北	0.028517	0.071084	江西	0.020081	0.050056	云南	0.018414	0.045901
山西	0.00894	0.022285	山东	0.025098	0.062561	西藏	0.001537	0.003832
内蒙古	0.003116	0.007766	河南	0.046096	0.114902	陕西	0.01219	0.030385
辽宁	0.00488	0.012164	湖北	0.024693	0.061553	甘肃	0.013562	0.033806
吉林	0.008073	0.020123	湖南	0.0289	0.072039	青海	0.00219	0.00546
黑龙江	0.014237	0.035487	广东	0.010018	0.024972	宁夏	0.0022	0.005483
上海	-0.00591	-0.01474	广西	0.024293	0.060554	新疆	0.007525	0.018756
江苏	0.005515	0.013747	海南	0.002627	0.006547	全国	0.401175	1
浙江	0.003878	0.009666	重庆	0.007324	0.018256			

(2)我国横向转移支付的实践支撑

地区之间特别是毗邻地区之间包括区位优势、资源禀赋等在内的差异导致了地区经济发展的不均衡,为调节这种不均衡以及为解决由这种不均衡导致的一系列经济和社会问题 ,我国于 20 世纪 50 年代开始实施地区之间的转移支付措施,但是效果并不显著。据考察,自 20 世纪 50 年代以来,我国的转移支付制度大都是以纵向转移支付为主导,横向转移支付成功运行的案例很少,且横向转移支付的运行主要依托于发达地区对贫困地区"对口支援"和"对口帮扶"两种方式,严格意义上来讲,我国并未建立过真正意义上的横向转移支付制度。上文所提及的横向转移支付成功运行的案例中，“对口支援”的成功实施主要包括北京、上海、江苏、广东等省、市对西藏、新疆和三峡库区移民的支援，而“对口帮扶”较“对口支援”来说其涉及的对象相对更广泛一些，主要是青海、广西、云南等经济不发达省份及民族地区，再就是2008年汶川特大地震发生时相对发达省区对四川省各市县的援建。横向转移支付之所以没有成为我国乃至除德国外的其他国家转移支付制度的主导力量，或者说没有在我国及其他国家成功运行的原因主要在于，较纵向转移支付来说，横向转移支付的实施更具困难性，在其实施过程中所要解决的利益分配问题更加复杂，因此，在我国转移支付法律制度还不健全和完善的情况下，一直以来我国都是通过中央以纵向转移支付的方式对地区之间的差异进行相应的调节，也正是由于转移支付手段的这种单一化而引发了我国当今经济发展过程汇总的一系列问题，如我国区际财力差距不断扩大，基尼系数逼近甚至超越警戒线、“两极分化”更趋严重等。因此，在充分总结由单一纵向转移支付制度所产生的经验教训和充分借鉴国外转移支付成功经验的前提下，我们在运用转移支付的方法解决由于出口产业链的形成所导致的地区间的利益分配问题时，就必须避免单一方法的运用所带来的弊端，应当将纵向转移支付与横向转移支付方法进行有效的结合，并且着重研究横向转移支付的运行方法，一方面是为了更好的解决出口产业链形成过程中乃至升级过程中的利益分配问题，另一方面也是期待能够为我国横向转移支付制度的开展提供成功的经验借鉴。在此，本课题以日本、德国的转移支付制度（特别是德国的横向转移支付制度）为借鉴，并结合我国实际提出有效解决出口产业链形成过程中相关利益补偿机制问题的方案。

（3）企业的转移支付

企业的转移支付一方面包括企业对非赢利组织的赠款或捐款以及非企业雇员的人身伤害赔偿等，另一方面也包括企业一个分支机构去购买另一个分支机构的生产的产品从而实现利润的转移，这种方法与转移定价有相似之处。目前，企业的转移支付在我国的实践较少，其发挥作用的影响效果也较小，但是也为平衡收入差距、解决两极分化问题提供了可供参考的办法。

2. 我国现行转移支付制度存在问题分析

由于我国横向转移支付制度尚未完全建立、企业转移支付运行范围也并不是很广泛,在此我们所分析的我国现行转移支付制度所存在的问题主要针对的是财政纵向转移支付制度。

(1)中央对地方的转移支付体系尚存在一些制度性的缺陷

我国现行转移支付制度存在的最大的问题在于,实行的是单一的纵向转移支付制度,即只考虑了政府与政府间即中央政府与各级地方政府之间的纵向的转移支付,没有充分考虑到省区或地区之间的横向转移支付,且纵向转移支付制度的税收返还与税收收入挂钩以确保地方既得利益的模式,是逆财政能力均等化目标方向的调节,在一定程度上无法扭转地区之间的经济实力、财力等差距局面,不利于我国基本公共服务均等化进程的推进,而且还有可能会进一步加剧地区之间乃至城乡之间的两极分化。

(2)省以下转移支付制度不甚完善

目前我国实行的中央对地方各级政府的纵向转移支付制度,存在的第二个最大的问题在于,中央下拨的转移支付款在省一级地方政府层面的执行效果还是比较明显的,但是省以下级地方政府的转移支付执行结果就不甚理想,特别是县乡财政困难仍是我国财政体制改革需要解决的重大问题。中央政府下拨给地方政府的转移支付款经过"层层剥离",到县乡级政府时款项所剩有限,根本无法满足县乡级政府提供社会保障等公共服务的财力需求,在某种程度上也进一步拉大了地区之间以及地区内部各级政府之间的基本公共服务均等化水平,形成公共服务提供的"两极化"。

(3)转移支付效率低下

这种效率低下主要体现在一般性转移支付和专项转移支付中各项转移支付项目的财力支出划分缺乏一定的科学性,包含任意性和盲目性成分较高,这主要表现在对地方政府专项转移支付款项的划拨缺乏一定的实地考察,中央政府与地方政府政策目的性较强,中央政府的目的在于"把钱合理花出去",地方政府的目的在于"把钱要过来",通常情况下只要地方政府符合中央财政专项转移支付的配套实施,都可以获得相应的款项。而地方政府在获得相应的拨款后,往往会出现挪作他用的现象,在中央政府对专项转移支付款项缺乏跟踪和监督的情况下,上述现象的存在会在很大程度上造成了我国转移支付效率的低下,由专项转移支付产生平衡效应等作用效果不甚明显。

(4)专项转移支付比重较高,且中央对地方政府获得专项转移性支付的配套要求也较高

首先专项转移支付的比重较高,我们可以用相关数据来进行说明,2009 年我国中央对地方税收返还和转移支付 28563.79 亿元,增加 6519.4 亿元,其中,税收返还 4886.7 亿元;一般性转移支付 11317.2 亿元,占转移支付的 47.8%;专项转移支付 12359.89 亿元,占转移支付的 52.2%。专项转移支付所占转移支付的比重较高,会影响财政均衡性转移支付作用的发挥,地方政府间财力的非均衡性会在一定程度上制约我国基本公共服务均等化进程的推进,当然,这里所提及的地方政府间财力的均衡并不是绝对均衡,而是根据不同省区经济发展状况及经济实力进行界定的相对的均衡。同时中央政府对地方政府的专项转移支付,要求地方配套过多并且缺乏对当地实际情况的实地考察和科学合理的界定依据和标准,如通常情况下一地区如果想要获得教育专项转移支付,那么该地区必须具有相应的发展教育的配套资金,这种有条件的专项转移支付的存在会限制财政困难地区发展教育、医疗卫生、科学技术、环境保护等的积极性,有悖于公共财政的本质和基本公共服务均等化的内容。

(5)转移支付制度均等化功能的缺失

这种缺失首先在于我国现行的转移支付体系仅有一部分是以需求为基础的,财政支出在某种意义上来说并没有完全投入到最需要的领域或地区,据有关数据统计,中央对地方的转移支付有 70% 都留在了省一级,只有 30% 用于弥补地市级的财政支出缺口,导致了我国地区之间以及城乡之间社会保障、教育等非均等化现象也就在所难免。其次在于我国现行的转移支付方式,目前我国的税收返规模是和经济发展水平呈正相关关系的,这就意味着经济发达的东部地区通过税收返还获得的既得利益仍然要高于中部和西部地区,并不具备平衡地区间差异的均等化功能,而财力性转移支付和专项转移支付由于在运行过程中缺乏有效的监督,均等化作用的发挥受到限制,也导致社会保障、教育等基本公共服务的非均等化问题没有得到有效解决。

三、国外转移支付制度的经验借鉴

我国转移支付制度的不断完善需要建立在借鉴国外先进经验和我国

经济发展状况相结合的基础之上，下面我们将对德国、日本和美国的转移中支付制度进行简单的介绍。

1. 德国的转移支付制度

德国目前是世界上转移支付制度成功运行的典型国家之一，特别是德国的横向转移支付制度的成功运转，为世界上其他国家横向转移支付制度的建立和实施提供了宝贵的经验借鉴。德国的纵向转移支付制度以税收协调为主，联邦政府固定的税种划分，又出现收支不平衡是可以进行调整，具体的分成比例由联邦政府与州政府定期协商确定，从而调整和改善中央与地方的财政关系。德国财政体制中的横向转移支付制度是在州与州之间展开的，并且通过《财政平衡法》的立法形式确定了下来。德国的横向转移支付制度可以分为州与州之间以及州内部各地区之间的转移，州与州之间的具体运作内容为：首先根据各州的人口、税收收入等指标测度各州的税收能力水平以及各州的税收需求度，其中税收能力水平=增值税前的税收能力+增值税+补贴税-港口税+地方税，税收需求度=[（所有州的增值税前的税收能力之和+增值税+补贴税-港口税）÷所有州测定居民数总和]×各州测定居民数，然后进行平衡关系指数的比较，平衡比较指数=各州的税收能力/各州的税收需求度进行比较，以92%为分界线，如果一州的财政平衡比较指数低于92%，那么该州将获得联邦政府相应的财政资金平衡补偿，补偿的额度为该州所计算出的平衡比较指数结果与92%指标之间的差额并且是全额的补偿；如果一州的平衡比较指数计算结果大于92%小于100%那么超过92%小于100%的部分可以按照37.5%的比例获得平衡财力补偿；也就是说如果一州的平衡比较指数结果低于92%，那么它可以获得联邦政府的平衡财力补偿为上述两部分的加总；但是如果一州的财政平衡比较指数结果大于102%小于110%时，其超额的2%-10%的部分就要按照70%的比例向联邦政府缴纳平衡财力补偿金，作为对相对财力较弱州的平衡拨款；同样的如果一州的财政平衡比较指数结果大于110%那么其全部超额部分就要上缴联邦政府作为平衡拨款。州内部各地区之间的转移支付也是通过各地区之间的税收能力与财政需求度的比较来进行的，其中财政需求度=州内人均财政支出×地方人口×(1+各种加成系数)，但是这种转移支付只有部分地方政府在实行,大多数地区的都采用的是符合地区经济发展的转移支付政策。①

2. 日本的转移支付制度

日本的转移支付制度由国家下拨税、地方交付税、国库支出资金三部分构成。其中,国家下拨税是通过将国税中的所得税等按一定比例下拨给地方政府为确保其独立行使职能的财力基础以及调节地区间经济实力差距的一种政策性转移支付,这种根据地方财政能力的充裕程度来确定下拨比例,形成了财政资金的有效管理。地方交付税制度是日本中央政府向地方政府进行转移支付的主要形式,它形成了由地方政府自主支配的一般财源,具有平衡给付的作用。地方交付税又由普通交付税和特别交付税构成,这两项税收的额度由所得税、消费税等税收收入的相应比例构成,其中普通交付税占94%、特别交付税占6%,后者是前者的补充,而普通交付税构成了地方交付税制度的重要组成部分。它是依据各个地方政府的基准财政需要额和基准财政收入额之间的差额进行分配的,其中基准财政需要额为每个行政项目在执行行政事务时所需要的必要合理的费用之和,基准财政收入额是按照各地方政府的税收能力计算出来的。日本的国库支出资金拨款是一种附条件的转移支付制度,它规定了款项的用途和使用款项的条件,且规定接受国库支出资金拨付款项的政府不得将款项用作他用,主要可分为国库负担金、国库委托金和国库补助金三部分。较德国的转移支付制度来说,日本的转移支付制度主要是以纵向为主的,且具体操作过程的技术含量较高,转移额度的计算过程较为复杂。

3. 美国的转移支付制度

美国的转移支付制度由一般性转移支付和特殊性转移支付两种构成,其中,一般性转移支付功能在于解决各州之间以及各州地区之间财政的横向不平衡和纵向不平衡,而特殊性转移支付主要是为了保证社会保障、医疗卫生等公共服务的提供。美国的一般性转移支付是根据不同层次政府的税收能力与支出需求进行的,而特殊性转移支付又是分为专项

---

① 参考资料:《德国财政制度考察报告》。

补助和分类补助进行的，与我们国家专项转移支付不同的是美国的专项补助是经过科学公式计算出来的，且规定了这些补助的专门用途，并且上级政府对下级政府专项补助资金的使用情况有一个较强的监督，分类补助类似于我国的专项转移支付，它在美国的转移支付制度中所占的比重较大，约为80%左右高于我国的比重，和我国一样美国的地方政府要想获得转移支付的分类补助也必须有一定的资金进行配套，按照转移支付的使用方式来说又可称为有条件的转移支付。

此外，加拿大、澳大利亚等国家的转移支付制度也是值得我国进行充分借鉴的，正所谓"站得高才能看得远"，同样地，我国的转移支付制度的不断完善只有充分借鉴国外的先进经验，吸取国外转移支付制度不断完善过程中的相关教训，才能少走弯路，加快完善我国转移支付制度进程的不断推进以及基本公共服务均等化的早日实现。

7.1.2 粤、桂、琼、滇四省区出口产业链利益补偿机制的设计

粤、桂、琼、滇四省区出口产业链的利益补偿机制在目前我国经济社会的发展水平下，只能是局部性的、理论性的和试探性的，特别是利益补偿机制中的横向转移支付机制，在目前世界上只有少数国家实行成功、可供借鉴的经营较少的情况下，我们只能是"摸着石头过河"，因此粤、桂、琼、滇四省区出口产业链利益补偿机制的全面实行是需要一个不断完善和发展的过程的。在此需要强调的是，我们所提及的纵向转移支付方案及横向转移支付方案的设计并不单单指的是财力的纵向转移支付和横向转移支付。

一、出口产业链利益补偿机制的设计——纵向转移支付方案的设计

粤、桂、琼、滇四省区出口产业链的构建一方面是为了顺应经济全球化和区域经济一体化的趋势并提升我国出口产业在国际范围内的竞争优势，另一方面更是为了应对由于中国—东盟自由贸易区全面启动"零关税"时代的到来，新东盟国家的崛起对我国出口产业发展形成的竞争性"威胁"，但是更重要的目的在于积极推动北部湾经济区的开发，形成环北部湾经济区即周边省区之间的一个和谐、良好的发展。为推进北部湾经济的发展，我国于2008年1月16日通过了《广西北部湾经济区发展规划》，该规划的出台致力于把北部湾经济区建设成为国际性区域经济区，

而国家之所以大力支持主要原因有二，一是北部湾经济区的特殊地理位置，与东盟国家接壤、贸易往来密切，被视为发展中国—东盟商贸合作的“桥头堡”，并且对于国家实施区域发展总体战略和互利共赢的开放战略具有重要意义；二是北部湾经济区的开发有利于对接我国西部大开发政策，推进广西、云南等环北部湾西部地区经济社会的发展，而且北部湾经济区的开发也能够起到辐射老少边穷地区的经济发展，能够加快我国基本公共服务均等化目标的实现。但是不论在推进环北部湾经济区发展的过程中，还是在粤、桂、琼、滇四省区出口产业链构建和优化升级的过程中，区域经济的共同发展必然会损害一部分地方政府的利益，那么就需要我们采取有力的措施予以解决，否则的话会破坏地区之间出口产业链构建和发展的可持续性，最终也会影响我国出口产业乃至整个国民经济的发展。与此同时，地区间出口产业链的形成和发展是需要中央政府大力支持的，这种支持既包括政策层面的支持也包括经济层面的支持，从财政加大来看中央政府对地区间出口产业链构建的支持我们可以理解为是纵向转移支付的特殊形式。

粤、桂、琼、滇四省区出口产业链构建于发展的利益补偿机制的设计之纵向转移支付的设计主要包括以下内容：

1. 财力保障

在粤、桂、琼、滇四省区出口产业链的构建过程中，我国现行的中央政府对地方政府的税收返还与转移支付是必不可少的，但是与普通的纵向转移支付不同的是，粤、桂、琼、滇四省区出口产业链建立后，中央政府对上述省区的转移支付更应该体现出促进出口产业链优化升级的政策目的性，应当根据各省区资源分布和功能分区的特点进行有针对性的转移支付，并加强对相关专项转移支付的监督，使转移支付资金能够得到充足的运用、效率得到充分的发挥。在这里需要强调的是，由于广西、云南稀有金属大多产自于贫困地区，因此在纵向转移支付的运行过程中，就应当特别注意加强对这些初级产品生产地的财政资金保障力度，避免出现由于县乡财政困难而影响地区出口产业发展的现象。

同时，粤、桂、琼、滇四省区出口产业链形成后，中央财政在加大对上述四省区民族地区转移支付、缓解县乡财政困难的转移支付以及成品油转移支付等各项转移支付的同时，还应当适度降低广西、云南、海南三省区获得专项转移支付的配套资金的要求、加大促进西部大开发的政策倾斜度,鼓励桂、琼、滇三省区出口产业的发展,特别是鼓励粤、桂、琼、滇四省区同东盟国家的贸易往来。而这些政策的实施是需要国家充足的财力保障的。

2. 税收政策及税式支出的支持

税收政策的支持主要是指政府为鼓励出口所采取的增值税和消费税的出口退(免)税政策以及其他一些税收优惠政策。目前出口退(免)税政策已经成为世界上大多数国家提升本国出口产品的国际竞争力而采取的优惠措施,我国也一样,并且随着税法的不断完善,我国的出口退(免)税政策也在不断调整,以更好地为出口企业提供出口方面的税收优惠政策保证。在粤、桂、琼、滇四省区出口产业链形成后,出口退(免)税政策的实施应该更加注重效率,尽量缩短办理出口退(免)税的时间,让出口企业更多的拥有使用资金的时间效率、增加企业流动资金的周转率。同时,应尽量做到"纳税额与退税额"相等,以有效降低征税对出口企业发展效率的扭曲作用,做到与税收效率原则的统一,也让出口企业获得更多的实惠。众所周知,由于我国市场经济发展不甚完善、相关法律制度不甚健全以及一些国家对"Made in China"出口产品的不断挑衅等原因的存在,我国出口企业出口的产品经常会受到一些国家的反倾销及反补贴的制裁,而被判定为"倾销"和"补贴"的产品往往会被征收高达300%甚至更多的关税。在此上文中所提及的实现"纳税额与退税额"的相等,会在一定程度上降低出口企业的产品制造成本,一方面是为了更好地提升我国出口产品的国际竞争力,另一方面也是为了减少那些被征收高额关税企业的税收支出,当然我们国家出口退税所让与企业的税收额度与被其他国家征收高额关税的税收额度相比较来说是"小巫见大巫",但是它能从本质上体现国家对出口企业的一种支持和鼓励。

关于税式支出的支持,本课题在上文中以及对税式支出进行了详细的介绍,税式支出的形式包括起征点、税收扣除、税额减免、优惠退税、优惠税率、盈亏互抵、税收抵免、税收饶让、税收递延和加速折旧等,政府通过税式支出形式将相关外部效应转化为产业发展的经济利益,从而调整和引导地区产业结构的优化升级和发展。同样地,为促进粤、桂、琼、滇四省区出口产业链的形成,中央政府及各级地方政府应当不断创新税式支出形式，在保证地区财政收入不断增长的同时，适时适度地运用不同的税式支出形式加大地区出口产业发展的鼓励力度，确保地区间出口产业链的可持续发展及优化升级。

3．配套设施的完善

这里所说的配套设施的完善首先指的是海关特殊监管区域中相关配套设施的完善，包括税收政策的完善、功能的完善以及相关设施的完善等。目前广东省、广西壮族自治区、海南省已经建立了多个保税区、出口加工区、保税综合物流区，这些海关特殊监管区域的存在为粤、桂、琼、滇四省区出口产业链的优化升级提供了良好的基础条件。但是，在上述四省区已经建立的海关特殊监管区域中，配套设施的不完善问题始终存在，如保税区面临附加条件的优惠政策制约了业务发展和监管模式不明确使贸易无法真正自由和便利的问题；保税物流园区存在发挥功能不全面，港、区之间"联而不动，动而不联"等问题；出口加工区功能单一，产业仍以传统加工制造为主，深加工结转政策有待完善。因此，在粤、桂、琼、滇四省区出口产业链建成的同时，海关特殊监管区的配套设施也必须完善，必须统一规范不同监管区域的税收政策、完善相关监管区域的功能设施、有必要时对一些重复建设的特殊监管区域进行资源整合，并在有需要的地区建立相关的保税物流区、出口加工区等。此外，上述海关特殊监管区域配套设施的完善还应当包括不同区域之间的出口企业信息资源的共享及相互监督。

配套设施完善的第二个方面在于，完善地区之间的公路、铁路、水运、航运等基础交通设施建设。在粤、桂、琼、滇四省区中，交通设施最为发达的是广东省，不论是公路、铁路、水运、航运等都较为发达，而广西区、云南省及海南省的交通运输则不甚便利，当然这与上述三省区的特殊地理位置不无关系，总体来看，上述三省区目前的交通设施状况为缺乏公路、铁路、水运、航运联动的运输网络，不利于出口产业链形成后相关产品的中转运输。因此粤、桂、琼、滇四省区出口产业链形成后，必须加大对广西、海南、云南三省区的交通设施建设资金的支持，以有效降低相关出口企业的运输成本。

此外，粤、桂、琼、滇四省区出口产业链的建立，各级政府还必须加大对相关产业从业人员的专业化技能培训的资金支持，以确保出口产品的生产质量以及出口企业的生产效率等,这是出口产业链持续发展所必不可少的且非常重要的一环。因为从业人员的专业化技能的高低特别是对智能机器操作技能的熟练度直接影响着出口企业生产出来产品的质量和企业的生产效率,一个生产质量较次、生产效率低下的出口企业是无法在出口产业链中永续生存的。

二、出口产业链利益补偿机制的设计——横向转移支付方案的设计

与上述纵向转移支付方案不同的是,粤、桂、琼、滇四省区出口产业链利益补偿机制中横向转移支付方案的存在,更能体现出口产业链的各参与方之间利益的协调与补偿。这些问题主要集中于资源粗加工区与深加工区之间的利用协调与补偿、地区之间税收权益的协调与补偿等方面。这里我们再次强调的是,在此我们多提及的横向转移支付方案不同于财政的横向转移支付制度,它的升级面更加广泛。关于财政的横向转移支付制度,目前广东省已经拟定出了具体的方案,为我们粤、桂、琼、滇四省区出口产业链利益补偿机制横向转移支付方案的设计提供了理论参考,下面我们将对广东省财政横向转移支付机制进行一个简单的介绍。广东省财政横向转移支付机制方案①的提出是为了推进基本公共服务的均等化,其具体实施方案和措施主要包括以下几点:

一是确定对口帮扶关系。参照已有的珠三角地区经济发达市与山区市县对口帮扶实施办法以及有关文件精神,确定珠三角地区对欠发达地区横向财政转移支付对口帮扶关系。其中,广州市、深圳市、珠海市、佛山市、东莞市、中山市和江门市共7市为财力转出方,负责实施横向财政转移支付;其他14个地级市为财力转入方,承接横向财力转移。《关于建立推进基本公共服务均等化横向财政转移支付机制的指导意见》(以下简称《意见》)明确规定,具体对口帮扶关系由财力转出方和财力转入方协商确定。

二是确定帮扶任务。一是帮助提高财力转入市县基本公共服务水平。财力转出市要确保向各自帮扶对象每年无偿提供横向财政转移支付资金,帮助财力转入市县提高基本公共服务水平。按照《广东省基本公共

① 资料来源:《关于建立推进基本公共服务均等化横向财政转移支付机制的指导意见》。

服务均等化规划纲要(2009—2020年)》,《意见》中的基本公共服务包括公共教育、公共医疗卫生、公共文化事业和公共交通以及生活保障、住房保障、就业保障和医疗保障。二是继续做好结对帮扶工作。按照目前对山区市结对帮扶的方式,财力转出市要继续组织学校、医院等相关部门开展一对一的结对帮扶工作,帮助财力转入市县改善教育和医疗卫生条件。继续开展劳务输出合作,开展对财力转入市县农村青年劳动力的技能培训,吸纳贫困地区的劳动力进入二、三产业就业。

三是建立健全帮扶制度。《意见》明确规定,财力转出市和财力转入市政府要建立沟通协商机制,指定一名党政领导分管帮扶工作,并由政府主管部门牵头,会同财政等有关部门共同成立专门协商机构,负责对口帮扶的各项具体工作。要在充分调研的基础上,共同研究制定具体帮扶规划和年度帮扶计划,落实工作责任,确保帮扶责任落实到位。财力转出市要将下一年度横向财政转移支付额度,列入相应年度财政预算草案,按程序报同级政府及人大审议。在财政预算草案经同级人大审议通过后,以书面形式将下一年度横向财政转移支付额度通知财力转入市县。

按照《广东省基本公共服务均等化规划纲要(2009—2020年)》,建立横向转移支付制度的具体实施步骤为:一是适当集中部分区的财力,对共享收入增量分成比例高的产业承接地萝岗、番禺、花都区按一定的比例集中部分财力,统筹用于城市轨道交通建设等重点项目,促进全市经济社会和谐发展;二是按照平均标准,逐步调整区域间财力,以越秀、海珠、荔湾、天河和白云五个区当年一般预算财力为基准,核定"城区平均财力水平",对当年达不到平均水平的区专项给予补助,对超过平均水平一定比例的区集中一定财力作为"横向转移支付调节金",通过财政横向转移支付方式,逐步解决区域间财力分配的不均衡,促进财政支出向公共服务倾斜,增强基层政府履行职责和提供公共服务的能力;三是考虑到个别区由于项目开发规模大、建设标准高、投入大,对其应集中的"横向转移支付调节金"设定了上限。同时要加强对横向财政转移支付资金实行规范管理,每年由财力转入市县提出资金使用计划,征询财力转出市意见,协商一致后双方政府签订具体帮扶协议,明确帮扶范围、项目,明确资金使用计划和管理监督的责任,而且横向转移支付资金要专项用于基本公共服务项目，提高财力转入市县的基本公共服务保障水平[①]。

1. 资源粗加工区与深加工区的利益协调与补偿

粤、桂、琼、滇四省区出口产业链形成后，必然涉及资源粗加工区与深加工区的利益协调与补偿。这主要体现在出口农产品与矿产资源的主产区与主销区或资源深加工区之间的利益协调与补偿。对于主产区（资源粗加工区）来说不论是生产农产品还是开采矿产资源，都会承担一定的风险，特别是出口的农产品生产所冒风险更大。因为一旦出口农产品被检验出某项农药物质超标或由于农户信息不对称等市场失灵原因导致的所生产的农产品滞销等损失，都是由农产品主产区（资源粗加工区）的农户自行承担的，而主销区（资源深加工区）则可以根据市场信息对生产的产品进行灵活选择，而且在整个过程中农产品和矿产资源主产区还承担了较大的生态破坏损失，而且这种损失的负外部效应的影响时间可以是长期的、波及子孙后代的。这就形成了与我国“工业反哺农业”政策相悖的现象，出口农产品和矿产资源的主产区（资源粗加工区）替主销区（资源深加工区）的风险“埋单”，更违背了“受益者付费原则”的初衷。对于矿产资源的主产区来说也是一样，特别是近几年我国一些游资到处“炒作”作怪，严重扰乱了市场经济运行的良好秩序更加重了市场信息的不对称，导致矿产资源主产区“到处乱挖”现象层出不穷，不仅不利于地方经济的可持续发展，而且还造成了严重的生态破坏。而这一切的后果往往都是由出口农产品和矿产资源的主产区来承担的。因此必须构建出口资源粗加工区和深加工区之间的利益协调与补偿机制。

粤、桂、琼、滇四省区出口产业链中出口资源粗加工区与深加工区之间的利益协调与补偿机制为：建立出口资源粗加工区与深加工区之间的风险共担机制，出口省区的出口企业需要事先与提供出口产品原材料的省区签订产品认购合作协议，一旦发生非自然原因导致的农产品和矿产资源滞销等风险，应当由协议双方共担，其中资源粗加工区相关责任主体承担80%、深加工区的相关责任主体承担20%，但是由于农户或作为自愿粗加工区的省区自行出口农产品或矿产资源所产生的风险除外。此

① 资料来源：《广东省基本公共服务均等化规划纲要（2009—2020年）》。

外，还应当建立资源粗加工区与深加工区之间以生态补偿为目的的横向转移支付机制，这就涉及了省区之间的财力转移，即由出口受益较多的省区向由于生产出口产品而导致生态环境恶化的省区进行一定的财力补偿，具体落实到粤、桂、琼、滇四省区的出口产业链中，就是由广东省即出口资源深加工区向广西区和云南省即出口资源粗加工区进行一定额度的财力补偿，额度的确定应当按照广西区和云南省每年的生态保护的投入、生态破坏的恢复成本以及生态环境的机会成本等综合评定，它是一个浮动的而不是固定的额度。此外，还应当建立一个粤、桂、琼、滇四省区出口产业链发展过程中的"生态补偿基金"，用于补偿因出口农产品和矿产资源所导致的各省区的生态环境破坏的损失，各省区基金的缴纳按照其财政收入的8%和出口额的2%来共同确定，同时加强对各省区生态保护的监督，对当年发生生态环境重大破坏的省区给予相应的损失补偿，补偿额度不得超过当年"生态补偿基金"总额的80%，同时对当年发生重大生态环境破坏的省份按照其财政收入的10%和出口额的5%来确定其下一年的生态补偿基金缴纳额度。而在出口产业链的参与主体中，综合实力水平较为发达的省区可向贫困及不发达省区提供或由资源深加工区向资源粗加工区出口产品生产的绿色技术支持和教育援助，以帮助资源粗加工区出口产品生产过程中所遇到的生态技术问题等。

2. 地区之间税收权益的协调与补偿

向上文中所提及的那样，不管是南水北调、西气东输还是粤、桂、琼、滇四省区之间出口产业链的建立，都会涉及地区之间税收权益的协调与补偿问题。比如在西气东输工程中，新疆的天然气输送到上海，几千公里的运输量所形成的营业税源是分布在沿途十几个省区的，但按照现行规定，所有营业税都在企业注册地上海缴纳，这就产生了在当地形成的税源并没有实现为当地的税收，而是导致了税收与税源的背离，在整个西气东输工程中，除新疆从上海获得一部分非制度性补偿外，其他沿途各省区和居民的一系列问题都需要自行解决，从而使得资源提供地区的经济及资源耗损度进一步加大，这就需要采取措施进行相关省区之间的税收权益的协调与补偿。粤、桂、琼、滇四省区出口产业链运行过程中也存在这样的问题，如出口产业链建成后，粤、桂、琼、滇四省区建立不同的功能分区，承担着低端产业和高端产业不同的生产责任，但是问题在于低端产业和高端产业在不同省区落户后,由于低端产业创造的地区经济价值明显低于高端产业,且向我国的高新技术产业等还享受较多的税收优惠,而对高污染等国家限制类发展产业按较高的税率进行征税,这会导致出口产业链上不同功能分区的企业所承担的税负差别的存在,需要采取措施对相关省区进行一定的利益补偿。

粤、桂、琼、滇四省区之间税收权益的协调与补偿机制为:逐步减少对发展已经初具规模的高新技术产业的税收优惠政策支持,在低碳经济的大背景下以及在对高污染等国家限制类产业征收重税的前提下,鼓励矿产资源主产区逐步转变现行产业发展结构,由在出口产业链发展过程中收益较多的省份对发展上述产业的省份给予一定的项目补偿和技术补偿,比如说在广东与广西同时具有承接相关项目能力的情况下,广东可以通过出口产业链这个媒介带动广西或其他省区来共同发展,或通过项目转移的方式由广西自主开展,如果采取合作的方式所形成的税源即税收收入应当由广东和广西按照相应的比例来共同分享,如果广西自主开展相关项目那么对广西区税收收入的增长来说则更是“锦上添花”。同时,广东也可以将自己省区相对发达的产业技术对广西、海南、云南三省区进行转移,以帮助该三省区地区产业的发展和升级。

7.2 出口产业链形成的区域财政支撑体系的其他创新

促进出口产业链形成的区域财政支撑体系确切地说应该分为财政支撑创新和税收支撑创新。

7.2.1 出口产业链形成的区域财政支撑体系创新

在粤、桂、琼、滇四省区出口产业链的优化升级过程中,区域财政支撑体系的创新是至关重要的。从另一个角度来看,区域财政体系的创新实质上就是对现有财政体制的不断完善。

一、顺应出口产业链优化升级的要求,合理调整财政支出方向

随着粤、桂、琼、滇四省区出口产业链的不断优化和升级,四省区的产

业结构、经济结构等必将有所调整，包括财政支出在内的各项指标也必须适应地区发展要求做出相应的改变，以探寻适合同时期出口产业链优化升级和地区经济发展的财政支出规模与范围。从近期发展区际间出口产业链的相关要求来看，粤、桂、琼、滇四省区财政支出方向的调整特别是广西、海南、云南财力相对较弱三省区财政支出方向的调整应当以保证经济社会发展的基础条件建设为主要目标，确保地区出口产业发展所需的农林水利等基础设施支出的稳定增长。一直以来，"财政引导经济发展"都是我国财政体系建设中的题中之义，公共财政的建立过程中虽然财政支出用于经济建设的投资比例逐渐减小，但市场失灵等原因的存在决定了短期内财政不可能从经济建设领域完全退出。粤、桂、琼、滇四省区在出口产业链优化和升级的过程中，必定伴随着地区之间的产业转移与承接，但是相关地区在承接相关产业时特别是企业在承接项目转移时必须要有一定的先决条件支持，首要条件之一就是基础设施的完善以及承接过程中项目配套设施的健全。值得注意的是，对于企业来说这部分资金的来源及使用并不在企业项目引进范围之内，即基础设施的完善以及项目引进后配套设施的健全要求地方财政出力，这就需要财政给予基础设施建设足够的支持。需要指出的是，基础设施的建设和项目配套设施的完善，一般是一些投资周期长，见效慢的项目，而且公共性较强，民间资本不易进入，这就客观要求财政承担绝大部分。另外，基础设施的特点也决定了其不可能建成后就取得立竿见影的效果，它往往通过带动周边投资达到活跃经济的目的；并且，基础设施和项目配套设施的效果往往是隐性的，长周期的，对区域经济发展产生的长远影响远远大于眼前利益。因此，从长远的经济社会发展战略来考虑，在粤、桂、琼、滇四省区出口产业链优化和升级的过程中，广西、海南、云南三省区必须加大力度完善基础设施和重大项目的配套设施，产业的承接与升级做好充分的准备。

加大力度完善基础设施和重大项目配套设施的措施包括：一是加强建设国际大通道、交流大桥梁、合作大平台的财政支出力度；二是加强电力等能源建设的财政支出力度。为确保经济发展对电力方面的能源需求，财政政策支出应进一步加大对大电站建设的财政支持力度，尤其要积极支持发展火力电厂，这样不但可以为县域经济发展提供产业发展机会，而且能缓解经济区近年来枯水期供电紧张不得不拉闸限电而影响经济区经济发展的局面;三是要加强专业市场及市场信息网络建设财政扶持力度,建立健全发展出口产业链的专业市场体系,合理引导投资和生产结构的调整。

二、逐步完善公共财政框架,提升省区在出口产业链升级过程中的战略地位

在粤、桂、琼、滇四省区出口产业链的不断优化升级过程中,上述四省区的战略地位并不是一成不变的,这种变化不仅取决于地区资源的有限性,广西和云南稀有金属等矿产资源的有效性决定了其不可能永远作为资源粗加工区而参与地区之间的出口产业链分工,而且更取决于地区经济发展状况的要求,随着广西、云南、海南经济实力的不断发展壮大,其出口产业链中的战略地位必定是朝着高端产业迈进,而这些变化是需要地区财力和完善的公共财政框架做强大后盾的。而广东在出口产业链中的战略地位在不断巩固的前提下,要做好与世界范围内经济发展相接轨的准备,使"Made in China"走向更广阔的世界市场。

三、改革现行转移支付制度,增强对出口产业链升级财力支持的针对性

为鼓励粤、桂、琼、滇四省区在出口产业链升级过程中,各省区出口产业发展的积极性,我国中央政府应当加大对相关省区出口产业链升级的财力支持,以更好地巩固应对东盟国家竞争性威胁的"防火墙"。但是按照我国现行的转移支付制度,中央财政对于出口产业链升级的财力支持力度是非常有限的,一方面是没有针对出口产业链升级的专项资金拨付,另一方面也是因为地区获得中央专项转移支付时配套要求过高。因此,必须改革我国现行的纵向转移支付制度,可以采取配套性转移支付,即中央政府根据地方出口产业链的形成与升级所需资金给予一定比例的拨款,从而引导地区间的产业发展与国家经济社会活动目标相符合。同时尝试在出口产业链的各参与主体之间建立横向的转移支付机制,为我国横向转移支付机制的实行积累相应的经验,当然这种横向转移支付机制的构建不仅仅包括地区之间财力的横向转移,而且包括产业项目转移、绿色技术转移、优秀人力资源转移等多个方面,这也是其不同于财政横向转移支付的内容所在。正确界定中央与地方政府的事权,科学协调转移支付占地方财政支出的比例。提高财政资金的边际使用效率,促进地区资

源的优化配置。

四、加大对出口企业的扶持力度

在新形势下,出口企业在参与出口产业链发展的过程中面临重要转型和结构优化问题。如何充分发挥公共财政效用,支持企业持续健康发展,成为财政支撑体系中的重要方面。对企业的扶持主要体现在减轻企业税负和支持企业创新上。具体措施如下:

1. 制定有效的政策措施减轻企业负担

要通过政策的落实使企业债转股操作规范化,既要努力解决企业负债率过高的问题,又要防止国有资产流失。制定政策促使企业增资减债,积极研究与支持非上市企业经过批准将国家划拨给企业的土地使用权转让及企业资产变现,将其所得用于增资减债和结构调整。在调整财政支出结构的基础上,增加财政用于企业生产结构调整的投资,积极支持企业将其所办的学校、医院、食堂和其他社会服务机构与企业的生产经营分离工作,从根本上解决企业办社会的问题。通过财政分配政策,促使有条件的企业实行主辅分离、转岗分流,创办独立核算、自负盈亏的经济实体,安置企业的富余人员,减轻社会就业压力。

2. 支持企业技术创新

进一步改善财政资金投入的方式。对现行出口工业企业技术改造资金等财政专项资金,以财政贴息为主要方式,支持企业的技术改造,在财政资金的扶持对象上,进一步淡化企业所有制性质,对符合国家产业政策投资重点,具有相应资产、信用等级和市场竞争力的企业,财政都应择优予以扶持。充分利用国家鼓励企业研究开发新产品、新技术、新工艺的各项优惠政策,鼓励和督促企业进行技术开发核技术改造。

五、统筹运用所有财政性资金

财政性资金是财政支持经济结构调整、社会经济发展的基本力量。在粤、桂、琼、滇四省区区际出口产业链形成过程中,统筹运用所有财政性资金就必须做到以下几方面。

一是财政要下大力气进行财政预算支出结构调整,解决财政支出包揽过多、财政补贴范围过大问题,重新鉴定供给范围,使财政能有更多的资金用于出口产业链的优化升级。

二是进一步整合财政资金,集中资金投入。要将各类财政资金包括各个部门的资金统筹安排,增加有利于出口产业链优化升级的方面。要以项目为载体,将性质相似、资金用途相近的各级、各渠道的资金集合起来,捆绑使用,集中投入到与出口产业发展相关的项目上。还可以适当通过合理调度国库资金,以提前使用资金的方式解决投入不足的问题。如为了有效地解决资金紧缺的难题,对于一些政府已经确定的重大投资项目,可以通过提前使用以后年度财政资金的方式进行密集式投入,促进项目的早开工、早建设,早日发挥对经济增长的拉动作用。

三是要彻底解决大量资金游离于财政管理之外、造成分配秩序混乱的问题,该进财政的要进财政,该进预算的要进预算,调高财政资金的预算管理效率。按规定不纳入预算的收费和预算外资金,必须贯彻执行"收支两条线"的管理方式,由财政部门统筹安排使用,用于科技开发和工业结构的优化设计,为出口产业链的形成和优化升级做好充足的工作准备。

四是要发挥财政资金的乘数效应。政府的财政投入是有限的,但它能体现出一种重要的政策导向。因此,要对财政资金的使用达到"四两拨千斤"的效果。如对扶持企业发展的财政资金可以通过注入政府投融资平台的方式,放大资金投入。

六、建立完善的财政监督体系

财政监督包括预算、税收、审计、财务、会计等方面的监督,这些监督之间既有各自运行的特点和规律,又有共同的行为目标准则,应该是既分工负责又合作统一,这就要求我们合理设置财政监督、财政检查机构,明确划分各自的职责范围,在分工协作的基础上,建立规范、正常的财政监督制度,把事前监督、事中监督工作放在第一位,事后监督放在重点检查和专项检查方面,使日常监督和重点检查有机地结合在一起。同时,还要充分发挥社会中介机构的监督作用,开展对社会中介机构的监督检查,规范社会中介机构的行为,促进逐步推行规范的资产评估制度、公证会计制度、税务代理制度、社会审计制度、财务代理和咨询服务制度,使财政监督成为一个完整的体系。

7.2.2 税收政策的创新

粤、桂、琼、滇四省区出口产业链形成的税收政策的创新主要包括现行税收优惠政策的完善、反避税政策的实施等。

一、完善出口退(免)税等相关优惠政策

虽然我国近几年出口退(免)税政策的不断调整鼓励了地方出口企业的发展,但是也存在着一系列的问题,如出口退税的基数确定不合理,实际退税数偏低,加重了地方政府的财政负担;此外出口产品增值税征、退脱节问题也一直存在,出口产品在生产过程中经过了多个环节,产品出口前各环节缴纳的增值税形成了各级地方政府的税收收入,但是产品出口后的退税往往是在出口地区进行的,这在无形当中导致了地方政府税收权利与义务的不对等,会损伤地方促进相关出口产业发展的积极性。因此,必须完善出口退(免)税等相关优惠政策。主要措施包括合理划分产品出口过程中不同地区之间应当承担的出口退税比例;同时加大对出口退税的监察力度,避免一些不法企业骗取出口退税,造成地方政府财力的无谓损失。

二、反避税政策的实施

在我国现行的税收体制下,针对粤、桂、琼、滇四省区出口产业链建立过程中可能存在的避税措施,反避税政策的制定与实施的重点应当放在明晰地方政府税收管辖权与加大税收征管力度等。

1. 明晰地方政府税收管辖权

此处所提及的税收管辖权主要指的是我国国内级别管辖权,它是根据征税机构的不同级别来进行划分的。在粤、桂、琼、滇四省区区际出口产业链的建立过程中,一些地方政府可能会为了吸引税源增加本省或地区的税收收入,放松相关的污染企业发展的限制性管制政策,由此造成的环境污染可能会波及其他相邻省区,但污染地政府却掌握税收管辖权。另一方面就是在地区与地区之间税收管辖权不够明确时,就会出现对同一生产行为的重复征税,会影响包括出口企业在内的相关企业的发展积极性,特别是在粤、桂、琼、滇四省区出口产业链建立过程中,地区之间的税收管辖权的明晰显得更为重要。同时,应当建立协调税收利益分配的专门的机构,这个机构要独立于粤、桂、琼、滇四省区,拟定有害的税收竞争的判定和惩罚标准,相互合作的省区之间可以在国家法律允许的范围内签订类似于国际税收协定的地区之间的税收协定,最大限度地防止不必要的纠纷的发生。此外,还必须进一步完善我国的税收管辖权制度,建立与分税制财政体制相关适用的税收管辖权制度,并进一步完善我国的税收法律制度等。

2. 加大税收征管力度

加大税收征管力度的前提是我国税法的进一步完善，逐步解决避税惩罚措施规定缺失和关联交易行为认定不完整以及反避税工作投入不足等问题，充分借鉴国外先进经验，完善关联交易的认定标准和举证责任；加大对避税行为的惩罚力度，特别是对产生负外部性的避税行为的惩罚力度，对产生负外部性的避税行为实行“谁受益谁负责”的原则；对反避税的信息收集给予相关技术和资金支持，加大对反避税工作的财政投入力度，同时要创新纳税服务手段，优化纳税服务方式，并有效降低税收征管成本。

此外，在确保税收政策支撑区际出口产业链形成和优化升级的同时，还必须采取有效措施来进一步提升在CAFTA框架下我国周边省区乃至我国在国际上的贸易竞争力和税收竞争力。众所周知，国际税收竞争似一把“双刃剑”，它在体现税收中性原则、减小宏观税负水平对经济的扭曲作用、为各主权国经济发展带来利好的同时，也在很大程度上“助推”了有害国际税收竞争（恶性竞争）的发展，产生了诸如国际投资环境恶化、全球性财政功能弱化、世界范围内资源配置帕累托失衡等一系列弊端。面对国际上愈演愈烈的税收竞争，在目前全面减税活动不可取的情况下，特别是在企业所得税两法合并以后，我国只有通过对现行税收优惠政策的优化调整，才能有效吸引国际生产要素的流入，在避免陷入国际税收恶性竞争的“泥沼”的同时，还能够保持在国际税收竞争中的优势地位。目前，我国积极参与国际税收竞争优惠政策的调整主要可从以下五个方面着手：

一是完善保税港区的服务配套设施，根据不同地区的区位优势和资源优势，建立与之相适应的保税港区，引领外商投资的方向，形成保税港区主体功能区的产业集聚效应。此外，建立与地区区位优势和资源优势密切相关的保税港区，可以形成不同保税港区的专业化分工，避免服务配套设施的重复建设，实现现有保税港区资源的充分利用。但是，值得我们注意的是，目前，我国保税港区的建立，不宜过快、过多、过分集中，应该保持适当速度、适合数量和适度分散，形成“量少覆盖面广”的网络布局，并且应当充分考虑到建设保税港区的“地区魅力”，在对外资吸引力较弱的保税港区如广西钦州保税港区等，可以适当放宽税收优惠政策、加大税收优惠力度，以避免产生一些保税港区“车水马龙”而另一些保税港区“门可罗雀”的尴尬局面，造成资源的闲置和浪费。

二是以低碳经济发展背景为契机，根据资源禀赋和经济发展的需要，通过有针对性的实施税收优惠措施，加大对高新技术产业、节能环保产业、服务业等行业的税收优惠支持，积极引导外商直接投资的投资方向，形成鲜明的产业投资导向，实现从重视引资规模到重视引资质量的改变，改善我国目前外商直接投资主要投资高污染、低技术含量行业的局面，使得外商直接投资在我国赚得可观利润的同时，能够为我国的产业发展带来向好的技术外溢，加快我国产业结构的优化调整步伐。同时，积极引导外商直接投资的节能环保产业的投资方向，加大对高污染企业的税收惩罚力度，可以在一定程度上起到环境保护的作用，有利于推动我国“2020年碳排放减排达40%~45%”减排目标的实现。

三是规范、整合我国现有税收优惠政策，加大对相关税收激励执行的监督管理，降低税收征管成本，改变我国现行税收优惠政策“多、杂、乱”的局面，增强税制的透明度，及时与其他国家进行税收信息的披露和交换，加大“反避税”力度，避免陷入恶性国际税收竞争的“漩涡”。同时，在出台新的税收优惠政策时，有必要进行多方充分论证和利弊权衡，要根据我国的经济发展状况、投资环境等实际情况，在多种税收激励方式之间进行最优选择和合理组合，以保证最小成本下的税收效益最大化和政策效应的最有效化。

四是加大与其他国家或组织在国际税收方面的协调力度，并密切关注现行国际税收环境所发生的改变，对比OECD等国际组织界定的有害税收竞争标准，适时对我国有关税收优惠政策作出相应调整。目前，我国与一些国家和组织的贸易争端不断，很大一部分原因在于彼此之间没有很好地沟通协调，已签订的一些国际税收协定缺乏弹性，没有随国际税收环境的变化而适时进行调整，导致了一些贸易摩擦和贸易纠纷的产生。因此，为维护我国的税收权益，避免一次又一次的“落人口实”，减少别国对我国采取“反倾销”、“反补贴”而产生的经济损失，我国应当密切关注其他国家或组织的税收优惠政策实施的具体情况，及时与有关税收协定的缔约国家进行沟通，审时度势地对我国税收激励作出相应调整，减少不必要的贸易摩擦和纠纷，变“零和博弈”为“双赢”。

五是取消“围栏”政策，逐步提高外商直接投资的进入门槛，统一内外资企业的城建税、教育附加费等，在实现公平税负、力促税收中性“回归”的同时，加大对企业“走出去”的激励力度，逐步培养我国内资企业的创新能力和竞争优势，变“制造大国”为“创新大国”，只有这样，我国才能在国际经济竞争和国家税收竞争中处于有利地位。

本章小结

粤、桂、琼、滇四省区出口产业链的建立需要包括财政政策、税收优惠政策等在内的完善的财政体系的支撑，创新的财政支撑体系在促进出口产业链和产业结构优化升级的同时也有利于我国财政体制和税收体制的不断完善。财政和税收政策等在促进出口产业链形成和优化升级方面的作用是非常大的，但是在其具体实施过程中却面临着一些税收障碍等，需要采取有力措施进行有效解决。

出口产业链的升级要求财政支撑体系的支持，而由于四省区域经济发展的不平衡，造成了不同地区在出口产业链的升级过程中扮演着不同的角色，在利益上存在一定的差异，因而需要通过财政支撑体系对各地区的利益进行协调，对落后地区进行利益补偿机制的设计。而这正是本章的研究重点。本节一方面进行了利益补偿机制建立的相关分析，论述了出口产业链升级的利益补偿机制建立的必要性和现实基础等，而且本部分主要研究的是如何通过转移支付方式来实现地区利益的协调，论述了我国转移支付的现状并进一步分析了目前我国转移支付存在的问题，并研究了国外相关转移支付的经验，通过分析国内外转移支付的现状和经验，为通过转移支付的创新进行利益补偿机制的建立奠定了理论和现实基础；另一方面，进行了利益补偿机制的设计，从纵向转移支付和横向转移支付两方面展开了方案的设计，纵向转移支付的设计旨在从财力保障、税收政策及税式支出、配套设施的完善三个角度着手，展开对区域利益补偿机制的建设和创新，以期促进各省区对出口产业链升级的积极性和主动性,而横向转移支付的设计是借鉴了广东省在省内进行的横向转移支付的经验和思路,并充分考虑到出口产业链升级过程中出现的问题,进而设计的资源粗加工区与深加工区的利益协调与补偿机制和地区之间税收收益的协调与补偿机制。

而第二节是关于除转移支付之外的财政支撑体系的创新分析,主要从财政和税收两个角度展开分析。在财政方面,主要是从合理调整财政支出方向、完善公共财政框架、改革现行转移支付制度、加大对出口企业的扶持力度、财政资金的统筹使用和财政监督体系的完善等角度对促进出口产业链升级的财政政策进行创新性思考和设计,以期为出口产业链的升级铺平道路;在税收方面,主要是从出口退税等相关优惠政策和反避税政策两方面来分析促进出口产业链升级的税收政策创新。

第8章 出口产业链形成和升级的金融支撑体系创新

在日趋激烈的国际出口市场上,要想实现出口产业的生存与发展,必须进行出口产业链的升级。要实现出口产业链的升级和跨越式发展,我们必须遵循市场经济的基本规律,抓紧构建与区域出口产业升级相适应的金融支撑体系。本章第一节重点介绍了CAFTA框架下,粤、桂、琼、滇四省区联合融资平台支撑体系的构建,第二节则重点介绍了包括金融机构支撑、金融业务创新和金融合作支撑体系在内的区域性金融服务支撑体系的构建,第三节为供应链金融支撑体系的相关内容,第四节为完善出口产业链形成和升级的金融支撑体系的保障策略。自此,值得注意的是粤、桂、琼、滇四省区出口产业链形成和升级过程中相关金融支撑体系的创新必须处理好两个逻辑关系:一是中央与地方的金融资源控制权问题;二是金融发展中需求跟随与供给领先主配角关系。建议参考浦东新区、滨海新区及深圳等经济特区开放开发的经验,以国家、地方优惠政策驱动金融支撑体系建设,着力加强金融创新力度,打造资金洼地,以促进出口产业链的升级。

8.1 CAFTA 周边四省区联合融资平台支撑体系的创建

CAFTA 周边四省区，作为一个出口产业链的规划区域，必须进行相互协作，而建立一个联合融资平台支撑体系无疑是其中的有益尝试和探索。同时应注意，在出口产业链升级过程中，必须综合运用市场机制和财政手段，并使两者有机地结合起来。由于四省区经济发展的不平衡和区域协调一体化的不完善，因此本区域的融资平台支撑体系需要遵循特殊的发展路径。初期发展阶段，应以政府为主、市场为辅，以增强地区对资金的吸引力；中期阶段，政府的身份应该从投资者逐步转为引导者，以商业性资金为主要资金来源；从长期来看，政府在各种竞争性领域全面退出，以市场的自我积累、自筹资金为主。从出口产业链的升级过程中，CAFTA 周边省区发展不平衡致使落后地区发展缺乏集聚劳动、资本、土地、技术和信息等各类生产要素的吸引力和能量，难以有效地集聚以重大项目为载体的人力资源要素，难以集聚以追求利润为目的的国际和国内资本要素，难以将政府拥有的土地和矿产等资源优势转化为竞争优势和经济优势。因此，单纯依靠市场力量一时难以启动地区发展。因此，本文中所谈的融资平台的建设，更多的是以政府为主导的各省区联合的融资平台支撑体系建设。

8.1.1 构建区域融资平台的思路

资金的来源主要有两条途径：一是通过金融市场取得资金；二是靠政府的支持和优惠政策。如果单纯依靠市场机制，由于地区经济、技术不平衡，金融市场资金流动机制必然会产生“弃低就高”的效应，难以启动地区的优势和潜在发展能力；如果单纯依靠财政手段，即采取所谓“输血”的办法，除了受国家财力的限制和经济规律的制约，既远远不能满足出口产业链升级的资金需求，也很难取得显著成效。因此，解决四省区出口产业链升级的融资平台支撑体系构建问题的思路和措施也是一个综合性、多因素的系统工程，必须综合运用市场机制和财政手段，并使两者有机地结合起来。

一、初期:应以政府为主、市场为辅,增强出口产业链区域对资金的吸引力

四省区中除广东外区域社会经济发展特征主要表现在:市场化程度低,市场机制不完善;经济总量偏小、发展整体水平不高;区域经济一体化进程缓慢,城市化整体水平比较低;基础设施建设滞后,属于欠发达地区。尽管广东经济发展和市场发育都较为发达,但"二元经济"特征明显,结构依然失衡。区域内的发展严重不平衡和整体欠发达,使各省区的分工优势和链条价值发挥缺乏集聚足够劳动、资本、土地、技术和信息等各类生产要素的吸引力和能量,难以有效地集聚以重大项目为载体的人力资源要素,难以集聚以追求利润为目的的国际和国内资本要素,难以将政府拥有的土地和矿产等资源优势转化为竞争优势和经济优势。因此,单纯依靠市场力量一时难以启动出口产业链的升级。所以在初期发展阶段,往往需要政府更多地主导经济发展,依据发展规划进行项目策划、孵化、引资建设,进行区域的协调合作,直接推动出口产业链的形成和发展。

二、中期:政府应从投资者逐步转为引导者,以商业性资金为主要资金来源

在这一阶段,政府一要通过"善意创租",为资金对相关产业的投资营造一个获得较高回报的机会。政府的"善意创租",即政府利用租金这个经济杠杆去人为引导资金配置,参与出口产业链升级的主体应主要是商业资本,而不是政府,政府主要是依靠财政政策诱导商业资本参与其中,政策性投资的效应不应局限于自身的投资收益,而应该把政策投资看成是一种诱发性投资,这样的投资可将民间部门的生产潜力释放出来,以发挥财政投资的"乘数效应"。二要充分利用各种手段、培育市场资金为主、政府投资为辅的投资渠道。毋庸置疑,一个地区经济社会的平衡健康发展,最终依靠的必然是商业性的私人资本的持续注入和社会公众的安居乐业,而政府资金的先期投入,更多的是为后续的私人投资创造一个良好的外部环境,同时起到引导和示范的效应。投资环境的改善将有效地扩大市场空间,将会使各种资源优势以及潜在市场优势等迅速突显出来,使出口产业链的发展前景更为明确,诱导大量的商业性投资机会出现,而

此时那些需要政府提供的具有较大外部效应的基础设施已基本建成,这对以追求利润最大化为目标的市场资金产生强大的吸引力,因此,这一阶段发展主要以吸收各种类型的民间资金、商业银行信贷资金、产业投资基金、外资,或以股票、债券等渠道筹集资金,而国家投资只限于对市场在资源配置领域的失灵或缺陷进行补充与纠正,这样出口产业链的发展才真正进入正常的轨道。

三、长期:政府在各种竞争性领域全面退出,以市场的自我积累、自筹资金为主

经过早期的基础设施建设、中期的商业性开发,整个地区出口产业链条的自我积累和发展能力大大增强,筹措资金的市场机制会有效运转起来,地区的经济将出现蓬勃发展的局面,自我积累能力和“造血”功能大大增强,筹措资金的市场机制会有效的运转起来,产业升级所需要的资金主要来市场的自我的积累,国家投资只是发挥辅助作用,从而在其发展机制上为出口产业链的升级奠定了基础。在一个良性的循环体系下,依靠市场自身的力量就可以为进一步优化出口产业结构和发展水平筹集资金。在这种情况下,政府的干预行为应该进一步减少,仅仅担任制度提供和规则执行的任务。

总的来说,面对 CAFTA 周边省区特殊的经济发展现状,要想成功实现出口产业链的形成和升级,必须采取财政资金、银行资金和证券市场融资等相结合的方式来解决产业发展中的资金问题,使不同性质的资本营运实现效率、合理、公平和有序的统一,引导多渠道资金流入区域出口产业链条中,增加地区的资金供给,使地区金融存量中沉淀的金融资本得到有效启动,闲置资金和沉淀信贷资金得到有效激活。这样使各种渠道资金一方面相互竞争,缩短资金转化为资本的周期,提高资本形成的效率;一方面又相互合作,创造多样化的金融产品,满足四省区资金的多样化需要,以高效地推动区域出口产业链的形成和升级。

8.1.2 融资平台构建

长远来看,四省区应搭建一个沟通开发性金融、政策性金融、商业性金融与民间金融,服务区域基础设施建设、出口产业链升级的有效融

资平台[①],将出口产业链的各组成部分作为一个整体,更好地实现融资。整个出口产业链覆盖的经济区内各融资平台应有一个联立合作机制,即经济区内经科学评估指定一两家现存的综合类建设投资公司或专门类建设投资公司,也可以新出资组建一个建设投资公司或成立投资建设有限公司作为投融资平台,政府通过整合优质资产、专项资产等资源给上述公司作为资本金。代表政府融资的投融资主体成立后,一方面按照现代企业制度,规范法人管理体制、法人资源整合方案、资本经营方案,建立有效的激励约束制度,保证政府的信用主体规范运营;另一方面作为政府的信用平台,履行政府意志,通过运用市场化融资手段,代表政府直接投资或引导社会资金投资特定行业和领域。各级投融资平台按照"政府引导,市场参与,市场化运作"的模式进行运作,整合政府资源,形成"融资—投入—收益—再融资—再投入—再收益"的运营机制,实现融资平台自身的良性循环和滚动发展。因此,四省区经济区联合投融资平台的建立将会迅速地提高出口产业链相关经济区政府的融资能力,加大对出口产业链形成和升级的投入,从而全面促进四省区相对优势的发挥和资源的优化配置,提高对外出口的竞争力和在全球价值链的地位。因此,有必要尽快建立一个完善而有效地投融资主体体系,即搭建投融资平台并按投资领域划分的专业化投融资平台。借鉴国内外经验,可以在出口产业链覆盖的经济区内搭建以下几个融资平台。

一、组建四省区支持出口产业链升级的建设投资有限公司

由政府授权作为具有投资性质的国有控股资产经营和投资主体,公司由政府财政拨款建立,在保证政府控股的前提下鼓励民间资本的参股,并逐步推进股权多元化,以吸引更多资金。公司应以出口产业链升级项目建设投资为主营业务,同时包括各项基础设施建设的完善和升级,尤其

---

① 融资平台就是以指定的借款机构为核心,包括增信体系、评议体系、担保体系和最终用款单位在内的一整套融资安排。其中,指定的借款机构应是政府独资或控股的投资公司、国有资产经营管理公司或城市建设投资公司等。由指定的借款机构对银行统借统还,实行借款、用款、还款一体化;增信体系主要是指组织增信,即政府通过财政支持、税费返还、资源划拨和公共产品价格杠杆等赋予其合法稳定的收益权,以增加其预期现金流量,并允许其依法支配,向银行等金融机构质押担保;增信也可以采取市场化的方式来进行,如建立担保体系,引入外部会计和评级公司,公开透明运作等。

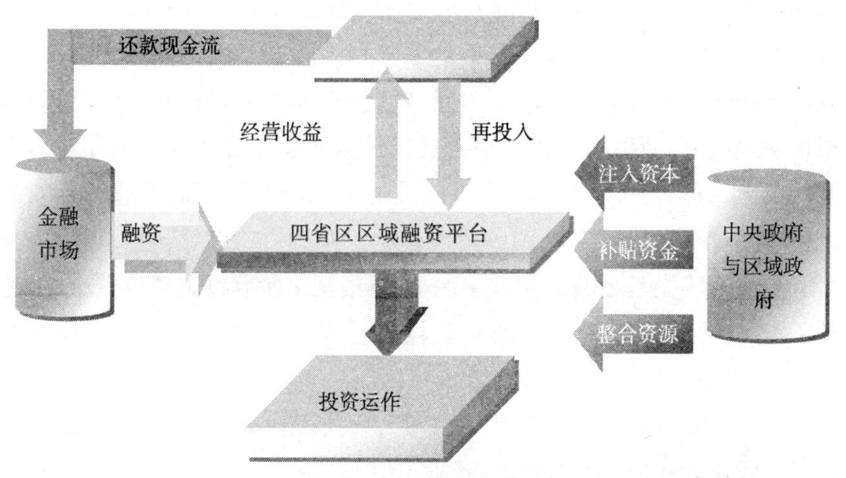

图8-1 粤、桂、琼、滇四省区融资平台运作模式图

是对产业升级有重大意义的科技创新等。对于项目招标、运营等要实行市场化运作，以保证项目建设的质量和效果，实现资金的高效运作，同时要加强政府监管，防止出现资金的挪用、确保项目的顺利高效执行。建设投资有限公司的组建，能够实现政府资金与民间资本的有机结合，以政府资金带动民间资本的活力和积极性，无疑将有效地汇集支持出口产业链升级的资金，将对四省区的出口产业链的升级起到巨大的推动作用，促进产业结构升级和出口产品附加值的提升。

二、区域开发投资基金

积极鼓励在四省区内建立开发投资基金组织，如城建基金和产业投资基金等，拓宽资金入市渠道，增加资金来源。城市基础设施建设基金是指为非经营性城市基础设施项目（含准经营性和纯公益性城市基础设施项目）建设而设立的，由城市政府财政部门归口管理的基金。设立建设基金的目的是为了保证项目的现金流入、项目资金的及时偿还，以政府信用为从资本市场融资提供担保，从而降低财务风险；同时，建设基金的主要来源为政府部门的财政性补贴、税收返还及土地批租收入等资金，是争取政府部门对城建政策优惠与金融扶持的重要渠道之一。建设基金注入微利、公益性项目不只是简单地解决资金和信用的问题，而是构造政府基础设施建设新机制的问题。它不仅仅是政府行为，而是政府扶持下建设项目的市场化行为。从城市政府宏观管理的角度出发,有了这支基金后,对城市基础设施项目中的特大型项目从筹划阶段就可以进行融资设计,将政府全额投资或部分投资转变为吸纳社会资本投资建设和运营,也可以根据基金规模,城市政府要求基金直接投资建设年度计划中的非经营性基础设施项目,还可以利用城市基础设施建设基金,对已建成投入运营的城市基础设施项目实现与 ABS 融资,或与 TOT 模式相结合进行融资。城市基础设施建设基金的建立,将有效地筹集城市基础设施建设资金,加速基础设施的发展,完善发达的基础设施建设将有效推动出口产业链的升级。

产业投资基金主要以基础产业和高科技产业为投资对象,以追求长期稳定收益为目的,吸引对特定产业有兴趣的投资者的资金,用以扶持这些产业的发展。作为一种新型的融资工具,其投资方式主要有股权投资和可转换债券投资等。这一特点决定了产业投资基金不同于国库券、政府债券、重点建设债券和银行贷款等债券性融资,有利于降低项目融资成本,并且可以充实建设项目资本金,降低债务率,减轻债务负担,使项目能够正常运转。产业投资基金的建立,将有效推动相关产业的技术更新和自主研发能力的提升,对出口产业链的升级进步起到重要作用。

三、出口产业链升级建设的风险投资基金

中小企业是出口产业链的重要组成部分,其发展水平在一定程度上决定着出口产业链建设的成败,因而必须解决其融资难的问题。目前在我国比较切合实际的措施应是推动非正式风险资本的发展。政府可通过税收优惠鼓励私人投资者将可支配财富投资到中小企业中去,增加非正式风险资本的资本存量。同时,支持融资中介机构的发展,建立一个投资者和资金需求者有效联系的交流机制,以克服风险资本市场的不完全性。如我们可借鉴美英等国的经验发展“天使资金”,由政府发起组建“天使投资协会”,为中小企业提供融资渠道。因为天使资金的规模小且分散,难以自行组建天使投资组织,所以政府发起组建的“天使投资协会”可作为商业天使与中小企业之间的桥梁。该协会的目的在于,吸引潜在的商业天使,为社会上的富余资金寻找投资渠道,同时为中小企业提供融资渠道。协会的经营管理人员由投资专家或各行业的专家组成。商业天使可选择协会推荐的项目,也可通过协会的专家理财共同投资以降低风险。

因此,投资协会不仅向初创的中小企业提供资金,而且参与企业的经营管理,并为其投资的中小企业提供专业性的服务。

四、让民间融资走上"光明大道"

随着时代的发展,民间融资对国民经济的持续、健康、快速发展有着重要的作用,邓小平同志也说:不管白猫还是黑猫,能抓到老鼠的就是好猫。所以要改变对民间融资就是高利贷行为的错误看法,要对民间融资实施政策性保护,积极规范正常的民间融资,促进民间融资健康发展。要发挥各界的力量使民间融资规范化 、契约化 、格式化。为充分发挥市场配置金融资源的作用,要让市场这只无形的手在民间融资中发挥作用,对民间融资实行国民待遇,让其与正规的金融机构公平竞争,形成多层次的融资市场 ,更好地优势互补,促进经济发展。最为关键的是要正确引导民间资本流入符合国家产业政策的行业,促进出口产业的升级改造,以避免金融资源的浪费和损失。政府需大力宣传我国当前的产业政策,明确政府支持的和限制发展的产业,对民间融资的资金投入方向加以引导,使民间融资更趋符合国家当前产业政策,服务于国家产业结构调整和升级,以促进出口产业链的升级。这样,通过各界的努力,相信会在和谐社会里创造出和谐金融的格局,在和谐金融里,民间融资与国有商业银行等金融机构公平竞争,呈现共同为产业链升级和经济发展贡献力量的和谐场面。

8.1.3 与融资平台建设相关的配套举措

一、充分利用外部资金

经过 30 多年的改革开放和经济发展,我国已呈现出 5 种资本即国有资本、民间资本、东部资本、外国资本、港澳台资本并存的格局。吸引外部资金,包括东部资金、国外资金,对本区域出口产业链的形成和升级具有重要战略意义。

1. 积极利用国外资金

我国发达地区已经设立了很多国外金融机构。这些国外金融机构的设立,固然对当地金融业产生一定的冲击,但更为可贵的是,这些地区的国内金融业在激烈的竞争中不论是在竞争意识上、服务质量上,还是产品开发上、技术提高上都获得了巨大的压力和动力,已逐渐适应于国际惯例的经营方式和运营策略。没有外资金融机构的竞争,区域商业银行就没有竞争的压力和动力,竞争意识和危机管理水平更是难以提高。同时外资金融机构的设立,可以带入一定量的外汇资金,缓解资金短缺状况,也可以增加金融机构之间的竞争,提高经营效率。出口产业链的升级要求高效优质的金融服务,客观上需要外资金融机构的进入和竞争。为了吸引外资金融机构的进入,中国银监会在符合法定条件的前提下,应鼓励外资银行到本区域设立机构和发展业务,适当放宽金融机构的准入条件,在同等条件下,银监会对外资银行的进入给予积极的支持和优先审批。

2. 扩大对东部的开放与合作

一方面,我们要为积极引进国外直接投资(FDI)给予必要的优惠政策,但另一方面也不应一味眼睛向外。事实上,对外开放不仅指对国外开放,也包括对国内其他地区开放。中国经济经过近三十多年的发展和积累,一些地区尤其是东部地区的经济实力得以提升,东部地区积累了丰富的资本,吸引东部资金的加入对整个四省区区域出口产业链的升级有着不可忽视的作用。而从经济基础和地缘优势上说,广东省有着得天独厚的经济和区位条件,一是广东本身的经济基础雄厚、金融市场比较成熟,对吸引东部资金具备有利条件;二是广东毗邻经济发达的东部经济特区,因此出口产业链的升级应以广东省为依托,以发挥广东的集聚和辐射作用,向东南沿海地区进行更积极的招商引资,增加出口产业升级的融资渠道。通过中央政府推动,由各地政府牵头组织经贸洽谈活动,正所谓“政府搭台,企业唱戏”,以有效地吸引东部资金,促进出口产业链的升级。

二、利用开发性金融的支持,积极创造良好的融资环境

通过开发性金融的大力扶持,加速出口产业链的升级,增强自身实力和“造血”功能,拓宽经济发展的融资渠道,形成不断发展的良性循环。

一是建立良好的借款体制和运行机制。要求做到两个“三统一”,就是要在借款体制上做到“借、用、还”相统一,借款人与用款人之间要有资产纽带关系,形成产权清晰、权责分明、管理科学,激励与约束机制相结合的管理体制;在运行机制上做到“权、责、利”相统一,使借款人有权管理用款人,有责任按期归还银行贷款。

二是健全信用体系。开发性金融可以利用信用建设帮助建立企业的征信体系,及时征集、查询和公布企业的信用状况。在严格信用评审的基础上,对信用等级良好的企业,应扩大授信额度,并实行优惠利率。通过

加强信用约束和变现信用价值,加快金融安全区建设,以保证资金的使用效率和风险控制。

三是积极建立中小企业信用担保体系,改善中小企业融资条件。积极探讨开发性金融支持中小企业发展的切入点,通过"试点先行、逐步完善、规避风险、迅速放大"的思路,开展再担保业务,壮大担保公司势力,全面支持中小企业发展,进而加速出口产业链升级。

四是建立良好的贷款民主决策机制。成立由行业协会、政府部门人员、自律组织成员、行业专家、会计师事务所、审计师事务所、税务部门等方面人员组成的贷款民主审议小组。审议小组对申贷项目进行民主审议后,提出决策建议,以保证资金的使用真正投入到促进出口产业链升级的项目上。

同时,要积极借鉴国外经验并加以创新,全面拓宽出口产业链升级所需的相关的政策性开发性金融的融资渠道:(1)根据其资金运用的稳定性、长期性特点,适当增加对具有类似品质的社会保障基金、邮政储蓄、保险基金和住房公积金等社会资金的融资力度;(2)向社会发行由国家财政担保的开发性长期金融债券;(3)通过允许政策性金融债券上市流通并给以减免利息税优惠的方式增加其在发行市场上对投资者的吸引力;(4)由中央银行通过公开市场业务方式保持对政策性金融机构的支持。政策性金融机构的功能特性决定了其投资的风险性较大,为了保证其持续运营,就必须在一定程度上估计其具有银行原则性的一面,建立和完善其信用风险防范和控制制度,并保证其具有保本经营的权利。

三、创新直接融资模式

资产证券化,是一种以资产为信用的、结构性的融资方式,具体来说就是通过结构性重组,将缺乏流动性但具有未来现金收入流的信贷资产构成的资产池转变为可以在金融市场上出售和流通的证券。其核心原理是:以未来具有稳定现金流的资产为支持,发行证券进行融资。

资产证券化可有效回避企业资信评级低、缺乏有效抵押担保的矛盾,有利于融资企业降低融资风险和融资成本,优化融资企业财务指标,提高企业的市场价值,提高融资效率,实现融资企业与投资者双赢。

虽然经济区内大量企业本身的资信程度不一定能达到较高评级企业债券的发行标准,但自身有很多优良资产,以此为基础可以发行资产证券化产品。这种渠道比发行企业债券更有效,而且发行规模也不会受太多的限制。

此外,除技术方面的支持外,政府还应加大力度改善资产证券化的外部环境,为资产证券化的顺利开展提供良好的外部条件:一是改善经济区资产证券化运行的经济和金融环境。

1. 提高信用评级机构、担保机构、律师事务所等中介机构的职业化、规范化程度

可以借鉴美国联邦政府成立一个专门为企业提供信用担保经验的专职机构,由财政出资的、覆盖面较广的信用担保体系,为所发行的资产支持证券提供担保,提升证券的信用等级。同时,证券化的实施需要一个社会专业中介服务体系,包括证券承销、资信评估、保险、会计师事务所和律师事务所、担保、投资咨询、公证、发行、交易、托管、清算等服务机构。因此,既要积极培育和发展中介服务机构,又要规范中介机构的行为,严格职业标准,提高抵押证券市场信息披露的规范化、真实性和及时性,为证券的发行和流通交易提供保障,提高市场效率。

2. 完善区域金融市场

为加快资本市场发展,应将资本市场的优化发展作为贯彻始终的重要课题,理清资本市场发展与经济发展的关系,深入贯彻《国务院关于推进资本市场改革开放和稳定发展的若干意见》精神,全面落实全国证券期货监管工作会议部署,以科学发展观统领全局,落实辖区监管责任制,全力推进股权分置改革,着力提高上市公司质量,增加上市交易品种,促进证券期货经营机构规范发展,有效化解市场风险,进一步提高监管效率和水平,促进资本市场持续、稳定、健康发展。二是改善经济区资产证券化运行的制度环境。资产证券化得以迅猛开展主要采取两种立法发展模式:第一种模式是市场主导法律,即先培育出市场,产生资产证券化的实践,为了支持和发展这个市场,再对相关制度、法律进行调整,或制定专门的规则以适应市场的需要;第二种模式是法律主导市场,即先对资产证券化进行专门立法,建立资产证券化的法律体系,以此来推动资产证券化的产生和发展。无论采取何种模式,政府的主导作用都是发展资产证券化的重要支撑。因此,在国家单独的资产证券化法未出台的情况下,政府应处于制度支持的考虑有意识地对这一方面进行政策的倾斜,在能力范围

内给予经济区资产证券化进程尽可能多的制度支持,以提升企业的融资渠道和能力,从而促进出口产业链的升级。

8.2 出口产业链升级的区域性金融服务支撑体系

出口产业链的升级要求更高水平的金融服务与之相适应,因而,必须加大金融服务的创新力度,要针对出口产业链升级的新需求,通过全方位的金融创新,争取金融服务水平能够满足产业链升级的要求,促进出口产业链的升级。

8.2.1 金融机构支撑体系

随着区域经济联系日益密切,金融合作日益向纵深发展,单纯依靠微观的市场机制自发地协调四省区的金融合作行为,是不可行的。在区域金融合作的发展过程中,应该形成市场的、民间的、半官方的以及官方的多元化的金融合作或协调机制,服务区域出口产业链的升级。

一、成立四省区的区域银行联合体

为了适应四省区的出口产业链发展、金融合作不断深入的趋势,改善区域内的融资环境,我们提议,成立一个符合四省区区域发展特点的区域性银行合作组织,这个区域银行联合体由区域内各省区指定的金融机构组成。区域银行联合体将为区域出口产业链的发展提供三方面的金融服务:一是推动本区域同国际金融机构建立合作关系;二是加强信息交流及共享,建立银联体项目库,为区域内项目开发提供强有力的融资支持;三是重点开展区域内多方参与、多边受益的网络性大型基础设施项目的合作。区域银联体的建立,将为区域出口产业链的升级提供更为方便快捷、高效优质的金融服务,促进出口产业竞争力的提升。

二、壮大四省区区域性金融组织

建议整合辖区内现有城市商业银行资源,组建区域性商业银行,积极主动邀请国际国内更多的商业银行到本区域设立分支机构,加快推进区域内农村信用社改革,逐渐向农村商业银行过渡,鼓励组建财务公司、汽车金融公司、融资租赁公司等非银行金融机构,促进辖区金融机构市场主体多元化,以适应出口产业链开发战略对金融服务的需求。同时,为了提高地区金融开放程度,要积极实施“引进来”策略,制定优惠政策,吸引外资金融机构前来设立分支机构或投资入股境内金融机构;同时加强与发达地区的交流与合作,吸引更多的金融机构前来开设分支机构,并考虑在条件相对成熟时,成立跨行政区域的区域性金融机构,连接环北部湾金融市场与东盟金融市场、泛珠三角金融市场,构建区域性的经济金融平台。继续鼓励金融机构在西南边境发展边贸结算业务,为边境贸易提供良好的金融服务。

三、加强四省区之间科技、信息和人才的交流

第一,尽快实现四省区的金融信息系统的联网。广东省金融市场发达,又有深圳证券交易所的有力支撑,其金融信息代表了国际最新的金融信息,联网后整个出口产业链覆盖区的金融市场便都具备了与国际金融市场同步运行的先决条件。第二,四省区合作培养、培训金融专业人才。广东拥有不少具有世界水平的经营管理经验,精通国际金融业务的高级金融人才,区域金融合作,人才是最关键的因素,因此四省区可以合作培训专门人才,如请专家学者来讲学,送金融业务骨干去广东学习实践,合作开办培训等。

四、建立四省区区域金融稳定协调机构

维护区域金融稳定秩序防范和化解金融风险,为区域经济平稳发展提供保障是区域金融合作的前提。随着区域金融合作的不断深入,各地区间经济金融交往日益密切,经济依赖程度不断加深,与此同时,对跨行业、跨市场金融产品,以及跨区域金融风险和资金往来的监测管理难度不断加大。由于金融风险具有很强的传染性,如果缺乏有效的金融风险监测预警和金融监管信息交流共享,将难以防范和抵御区域金融风险。当前,人民银行分、支行要担当起维护区域金融稳定的主要责任,加快建立区域金融风险的监测指标体系,客观分析判断区域整体金融风险,定期发布区域金融稳定评估结论,制定完善区域金融业应急预案,引导辖区内金融机构提高经营管理水平,促进金融体系稳健运行。同时,在区域加快建立人民银行、金融监管当局、地方政府部门之间的金融稳定协调机制成为必要。通过这个特定的协调机制,共同商讨区域金融合作的长远规划,扩

大金融合作平台;交流经济金融发展中出现的问题和经验,共同研究经济金融风险的应对措施;协调区域金融合作的各种矛盾,加强财政支持与金融支持的协调配合,扩大金融支持乘数效应,促进出口产业链的发展与升级。

8.2.2 金融业务创新体系

一、继续加大开展资产业务创新的力度

要做好与国际贸易融资相关的贷款业务创新工作以保持该项业务的优势。一是增加对出口企业的贷款额度,创新贷款方式,针对企业发展现状和发展战略,推出新的贷款方式,以更好地支持企业发展;二是大力发展促进产业升级的信贷业务,商业银行应广泛开展市场调查,开发符合产业升级需求的信贷品种,根据贷款企业的具体情况安排贷款和偿还方式,而不能将某一类型的贷款拘泥于一种方式;三是结合国际金融业务新形势,积极创新国际银团贷款、跨国并购贷款和国际保理贷款(应收账款抵押贷款)等新型贷款形式,以适应市场经济条件下企业发展的需要,并加强对贷款对象的信用分析和要求充足的贷款抵押担保来加强风险的控制。

二、大力发展表外业务创新

商业银行应在表外业务有限的范围内,充分利用各自在信息、网点和人员等方面的优势,利用出口产业链升级的发展战略,积极创新业务品种,抢占市场份额。一是创新国际结算工具,提高国际汇兑、结算业务的服务效率,保住已有的市场份额;二是迅速增加代理业务的服务种类,开发新型金融产品,扩展业务范围;三是大力发展租赁业务品种,根据实际情况开展回租租赁、经营租赁、杠杆租赁业务等;四是积极开展各种咨询业务,利用专业优势和不断发展的信息网络对企业开展有关资产管理、负债管理、风险控制、投资组合设计等多种咨询服务。

三、金融产品创新业务

1. 中间业务

中间业务的发展是一个渐进的系统工程,在这方面的产品创新也要循序渐进。首先,要制定中间业务领域金融产品创新计划和总体思路,分阶段落实,稳步推进。在目前的起步阶段,应先从传统的中间业务开始,在为客户提供代理、咨询、担保、结算、清算、汇兑、信用卡、票据业务和私人理财等业务的过程中,并通过对现有的中间业务品种进行梳理、丰富和完善,形成具有特色的"精品产品"或"产品组合"。在业务创新内容上,一是积极开发以银行支付中介职能为基础的代客跨国收付、各种国际代理收费、代理国际运输保险的业务。二是积极开发以银行信用中介为基础所形成的信托、租赁、代理集资、代客买卖等业务为主要内容的金融工具。三是积极开发以中国银行信誉为基础所形成的代保管、国际票据承兑业务、国际贸易中的担保公证业务以及跨国公司资信咨询、专项工程(业务)咨询、清理欠款中间业务类,形成具有中国特色的"金融产品包",特别是国有商业银行更是可以利用国家信誉开发信用产品。然后,再在积累经验和创造一定条件的基础上,试行国际新型金融工具,如期权交易、债权转让、远期利率协议、可互换债券和外汇期货等高档次、高技术的中间业务,以使我国商业银行的中间业务(产品)发展逐步接近国际银行业的先进水平。在此基础上,四省区金融机构要在正确理解和把握有关开展投资银行业务的相关法律限制和政策支持范围的前提下开展该项业务,一是开展融资安排业务,包括安排债务重组,本外币项目融资,特许权项目融资业务代理等。二是为企业资产重组、兼并收购提供咨询、策划和安排,提供资金融通、购并贷款。三是以财务顾问角色开展或与证券公司合作开展企业境内改制上市业务,但不介入发行、承销和交易工作。

2. 离岸金融业务

这是我国商业银行跨越国界的金融活动,是适应金融全球化而创新的业务活动。目前我国商业银行已具备经营离岸业务的实力,工商银行、中国银行、建设银行、农业银行、交通银行、招商银行等多家商业银行跻身世界1000家大银行之列,发展离岸金融业务有着坚实的基础。开办离岸金融业务,建立我国的离岸金融市场,是推动我国商业银行跨国经营的有效途径,更有利于出口产业的发展与升级。商业银行应根据现实国情,选择以分离国内金融市场和离岸金融市场为基础的方式,在将境内金融业务和离岸金融业务分账处理的前提下,允许一定比例的离岸账资金流入,以满足区域经济发展中的引资需要。

3. 要有序发展人民币衍生工具

应该说,人民币衍生工具的发展不是一蹴而就的,有赖于金融市场进一步完善以及金融监管的放松，因此，中资银行发展人民币衍生工具应是一个有序的过程。但是CAFTA进程为人民币衍生工具的创设提供了很好的机遇，人民币在东盟国家的广泛流通，使广西金融机构在人民币衍生工具创新方面具有优势，建议分三步走：

一是要专门成立新业务开发部门根据中国—东盟金融市场发展趋势，根据对外汇衍生工具应用的经验，进行人民币衍生工具的研究分析，收集基础数据、建立模型，研究其定价、投资组合和风险管理，做好前期基础准备工作；

二是尝试开发和应用连接不同市场（新加坡、中国上海、台湾、香港地区）的人民币衍生工具，首先发展存款与债券市场、存款与货币市场连接的衍生工具，如次级债券、贷款回购、开放式回购、固定收益债券、带选择权债券、结构性存款、债券连续存款、货币市场基金等，取得监管部门支持，突破政策障碍，选择适当的分支机构试点，待试点成功后全面推广；

三是随着CAFTA金融市场一体化程度的进一步提高和进一步完善，监管政策放松后，积极推出人民币远期利率合约、利率调期、利率期权和债券指数期权等衍生工具。

四、全面提升业务创新产品开发设计、销售和售后服务水平

一是在创新产品的开发设计阶段，应遵循“以市场为导向，以客户为中心”的原则进行产品的开发设计。商业银行是服务性行业，所以商业银行业务创新应以满足市场和客户的需要为目标。我国商业银行在进行新产品的开发时既要考虑到我国的现实国情，又要符合市场与消费者的实际需要，各商业银行不管推出何种创新产品，都要做到有市场、有客户、有效益。在实际开发创新产品时要注意以下三点：(1)创新产品要适应现代科技和网络社会的发展。2、在法律法规许可的范围内，商业银行产品创新可以向保险化、证券化方向发展，增加产品品种，拓展经营范围，寻求新的利润增长点。3、商业银行在开发创新产品时还可提供一揽子组合式创新产品服务，满足客户投资、储蓄、保值等多方面需要。

二是在创新产品的销售阶段，应恰当运用促销策略，提高产品的知名度，实现创新产品规模经营。创新产品的销售是业务创新的重要一环，为此，商业银行要积极做好三项基础工作：一是增强机构网点的服务功能，拓宽基层网点的业务范围，以便能够办理消费信贷。代收代付、信用卡、

外币兑换等各种业务;二是大力发展银行卡业务;三是积极开办电子银行。在此基础上,加大创新产品的销售力度,拓宽覆盖面,使推出的每一项创新产品都能进入大众市场。

三是要重视创新产品的售后服务。创新产品的售后服务是业务创新的重要内容,国有商业银行在创新产品售出后,要注意跟踪调查和质量改进,提供完善的售后服务,并对客户的建议和投诉设立有效的接纳渠道和快捷的处理程序。商业银行完善的售后服务可以促进创新业务蓬勃发展,促进出口产业链的升级。

8.2.3 金融合作支撑体系

四省区的金融合作具有广阔的前景,但其建立和完善并非一朝一夕,很多方面的内容在不同阶段有不同的目标,不同类型的金融机构和投资项目应该具有不同的金融合作形式。应该结合中国—东盟合作进程,借鉴成功的经验,研究制定区域金融合作的长期战略,探索有效合作形式,以促进出口产业链的升级。

一、股份制中小型金融机构

统一开放,有序竞争的金融业合作,适于出口产业链升级过程中的一些竞争性项目,这类项目运作市场化程度相当高,融资效益的双重目标即金融自身效益与社会经济效益基本一致,有较强的投资诱导,资金的市场配置与产业发展方向一致,从而社会效益与经济效益一致。市场型金融合作模式应率先试行区域性金融改革开放政策,消除金融控制的制度因素,开放金融业,实现从计划配置式金融向开放式市场型金融的转变。而股份制中小型金融机构正是开放式市场型金融的典范,其对市场的反应之灵敏、行动之灵活是大型金融机构无法实现的,这正是股份制中小型金融机构的优点所在。股份制中小型金融机构,一方面通过自身的优势,便于筹集零散资金,为经济和产业发展筹集资金;另一方面,其发展有利于解决中小企业融资难问题,对于整个出口产业链的升级有重大现实意义。

二、国有股份制商业银行

适度垄断型金融合作是国家金融主导金融市场,适度控制或影响区域融资体系,以贯彻区域产业政策,保护基础产业投资,刺激经济增长,这种合作模式适于有较强的产业基础为整体经济后盾的工业基地项目、原材料基地项目。适度垄断型金融合作不同于传统的计划配置模式，计划式金融不是建立在市场配置资源基础上，适度垄断是指国家金融对市场化过程的金融进行适度的控制或影响，以贯彻产业政策，对主导性产业和基础性产业进行倾斜，促进经济效益与社会效益一致，该模式有利于贯彻出口产业链升级的政策。模式构造主要包括：首先，国家金融机构的主导作用。适度垄断型金融合作是建立在新的市场配置资源基础上，金融业的开放度只限于银行基础上，国家银行以金融企业的身份进入融资市场，并进行公开竞争，原有的对资金的供给保障代之以效益融资。关键的一点是银行商业化经营，这种商业化经营在低融资成本下也是可行的，主要取决于适当的金融政策倾斜，如财政贴息、低息筹资、降低税率等，这有利于出口产业将更多的资金投入到产业链升级的进程中；其次，适度的利率浮动，形成有利于粤、桂、琼、滇四地合作并能调动储蓄、吸引资金的利率，以消除区域外资金供求的直接影响，要保证这一区域的资金供给，就必须控制融资成本，使之不高于市场金融合作模式的区域；再次，中央及区域政府间的经济政策应保证区域资金的有效利用，以保证这些区域与其他区域的融资效益级差存在的情况下，资金不会大量流失，政府可采取配套政策，如对参与开发的金融企业的低税政策、项目受益所在地政府适度补贴或对某一些产业项目投资的金融企业所得税采取退税政策，以保证金融企业的盈利，推动区域金融的发展和创新，进而推动出口产业链的升级。

三、政策性或开发性金融机构

政府扶持型金融合作是对金融发展迟缓、融资能力弱小、依赖外部资金输入的区域在融资方面采取直接数量式或政策式扶助的金融合作模式。由于区域内部分金融市场不健全或尚未充分发育，一些开发性项目融资主体的功能必然落到政府扶植的金融机构上。依靠它们的动作，满足出口产业链升级的部分资金需求是必要的。政府扶植型金融有两类：一类是地方政府扶植性金融，如成立地方性开发银行、政府扶植或参股的区域投资银行，要有必要的法律规范其融资行为，保证其融资投向产业的升级；另一类是中央政府所属的国家政策性金融体系，承担区域开发的融资主导职能，并执行国家的区域开发政策，代管国家开发性资金的投入。政府扶植不同于国家垄断，垄断毕竟是凭借实力对市场的控制，其运作基础是市场。而扶植是实力不足无力对市场控制,或市场发育不完善情况下的一种扶弱补助。其目标是依靠外部输入资金推动自身发展,对欠发达地区的弱小经济实行产业扶植,从而超越区域内资本积累缓慢、金融迟滞的阻碍,依靠政策性金融推动扶植区域的产业优势,形成以本地资源开发为基础的产业交换体系,并通过与外界交换回流资金,增加自我积累。但是这种扶植只起推动作用,而不能成为一种依赖。政府扶植型金融合作的构造主要表现在以下方面。

1. 中央、地方银行协调组合

由于区域资金的有限,地方银行与国家银行应实行区域产业培植倾斜政策,以保证资金投入本地有效益、有发展前途的优势产业。中央政府对区域金融承担资金补充作用,国家资金给予一定保证,但这种保证并不一定是无偿的。可以作效益补偿、贴息等。

2. 开发民间金融与国外投资资本的市场合作

由于区域内市场分散性和不连接性,经济发展不可能完全依靠政府推动,很大程度上会出现局部性的小商品经济的成长区域,因而产生间歇性、突发性的资金需求,在银行业不发达的条件下,民间融资活动在其走向市场的过程中将扮演特定的补充作用。这已在广东等一些发达地区商品经济起步阶段得到验证。

3. 区域融资主要采用银行金融

通过制定相应政策允许这一区域到发达区域金融市场进行项目融资,或委托政府作为代表进行项目融资。如大型开发和有前途的企业可以到发达区域发行公司债券、股票等金融工具,地方银行也可在其他区域发行金融债券,以吸收资金流向区域出口产业链。

8.3 供应链金融支撑体系

在融资过程中存在着有限理性和机会主义行为。由于企业的有限理性,金融机构在提供贸易融资时,对有限理性的约束和对机会主义行为的预防都增加了交易成本。所以降低交易成本,对金融机构来讲可以提高提供贸易融资的意愿，对企业来讲则可以更容易获得贸易融资，增加生产贸易量，促进企业整体发展。经济学家 Marshall(1919,1923)以实体贸易为研究主体，认为劳动力流动，国际资本流动，资本利息和利润的流动等因素影响实体贸易差额。他分析了信用波动对商品进出口的影响，认为如果一国信用良好，会吸引其他国家资本到该国投资或放贷；如果一国信用波动，其他国家投资商可能会收回其资本，即使该国投资机会少、经济陷入衰退。英国 Keynes(1932)论述了对外投资的双重效应，提出随着对外投资的增加，贸易条件会发生变化，因为贷付国的生产要素必须转化到生产效能比未变化前较差的商品上去，同时用于对外投资的资本效能会由于所获利率较高而增加。Rajan 和 Zingales(1998)认为在具备高度发达的金融体系的国家，对外部融资高度依存的部门具有较高的增长率。本节将对供应链金融展开分析，认为区域内供应链金融的形成有利于实现贸易融资，从而推动出口产业的发展与升级。

8.3.1 供应链金融与贸易融资

供应链金融是指对某一产业链中的单个企业或者上下游多个企业提供全面的金融服务，以促进供应链上下游配套企业“产—供—销”链条的稳固和流转畅顺，并通过金融资本与实业经济协作，构筑银行、企业和商品供应链互利共存、良性互动、持续发展的产业生态结构。就产品供应链的结构来看，呈现出网链特征，网络的节点包括了产品的整个产销过程，负责原材料供应、产品制造、分销、零售的企业及最终用户，将这些节点贯穿起来的是物流、资金流和信息流。其中，物流是指物品从供应地到销售地的实体流动过程，包括原材料从供应商到生产商，产品从生产商到分销商到零售商，最终到用户的运输、储存、包装等过程。资金流是指对物流过程的商品交易和服务进行资金支付的过程，包括信用条件、支付方式、委托与所有权契约等。信息流是指伴随交易和服务过程的商品和资金交付的信息，如需求信息、采购订单、货物状态、账单等。

对企业的整体评价是供应链金融服务的前提。供应链金融是一种适应新的产品生产体系的融资模式，它不会仅从企业的表面资信状况来判断是否提供融资，而是以整个供应链的运作情况为出发点，从企业之间贸易背景入手，判断其中各项资产未来的变现能力和收益性，因为现在流动性差并不能代表未来的变现能力和收益性。而是通过融入整个产品供应链,更加客观地判断客户企业的抗风险和运营能力。在供应链金融中主要是考虑企业受宏观经济环境、政策和监管环境、行业状况、发展前景等因素的综合影响;评判客户所在供应链的行业前景与市场竞争地位,企业在供应链内部的地位,以及与其他企业间的合作情况;企业的生产实力和运营情况是否具备履行所提供的金融服务和金融便利的能力,是否具备一定的盈利能力与营运效率,最为重要的就是掌握企业的资产结构和流动性信息,并针对流动性弱的资产进行融通可行性分析。如果产品供应链中企业经济状况和资金流动性,盈利能力都很强,但是整个行业供给过剩,金融机构并不适合于提供融资;如果一个企业可能是负债经营,资金一度缺乏流动性,但是整个行业发展前景良好,未来获得稳定现金流和盈利能力可以预期,则金融机构的融资行为是明智的。

贸易融资是指在商品交易中,运用结构性短期融资工具,进出口商选择的国际结算为依托、基于商品交易中的存货、预付款、应收账款等资产,以在国际结算的相关环节上提供的资金融通,以加速企业的资金周转,解决企业产品生产过程中对原材料购买的资金需求、应收账款或对外付款所面临的资金困境。贸易融资可以改变企业的资金流,影响企业资信调查、催收账款、信用担保等财务管理。

通过提供国际贸易下供应链融资,银行可以针对企业运作流程的各个环节进行融资服务,满足企业供应链环节上的不同需求。银行的"供应链融资"对资金不足的上下游配套中小企业提供支持,解决供应链中上下游企业间的失衡问题。其次,融入了银行信用上下游企业的购销行为,增强其商业信用,使供应链条上的企业更加平等地协商和建立长期稳定的战略协同关系。企业只需支付少部分的保证金,就可以获得国际贸易供应链融资中足额的资金支持。同时,企业在这种杠杆经营下,盘活企业动产和应收账款来改善企业现金流,可以提升在供应链环节的竞争规模和实力以及整个供应链的竞争实力。此外,银行还可以通过延迟支付进口款项或者提前收回出口货款,帮助企业有效防范汇率风险。

8.3.2 供应链金融的理论释义

在国际贸易供应链金融服务下,银行围绕企业供应链,结合贸易结算方式，充分运用银行信用、商业信用和抵押物权等多种工具，设计多层次、多角度的贸易融资产品组合，提供产品供应链整个过程中对于融资、金融服务的需求。回归到经济学的基本原理中，我们可以用交易成本理论和委托代理理论进行释义。

一、交易成本理论对供应链金融的解释

上下游企业间建立一体化或准一体化的产品生产供应链，可以保护特定交易的投资和适应环境的不确定性，从而降低交易成本。随着产品生产供应链的稳步发展，和上下游企业间贸易加深，供应链成员之间形成相互信任、彼此协调并趋向于长期合作的关系，以使整个供应链的绩效最大化。商业银行以产品生产供应链的发展为基础，为整个供应链条上上下游企业提供融资服务，有效地降低了商业银行的交易成本，提高了交易效率。

首先，从交易成本来看，产品生产供应链形成了一个长期、稳定的产业生态群，这种情况下，商业银行与其建立将是一种长期、稳定、重复的融资关系。这种高频率的交易，不但可以降低单位交易成本，而且可以达到规模经济效益。其次，从交易的不确定性来看，产品生产供应链中企业之间相互协作共生，提高了整体竞争力。而对于银行来讲，这样稳定的关系大大减小了交易的不确定性，交易成本随之下降。

二、委托代理理论对供应链金融的解释

商业银行与融资企业之间的关系可以看成是委托代理关系，商业银行处于委托方的位置，而融资企业是代理方，双方之间往往存在严重的信息不对称问题。供应链金融是把企业放在整个供应链中加以考虑，而不是孤立的只考虑其本身，因而可以有效缓解银企之间的信息不对称程度。首先，处于供应链中的企业信息聚集在一起，相互交易，信息比较畅通，银行很容易随时掌握和控制潜在的风险，降低了企业的逆向选择风险和道德风险；其次，处在供应链中的企业，具有稳定的上下游关系，良好的运营环境，且产业发展方向明确，因而银行很容易对其信贷风险进行预测；再次，处在供应链中的企业为了更好地在供应链中求得生存，必然参加企业间的联络，以获得更多供应链内的信息，这样银行比较容易获得真正而完整的企业信息，缓解了银企之间信息的不对称程度；最后，银行通过与供应链内企业合作可以降低银行的信息收集成本，刺激银行发放贷款的积极性。

同时,商业银行在通过供应链金融融资模式为企业提供融资服务时,往往有物流企业的参与,协助银行共同监管和控制信用风险,并且有上下游企业签订反担保或回购协议条款,进一步转嫁和分担了商业银行所承担的风险,有效提高了融资效率。

8.3.3 金融供应链中物流金融作用分解

一、物流金融提升金融结构多样化,促进金融市场的效率

物流金融融资模式的运用给商业银行带来了收益、增加了客户规模,并扩大信贷规模。由于物流企业的参与,使得动产质押品对银行来说变得可靠了,这相当于间接地提高了企业的信用等级,从而拓宽了银行的服务范围,提高了银行资金使用率。其次,可以从物流企业那里获得融资企业的信息,减少信息不对称带来的风险,降低信贷交易成本。物流企业可以提供仓储、物流配送服务,对质押物的价值评估、流向监管等具有丰富的专业知识和便利的条件,可以大大降低银行开展业务的交易成本。第三,金融机构的风险分散化分。由于物流金融业务中,有三方参与,采用信用担保的融资与货物质押相结合,这样物流企业对融资企业的债务负连带责任,这意味着银行的信贷风险将被分散,信贷更加安全。从而实现金融结构多样化,并提高金融结构多元化,尤其是对于银行机构。

二、物流企业提供增值服务,促进产业升级

给客户提供物流金融服务,将会逐渐成为物流企业的一项物流增值服务的项目。对融资企业来说,由于尚未与金融机构建立良好的关系,金融结构还不能对他们进行信用评价。但是,由于物流企业跟融资企业有过大量接触,他们通过库存管理和配送管理,可以掌握库存的变动和充分的客户信息,在融资活动中占据特殊的地位,对库存物流的规格、质量、原价和净值、销售区域、承销商等情况都了解,物流供应商作为担保方进行保险单质押业务提供融资,克服信息不对称和道德风险。物流企业开展物流金融服务,不仅可以减少客户交易成本,对金融机构而言,则降低了信息不对称所产生的风险,成为客户与金融机构的“黏结剂”。物流金融服务成为物流业发展的一大趋势,给生产贸易链中企业提供了信用担保支持,从而使其更容易获得银行信贷,扩大生产规模,促进产业升级。

8.4 完善出口产业链形成和升级的金融支撑体系的保障策略

区域金融的发展需要一个良好的生存环境。为了更好地完善粤、桂、琼、滇四省区出口产业链形成和升级的金融支撑体系的构建，需要创新相关区域内企业信用的评价体系，特别是针对区域性国际经济合作中必然产生的生产贸易链的信用评价，要有适合的评价方法和评价结果的使用原则。同时，还要完善区域信用担保体系，为中小企业融资及出口产业链条件下的供应链融资提供保障服务。

8.4.1 创新粤、桂、琼、滇四省区区域企业信用评价体系

创新粤、桂、琼、滇四省区区域企业信用评价体系主要包括以下几个方面：

一、建立与区域经济发展相一致的利益协调机制

区域政府间的利益协调机制采取行政区政府共同参与的区域协定或区域公约的形式。应该注意的是，这种利益协调机制的建立是一个长期的过程，因此应该遵循循序渐进的原则，通过协商形成一些有效的合作制度，然后再逐步扩大合作的范围。这样一个过程容易使各行政区政府在实践中真正体验到合作的利益，从而有利于区域政府间信用关系的建立。加快建立政府信用考核与责任约束机制，更具体的应该是建立官员的信用考核与责任约束机制。政府信用的考核不仅要有政府的相关部门参与，还要有社会公众的参与，考评结果向社会公布。同时，建立刚性的政府失信惩戒机制，把失信的惩戒责任落实到具体的政府官员头上，这样有利于消除地方政府及其官员失信的内在动力。弱化乃至消除地方保护主义，破除地方垄断。在政府绩效考核方面应改变现有以经济增长为主体指标的考核方式，取而代之以可持续发展为主要评价内容的评价体系；把信用状态的优劣纳入地方政府政绩考核的范围。

二、以区域合作完善粤、桂、琼、滇四省区的信用担保体系

以区域合作完善粤、桂、琼、滇四省区的信用担保体系就要求，各省区要在财政支出中按比例提取启动资金，由财政、银行、企业、社会共同出资，建立针对中小企业出口产业链条件下的区域信用合作担保体系。交流并协调地区之间乃至地区与东盟国家之间的信用担保的相关法规和政策，探讨担保机构之间控制风险的手段与再担保机制，担保机构间未来合作的可能性和方式等。要在相关区域内引导担保机构之间的合作，探索区域内联合抵押和担保机制的可行性。完善区域信用担保体系建设，建立区域性再担保机构，大力发展跨国家和跨地区企业间互助性担保和民间商业性担保，扩大担保覆盖面。最终形成以粤、桂、琼、滇四省区区域产业政策为导向，以财政财力为支撑，以专业担保机构为运作主体，以商业银行网络为基础，能够有效控制、分散和化解风险的贷款信用担保体系。

本章小结

CAFAT 周边省区出口产业链的形成和优化升级离不开金融支撑体系的支持，尤其是产业链的升级将催生巨大的金融支撑需求，这就要求区域金融体系进行有效的金融创新，以适应本区域出口产业链形成和升级的现实需要。在金融支撑体系的创新过程中，既要充分考虑 CAFAT 周边省区的具体的经济和出口产业现状，又要紧密结合出口产业链形成和优化升级的具体需求，如此才能实现金融体系创新的有效性，真正促进出口产业链的形成和优化升级。

由于 CAFAT 周边省区出口产业链的形成和升级将形成区域前所未有的资金需求，原有的融资平台和渠道已经无法满足这种需要，因而本章首先研究了 CAFAT 周边省区联合融资平台的构建的问题。关于联合融资平台的构建思路，本文认为应遵循这样一种推进路径：初期应以政府为主、市场为辅，力图增强出口产业链区域对资金的吸引力；中期政府应从投资者逐步转为引导者，以商业性资金为主要资金来源；长期政府在各种竞争性领域全面退出，以市场的自我积累、自筹资金为主。沿着这一思路，本部分进一步研究了联合研究平台的具体组织形式，进行了一定的设想、提出了一些建议,同时本部分也研究了与联合融资平台相配套的相关金融创新,以便更大限度地发挥联合融资平台的功能。

其次,出口产业链的形成和优化升级对金融服务提出了更高的要求,必须加大金融支撑体系的创新力度,才能使金融服务满足出口产业链升级的需求。本部分主要从金融机构支撑体系、金融业务创新体系和金融合作支撑体系三个方面,展开对金融服务支撑体系创新的设想和建议,整个研究的核心在于整合现有的服务体系,并进行业务的创新和国际化建设,从而切实提升 CAFAT 周边省区的区域金融服务的水平和专业性,以便为出口产业链的形成和优化升级奠定良好的金融服务基础。

再次,产业链与供应链紧密相连,供应链金融的发展对出口产业链的形成和优化升级有着重要的促进作用,因而要创新供应链金融的发展,以促进出口产业链的形成和优化升级。本部分首先分析了供应链金融对产业结构的作用机理,进而分析了供应链金融目前的不足,再通过分析出口产业链升级的独特需求分析,明确了供应链金融的创新方向和内容,以期通过供应链金融的发展促进出口产业结构的升级。

通过本章的分析,更加明确了 CAFAT 周边省区出口产业链形成和优化升级中金融创新的必要性和紧迫性,同时也清晰了金融支撑体系的建设方向,只有充分发挥金融的创新作用,才能适应新的需求和更高水平的要求,才能更好地发挥金融支撑体系在促进出口产业链的形成和优化升级中的作用。

第9章 社会保障制度完善与出口产业链的持续发展

社会保障与区域经济发展之间存在紧密的联系，从总体上讲，社会保障和区域经济发展是相互作用、相互促进的。社会保障制度既是建立市场经济的关键环节，又是区域经济协调发展的重要条件，完善的社会保障体系能够为区域经济的协同发展提供长远动力，因此，在出口产业链形成和优化升级过程中，健全社会保障制度对区域经济协调发展有着十分重要的意义。它要求在确保区际出口产业链持续发展和地区经济增长的同时，还必须加大对地区社会保障的重视力度。本章第一节即对健全社会保障制度对区域经济协调发展的重要意义进行了阐述，第二节则介绍了出口产业链构建过程中社会保障制度创新的理论基础，包括制度经济学理论、公共产品理论、需求层次理论、福利经济学相关理论等。第三节深入剖析了粤、桂、琼、滇四省区当前社会保障制度运行过程中存在的问题与不足。第四节较为全面地介绍了区域社会保障制度特殊化发展理论，为第五节完善粤、桂、琼、滇四省区社会保障制度政策建议的提出奠定了理论基础。

9.1 健全的社会保障制度对区域经济协调发展的重要意义

在粤、桂、琼、滇四省区出口产业链形成和优化升级过程中健全区域社会保障制度对区际乃至区域经济的协调和持续发展有着十分重要的意义。

9.1.1 能够保证劳动力再生产，促进区域经济发展

在市场经济条件下，收入分配机制与竞争机制相联系，市场机制必然造成社会成员之间在社会分配方面的不均等；而且宏观经济的周期性波动，在经济不景气时，也会带来失业增加、社会成员的收入不稳定等问题，在粤、桂、琼、滇四省区出口产业链的构建过程中这些问题也是无法避免的。为了解决上述社会问题，就需要依靠社会保障的力量对区域经济生活进行调控，通过社会保障支出对社会成员的收入进行必要的再分配，将高收入者的一部分收入转移给低收入者，从而缩小社会成员之间的收入差距，弥补市场缺陷，化解社会矛盾，只有实现社会公平，才能保证经济的可持续发展。社会再生产是物质资料再生产和劳动力再生产的统一。劳动力再生产又是社会再生产过程得以顺利进行的保证。一旦劳动力再生产过程发生故障，如不能及时排除，就会危及社会再生产。劳动者的社会保障对于保证劳动者的健康状况、家庭经济生活的稳定、保护和恢复劳动力具有重要的作用。例如工伤保险、医疗保险可以恢复劳动者的健康，扫除劳动力再生产的障碍。失业保险可以使失业者的生存得以维持，以免这部分劳动力萎缩，这就为他们的再就业创造了条件。劳动者是物质资料的生产者，劳动力再生产的顺利进行保证了物质资料再生产的顺利进行，从而促进经济的发展。

9.1.2 能够调整产业结构，稳定区域经济发展环境

市场经济是以竞争和价格为手段配置资源的，因此不能避免贫富分

化现象,社会公共物品的外溢性和非排他性决定了市场不能自发提供社会公共物品,在粤、桂、琼、滇四省区出口产业链的建立过程中亦是如此。社会保障作为一种社会公共物品也必须由政府提供以弥补市场缺陷和消除市场失灵。社会保障水平直接影响到劳动者的积极性、劳动者是生产力诸要素中最活跃的一个要素,劳动者积极性、创造性的发挥对于解放生产力,发展生产力,加快经济发展步伐有着极其重要的作用。社会保障的完备也往往直接影响到社会资源的配备效率从而影响到市场机制作用的发挥,这表现在生产力分布,产业结构和劳动力配置的各个方面,一个明显的事实是,由于我国社会保障覆盖面的不均衡和部分社会福利职能被单位、地区福利所取代造成不同地区、行业、单位经济竞争起点上的不平等。同时,完善粤、桂、琼、滇四省区出口产业链构建过程中的区域社会保障制度,有利于推动其经济结构调整,促进区域经济的协调发展。社会保障对经济结构调整的推动作用主要表现在两个方面:一方面,社会保障的建立和完善有利于劳动力就业结构的调整,减少经济结构调整的阻力。失业保险制度的基本功能就在于为失业劳动者提供基本生活保障。在经济结构调整过程中,一部分劳动者暂时失业是难以避免的。但是,有了健全的失业保险制度,劳动者的基本生活就有了基本保障。同时,劳动者还可以安心进行新知识、技术和技能的培训和学习,为其再就业创造条件,以适应经济结构调整对劳动力就业结构调整的需要。另一方面,社会保障基金可以为经济结构调整提供稳定的资金来源。

9.2 出口产业链构建过程中社会保障制度创新的理论基础

传统的经济学理论或多或少都牵扯到社会保障制度的建设问题,不同的经济理论的出发点和角度又各不相同,研究分析这些经济理论中对社会保障问题的探讨,将对建立粤、桂、琼、滇四省区出口产业链构建过程中社会保障的创新体系具有重大的指导意义。我们将分别对制度经济学理论、政府职能转变与公共产品理论、理性预期的消费函数理论和不确定经济理论、需求层次理论以及福利经济学理论等进行研究，以求揭示它们对制定健全的社会保障制度的借鉴意义。

9.2.1 制度经济学理论

制度经济学起源于19世纪末的德国历史学派。制度学派可以分为旧制度经济学和新制度经济学，新旧制度经济学的根本性差异在于对个人的前提假定不同，而对主流经济学所忽视的“制度”的重视，是二者的共同点。兴起于20世纪六、七十年代的新制度经济学，其主流是以科斯为代表的产权与交易费用经济学和以诺斯为代表的制度绩效和变迁经济学。后来经过科斯本人及威廉姆森、张五常、德姆塞茨和诺斯等人的发展，形成了一系列分支学科，包括：交易费用、企业理论、产权经济学和国家与制度变迁理论，从而构成了一个完整的体系。新制度经济学理论认为，经济能否发展，归根结底取决于制度安排和经济组织是否合理有效，真正促进经济增长的，是一种能够提供适当个人刺激的有效制度。新制度经济学理论还创造性地提出了“交易费用”范畴，为深化产权等问题的研究提供全新的研究视角。新制度经济学家指出，交易费用的多寡，是分析和评判产权制度优劣以及资源配置效率高低的重要依据。此外，该理论还把产权引入经济活动与经济行为的分析，对于过度数学化的当代西方经济学具有合理的修正意义。

新制度经济学理论为建立完善的社会保障制度指明了方向发展。事实证明，制度的作用是巨大的。制度提供了一种刺激结构，它规划着经济和社会朝着增长、停滞或衰退变化的方向发展。社会保障作为社会发展的“稳定器”、经济运行的“减震器”、公平效率的“调节器”，其功能的充分发挥就必须完善的社会保障制度作为支撑。同时，社会保障资源的产权具有非排他性和外溢性。社会保障资源的非排他性产权意味着资源的提供者和受益者无法严格匹配，而产权的外溢性则使受益群体大大超出提供者的范围。如果非排他产权得不到合理的界定，那么在实行过程中就会遭遇“公地悲剧”。从制度经济学视角来看，产权清晰意味着合法权利的初始界定，是一种起点的公平。另一方面，产权清晰可以降低交易费用，使资源得以有效配置。因此，社会保障资源的效率配置，要求产权约束，这是起点的公平，也是效率的保证。

9.2.2 政府职能转变与公共产品理论

政府职能是国家管理社会的主要形式,也是国家实现社会控制、确立规范化社会秩序的主要手段和途径。政府职能转变,是指政府在一定时期内,根据经济和社会发展的需要,对其职能的范围、内容、方式的转移与变化。它不仅包括政府职能内容的转变,还包括政府行政职能方式、政府职能的重新配置以及相应政府机构的调整和改革。在经济体制改革过程中反复进行政府体制的改革和职能调适是必要的。这是因为从哲学的层面来看,政府职能转变是上层建筑和经济基础之间关系的一种具体表现。经济基础决定上层建筑,上层建筑的变革反作用于经济基础。当一种上层建筑同自己的经济基础基本上相适应的时候,也有不完善的环节和方面;另一方面,经济基础是变化的,当它处在相对稳定的阶段,在量变和部分质变的时候,也要求上层建筑发生相应的变化和进行局部的调整。在市场经济体制之下,凡是市场可以自行解决的问题,政府不必干预,而在市场失灵的地方,政府则必须履行好其职能。

政府职能与公共产品有着本质的内在联系。提供公共品、满足公共需要是政府得以存在的主要依据之一。公共产品是指满足社会公共需要的产品,其具有非竞争性和非盈利性的特征。从非排他性看,由于公共产品的效用不可分,从而使大家都能享受到该公共产品或服务的利益和好处,必然在消费上带来“免费搭车”的现象,结果决定私人部门不愿意或不能够提供公共物品。从非对抗性看,新增一个消费者对公共物品的使用期边际成本等于零,这就意味着,如果公共物品按边际成本定价,那么,私人部门提供就得不到他所期望的最大利润,所以私人部门也不会自愿提供公共产品。公共产品的提供问题是市场失灵的领域,这就要求政府担当起提供公共物品和服务的重任。在现实中,还存在大量的准公共产品或混合产品,这些产品具有不充分的非排他性和非对抗性,这也就决定了他们可以由政府或公共部门提供,也可以由政府和市场混合提供。在政府职能转变的过程中,清晰地划分政府所提供的产品的范围以及由此决定的政府职能,具有重大意义,它直接影响着政府行为和公共支出的效率。

社会保障的产品属性及产品提供方式、生产方式决定了政府在社会保障制度中的责任范围和责任强度。政府需承担在现有经济条件下制定合理、完善的社会保障制度的重任，并保证社会保障制度的高效运行和社会保障资金的有效管理。此外，政府往往通过财政支出来提供社会保障资金，使政府的筹资责任成为社会保障制度得以维持的重要支柱。具体来看，社会保障的项目在收入再分配上可以分为横向再分配项目和纵向再分配项目，再分配的性质不同，财政对其资金支持方式也不同。在属于收入横向再分配的社会保障项目中，如养老保险、医疗保险、失业保险，使收入在风险发生者和未发生者之间进行转移，体现公民之间互助共济、共担风险的原则，强调贡献与收益的某种对称性，管理上强调突出个人责任，因而政府在筹资上以雇主和雇员为主，在资金管理上要求建立专项基金，做到收支平衡，略有结余，不足时才由财政予以补贴。而福利救济和社会优抚的分配是一种纵向的再分配，是将高收入阶层的收入向低收入阶层转移，将社会普通公民的收入向社会优抚对象转移。其贡献与收益不对称，往往由政府通过一般公共预算收入来安排支出，以转移支付为主。

9.2.3 理性预期的消费函数理论和不确定经济理论

1978年，霍尔在传统的生命周期持久收入消费函数中引入了理性预期的思想，深刻改变了以往消费函数研究的模式，引发了消费函数研究中的理性预期革命。霍尔根据卢卡斯的思想，采用二次型效用函数，经过严格的逻辑推理和数学运算，提出了随机游走假说。他认为，现期消费只与滞后消费有关，而与过去收入无关。在没有新信息情况下，现期消费按其利率与主观贴现率的变化而变化，随着新信息的出现，消费的变化率将在均值附近上下波动。霍尔得出结论，把理性预期按生命周期——持久收入寻求效用最大化的消费者的消费轨迹是一个随机游走过程。霍尔的随机游走假说提出以后，弗莱文通过计量对其进行了检验，发现消费与收入显著正相关，得出了“过度敏感性”；此后，坎贝尔、迪顿从另一角度对随机游走假说进行了验证，得出消费相对于即时收入过于平滑即“过度平滑性”。为弥补理论的缺陷，经济学家们又提出了较有影响的预防性储蓄假说、流动性约束假说、λ假说等。

关于预防性储蓄假说，影响比较大的是扎德斯的预防性储蓄模型和卡罗尔提出的缓冲存储的预防性储蓄理论。扎德斯通过对其建立的模型进行了经验分析,得到以下三个结论:第一,如果没有收入的不确定性,人们的消费会更多。这是因为在收入不确定的条件下,人们有较多的预防性储蓄,从而导致消费比收入确定下的消费低;第二,那些相对于预期的将来收入拥有较低的当前财产的人,其收入的暂时性变化的边际消费倾向要大于其他人;第三,具有 CRRA 效用的理性人对暂时收入过度敏感,储蓄"太多",并有较高的消费的预期增长率。而卡罗尔从生命周期假说的一生效用最大化出发,发现当消费者面临较大收入不确定性,而又不愿意为未来的消费储蓄时,为应付未来收入的不确定性,就会进行缓冲存储。若未来收入的不确定性越大,现期消费越少,缓冲储蓄越多,反之则反是。流动性约束又称信贷约束,是指居民从金融机构以及非金融机构和个人取得贷款以满足消费时所受到的限制。研究流动性约束假说的经济学家认为,在流动性约束条件下,人们的消费比不受流动性约束时要低。同时,即使消费者当期不受流动性约束,但在未来要受流动性约束,这也会导致当期消费的减少。流动性约束的存在使得个人储蓄当作防范未来收入下降的保险。关于 λ 假说,坎贝尔、曼昆强调,消费函数应既符合随机游走假说也要与实际相符合。与随机游走假说相吻合就要使消费与持久收入相联系,与实际相吻合就要使消费与现期收入相联系,体现现期收入对消费的影响。

20 世纪现代科学的发展,推翻了具有拉普拉斯决定论思想的经典物理学范式,为不确定性经济理论的形成与发展奠定了坚实的基础。不确定性经济学研究的是在不确定性条件下稀缺资源的配置问题。奈特和凯恩斯被公认为不确定性经济理论分析的大师。奈特对经济不确定性问题的贡献在于对风险和不确定性的严格区分,并成功地构筑了以不确定性与风险为核心的利润理论,由此揭示了企业存在的本质。奈特指出,真正的不确定性与风险有着本质的区别:不确定性指经济行为人面临的直接或间接影响经济活动的外生和内生因素,无法准确地加以观察、分析和预见;而风险是概率估计的可靠性。他相信利润的真正来源是不确定性,而风险不会为经济行为人提供获益的机会。奈特认为,不确定性创造了许多效用最大化的机会,经济自由决定了一个经济行为人可以获得不确定性所创造的经济机会;而不确定性的减少又会进一步使经济停滞,高度集中的经济力量使得企业不具有创新和开发新产品的动力。作为经济活动的重要协调机制,企业从本质上看是不确定条件下的特殊决策和风险分摊机制。他还进一步把不确定性归结为知识的不完全性,把不确定性看做是内生的,属于经济行为主体的主观认识范畴,从而从根本上否定了新古典理论的完全理性假设。

凯恩斯的经济理论在很大程度上承袭了其在《概率论》著作里所体现的不确定性的本质、概率度量和知识的理论等观点,他将概率看做一种客观的信念,而认为不确定性是无法用数学公理体系如概率论来识别、测度的。凯恩斯在其著名的资本边际效率学说中提出了未来不确定性的概念,说明了资本边际效率的基本特点是来自于预期收益的不确定性;凯恩斯相信不确定性在其他很多情形中盛行是由于人性的特征。凯恩斯将不确定性作为其宏观经济理论的逻辑起点,注重并强调预期对生产和投资决策的重要作用。

从理性预期的消费函数理论和不确定经济理论来看,建立稳定的社会保障制度有助于稳定人们的预期。由于我国经济正处于转轨时期,在转轨过程中存在着很多不稳定因素,与此同时,正在进行的一些经济体制、社会保障制度改革等措施,加重了人们对未来收入不稳定的预期。而消费过度敏感性的存在,又降低了居民的边际消费倾向,收入和就业的不确定性和支出增长的预期导致居民预防性储蓄增加等,这些负面影响对扩大消费对经济的拉动作用非常不利。而提高社会保障水平可以有效缓解收入、就业和未来支出的不确定性对居民消费的抑制作用。因此,要消除居民收入不稳定的预期,就必须尽快完善社会保障制度。只有建立稳定、完善的制度,人们才会感到未来生活有法可依,才会有安全感。

9.2.4 需求层次理论

1943 年,美国著名的社会心理学家、人格理论家和比较心理学家马斯洛在他发表的《人类动机的理论》中提出了需求层次理论。该理论需求分成生理需求、安全需求、社交需求、尊重需求和自我实现需求五类,依次由较低层次到较高层次。他认为这些需要之间呈现一个梯级层次,低层次需要得到满足后又会产生更高的需要。其中生理需要是人的各种需要中最基本、最强烈的一种,是对生存的基本需要,人们在转向较高层次的需求之前,总是尽力满足这类需求,它包括对食物、水、住所、衣服、性、睡眠等的需要。安全需求是人类要求保障自身安全、摆脱事业和丧失财产威胁、避免职业病的侵袭、接触严酷的监督等方面的需要。和生理需求一样,在安全需求没有得到满足之前,人们唯一关心的就是这种需求。当生理需求和安全需求得到满足后,社交需求就会突出出来,进而产生激励作用。社交需求包括对友谊、爱情以及隶属关系的需求。尊重需求既包括对成就或自我价值的个人感觉,也包括他人对自己的认可与尊重。马斯洛认为,尊重需要得到满足,能使人对自己充满信心,对社会满腔热情,体验到自己活着的用处和价值。自我实现需求的目标是自我实现,或是发挥潜能。这是最高层次的需要。

在现实社会中依然存在着大量的弱势群体,这些人通常都是经济上的低收入者,其经济收入低于社会人均收入水平,甚至徘徊于贫困线边缘。从马斯洛的五个需求层次来看,这些人的生理需求和安全需求都没有得到满足。社会保障最核心的功能之一就是保障公民的基本生活。当前我国的社会保障还存在很多问题,对于处于弱势地位的农民的保障还缺乏制度化、长期化的救助办法,不能从根本上改善他们的生存状况。例如:广大农村居民缺乏基本的医疗和养老保障;农民工的最低生活保障、养老保障等都得不到充分实现;失地农民的就业保障、养老保险等制度也都不健全。因此,必须继续完善现有的保障体系,扩大社会保障的覆盖面、尽快建立针对各类弱势群体的基本保障制度,才能解除他们生存和发展的后顾之忧,满足他们的合理需求。

9.2.5 福利经济学理论

福利经济学是现代经济学的一个分支,它以社会经济福利为研究对象,并且以一定的伦理价值判断为前提,所以被认为是一种规范经济学。福利经济学的创始人是庇古。他以完全竞争为前提,以边际效用价值论为基础,认为增加产出而不减少穷人的绝对份额,或增加穷人的绝对份额而不减少产出时,都意味着社会福利的增加。从这一理念出发,庇古把国民收入量的增加和均等化的收入分配看做是福利经济学研究的主题,并且把国民收入大小和国民收入在社会成员中的分配情况看成是衡量社会福利的两个标准,他认为欲使既定资源总量下实现国民收入的极大化,就必须使资源在各个部门之间的配置达到最优，而在不减少国民收入的条件下，使财富从富者转移给贫者，将增加经济福利。庇古的福利经济学，相对于他以后的福利经济学家来讲，被称为旧福利经济学。

庇古以边际效用价值理论为基础，主张通过国家干预来达到收入分配的均等化这一思想，对解决现实社会中存在贫富差距悬殊的问题具有重大的指导意义，也为每个国家实行社会救济奠定了思想基础。国家通过社会救助手段来缩小贫富差距、解决贫困人员的基本问题，可以增加整个社会的福利。西方经济学家把20世纪30年代以后在批判庇古福利经济学基础上建立起来的福利经济学称为新福利经济学。新福利经济学主张效用序数论，认为边际效用不能衡量，个人间效用无法比较，不能用基数数词表示效用数值的大小，只能用序数数词表示效用水平的高低。新福利经济学根据效用序数论反对旧福利经济学的福利命题，反对将高收入阶层的货币收入转移一部分给穷人的主张。新福利经济学根据帕累托最优状态和效用序数论提出了自己的福利命题：个人是他本人的福利的最好判断者；社会福利取决于组成社会的所有个人的福利；如果至少有一个人的境况好起来，而没有一个人的境况坏下去，那么整个社会的境况就算好了起来。前两个命题是为了回避效用的计算和个人间福利的比较，从而回避收入分配问题，后一个命题则公然把垄断资产阶级福利的增进说成是社会福利的增进。

补偿原则是新福利经济学的重要内容之一。新福利经济学认为，帕累托的最优状态"具有高度限制性"，不利于用来为资本主义辩解，为了扩大帕累托最优条件的适用性，一些新福利经济学家致力于研究福利标准和补偿原则。补偿原理的实质是，如果一些社会成员经济状况的改善不会同时造成其他社会成员状况的恶化，或者一些社会成员经济状况的改善补偿了其他社会成员经济状况的恶化，社会福利就增加。福利经济学关于福利衡量问题的研究、实现福利最大化的条件和手段的论述，对于当前我国完善社会保障制度具有借鉴意义。社会保障的宗旨是国家通过立法帮助遇到风险的人们渡过难关，使他们免于陷入困境，这就体现了它本身具有一定的福利性。根据补偿性原理，政府的社会经济政策会使一些人得益而使另一些人受损，而这些受损的人很可能陷入困境，这就需要国家实行社会保障帮助这些人摆脱困境，而社会保障的重要资金来源就是从得利人那里征税，从而补偿受到损失的人，这样对任何人都没有不利而对一些人有利，因而增加了社会福利。完善的社会保障制度是现代社会实现福利资源配置最优化的重要途径，而在完善我国社会保障制度的过程中，国家作为社会保障管理和实施的主体，就必须加大政府转移支付的力度，通过国家收入分配来保障一些特殊社会成员的基本生活需要。

综上所述，制度经济学理论、政府职能转变与公共产品理论、理性预期的消费函数理论和不确定经济理论、需求层次理论以及福利经济学理论等分别从不同的角度给予我们启发，提供了宝贵的参考价值，也为我们今后的工作指明了方向。

9.3 粤、桂、琼、滇四省区社会保障制度存在问题分析

健全的社会保障制度是区域经济协调健康发展的重要保证，同时也是区域经济一体化实现的重要条件。纵观粤、桂、琼、滇四省区社会保障制度现状，虽然广东省在上述四省区乃至全国社会保障制度建设已经相对完善，但仍然存在着和其他三省区相似的问题。

9.3.1 外来务工人员缺乏有效的社会保障

长期以来，外来务工人员在城市的非正规就业缺乏稳定性和与就业相关的社会保障，一定程度上，影响当地经济稳定的发展，粤、桂、琼、滇四省区也不例外。在中国这样一个人多地少以家庭制存在的小农经济国家，土地保障根本难以保障农民的福利；农村向外输出劳动力，就是农村的一个重要的生活保障来源。但由于在一些企业甚至地方政府看来，资本是经济发展的关键，在强资本弱劳动力的格局下，超时加班，拖欠工资是雇佣外来务工人员企业的再正常不过的做法、外来务工人员就业权益的状况堪忧。粤、桂、琼、滇四省区外来务工人员缺乏社会保障的主要表现为：

第一，外来务工人员工作环境差，缺乏社会保障服务。外来务工人员中的大多数人集中在最脏、最危险的职业岗位上，工作条件恶劣，一些单

位片面追求效益指标，忽视安全管理，存在大量事故隐患和不安全因素，加之外来务工人员自身安全保护意识薄弱，导致工伤事故屡屡发生。外来务工人员面临如此严重的安全生产隐患，却缺乏社会保障机制和社会保障服务。

第二，外来务工人员游离于城市医疗卫生保障体系之外，医疗保险的水平较低。随着改革的不断深入，粤、桂、琼、滇四省区各城市的职工建立了与发展水平相适应的医疗保障制度，但外来务工人员却没有这个待遇。尽管外来务工人员是以青壮年为主的群体，但在疾病侵扰时，许多人由于缺乏医疗保障，不能及时就医，病情被拖延。外来务工人员医疗保险权益的缺失，导致他们有病不能就医，小病酿成大灾，甚至丧失劳动能力，导致刚刚脱贫或已走上小康之路的农户“因病返贫”、“因病致贫”。

第三，外来务工人员身份受限，难以享受城市的社会福利与社会救助。由于我国长期实行城乡分治体制，外来务工人员没有城镇户口，也就不符合享有城镇福利与救济的有关“规则”，他们与城镇职工在住房条件或补贴、在职培训或进修、工资福利、社区服务、探亲补助等方面存在明显不同。调查发现，外来务工人员的社会救助状况更是令人担忧，已基本实现“应保尽保”的城镇“低保”网并没有向外来务工人员张开，只有部分外来务工人员享有单位提供的一点医疗等救助，一旦离开单位，救助就随之解除。粤、桂、琼、滇四省区的外来务工人员群体具有分散性和广泛性，差距悬殊的不同群体生活在同一个城市、同一个社会，这些外来务工人员就会产生一种强烈的心理不平衡。在粤、桂、琼、滇实现出口产业链持续发展的过程中，外来务工人员群体因缺乏就业权益保护，可能成为这一地区构建和谐社会的破坏性隐患。

9.3.2 社会保障体系不健全，制度的二元化现象严重

当前粤、桂、琼、滇四省区的社会保障以城镇职工社会保险保障为主体，广大农村地区的社会保险业务尚未有效开展，除了部分地区的部分经济条件相对富裕宽松的农民开始享受养老保险保障外，绝大多数农民仍未能享受社会保险的保障，特别是养老、医疗、生育保险保障，因而表现出覆盖面窄，层次低，保障水平低的特点。社会保障制度的不健全，又会进一步影响到整个粤、桂、琼、滇四省区区际出口产业链的持续发展以及区

域经济的发展。

此外,社会救助、社会优抚、社会福利发展相对落后,社会救助方面以城镇居民最低生活保障为主要业务,另一部分运用于洪涝灾害的防灾防损以及对受灾城镇居民、农村农民的经济补偿,少量的社会福利基金运用于农村孤寡、五保户,修建了部分的养老院,大部分基金仍然主要运用于城镇福利设施建设、用于城市居民的社会保障水平的提高和改善。和全国社会保障发展现状一样,粤、桂、琼、滇四省区的社会保障表现出严重的偏重城镇居民社会保险的特点。而在城镇居民享受社会保险保障方面,也仍然局限于具有非农业户口的城镇居民,把农业人口排除在现行制度之外,大多数进城务工的农业人口,甚至已经在城市永久居住、工作的人口,仍然未能纳入到城市社会保障,这使新兴城市人口享受不到任何社会保障,严重滞后于城镇化与城市化发展进程。

9.3.3 被征地农民的权益缺乏有效的保护

在快速工业化、城市化过程中,农业土地转化为非农业用地是不可避免的,但是由于我国土地征用及补偿制度还不完善,对农民权益造成很大损害,因征地补偿而引发的社会矛盾也越演越烈。当然,粤、桂、琼、滇四省区出口产业链构建过程中也会出现类似的问题,一样要经历这样的过程。因此,在如何维护好被征地农民的合法权益,是粤、桂、琼、滇四省区特别是桂、琼、滇三省区面临的十分重要而紧迫的问题。

9.4 区域社会保障制度特色化发展理论

探讨根据不同地区的实际情况选择最优社保制度和特色化的地区社会保障发展模式的可行性与实现路径,促进地方经济社会的良性互动与和谐发展,具有重大的现实应用价值。上述问题需要我们在理论上做出论证或是解答,进而创新形成特色化区域社会保障梯度理论。在这一思维模式下,是否可以根据不同地区的实际情况有导向性地培育有地区特色的区域社保水平以促进地区经济发展? 如果能够实现这一目标,将为构建特色化的区域社会保障制度以吸引人才，推动区域经济开发（如北部湾经济区开放开发）找到一条科学的解决路径。

9.4.1 基于需求层次理论的区域社会保障制度梯度存在的理论论证

区域经济发展梯度转移理论承认一个国家的经济发展客观上存在梯度差异，高梯度地区通过不断创新并不断向外扩散求得发展，中、低梯度地区通过接受扩散或寻找机会跳跃发展并反梯度推移求得发展。在此基础上，梯度推进理论重视地区间经济发展水平和实力的差距，认为较为发达地区属于高梯度地区、不发达地区属于低梯度地区。区域经济发展梯度转移理论更多用来研究以区域产业发展为基础的区域经济发展，其核心内容为极化效应、扩展效应和回程效应。在此，我们仍然按照这一理论框架探讨区域社会保障制度发展梯度理论。区域社会保障制度作为区域经济发展的一种内生结果，势必反映经济发展水平在区域间的发展梯度，从而在无外力干预的条件下，区域社会保障体系体现地区梯度差距特征。传统上，学者们大多按照罗斯托的经济成长阶段理论来解释区域经济梯度存在，从经济发展水平决定社会保障制度的视角为区域社会保障制度的构建奠定理论基础。我们认为，马斯洛需求层次理论更能进一步解释区域社会保障梯度存在的内生性。

在马斯洛看来，人类价值体系存在两类不同的需要，一类是沿生物谱系上升方向逐渐变弱的本能或冲动，称为低级需要和生理需要。一类是随生物进化而逐渐显现的潜能或需要，称为高级需要。人的需要按重要性和层次性排成一定的次序，从基本的（如食物和住房）到复杂的（如自我实现）。当人的某一级的需要得到最低限度满足后，才会追求高一级的需要，如此逐级上升，成为推动继续努力的内在动力。基于此，马斯洛理论把需求分成生理需求、安全需求、社会需求、尊重需求和自我实现需求五类，依次由较低层次到较高层次。

我们发现，马斯洛需求层次理论同样可以解释人类社会发展对于社会保障不同层次的需求，不同的需求层次和阶段，对于社会保障需求也不一样，社会保障发展水平梯度也就呈现出来。伴随人类对于不同层次需要的提升，对于社会保障服务的需求不断递进，从而推动社会保障制度发展。如在“生理上的需要”阶段，主要包括饥、渴、衣、住、行的方面的要求。如果这些需要得不到满足,人类的生存就成了问题。在这个意义上说,生理需要是推动人们行动的最强大的动力。马斯洛认为,只有这些最基本的需要满足到维持生存所必需的程度后,其他的需要才能成为新的激励因素。对于社会保障来说,这时社会保障的主要功能就是要帮助或保证这些需求的实现。因此,在这一阶段,我们只是要求社会保障体系具备基础的、以保障生存为主要内容的基础服务功能。上升到"安全上的需要"阶段,人类要求保障自身安全、摆脱事业和丧失财产威胁、避免职业病的侵袭、接触严酷的监督等方面的需要。马斯洛认为,整个有机体是一个追求安全的机制,人的感受器官、效应器官、智能和其他能量主要是寻求安全的工具。对于社会保障来说,这个阶段对于社会保障服务的需求有了较大的提升,除了生存保障功能外,社会保障体系还要帮助人类实现财产安全管理和拥有,社会保障要提供风险分散与锁定的服务功能,通过人寿保险保障疾病支出,从而实现自身安全保障。在"感情上的需要"阶段,社会保障体系的发展壮大、功能的完善将有助于"感情的需要"满足。例如保险事业的发展,人们可以将关爱与祝福以保险单的方式传递。到了"尊重的需要"阶段和"自我实现的需要",对于社会保障发展的需求到了一个更高的阶段,社会保障体系要便利于保障能力的代间传递,个人理想、抱负要以完善的社会保障为前提展开,实现自己的潜力,使自己越来越成为自己所期望的人物。这就要求一个发达的、功能完善的社会保障体系,能使人对自己充满信心,对社会满腔热情,体验到自己活着的用处和价值。

上述五种需要如阶梯般从低到高,按层次逐级递升,但这样次序不是完全固定的,可以变化,也有种种例外情况。某一层次的需要相对满足了,就会向高一层次发展,追求更高一层次的需要就成为驱使行为的动力。同一时期,一个人可能有几种需要,但每一时期总有一种需要占支配地位,对行为起决定作用。任何一种需要都不会因为更高层次需要的发展而消失。各层次的需要相互依赖和重叠,高层次的需要发展后,低层次的需要仍然存在,只是对行为影响的程度大大减小。马斯洛和其他的行为科学家都认为,一个地区多数人的需要层次结构,是同这个地区的经济发展水平、科技发展水平、文化和人民受教育的程度直接相关的。在不发达地区,生理需要和安全需要占主导的人数比例较大,而高级需要占主导的人数比例较小；而在发达地区，则刚好相反。在同一地区不同时期，人们的需要层次会随着生产水平的变化而变化，这就内生地决定了区域社会保障梯度存在的事实。

9.4.2 区域社会保障梯度的极化效应

上文中已提及，区域经济发展梯度转移理论更多用来研究以区域产业发展为基础的区域经济发展，其核心内容为极化效应、扩展效应和回程效应①，本文中我们将延续这一理论框架探讨区域社会保障梯度理论。区域社会保障作为区域经济发展的一种内生结果，势必反映经济发展水平在区域间的发展梯度，从而区域社会保障体系体现地区梯度差距特征。我们可以将区域社会保障体系所处的区域梯度空间分为低梯度和高梯度区域。区域社会保障水平的地区差距，便是地区社会保障发展的梯度差距和梯度推移的具体显现。

缪达尔认为一个地区只要它的经济发展达到一定水平，超过了起飞阶段，就会具有一种自我发展的能力，可以不断地积累有利因素，为自己进一步发展创造有利条件。在市场机制的自发作用下，发达地区越富，则落后地区越穷，造成了两极分化。这一结论同样适应于社会保障发展，下面我们将给出相应的证明。

9.4.3 区域社会保障发展极化效应的机理

我们可以假定社会保障水平分为两大层次，A 地区为落后地区，B 地区代表新兴发达经济体，B 一直是我们地区经济发展的方向。假设社会保障制度会导致人才流动，同时也会引导资本流动，我们分别用 k_{1a} 、k_{2a} 表示 A 地区中的人力资源存量和资本存量，分别用 k_{1b} 、k_{2b} 表示 B 地区的人力资源存量和资本存量，当经济均衡发展时，A 地区人力资源、资本配置最合理，达到合意比例 k_a^* ，B 地区人力资源、资本配置最合理，达到

① 缪达尔于1957 年出版了代表作《亚洲的戏剧——对一些国家贫困问题的研究》一书，倡导把不平衡增长战略看作经济发展的最佳方式，提出循环累积因果论，它是指从一个动态的社会来看，社会经济各有关因素之间存在着循环的累积因果关系。根据循环累积因果论，地区发展中有三种效应同时在起作用，即极化效应、扩散效应和回程效应。

合意比例 k_b^* 。根据前述假设,可以构造产出函数,具体形式为:

$$Y = F(k_a, k_b) \qquad \cdots\cdots (9-1)$$

其中 $K = k_a + k_b, k_a = k_{1a} + k_{2a}, k_b = k_{1b} + k_{2b}$

在地区实体经济不变,且 A 和 B 都处于稳定增长状态时,整个经济处于稳定增长状态。我们用 k_a, k_b 分别表示 A 和 B 的内部结构,当经济均衡增长时,A 和 B 的人力资源与资本存量达到合意比例,那么就有:

$$k_a * = k_{2a}/k_{1a}, k_b * = k_{2b}/k_{1b} \qquad \cdots\cdots (9-2)$$

随着经济的发展,财富的增加,消费结构的升级导致实体经济部门的产品结构、产业结构必须不断升级,而且高质量、高档次的产品生产过程更为迂回和复杂(全球配置生产要素、风险控制、贸易竞争等),除了需要加大对人力资本(人才引进)、技术开发等的投资,发达地区中的资本存量规模更大、人才层次复杂,与之相适应,k_{1a} 、k_{2a} 会不断减小,k_{1b} 、k_{2b} 会不断增加。根据这一理论,决定整体经济发展水平提升的 B 比 A 需要更多的社会保障服务,也即 B 的合意比例 k_b^* 大于 A 的合意比例 k_a^* 。由此说明,高经济梯度地区由于一直扮演产业升级领军角色,对社会保障需求结构和层次不断提升,加速该区域社会保障完善。我们在此基础上进一步考察区域社会保障的变化。我们假定总量不变,社会保障所提供的产品和服务品种不变,只是每种产品或服务的相对规模发生了变化,因此,结构转变过程中,A 和 B 的合意比例是不变的,则存在下式:

$$(k_{2a} - \Delta k_{2a})/(k_{1a} - \Delta k_{1a}) = k_a^*$$
$$(k_{2b} - \Delta k_{2b})/(k_{1b} - \Delta k_{1b}) = k_b^* \qquad \cdots\cdots (9-3)$$

由于经济发展总的预算约束在一定时期内是一定的(社会保障提供能力),则结构转变过程中,B 的新增投资和人才进入也不能无限制增加,但由于社会保障需求对人才流动和资本流动的导向作用,社会可用资源会从地区 A 流出,流向地区 B,则:$\Delta k_a = \Delta k_{1a} + \Delta k_{2a} = \Delta k_{1b} + \Delta k_{2b}$,通过数学推导,可得:

$$\Delta k_{1b}/\Delta k_{1a} = (1 + k_a^*)/(1 + k_b^*),$$

$$且\ \Delta k_{1b}/\Delta k_{1a} = (1 + k_a^*)/(1 + k_b^*) < 1 \qquad \cdots\cdots (9-4)$$

那么我们可以得到:$\Delta k_{1b} < \Delta k_{1a}, \Delta k_{2b} > \Delta k_{2a}$

$$\Delta k_{1a} - \Delta k_{1b} = \Delta k_{2b} - \Delta k_{2a} \qquad \cdots\cdots (9-5)$$

因此,经济发展将带动社会保障水平和结构发生相应的转变,这一规律不仅适应于高梯度地区,同样适应于低梯度地区。这一过程将在区域经济融合或一体化的背景下通过社会资源的流动表现出来,说明发达地区中社会保障结构提升后等量的实体资本存量需要的人才服务和社会保障需求高于此前需要的社会保障服务,推动了区域社会保障结构优化升级。就这样形成了经济升级——社会保障水平和结构优化升级——社会保障服务及支撑能力升级——经济发展水平进一步升级的良性循环。

9.5 完善相关省区社会保障制度的具体措施

目前除广东省外,广西、海南和云南三省区的社会保障统筹层次还比较低,还处在二元化及多样性的阶段。这种二元化及多样性既不利于社会公平,也不利于区域经济的发展,我们有必要构建一个适应区域经济发展的社会保障体系,以保障区域社会经济发展的需要。

9.5.1 统筹城乡养老保险制度

农民养老保险的基金来源还是应以个人账户为主。纯农民目前主要依靠传统的家庭养老模式,即依赖子女供给的养老模式,这是约定俗成的规则。这部分农民由于文化素质较低,思想保守,不愿外出打工,面对这些农民,只依靠传统的家庭养老是不够,应当设立个人养老保险账户。账户资金由二大块组成:一是农民个人的负担,农民须交纳一定的养老保障金;二是政府补贴,各级地方政府应对本地农民的养老保障加强投入。

对于失地农民,可以从农村土地征收中提取部分资金用于建立养老保险个人账户。根据不同年龄建立标准不同的个人账户,既适应大多数地区被征地农民一次性补偿标准,也适应以土地入股分红等多种形式,适应将来灵活就业、灵活缴费的特点。失地农民的养老保险应“低门槛进入、低标准享受”。养老保险费的交纳标准和养老金的发放标准应随着经济发展水平作相应的调整,使失地农民既履行应尽的义务又分享经济发展带来的利益。对超龄不能办理和接近投保最高年龄的,由村集体从集体经济收入中或者财政转移支付资金中每月发给一定数额的生活补贴,以此解决其养老保障问题。

对于农民工,用人单位和个人缴费全部计入个人养老保险账户,国家对雇佣农民工的企业单位,可按其缴纳的保险费额度,减免一定期限和比例的税收。同时,通过间接的财政支持,建立对农民工和企业单位的缴费激励机制,可以对农民工个人账户进行部分补贴。这样既可以激励企业为农民工交养老保险又可使企业和农民工直接感受到国家财政税收政策的扶持,提高企业和农民工缴费的积极性,从而充分体现政府作为农民工社会养老保险责任主体的作用。

9.5.2 统筹城乡医疗保障制度

构建农民工的医疗保障制度,首先要以立法形式确立农民工的医疗保障制度。目前我国已出台的一些有关社会保障方面的法律法规也涉及了农民工医疗保障的内容,但是还有待进一步完善。由于法律法规本身的不确定性和非稳定性,导致很多条款在具体执行过程中无法达到预期的效果。其次,完善企业用人制度,提高农民的医疗保障待遇。对于那些在城市的工作相对稳定、有固定住所并将长期在城市工作的部分农民工,可以参加当地的各种基本医疗保险。用人单位用工应实行统一待遇,不应因身份不同而工资、福利待遇就不同,工资标准要按照“按劳分配”、“同工同酬”的原则执行,并统一为农民工和城镇就业人员交纳医疗保险。那些流动性大、从事短期工作的农民工可以参加专为农民工设立的医疗保障制度,该制度缴费较低,可根据农民工的实际情况设计不同的保障层次。例如,深圳政府针对农民工的医保制度值得借鉴。该制度规定企业缴纳职工工资总额的 0.8%,地方财政补贴 0.2%,农民工自己不缴纳费用。农民工住院医疗时由共济基金承担 90%,个人承担 10%;最高赔偿额根据参保时间不满半年,一年以内、1 ~ 3 年以及五年以内分为 1 万元、2 万元、5 万元以及本市上年度城镇职工年平均工资的 4 倍四个档次,这样既减少了企业负担又使农民工看病住院有了保障。

另外,对纯农民与失地农民来说,参加新型农村合作医疗最为合适。失地农民现在有两种情况,一种是土地被征用了,但还是农村户口,没有或还没来得及在户籍上发生改变;另一类是已经由村民改为居民,由农村户口改为城镇户口。我国新型农村合作医疗制度规定:只有农村户口的村民才能参加新型农村合作医疗。前一类仍是农村户口,参加新型农村合作医疗是没有问题的;而后一类失地农民已被划入城镇户口,如果严格按照规定,只能参加城镇职工基本医疗或居民医疗保险。但是这些"农转非"的失地农民,只是户籍发生了变化,其他的例如生活水平、经济承受能力等跟前一类没有太大的区别,因此,各省区地方政府可以允许失地农民自主选择参加新型农村合作医疗或城镇医保,这样会更实际,更人性化。

9.5.3 统筹城乡失业保障制度

统筹城乡失业保障制度,可以先为农民工设立专门的失业保险金,然后逐步过渡到统一的城乡失业保险制度。失业保险金的交纳是由政府、个人、企业三方共同负担,但是三方所缴纳比例不能简单地参照城镇失业保险规定的标准,统筹的原则是适当增加政府的财政支出,企业和农民工的缴纳比例适度减少。原因是许多企业大量雇佣农民工的直接原因是不用为其办理各种社会保险而最大限度降低成本,获得高额的经济回报。如果企业必须为农民工缴纳与城镇职工相同比例的失业保险费,那可能导致其排斥使用农民工,从而加剧农民工的失业问题。通过降低缴纳比例既可以继续保持企业吸收农民工就业的动力,又能为农民工未来的失业风险做好资金储备。此外,为农民工专门设立的失业保险可以同城镇职工的失业保险相衔接。如果农民工取得城镇居民的资格,可以把农民工在专门的失业保险基金中享有的份额转入城镇失业保险基金中;如果农民工选择回农村,可以一次性返还基金中可以返还的数额;如果农民工不愿意结清,下次回城就业时,可以在原已缴纳的保险基金上继续缴纳,并按照前后缴纳总额享受社会保险待遇。按照《失业保险条例》,参加失业保险的,所在单位和个人按照规定履行缴费义务满一年以上才能领取失业保险金。这个年限对农民工可以适当放宽,考虑到农民工就业的短期性和流动性,半年比较适宜。农民工失业后,在失业保险年限内由农民工社会保险的管理机构按月或按季度发放失业保险金。

9.5.4 统筹城乡最低生活保障

最低生活保障是每一个公民应该享有的最基本权利,建立适当水平的最低生活保障制度是现代社会保障制度的重要环节,也是公民生存权得到保障的重要体现。而统筹城乡最低生活保障就必须做到以下几点:

首先,应该建立与城镇职工同等性质的农民工最低生活保障制度。农民工的特点之一就是经济承受能力差,他们一旦遇到意外或疾病,就很有可能丧失劳动能力而失业。农民工一般是家里的主要经济来源,如果失业,整个家庭的基本生活难以维持,他们作为与城镇职工享有同等权益的中国公民,政府当然有义务对其进行必要的救助,将其纳入到城镇最低生活保障制度,和城镇职工享受同等待遇。失地农民既有别于农民,又不同于城市居民,处于社会保障的真空地带,是一个边缘性群体。他们已经不再享有土地保障,也不能和城市居民一样享有最低生活保障。因此,在农民失去其最基本的生活保障——土地之后,也应该和城市居民一样公平享受最低生活保障。

其次,能否在农村真正建立起最低生活保障制度,最大的难点在于资金的筹措。资金缺乏是农村居民最低生活保障制度建设严重滞后的关键原因。最低生活保障资金属于国民收入再分配的范畴,原则上这部分资金应该由地方政府财政承担,桂、琼、滇三省区的经济还处于欠发达的时期,靠政府筹资难度很大,这会影响农民最低生活保障制度的建立。因此,建议中央政府加大在粤、桂、琼、滇四省区出口产业链的构建过程中对桂、琼、滇三省区的财政转移支付的力度,尤其加大农村低保资金的投入力度。

最后,要合理确定最低生活保障的对象。凡是无生活来源、无劳动能力的农村居民或因残疾、家庭主要劳动力患有重病等不可抗拒的原因,造成自身无法维持基本生活的农村居民,均可享受低保政策;对尚有一定收入,但家庭人均年收入低于当地农村最低生活保障标准的,要实行差额补助。对于无生活来源、无劳动能力、无法定赡养人、扶养人或抚养人的保障对象,其保障标准在当地农村最低生活保障标准的基础上增加一定的百分比,并实行全额享受;对于持有残疾证的保障对象本人,保障对象曾被评为县市级、区级以上劳动模范、先进工作者的,保障对象为单身人员或70周岁以上的老年人,以及保障对象为少数民族的,其本人的保障标准在当地农村最低生活保障标准的基础上同样增加一定的比例。

9.5.5 提高优秀人才的社会保障水平

粤、桂、琼、滇四省区出口产业链的构建过程中特别是广西、海南、云南三省区需要扩大人才引进，根据前文所论述的梯度存在与社保特区理论，上述三省区要扩大人才引进，首先就在要社保水平上提高竞争力。为吸引优秀人才，在社保方面就要做到以下几点：

一、提高优秀人才原有的社会保障水平

“良禽择木而栖”，真正的人才总是不断地选择最适合自己的就业岗位。粤、桂、琼、滇四省区出口产业链的建立，必然会引起相关产业结构的调整和升级，也必然会涉及人力资源结构变化和就业结构的调整。因此，要促进粤、桂、琼、滇四省区出口产业链的持续发展，首先就要落实好优秀人才社会保障权，协调好优秀人才在不同所有制单位、不同性质单位、不同行业和跨地区流动中社会保险关系的转移和接续工作，使优秀人才摆脱社会保障方面的顾虑，从而达到吸引高技能人才的目的。

扩大优秀人才的引进，提高上述四省区在社保方面的竞争力，首先就要为人才的社保关系转移和接续开通“绿色通道”。社保关系的转移接续问题主要是养老保险关系的转移接续问题，考虑养老保险个人账户的积累。另外，优秀人才属于特殊的人力资源，他们经过长时间的知识学习和经验积累，投入了大量的时间和精力，也投入了比一般人力资源更高的资金，他们追求的已不仅仅限于高工资，还有更高层次的追求，因此应当对优秀人才给予高水平的社会保障来弥补，提高其社会保障水平，可以在缴费的基础上，适当降低其个人缴费比例，提高政府或企业的缴费比例，同时，还要提高优秀人才的医疗保险报销比例、伤残津贴以及工伤保险待遇等等。

二、提高优秀人才的住房保障待遇

住房的问题，是桂、琼、滇三省区吸引人才必须解决的障碍。有条件的企业想要留住人才、激励人才，可以提高住房公积金缴存比例。调高住房公积金缴存比例，既可以提高职工的工资和社会保障福利，有利于单位吸引人才，同时又可作成本列支，对于职工个人可以合理规避个人所得税，是一举两得的好事。

桂、琼、滇三省区可推出固定数量的“人才安置房”，规定优秀人才如落户该省区,可按市场价的六折申请优惠购房。其中,优秀高层次人才按市场销售价格的60%优惠申购100-120平方米的建筑面积,特别优秀者面积可适当放宽。用人单位按优秀高层次人才优惠申购面积市场销售价格的20%缴纳配套资金,剩下由政府补贴。对于优秀青年骨干和优秀应届毕业生可按不同标准申请配租房租金补贴,优秀青年骨干租金补贴为1000元/月,优秀应届毕业生租金补贴为800元/月。

三、解决家属、子女安置的问题

家属或子女的工作安排应实行部门负责制,原则上由接收人才的单位和系统自行消化落实。本部门确实无法安置的,由其自主择业,各级人事、劳动部门应积极提供相关服务并由引进单位给予一次性工作安置金5万元。

关于子女入学问题。对引进人才的未成年子女就读小学、初中的,应优先安排到有关学校(公有民营、民办学校除外)。高中阶段子女入学,原就读重点中学的安排进相应重点中学。原就读非重点中学,欲进重点中学就读的,在学额许可的情况下,经相关学校测试后可进相关重点中学。缴费执行政府规定的标准,各学校不得另外收取其他任何费用。对非重点高中进入重点高中的学生,对学校须缴纳的有关费用,学校应给予优惠,可收取有关费用的80%,费用由个人和用人单位各负担50%。

9.5.6 强化社会保障基金的保障能力

强化社会保障基金的保障能力就必须不断完善社会保障基金的监管制度。社会保险基金监管是整个社会保障制度建设的核心问题,不仅因为它关系到社会保险制度自身的良性运行和可持续发展,更重要的在于它是整个社会保障体系的主体部分。我国社保基金的筹集和使用长期没有权威性机构进行统一管理,社会保障处于一种政出多门,多头管理的混乱局面,参与社会保障管理的有劳动和社会保障部门、财政部门、人事部门、卫生部门、民政部门以及商业保险公司等。多部门共同参与社保基金的监管会导致权责划分不清,产生"缺位"与"越位"的现象。粤、桂、琼、滇四省区应该充分借鉴社会保障制度比较完善的国家的经验,采用集权式社保基金的监管模式,使社保监督机构与行政管理和资本运营分离。建议成立符合各省区经济发展状况的社保基金监督委员会,负责监督社保基金的管理、使用和运营。社会保障基金监督委员会必须是独立性的专门机构,地位相当于我国的证监会和银监会,行使监督权力时不受其他部门的影响和制约,以保证社会保障基金的安全性和完整性。同时,各地也应建立相应的监督委员会,负责对本地区社保基金的监督。在集权监管的同时,可以与公开监督相结合,前者便于问责,后者可以起到约束的作用。

其次,必须积极响应国家的号召,试行社会保障预算管理制度。建立社会保障预算管理制度,要遵守三大原则:一是全面性原则。也就是要全面反映社会保障基金收支情况。社会保障基金预算应该将各类保障基金全部纳入预算管理,统一社会保障收支的范围及编制口径。规定社会保障基金预算的编制时间、效率、质量和审批程序等。二是量入为出原则。在当年的预算收入总额范围内,合理安排支出,统筹兼顾,做到预算收支平衡,不得出现赤字。由于社会保障基金预算收入增量有限,而社会保障基金支出却是"刚性"增长,所以建立科学规范的社会保障基金支出体系尤为重要。基金支出以可筹集资金做预算,进行科学周密的预算安排,坚持"以收定支",尽量实现收支平衡,并有所结余。三是专款专用原则。社会保障基金的主体部分是社会保险资金,与政府公共预算和国有资产预算资金完全不同,社会保险资金是由个人、企业为主筹集而成的,其资金的最终归属于个人。因此,社会保险资金具体体现为社会保险基金的"个人账户"。所以,要坚持专款专用,严格按照各项社会保障基金项目的收支用途管理使用,养老、失业、医疗等保障基金收入只能用于该保障项目支出,禁止交叉使用或挪用。

再次,优化社会保障基金的投资运营。这就需要积极拓宽投资渠道,社会保障基金可以选择从实业资产到金融资产在内的各种渠道进行投资,加大对实业资产的投资,可以拉动内需,促进产业结构调整,对经济的增长起到直接刺激作用;加强社保基金投资风险的监控,任何投资都存在风险,社保基金的投资也不例外,对社保基金的投资运营进行监督和监管是防范社保基金发生风险的关键,可以通过财务指标管理进行风险监管,在项目管理中引进偿债能力、成本—收益和不良资产的指标管理。同时,建立一套有效的风险预警系统,通过信息的收集、统计与处理,对未来的风险及收益作出预测,相关因素的相互影响进行衡量,做好事前准备,防患于未然。

本章小结

社会保障和经济发展存在紧密的联系,从总体上讲,社会保障和经济发展是相互作用、相互促进的。经济发展是基础,它决定着社会保障制度的产生和发展,社会保障又反作用于经济发展,它对经济发展具有双重作用。社会保障制度既能促进经济发展,也会阻碍经济发展。正确认识社会保障与经济发展的关系,对于促进粤、桂、琼、滇四省区出口产业链的持续发展乃至区域经济的协调发展有着十分重要的意义。

在本章的研究过程中,制度经济学理论、政府职能转变和公共产品理论、理性预期的消费函数理论和不确定经济理论、需求层次理论以及福利经济学理论等为本课题的研究奠定了丰厚的理论基础。创新健全的社会保障制度对区域经济的协调发展有着十分重要的意义,它不仅能够保证劳动力的再生产、促进区域经济的发展;而且能够调整产业结构,稳定区域经济的发展环境,有利于粤、桂、琼、滇四省区出口产业链的持续发展的实现。粤、桂、琼、滇四省区现行社会保障制度存着较多的问题,如外来务工人员缺乏有效的社会保障、社会保障支出二元化现象严重、被征地农民缺乏有效的保护等,需要创新的制度保障促使对其进行补充和完善。本章在对区域社会保障制度特色化发展理论进行充分论证的前提下,提出了完善粤、桂、琼、滇四省区社会保障制度的具体措施,以期能够为粤、桂、琼、滇四省区出口产业链的持续发展提供良好制度保障和支撑。

参考文献

1. 植草益:《日本的产业组织——理论与实证的前沿》,经济管理出版社 2000 年版。

2. Bagehot, Walter. Lombard steet: *A description of the money market. London*: john murray, 1873.

3. Schumpeter, Joseph A. *Theorieder Wirtschaftlichen Entwicklung*. Harvard University Press, 1934.

4. Gurley, John and Edward Shaw. *Financial Aspects of economic development. American Economic Review*. 1955(45).

5. Robinson, Joan. *The generalization of the general theory. London: Macmillan*. 1952.

6. *Lucas, Robert, E. JR*. 1988. *On the mechanics of economic development. Journal Monetary Economics*, July 22(1).

7. Goldsmith Raymond. *Financial structure and development. New Haven*: Yale University Press 1969.

8. Mckinnon, Ronald. *Money and Capital in Economic Development. Washington*: Brookings Institution 1973.

9. Patrick, Hugh T. 1966. *Financial development and economic growth in underdevelopment countries*. Economic Development Culture Change, Jan. 14 (2).

10. Levine Ross. *Financial development and economic growth*: views and agenda, Journal of Economic Literature, 1997(6).

11. Pontus Hansson and Lars Jonung. *Finance and economic growth*: the case of Sweden 1834 - 1991. NBER working paper, June 1997.

12. Chun Chang. *The information requirement on financial system at*

different stages of economic development: the case of South Korea. NBER working paper, 1st draft, Sept. 1999, reversion, Jan, 2000.

13. 刘家芳:《对加快老工业基地改造与现行税收政策的思考》,《经济纵横》1998 年第 7 期。

14. 彭月兰:《运用税收政策促进产业结构调整》,《经济问题》2005 年第 9 期。

15. 韩清轩:《我国产业链的延伸与财政体制优化》,《山西财政税务专科学校学报》2006 年第 6 期。

16. 邹红:《中国钢铁工业规避经济周期风险的战略思考》,《山东冶金》2009 年第 10 期。

17. 兰勇:《我国加工贸易升级的层次性与路径探讨》,《经济论坛》2005 年第 20 期。

18. 刘力:《循环经济的产业转型与绿色金融体系构建》,《海南金融》2008 年第 10 期。

19. 黄晓科:《论我国应对金融危机的战略方向——科学扶持农业产业链升级》,《重庆交通大学学报(社会科学版)》2009 年第 12 期。

20. 柏芸:《构建现代农业产业链技术创新支撑体系的基本思路与对策》,《科技进步与对策》2009 年第 12 期。

21. 王宗祥:《金融支持畜牧产业链的思考——以甘肃省临夏州为例》,《西部金融》2009 年第 11 期。

22. 苏清海:《广西与越南旅游合作项目产业链的构建与优化》,《科技和产业》2009 第 5 期。

23. 齐亚鸥:《提高长江航运竞争力的产业链分析》,《企业技术开发》2009 年第 5 期。

24. 宋建晓:《闽台农业产业链整合的战略思考》,《福建农林大学学报(哲学社会科学版)》2007 年第 10 期。

25. 王嵩青、赵永胜:《能源金融互动融合:新疆优势资源转换方略初探》,《新疆金融》2007 年第 9 期。

26. 陈学刚:《新疆工业主导产业选择及其产业链识别研究》,《新疆师范大学学报(自然科学版)》2008 年第 9 期。

27. 王克岭:《产业链视角的云南有色金属产业可持续发展研究》,

《经济问题探索》2009 年第 5 期。

28. 张青山:《辽宁装备制造业发展的战略定位与对策》,《沈阳工业大学学报(社会科学版)》2009 年第 4 期。

29. 张廷海:《安徽省茧丝绸生态产业链建设及其优化研究》,《丝绸》2009 年第 9-12 期。

30. 石冬梅:《关于钢铁企业实施产业链整合战略的探讨》,《冶金经济与管理》2007 年第 1 期。

31. 沈贵银:《农业企业主导的农业推广服务特点与模式分析》,《中国科技论坛》2007 年第 11 期。

32. 张晓明、李松志:《中部地区旅游产业链条化路径研究》,湖北省人民政府政研网,2008. 06. 02.

33. 孙振华:《辽宁省区域经济协调发展合作研究》,《现代经济》2009 年第 18 期。

34. 刘慧宏:《区域旅游合作利益协调机制分析》,《宁波大学学报(人文科学版)》2009 年第 11 期。

35. 张玉喜:《产业政策的金融支持:机制、体系与政策》,经济科学出版社 2007 年版。

36. 陈群胜、罗兰:《环境友好设计与低碳经济》,《工业技术经济》2009 年第 9 期。

37. 吴党恩:《促进我国区域经济协调发展的相关建议》,《科学之友》2009 年第 11 期。

38. 张守忠、李玉英:《区域经济协调发展综合评价问题探讨》,《商业时代》2009 年第 29 期。

39. 夏江敬:《区域经济协调发展政策研究》,《科技进步与对策》2007 年第 12 期。

40. 邢战坤:《镀金我国区域经济协调发展的财税政策选择》,《区域经济》2008 年第 10 期。

41. 杨晓丽:《我国区域资金流动的非协调性分析》,《西南金融》2008 年第 5 期。

42. 李冬梅:《促进我国区域经济协调发展的税收政策研究》,《财经问题研究》2009 年第 9 期。

43. 周金荣:《促进区域经济协调发展的财政政策选择研究》,《经济与社会发展》2009 年第 7 期。

44. 彭芳梅:《国外区域经济协调发展的金融法调控制度及其对我国的启示》,《法制与社会》2009 年第 1 期。

45. 杨柳:《试论区域分工与区域经济协调发展》,《四川经济管理学院学报》2007 年第 1 期。

46. 肖育才:《区域经济发展与财政政策选择》,《广东商学院学报》2008 年第 4 期。

47. 胡洪曙:《促进区域经济协调发展的财税政策研究》,《中南财经政法大学学报》2009 年第 3 期。

48. 朱晓冲、李冬梅:《创新财税政策 促进区域经济协调发展》,《财政与税务》2009 年第 3 期。

49. 唐旭:《货币资金流动与区域经济发展 》,中国金融出版社 1995 年版。

50. 贝多广、张军洲:《中国区域金融分析》,中国经济出版社 1995 年版。

51. 尹德生、肖顺喜:《体制转轨中的区域金融研究》,学林出版社 2000 年版。

52. 梁宇峰:《资本流动与东西部差距》,《上海经济研究》1997 年第 1 期。

53. 巴曙松:《转轨经济中的非均衡区域金融格局与中国金融运行》,《改革与战略》1998 年第 4 期。

54. 汪兴隆:《货币资金区域化配置失衡的考察及其调整》,《财经研究》2000 年第 6 期。

55. 潘文卿、张伟:《中国资本配置效率与金融发展相关性研究》,《管理世界》2003 年第 8 期。

56. 郭金龙、王宏伟:《中国区域间资本流动与区域经济差距研究》,《管理世界》2003 年第 7 期。

57. 艾伯特·赫希曼:《经济发展战略》,经济科学出版社 1991 年版。

58. 莉玉明:《区域经济调控权的法律解析》,《中共山西省委党校学报》2005 年第 11 期。

59. [美]熊彼特:《经济发展理论》,商务印书馆 1990 年版。

60. 中国人民银行南昌中心支行课题组:《区域金融合作相关问题研究》,《南方金融》2006 年第 12 期。

61. 王加胜:《现代金融创新(发展)的原因、趋势和特点》,《济南大学学报》2006 年第 5 期。

62. 李秉恒、付春明:《利用资本市场促进广西北部湾经济区开放开发研究报告》,中国肆监督管理委员会广西监管局网站 2008 年 8 月 21 日。

63. 中国保监会武汉保监办课题组:《对保险功能的再认识》,《保险研究》2003 年第 11 期。

64. 梅拉利国国 · S · 米罗:《金融危机后菲律宾银行业的整合、集中与竞争》,《银行家》2007 年第 7 期。

65. 赵洪:《马来西亚政府在金融发展中的作用》,《南洋问题研究》2004 年第 1 期。

66. 黄必红:《马来西亚金融业发展现状与近期的金融改革》,《南洋问题研究》1998 年第 4 期。

67. 张志文:《马来西亚金融发展与经济增长:债券市场的视角》,《国际金融研究》2007 年第 7 期。

68. 村上美智子:《马来西亚的金融重组后和银行经营健全化》,《南洋资料译丛》2001 年第 3 期。

69. 赵洪:《马来西亚的金融体系与货币政策》,《亚太经济》1995 年第 3 期。

70. 薛毅:《马来西亚的金融改革及其成效》,《南洋问题研究》2005 年第 3 期。

71. 祁晓霞、唐海龙:《新加坡金融市场和金融机构》,《河南金融管理干部学院学报》2000 年第 4 期。

72. 陈放:《新加坡的金融业现状及其发展》,《科技经济透视》2000 年第 9 期。

73. 王国刚:《新加坡金融的特点、走势及启示》,《农村金融研究》2000 年第 4 期。

74. 阮绍铨:《浅析新加坡金融监管及其启示》,《东南亚》2006 年第

3 期。

75. 吴崇伯:《印尼银行业改革、重组的最新进展与变化趋势分析》,《东南亚研究》2009 年第 2 期。

后 记

自2002年中国—东盟自由贸易区(CAFTA)进程的启动,再到2010年1月1日贸易区的正式全面启动,中国与东盟国家的贸易往来更加频繁和便捷。与此同时,新兴东盟国家迅速崛起,产业发展速度惊人。在其产业抱团力量的共同作用下,东盟国家在世界范围内的产业竞争力在很大程度上对我国的贸易地位构成了较大威胁,在此背景下,我国周边省区必须构建分工明确、机制健全、集各参与主体优势于一体的出口产业链,并适时调整产业政策,以应对日趋激烈的国际范围内的产业竞争。然而,区域出口产业链的构建是一项纷繁复杂的系统工程,会涉及经济发展和社会进步的多个方面,更会涉及各参与主体之间的利益协调与补偿。而且在出口产业链的构建过程中需要各参与主体之间的磋商和配合,也需要包括财政、金融支撑在内的多方面的政策和制度创新支持。在此背景下,本课题的研究应运而生。

广东、广西、海南、云南四省区相互毗邻,产业结构相似程度较高,四省区之间出口产业链的构建极具现实性和可行性。但是在出口产业链构建过程中,特别是主体功能区的划分,会涉及不同主体之间的税收权益、金融利益以及其他方面的利益分配,需要强大的财政和金融力量支撑,并且需要完善的社会保障制度的保证以及多方面政策的协调与支持。本课题基于区域分工条件下出口产业链形成机制的区域财政金融支撑保障体系的创新研究,试图建立有效解决粤、桂、琼、滇四省区出口产业链构建过程中不同参与主体之间的利益分配问题的利益补偿机制,构建包括创新性联合融资平台支撑体系、区域性金融服务支撑体系和供应链金融支撑体系在内的出口产业链优化升级的金融支撑体系,并逐步完善现行区域性社会保障体系,以保证各利益主体合作的长期性和出口产业链的可持续性。

本书为国家社科基金重大项目《CAFTA进程中我国周边省区产业政策协调与区域分工研究》(06&ZD036)子课题二的阶段性研究成果,历时4年编写完成,期间参阅了大量相关文献,进行了多次实地调研考察收集数据,其研究成果由人民出版社出版发行。在本课题的研究和专著的著述过程中,得到了广西壮族自治区政府、社科联、国税局、财政厅及广西大学等相关部门和单位的大力支持和帮助。在此,我们向所有为本课题研究、专注出版付出劳动、作出努力的老师和同学以及本课题所参与资料的作者表示衷心的感谢!

本人会同广西财政厅李杰云博士共同负责了该研究课题全过程的组织、策划,承担了本课题大纲的编写、主要内容的研究和专注的著述工作,并对该书进行了最后的审核,提出了相关的政策建议。广西大学潘永、谢建宁、陈昕、谭春枝、靳友雯老师进行了课题内容的编写和修改,广西大学商学院硕士研究生侯晓、刘展、谭瑶、张涵、于丰滔等人参与编写和整理。

本书的出版还要感谢人民出版社的骆蓉编辑,感谢他们对本书的出版所付出的辛勤劳动。由于水平有限,时间紧迫,书中必定会存在一些问题和不足,恳请广大读者批评指正。

范祚军

2010年12月于广西南宁

图书在版编目(CIP)数据

出口产业发展与财政金融支撑体系/范祚军、李杰云、薛青 著. -北京:人民出版社,2011.10
ISBN 978-7-01-010252-8

Ⅰ.①出… Ⅱ.①范… ②李… ③薛… Ⅲ.①出口-财政政策-研究-中国 Ⅳ.①F752.0

中国版本图书馆 CIP 数据核字(2011)第 190867 号

出口产业发展与财政金融支撑体系

CHUKOU CHANYE FAZHAN YU CAIZHENGJINRONG ZHICHENG TIJI

范祚军、李杰云、薛青 著

人民出版社 出版发行
(100706 北京朝阳门内大街 166 号)

北京龙之冉印务有限公司印刷 新华书店经销

2011 年 10 月第 1 版 2011 年 10 月北京第 1 次印刷
开本:700 毫米×1000 毫米 1/16 印张:25
字数:380 千字

ISBN 978-7-01-010252-8 定价:45.80 元

邮购地址 100706 北京朝阳门内大街 166 号
人民东方图书销售中心 电话 (010)65250042 65289539